通志略

四部備要

史部

中華書局據金壇刻本校刊

桐鄉 陸費逵 總勘
杭縣 高時顯 吳汝霖 輯校
杭縣 丁輔之 監造

氏族略第一　通志卷第二十五

宋右迪功郎夾漈鄭　樵　著
明御史少岳陳　宗夔　校

臣謹按司馬遷曰書班固曰志東觀曰記華嶠曰典張勃曰錄何法盛曰說諸史通謂之志然志者古史之名今改曰略略者舉其大綱云

氏族序

自隋唐而上官有簿狀家有譜系官之選舉必由於簿狀家之婚姻必由於譜系歷代並有圖譜局置郎令史以掌之仍用博通古今之儒知撰譜事凡百官族姓之有家狀者則上之官爲考定詳實藏於祕閣副在左戶若私書有濫則糾之以官籍官籍不及則稽之以私書此近古之制以繩天下使貴有常尊賤有等威者也所以人尚譜系之學家藏譜系之書自五季以來取士不問家世婚姻不問閥閱

故其書散佚而其學不傳三代之前姓氏分而爲二男子稱氏婦人稱姓氏所以别貴賤貴者有氏賤者有名無氏今南方諸蠻此道猶存古之諸侯詛辭多曰墜命亡氏踣其國家以明亡氏則與奪爵失國同可知其爲賤也故姓可呼爲氏氏不可呼爲姓姓所以别婚姻故有同姓異姓庶姓之别氏同姓不同者婚姻可通姓同氏不同者婚姻不可通三代之後姓氏合而爲一皆所以别婚姻而以地望明貴賤於文女生爲姓故姓之字多從女如姬姜嬴姒嬀姞妘婤姶姪嫪之類是也所以爲婦人之稱如伯姬季姬孟姜叔姜之類並稱姓也奈何司馬子長劉知幾謂周公爲姬旦文王爲姬伯乎三代之時無此語也良由三代之後姓氏合而爲一雖子長知幾二良史猶昧於此姓氏之學最盛於唐而國姓無定論林寶作元和姓纂而自姓不知所由來漢有鄧氏官譜應劭有氏族篇又有穎川太守聊氏萬姓譜魏立九品置中正州大中正主簿郡中正功曹各有簿狀以備

選舉晉宋齊梁因之故晉散騎常侍賈弼太保王弘齊衛將軍王儉梁北中郎諮議參軍知撰譜事王僧孺之徒各有百家譜徐勉又有百官譜宋何承天撰姓苑與後魏河南官氏志此二書尤爲姓氏家所宗唐太宗命諸儒撰氏族志一百卷柳沖撰大唐姓系錄二百卷路淳有衣冠譜韋述有開元譜柳芳有永泰譜柳璨有韻略張九齡有韻譜林寶有姓纂邵思有姓解其書雖多大槩有三種一種論地望一種論聲一種論字論字者則以偏旁爲主論聲者則以四聲爲主論地望者則以貴賤爲主然貴賤升沈何常之有安得專主地望以偏旁爲主者可以爲字書以四聲爲主者可以爲韻書此皆無與於姓氏凡言姓氏者皆本世本公子譜二書二書皆本左傳然左氏所明者因生賜姓胙土命氏及以字以諡以官以邑五者而已今則不然論得姓受氏者有三十二類左氏之言隘矣一曰以國爲氏二曰以邑爲氏天子諸侯建國故以國爲氏虞夏商周魯衛齊宋之類

是也卿大夫立邑故以邑爲氏崔盧鮑晏臧費柳楊之類是也三曰以鄉爲氏四曰以亭爲氏封建有五等之爵降公而爲侯降侯而爲伯降伯而爲子降子而爲男亦有五等之封降國侯而爲邑侯降邑侯而爲關內侯降關內侯而爲鄉侯降鄉侯而爲亭侯學者但知五等之爵而不究五等之封關內邑者温原蘇毛甘樊祭尹之類是也但附邑類更不別著裴陸龐閻之類封於鄉者故以鄉氏麋采歐陽之類封於亭者故以亭氏五曰以地爲氏有封土者以封土命氏無封土者以地居命氏蓋不得受氏之人或有善惡顯著族類繁盛故因其所居之所而呼之則爲命氏焉居傅巖者爲傅氏徙嵇山者爲嵇氏主東蒙之祀則爲蒙氏守橋山之冢則爲橋氏耏氏因耏班食於耏門賴氏因考叔爲賴谷封人東門襄仲爲東門氏桐門右師爲桐門氏皆此道也隱逸之人高傲林藪居於祿里者呼之爲祿里氏居於綺里者呼之爲綺里氏所以爲美也優倡之人取媚酒食居於

社南者呼之爲社南氏居於社北者呼之爲社北氏所以爲賤也又如介之推燭之武未必亡氏由國人所取信也故特標其地以異於衆凡以地命氏者不一而足六曰以姓爲氏姓之爲氏與地之爲氏其初一也皆因所居而命得賜者爲姓不得賜者爲地居於姚墟者賜以姚居於嬴濱者賜以嬴姬之得賜居於姬水故也姜之得賜居於姜水故也故曰因生以賜姓七曰以字爲氏八曰以名爲氏九曰以次爲氏凡諸侯之子稱公子公子之子稱公孫公孫之子不可復言公孫則以王父字爲氏如鄭穆公之子曰公子騑字子駟其子曰公孫夏其孫則曰駟帶駟乞宋桓公之子曰公子目夷字子魚其子曰公孫友其孫則曰魚莒魚石此之謂以王父字爲氏無字者則以名魯孝公之子曰公子展其子曰公孫夷伯其孫則曰展無駭展禽鄭穆公之子曰公子豐其子曰公孫段其孫則曰豐卷豐施此諸侯之子也天子之子亦然王子狐之後爲狐氏王子朝之後爲朝氏是

也無字者以名然亦有不以字而以名者如樊皮字仲文其後以皮爲氏伍員字子胥其後以員爲氏皆由以名行故也亦有不以王父字爲氏而以父字爲氏者如公子遂之子曰公孫歸父字子家其後爲子家氏是也又如公孫枝字子桑其後爲子桑氏者亦是也亦有不以王父名爲氏而以父名爲氏者如公子牙之子曰公孫茲字戴伯其後爲茲氏是也又如季公鉏字子彌其後爲公鉏氏者亦是也以名字爲氏者不一而足左氏但記王父字而已以次爲氏者長幼之次也伯仲叔季之類是也次亦爲字人生其始也皆以長幼呼及乎往來既多交親稍衆則長幼有不勝呼然後命字焉長幼之次可行於家里而已此次與字之別也所以魯國三家皆以次命氏而亦謂之字焉良由三家同出其始也一家之人焉故以長幼稱十曰以族爲氏按左傳云爲謚因以爲族又按楚辭云昭屈景楚之三族也昭氏景氏則以謚爲族者也屈氏者因王子瑕食邑于屈初不因謚

則知爲族之道多矣不可專言謚也族近於次族者氏之別也以親別疏以小別大以異別同以此別彼孟氏仲氏以兄弟別也伯氏叔氏以長少別也丁氏癸氏以先後別也祖氏禰氏以上下別也第五氏第八氏同居之別也南公氏南伯氏同稱之別也孔氏子孔氏旗氏子旗氏字之別也軒氏軒轅氏熊氏熊相氏名之別也季氏之有季孫氏仲氏之有仲孫氏叔氏之有叔孫氏適庶之別也韓氏之有韓餘氏傅氏之有傅餘氏梁氏之有梁餘氏餘子之別也遂人之族分而爲四商人之族分而爲七此枝分之別也齊有五王合而爲一謂之五王氏楚有列宗合而爲一謂之列宗氏此同條之別也公孫歸父字子家襄仲之子也歸父有二子一以王父字襄仲爲仲氏一以父字子家爲子家氏公子郢字子南其後爲子南氏而復有子郢氏伏羲之後有伏虙二氏同音異文共叔段之後有共氏又有叔氏又有段氏凡此類無非辨族十一曰以官爲氏十二曰以爵爲氏有

官者以官無官者以爵如周公之兄弟也周公爲太宰康叔爲司寇
聃季爲司空是皆有才能可任以官者也五叔無官是皆無才能不
可任以官者也然文王之子武王周公之兄弟雖曰無官而未嘗無
爵土如此之類乃氏以爵焉以官爲氏者太史太師司馬司空之類
是也雲氏庾氏籍氏錢氏之類亦是也以爵爲氏者皇王公侯是也
公乘公士不更庶長亦是也十三曰以凶德爲氏十四曰以吉德爲
氏此不論官爵惟以善惡顯著者爲之以吉德爲氏者如趙衰人愛
之如冬日其後爲冬日氏古有賢人爲人所尊尙號爲老成子其後
爲老成氏以凶德爲氏者如英布被黥爲黥氏楊元感梟首爲梟氏
齊武惡巴東王蕭子響爲同姓故改蕭爲蛸後魏惡安樂王元鑒爲
同姓故改元爲兀十五曰以技爲氏此不論行而論能巫者之後爲
巫氏屠者之後爲屠氏卜人之後爲卜氏匠人之後爲匠氏以至豢
龍爲氏御龍爲氏干將爲氏烏浴爲氏者亦莫不然十六曰以事爲

氏此又不論行能但因其事而命之耳夏后氏遭有窮之難后緡方娠逃出自竇而生少康支孫以竇爲氏漢武帝時田千秋爲丞相以年老詔乘小車出入省中時號車丞相其後因以車爲氏微子乘白馬朝周茲白馬氏之所始也魏初平中有隱者常乘青牛號青牛先生茲青牛氏之所始也十七曰以謚爲氏周人以諱事神謚法所由立生有爵死有謚貴者之事也氏乃貴稱故謚亦可以爲氏莊氏出於楚莊王僖氏出於魯僖公康氏者衞康叔之後也宣氏者魯宣伯之後也文氏武氏哀氏繆氏之類皆氏於謚者也凡複姓者所以明族也一字足以明此不足以明彼故益一字然後見分族之義言王氏則濫矣本其所系而言則有王叔氏王孫氏言公氏則濫矣本其所系而言則有公子氏公孫氏故十八曰以爵系爲氏唐氏雖出於堯而唐孫氏又爲堯之別族滕氏雖出於叔繡而滕叔氏又爲叔繡之別族故十九曰以國系爲氏季友之後傳家則稱季孫不傳家則

去孫稱季叔牙之後傳家則稱叔孫不傳家則去孫稱叔故二十曰
以族系爲氏士季者字也有士氏又別出爲士季氏伍參者名也有
伍氏又別出爲伍參氏此以名氏爲氏者也又有如韓嬰者本出韓
國加國以名爲韓嬰氏如臧會者本出臧邑加邑以名爲臧會氏如
屠住者本出住鄉加鄉以名爲屠住氏故二十一曰以名氏爲氏而
國邑鄉附焉禹之後爲夏氏杞他奔魯受爵爲侯又有夏侯氏出焉
嬀姓之國爲息氏公子邊受爵爲大夫又有息夫氏出焉此以國爵
爲氏者也白氏舊國也楚人取而邑之以其後爲白侯氏故二十二
曰以國爵爲氏而邑爵附焉原氏以周邑而得氏申氏以楚邑而得
氏及乎原加伯爲原伯氏以別於原氏申加叔爲申叔氏以別於申
氏是之謂以邑系爲氏魯有沂邑因沂大夫相魯而以沂相爲氏周
有甘邑因甘平公爲王卿士而以甘士爲氏故二十三曰以邑系爲
氏而邑官附焉師氏者太師氏也史氏者太史氏也師延之後爲師

延氏史晁之後爲史晁氏此以名隸官是之謂以官名爲氏呂不韋爲秦相子孫爲呂相氏酈食其之後爲食其氏曾孫武爲侍中改爲侍其氏此以官氏爲氏者也故二十四曰以官名爲氏而官氏附焉以謚爲氏所以別族也邑而加謚如苦成子之後爲苦成氏臧文仲之後爲臧文氏氏而加謚者如楚釐子之後爲釐子氏鄭共叔之後爲共叔氏爵而加謚者如衞成公之後爲成公氏楚成王之後爲成王氏故二十五曰以邑謚爲氏二十六曰以謚氏爲氏二十七曰以爵謚爲謚也按古人著複姓之書多矣未有能明其義者也有中國之複姓有夷狄之複姓中國之複姓所以明族有重複之義二字具二義也以中國無衍語一言見一義夷狄多侈辭數言見一義夷狄有複姓者侈辭也一言不能具一義必假數言而後一義具焉其於氏也則有二字氏有三字氏有四字氏其於音也則有二合音有三合音有四合音觀譯經潤文之義則知侈辭之道焉臣昔論中國亦

有二合之音如者焉二合爲旃者與之與二合爲諸之類是也惟無三合四合之音今論中國亦有二字之氏惟無三字四字之氏此亦形聲之道自然相應者也二十八曰代北複姓二十九曰關西複姓三十曰諸方複姓此皆夷狄二字姓也三十一曰代北三字姓侯莫陳之類是也三十二曰代北四字姓自死獨膊之類是也此外則有四聲又有複姓四聲者以氏族不得其所系之本乃分爲四聲以統之複姓者以諸有複姓而不得其所系之本者則附四聲之後氏族之道終焉五帝之前無帝號有國者不稱國惟以名爲氏所謂無懷氏葛天氏伏羲氏燧人氏者也至神農氏軒轅氏雖曰炎帝黃帝而猶以名爲氏然不稱國至二帝而後國號唐虞也夏商因之雖有國號而天子世世稱名至周而後諱名用謚由是氏族之道生焉最明著者春秋之時也春秋之時諸侯稱國未嘗稱氏惟楚國之君世稱熊氏荊蠻之道也支庶稱氏未嘗稱國或適他國則稱國如宋公子

朝在衞則稱宋朝衞公孫鞅在秦則稱衞鞅是也秦滅六國子孫皆爲民庶或以國爲氏或以姓爲氏或以氏爲氏姓氏之失自此始故楚之子孫可稱楚亦可稱芊周之子孫可稱周子南君亦可稱姬嘉又如姚恢改姓爲嬀嬀皓改姓爲姚茲姓與氏渾而爲一者也自漢至唐世有典籍討論茲事然皆出於一時之意不知澄本正源每一書成怨望紛起臣今此書則不然帝王列國世系之次本之史記實建國之始也諸家世系之次本之春秋世譜實受氏之宗也先天子而後諸侯先諸侯而後卿大夫士先卿大夫士而後百工技藝先爵而後謚先諸夏而後夷狄先有紀而後無紀繩繩秩秩各歸其宗使千餘年湮源斷緒之典燦然在目如雲歸于山水歸于淵日月星辰麗乎天百穀草木麗乎土者也臣舊爲氏族志五十七卷又有氏族源氏族韻等書幾七十卷今不能備姑載其略云

氏族目錄

以國爲氏

唐 虞 夏 商 殷 北殷 周 西周

周生 秦 漢 魯 晉 衞 蔡 曹

滕螣 燕 鄭 吳 魏 韓 何 號

郭 管 焦 滑 霍 聃 郜 浩

雍 畢 酆 郇 郕成 盛 于邘 應

凡 蔣 邢 茅 胙 作 賈 芮

隨 胡 巴 杷肥 遂 頓 道 邠豳

耿 岑 彤 肜 齊 楚 宋 荆

陳 趙 田 許 莒 邾 朱 婁僂

郳 兒 倪 杞 樓東樓 越 紀 息鄎

鄧 梁 薛 蕭 沈 曾鄫繒 徐 邳妘郥云

鄅 宿 羅 夔 淳于州公寔 穀國 舒舒鳩

舒蓼 舒鮑 須句須郯 談 黎犂 申 章

向 葛 諸葛 蓼 黄 權 江 顓臾

鄅 英 六 莘 辛 謝 射 偪陽

封 呂 仇吾 祝 萊 賴 譚 覃

弦 戴 載 項 暴 陽 冀 牟

鄟 鬲 巢 柏 軫 絞 貳 程

崇 扈 房 杜 箕 密須 寒 過

庸 戈 邶 鄘 鑄 邳 觀 襃

緡 岐 仍 奄 雙 武羅 吾 昆

昆吾 梅 癸北 雷 元 冥 斟斟尋 鄩

用 摯 允 灌斟灌廖飂 竹 郅 習

西陵 安陵 甲父 有窮 有扈 蒲姑 西壬 孤竹

封父 終利 夙沙 秣 末 柏成 顧 阮

共恭 龔 洪 苑宛 逢 彭 韋 狄
白狄 翟 代 路潞 戎 支 驪 畀
盧 鄚 甌歐 安 瞞 蠻 羌 鼓
米 滿 竺 落 洛 淮夷 皐落 義渠
西申
以郡國爲氏
紅 蘄 番 郴 鄮 東陽 東陵 櫟陽
周陽 信都 冠軍 武彊 廣武
以邑爲氏
祭 尹 蘇 毛 樊 尋鄩 單 甘
緱 滎 郗 鞏 氾汎 謝邱 營 劉
原 召邵 臧 郈后 費 郎 柳 匡
管 鄆 落姑 鄒 卞 瑕邱 矍相 菟裘

欒 郄 苦 祁 荀 智 輔 續
戲陽 函輿 邯鄲 羊舌 羊 絳 步 蒯蕢
堯 曲 范 士 隨 苗 邴 丙 吾邱 虞邱 令狐 温
楊 盂 壺 鞮 銅鞮 遬 緜 解 州
鄔 莢 俠 鄂 翼 籍 元 儀
常 裘 承 濮 戚 汲 聶 棗棘
商邱 五鹿 馮 京 閭邱 閭 隰 崔
盧 鮑 棠 穰 晏 晝 檀 來郲
菑 盆 即墨 即 葵邱 梁邱 籍邱 余邱
安平 高堂 鬬 蘧蔿 屈 陰 鍾 鍾離
春 上官 詹 蔓 白 葉 商密 軒邱
三閭 鄧陵 諸梁 棠谿 留 合 坎 華
平 横 鄭 信 馬 睢 藺 鹿

武成　鄍　衙　武安　華陽　涇陽　高陵　通

譙　鄮　鄼　縣　酈　取慮　蒯　鮮于

鮮　毋邱　毋　三烏　渠邱著邱　漁陽　堂邑　泉全

揭陽

以鄉爲氏

裴　陸　耨　龐　閻　郝　尸　肥

資　郟　胡毋　大陸

以亭爲氏

麋　采　俞豆　歐陽

以地爲氏所居附

傳　蒙　陵陽　少室　城　池　涂　嵇

鮭　橋　喬　勞　東關　關　賴　狐邱

邱　壺邱　桑邱　龍邱　蚍邱　陶邱　於邱　萑邱

水邱 曹邱 楚邱 廩邱 曼邱 咸邱 滓邱 安邱
淄邱 稷邱 雍邱 何邱 麥邱 北邱 獻邱 崎邱
羌邱 逢邱 厚邱一作原 美 綺 濟 巷 艾
柘 燭 牟 闞 辟閭 申屠 申徒 東門
西門 西 南門 北門 陽門 桐門 夷門 闞門
木門 逢門 胥門 戈門 雍門 彫門 門 東宮
西宮 南宮 北宮 東郭 西郭 南郭 北郭 東閭
西閭 屋廬 市南 社南 社北 三邱 三州 延陵
於陵 平陵 梁垣 蒲圃 東方 西方 九方 東里
百里 東鄉 西鄉 南鄉 北鄉 東野 西野 南野
北野 北唐 北海 成陽 濮陽 鮮陽 鮭陽 梗陽
洛下 瓜田 甪 祿里 綺里 夏里 櫄里 桐里
空同 延州 郯州 阪上 鉛陵

以姓爲氏氏附

姚 嬀 姜 歸 任 風 姬 嬴

姓 是 子 芈 姒似 隗 允 偃有偃匽

禿 姞吉 酉 娙 漆 弋 侯罔 伊祁

伊 己 嫪

以字爲氏

林 家 忌 謀 顯 旅 方 賁

槐 吉 施 奇 爲 貢 衆 騫

顓孫 公父 公子 公石 公索 公伯 公慎 公輸

公西 公罔 公冶 公祖 公羊 公良 公齊 公山

公儀 公沙 公玉 少施 夏父 子服 子家 子桑

子陽 子叔 子士 子言 子楊 子孟 子我 子有

子仲 子羽 張 矯 嘉 胥 先 利孫

平丕 叔帶 叔向 叔魚 孫 彌 析 石
南 子南 子玉 子伯 子齊 公南 公叔 公孟
公明 公文 公析 游 國 駟 印 良
伯有 羽 罕 子師 子國 子罕 子孔 子游
子駟 子晳 子豐 子人 孔 牛 樂 皇甫
靈 邊 正政 祿 乙 魚 事父 子革
子儀 慶 賀 尙 旗 子旗 子乾 子工
子泉 子襄 子雅 子尾 顏 董 明 子臧
子華 子州 公賓 袁 轅 爰 占 子獻
子占 子鞅 子芒 子尙 子禽 子輿 子寤 子沮
子宋 子夏 子枋 成 包 潘 乘 椒
囊 叔敖 無鉤 若敖 伯比 子庚 子季 子西
子重 子期 子囊 桑 逢孫

以名爲氏
大庭 大 懷 鬷 戲 伏 宓 有
神 軒轅 軒 鴻 金 青陽 青 媯
盤 昊皞 少 高陽 顓玉 堯 禹 啓
湯 甲 沃 槐 力 牧 王音宿 三苗
夷鼓 疇 堪 頡 倉頡 僑 蟜 童
僮 老 廣 放上聲 舊 蓐 栗 尊盧
鬷夷 勾龍 熙 修 白冥 根水 奔水 列烈
夙 訾 蚩 融 勾 尊 沌渾 屯
汪 稽 泠 冷 倫 伶倫 臺 回
敳 廉 龍 容 重 幕 莫 和
羲 殳 禺 狸 纍 實 達 格
雄 終 季連 善 鬻 皐 敖 陸終

丹 臨 參蔓 徵 咸 飛廉 昌 豹
倉 蒼 服 鞠 麴 稷 篇 皮
輿 晁 鼂朝 狐 昔 太 季騧 季隨 閎
牙 展 弓 賜 茲 如意 遺 述
牢 犨 麗 招 居 曠 萬婉 盈
虢射 季嬰 季夙 樓季 弗忌 甥 大狐 大戊
嬰 夷吾 梁其 瞫 段 司 豐 蘭
然 子然 去疾 壽 要 旣 常壽 慶忌
輒 兼 強梁 子郢 高 柴 臼季 激
刁 羽 連 法 光 駱 堂 將具
將鉅 熊 能 鬻 生 員 建 渦
冉 染 枝 到 鈞 倚相 辛廖 接輿
棄疾 射入聲 拳 僚 大心 楚季 無庸 季融

翠　子建　子午　圉龜　越椒　嬰齊　黑肱　巫臣
鮮虞　羿　悅說　奚　衍　微　微生　幾
仇　求　獲　季老　子蕩蕩鐸遏　督　目夷
祝其　耦　泥　庶其　茅夷　噲　搖　由由余
余　孫陽　偃師　卿　無婁　苴　離　綸
鱗　渾　禪　開　狠　名　顛　麻
柯　瑕　儋　舟　攸　祁　于　禽
琴　蕢　黔　易　苦　弘　臼　冶
苟　梓　倚　尾　汝　伍　禮　免
蹇　散　繞　肆　具　鬭　洩　捷
賓　恩　肩吾　徐吾　鍾吾　由吾　叔山　叔先
叔達　叔夜　叔服　方叔　陶叔　甲鮮　申章　子師
富父　仲熊　仲顏　原仲　慶父　安國　仲長　仲行

榮叔 墨台 墨 台怡 立如 罔意 舒堅

以次爲氏親附

孟 仲(仲孫) 种 叔(叔孫 叔仲) 季 伯 丁 癸

祖 舅 咎 古 爾 稚 次飲 孺

太叔 太伯 叔仲 中叔 仲叔 第五 第二 第八

太士 主父 主 南伯 南公 大季

以族爲氏

因 領 飢 錡 條 昭 繁 嗣

左 景 賞 索 陘 黨 掌 長勺

尾勺 趙陽 魯陽 終葵 工婁 傳餘 餘 韓餘

褐餘 梁餘 須遂 列宗 運奄 修魚 五王 小王

屈南 續祁 羌憲 會庌 樂利 幹獻 伊秋

夷狄大姓

党 朴 釋 赫 塞 宜 傍平聲 單平聲

雝 口 歛 異 騶 紙 緩 鐵

論 副 沓 蒦 郤 徐盧 源 茹

乜

以官爲氏

雲 五鳩 爽鳩 桑扈 烏 史 南史 內史

青史 太史 王史 侯史 祝史 左史 右史 終古

監 士 籍 席 師 帥 中英 樂正

太祝 庾 褚師 褚 錢 山 司馬 司寇

寇 司徒 司空 司城 司功 司鴻 司祝 司工

公正 宗正 宗宗伯 符 軍 偏 調 衡

阿 環 箴 淩 酒 委骫 杜 豎

宰 宰氏 保 度 庫 御 訓 憲

諫　校　侯　漏　節　畜　鄱　僕
粟　謁　閣　職　嗇　大師　大羅　牧師
馬師　少師　少正　宰父　行人　王人　徒人　左人
廚人　雍人　封人　寺人　大傅　中行　中壘　王官
弁官　左尹　右尹　門尹　箴尹　工尹　廐尹　連尹
沈尹　陵尹　季尹　芋尹　藍尹　樂尹　監尹　清尹
占尹　將匠　正令　趣馬　尚方　將軍　下軍　右行
右宰　右師　亞飯　三飯　四飯　理　里　相里
李

以爵爲氏

皇　王　公　霸　侯　公乘　公士　不更
庶長

以凶德爲氏

蛸 莽 聞人 閭 梟 兀 勃 杌

黥 蝮唐武后賜有罪人以虺氏

以吉德爲氏

冬日 老成 考成

以技爲氏

巫 屠 甄 陶 優 卜 匠 豢龍

御龍 擾龍 屠羊 烏浴 路洛 干將

以事爲氏

寶 所 痛 兒 車 鴟夷 冠 褐冠

新垣 白馬 乘馬 青牛 白象 白鹿 蒲 苻

芻 銳 空桑 白石 章仇

以謚爲氏

莊 嚴 敬文恭康 武 桓 穆繆 僖釐

文　哀　幽　宣　昭　襄　聲　寧

威　隱　閔　節耿　靖　懿　惠　厲

獻　孝　繆謬穆肅

以爵系爲氏

王叔　王子　王孫　公子　公孫　士孫

以國系爲氏

唐孫　室孫　廖叔　滕叔　蔡仲　齊季

以族系爲氏

仲孫　叔孫　季孫　臧孫　魚孫　楊孫　賈孫　古孫

福子　卷子

以名爲氏國邑鄉附

士丐　士季　士吉　士蔿　士貞　士思　伍參　胡非

鬬耆　伯宗　祁夜　鬬班　鬬彊　魏彊　巫咸　匠麗

祝圉 臧會 韓嬰 韓言 韓厥 韓籍 韓褐 孟獲
史葉 封具 精縱 屠住 邵皓 于已 先穀 彭祖
熊率 熊相

以國爵爲氏邑爵附

夏侯 柏侯 韓侯 屈侯 羅侯 白侯 莒子 戎子
舒子 滑伯 葛伯 息夫

以邑系爲氏邑官附

原伯 温伯 召伯 申叔 沂相 甘士

以官名爲氏官氏附

師宜 師延 師祁 尹午 呂相 史晁 侍其

以邑諡爲氏

苦成 古成 庫成 臧文 丁若

以諡氏爲氏

鼇子 共叔 惠叔 顏成 士成 尹文 闞文 武仲

以爵諡爲氏

成公 成王

代北複姓

長孫 万俟 宇文 慕容 慕輿 慕利 豆盧 獨孤

達奚 賀蘭 賀若 爾朱 赫連 賀拔 尉遲 屈突

斛律 斛斯 賀婁 伊婁 庫狄 若干 呼延 柘王

乙弗 薩孤 紇骨 邱敦 綦連 是連 可達 叱利

拔也 叱干 乙干 屋引 賀遂 拓跋 沮渠 禿髮

乞伏 折婁 谷渾 素和 吐萬 車焜 車非 紇干

乙旃 可頻 仇尼 賀悅 徒何 谷會 大野 拔略

俟利 俟元 俟畿 俟力 俟奴 賀魯 賀葛 賀賴

賀兒 是婁 是賁 是云 是奴 叱利 叱門 叱呂

叱李 叱盧 宥連 費連 叱羅 叱奴 出連 費羽
黜弗 莫盧 莫輿 莫者 莫侯 蓋婁 疋婁 悅力
勅力 倍利 多蘭 賀術 吐奚 越勤 爾綿 温孤
解毘 牒云 護諾 鐵伐 胡掖 木易 者舌 尸逐
何奈 先賢 唯徐 呼毒 渠復 植黎 奇斤 茹茹
吐賀 吐突 紇單 悉居 麗飛 吐門 吐難 渴單
阿單 渴侯 統萬 統稽 悉雲 安遲 輾遲 烏蘭
副呂 柯拔 温盆 馝邗 如羅 邱林 如稽 鐵弗
薄奚 紇奚 達奚 口引 須卜 烏丸 可地 沓盧
莪眷 去斤 菟賴 素黎 庫門 可沓 醜門 庫汗
婆衍 若久 宿勤 地倫 武都 普屯 折掘 昝盧
達步 斯引 叱靈 郁朱 鮑俎 鶻也 渠金 軍車
叱雷 駱雷 吐粟 都車 生耳 薄野 鶻奚 九盧

荷訾　李蘭　默容　三種　吐火　吐和　屋南　鶻野

已上二十一姓見複姓錄並不詳所出　契苾　阿跌　僕固　高車　哥舒

執失　舍利　沙吒　沙陁　蘇農　似和　悏跌　大跋

啜剌已上十四姓並唐朝歸化

關西複姓

鉗耳　莫折　荔非　彌姐　夫蒙　攜蒙已上西羌人不詳所出　昨和

屈男　罕井　魯步　同蹄　乡且　不蒙　咄咥

諸方複姓

夫餘　黑齒　毚臾　似先　朝臣　瞿曇　鳩摩　佛圖

迦葉　鄯善　烏氏　焉耆　且末　昭武　波斯

代北三字姓

俟莫陳　破六韓　乙速孤　可朱渾　步大汗　郁久閭

步六孤　邱穆陵　紇豆陵　沒鹿回　莫多婁　莫那婁

莫胡盧 莫且婁 莫侯盧 阿史那 阿史德 阿伏于

乙那婁 斛瑟羅 步鹿孤 普陋茹 可地延 拔列蘭

阿鹿桓 宿六斤 烏落蘭 破多羅 庫若干 白揚提

吐谷渾 叱伏列 庫傉官 勿忸干 普六茹 樹若干

匽地干 俟伏斤 地駱拔 郁原甄 若口引 費也頭

破落那 沒路真 譬歷辰 温石蘭 烏石蘭 紇突隣

骨咄祿 俟呂陵 大莫干 大利稽 俟力代 大洛稽

侯伏斤 壹斗眷 步鹿根 獨孤渾 末那樓 奚什盧

可足渾 渴燭渾 越質詰 阿逸多 突黎人 赤小豆

代北四字姓

自死獨膊 井疆六斤

平聲

東 桐 宮 躬 叢 中 莪 蟲 同

充翁儂冬佟琮從松邦
淙危馳綦慈釐斯移脂
之其元時遲茨治黎雖
衣斐希賁扶塗都區瞿
俞俱衢模呼雩梧軒辜
軲萸如絇儲紆蘧璩沮
於洙渠踈束(平聲)初鉏虛犀
陀洼毒嵐淮棓枚新真
頻欣仁闇勤筋芬言垣
溳薰鐏敦惲乾端讙官
莞但籛難姍嫺閒靬堅
全肩賢蜎涓便牽延虔
呑纏銚饒韶遼聊貂超

朝麃膠蒿桃蛾僛荼沙
佘蛇諸查花琅相疆將
芳涼彊卬荒鄉當喪鄺
杭征訇經零庚更星瓶
稱登繒恆僛憂尤修郵
秋不菴猷投樛侵鐔欽
諶鹽潛鍼函藍

上聲

奉重隴闞起俟被弭紫
履鬼舞宇萬府黼栩序
舉處巨仵堵浦圃姥補
禮邸洗亥改海忖菌本
雋棧琯曼蹇圈卷兗典

犀紹表考稻寶我假仉
仰養彊鞅象鬮汻井永
幸杏秉省猛鈄鈕守糗
醜聚厚後部審品枕檢
儉湛啖昝覽湳減咸撖範

去聲

統鳳祕利義騎匱類貴
尉嘯意謂露固故喻諭布
樹遇附務瓠錯據住鑢
庶絮桂香計棣隸制毳
蒂蔕稅藝裔弊世炔帶譪
沛貝兌佴進遴慎靳貫
冠爨贊炭戰戀賤練變

見薦燃淖漕好耗播操
舍厙化晉斥暢伉抗亢
曠相諒亮盎況浪聖性
豆鏤勾富繡救廐灸胄
舊就禁念

入聲

濩木沐谷睦潚鵠蔌郁
束鎐鄭逯卓偓濁濯朔
學術暨悉帙肰鬱尉蔚茀
恤郲厥骨髮笪察脫糴
折渫桀蘖齧別鐵恪佫
洛薄錯矍鐸博略藥約
直食勑墨勒植特錫壁

休　夕　室　赤　辟　管　適　麥　帛

益　革　澤　給　集　龔　蓋　屖　蚤

納　涉　接

複姓以茲複姓不知其本故附四聲之後

綦毋　西乞　西都　西鉏　南榮　北人　九百　段干　青萍

長盧　索盧　蒲盧　盧蒲　茲毋　巨毋　毋將　毋終　毋車

宣于　鬬于　多于　梁由　梁石　梁可　仲梁　穀梁　將梁

容成　廣成　務成　析成　陽成　上成　谷成　將閭　林閭

庚桑　有男　澹臺　浩星　墨夷　養由　安期　沐蘭　端木

姑布　黔婁　中梁　中野　室中　路中　步叔　石作　古野

壤駟　合博　漆彫　空相　京相　馬矢　馬適　巫馬　關龍

青烏　羊角　苑羊　羱羊　浩羊　長魚　昭沙　樂王　泠州

老萊　列禦　瞻葛　瑕呂　不第　鉤弋　呂管　陸終　邑裘

懸潘　屠岸　函冶　洞沐　甫爽　安是　遨僕　補祿　游樺

總論十三篇

同名異實第一　改氏第二　改惡氏第三　漢魏受氏第四

變夷第五　變於夷第六　別族第七　避諱第八

音訛第九　省文第十　省言第十一　避仇第十二

生而有文第十三

氏族略第一

以國爲氏

古帝王氏

唐氏祁姓亦曰伊祁出陶唐氏之後堯初封唐侯其地中山唐縣是也舜封堯之子丹朱爲唐侯至夏時丹朱裔孫劉累遷于魯縣累孫猶守故地至商更號豕韋氏周復改爲唐公成王滅唐以封弟叔虞號曰唐叔乃遷唐公於杜降爵爲伯今長安杜城是也周之季世又封劉累裔孫在魯縣者爲唐侯以奉堯嗣其地今唐州方城是也傳曰自虞以上爲陶唐氏在夏爲御龍氏在商爲豕韋氏在周爲唐杜氏成王滅唐故子孫爲唐氏此晉之唐也宣十二年傳楚子使唐狡與蔡鳩居告唐惠侯使潘黨率游闕四十乘從唐侯爲左拒其地在今隨州唐城縣此楚之唐也定公五年楚滅唐子孫亦以唐爲氏在晉者仕晉在秦楚者仕秦楚晉有唐雎爲魏大夫西說秦不敢加兵於魏楚有唐狡唐勒勒與宋玉景差俱師屈原爲楚襄王文章齊名秦有唐厲爲漢中尉擊豨有功封斥邱侯

臣謹按釋例唐姬姓又公子譜一曰成王封叔虞於唐號曰唐叔侯其子燮父之後春秋時國小微弱遂屬爲楚邑據此當云其子燮父之後別封于唐近于楚微弱遂爲楚屬邑又按堯之後分爲六唐氏杜氏范氏劉氏韋氏祁氏皆爲著姓豈堯澤之不泯歟

虞氏 姚姓舜之建國也舜以天下授禹禹封舜之子商均於虞城爲諸侯後世國絕以國爲氏又周太王之子太伯之弟仲雍是爲虞仲嗣太伯之後於句吳武王克商封舜之後胡公滿於陳封虞仲之庶孫於虞城以爲虞仲後虞仲國於吳其支庶封于此故亦謂之西吳此姬姓之虞也今陝州平陸縣東北六十里有故虞城在僖五年晉滅之子孫亦以國氏

夏氏 亦曰夏后氏姒姓顓帝之後也當堯之時有洪水之患使鯀治之九載不成功乃殛鯀于羽山用其子禹爲司空治水有大功舜以天下授之是爲夏后氏今陝州夏縣禹之所都也禹之受舜禪至桀凡十七君十四世四百七十一年爲湯所伐放於南巢武王克商封其後於杞其非爲後不得封者以夏爲氏焉又陳宣公之子少西字子夏其孫夏舒以王父爲氏是爲陳夏氏也後漢有夏馥夏牟

商氏 子姓商本上雒今之商州也及成湯有天下始遷于亳而命以殷然商之號亦未始廢焉商始祖契其母曰簡狄爲帝嚳次妃三人行浴見元鳥隕卵取而吞之孕而生契舜命契爲司徒封於商十四世至湯放桀又三十世至紂周武王滅之子孫以國爲氏魯有商瞿仲尼弟子又秦有衞鞅本衞公子也封爲商君子孫亦以商氏焉宋朝登科有商庭又有商言詩登州人

殷氏 契始封於商後世遷于亳故京兆杜縣有亳亭是也杜城今在長安南故司馬遷云禹興西羌湯起亳也及有天下始居宋地復命以亳今南京穀熟是也蓋有溵水出陽城東至西華汝陽入於潁水合流古人并謂潁爲溵故命以殷舊有溵水縣宋建隆改商水隸陳州然遷于囂遷于相遷于耿遷于朝歌皆謂之殷以成湯建國之所命也或謂之商以契始封之所命也自湯至雍己而商道始衰諸侯或不至雍己弟太戊立任伊尹之子伊陟爲相桑穀共生于朝一夕太拱伊陟曰妖不勝德君之政無乃有闕太戊修德祥桑枯死商道復興故稱中宗太戊崩子仲丁立遷于囂至河亶甲遷于相商

復衰子祖乙立遷于耿任巫賢而商道復興至于陽甲王業益不振良由自仲丁以來廢適而更立諸弟子弟或爭相代而立比九世亂於是諸侯不朝陽甲崩弟盤庚立是時都河北盤庚渡河南凡五遷復居湯之故都治亳行湯之政諸侯始朝其弟少辛立商復衰百姓思盤庚之治乃作盤庚三篇至武丁即位因夢而求得傅說爲相爲中興主廟號高宗至武乙復去亳徙河北好射獵爲革囊盛血仰而射之曰射天暴雷震死至紂爲周武王所滅封微子於宋以奉湯祀其子孫不得封者以國爲氏

北殷氏 成湯之後有北殷氏

周氏 姬姓黃帝之苗裔后稷棄之後有邰氏曰姜原爲帝嚳元妃出見巨人跡踐之而孕期月生稷初以爲不祥而棄之故名曰棄好種藝堯聞之舉爲農師舜封於邰號曰后稷邰今武功縣斄城是也邰之總名曰周故國號周后稷卒子不窋立不窋末年夏太康失國稷官遂廢不窋失職乃奔戎狄之間孫公劉復修后稷之業詩人歌之遷于豳今邠州三水有古豳城是也至古公亶父有薰鬻之難去豳居岐豳人扶老攜幼盡歸之隣國亦歸之今鳳翔岐山是也至文王始伯諸侯武王光有天下追封古公季歷文王爲王文王都豐武王都鎬豐在永興鄠縣東南鎬在豐之東二十里昭王之時王綱不振乃南巡狩卒於江上穆王得八駿西巡於崑崙之邱以見西王母樂而忘歸徐偃王作亂厲王無道國人畔之出奔于彘召公周公二相行政號曰共和共和十四年立厲王之太子靖是爲宣王周室中興其子幽王爲褒姒蠱惑欲立其子伯服而廢申后太子宜臼宜臼奔申申侯與犬戎攻周殺幽王於戲晉文侯與鄭武公迎宜臼于申而立之是爲平王徙居東都王城今西京河南縣是也平王四十九年魯隱公之元年也敬王又遷成周今洛陽縣也敬王三十九年獲麟之歲也敬王四十一年春秋終元王以下十有二世二百二十一年赧王爲秦所滅黜爲庶人百姓號曰周家因爲氏焉又平王之

子別封汝南者亦為周氏見志猶詳又有周公黑肩之後世為周卿士又商有太史周任豈其食采於周與又秦相有周恢又有姬氏唐先天中避明皇嫌名改為周氏又上元中暫佐時準制改為周氏又代北複姓有賀魯氏改為周氏又後魏獻帝次兄普氏改為周氏又後周改周氏為車非氏

西周氏 赧王為西周武公其後為西周氏

周生氏 見姓苑今人呼人亦曰某生不必外生也晉中經簿云魏侍中周生烈本姓唐外養周氏

秦氏 嬴姓少皞之後也以皐陶為始祖十世曰蜚廉生二子一曰惡來其後為秦二曰季勝其後為趙惡來之後五世曰非子初封於秦谷為秦氏秦谷故隴西秦亭是也隴西幷入汧原今隸隴州有故秦城在後徙封平陽復遷于岐豐之間又遷於犬邱又遷於雍又遷於櫟陽又遷於咸陽皆本於秦谷故號秦焉非子好馬及畜周孝王使主馬於汧渭之間馬大蕃息孝王曰昔柏翳佐舜主畜畜多息故有土賜姓嬴今後世亦為朕息馬朕其分土為附庸邑之秦使續嬴氏祀號曰秦嬴或曰伯益佐舜賜姓嬴氏秦嬴四世曰秦仲為周宣王大夫始有車馬禮樂以討西戎死之莊公立長子世父曰戎殺我大父我非殺戎王不敢入邑讓與其弟襄公周幽王有犬戎之難襄公救周以兵送平王都雒邑平王封襄公為諸侯賜之岐以西之地至穆公用百里奚蹇叔為大夫納公子重耳為晉君不殺孟明視西乞術白乙丙以報晉人殽之役禮亡臣由余以伐戎益國十二開地千里遂霸西戎至孝公用衛鞅之術以富國彊兵自此以還六國不能與之爭衡凡三十五世自子嬰降漢秦之子孫以國為氏焉魯又有秦氏居於秦邑今濮州范縣北舊秦亭是其地又楚有秦商魯有秦非秦有秦祖秦冉者皆為仲尼弟子漢有頴川太守秦彭晉有秦起

太史公曰秦之先為嬴姓其後分封以國為姓有徐氏郯氏莒氏

鍾離氏運奄氏菟裘氏將梁氏黃氏江氏脩魚氏白冥氏蜚廉氏
秦氏然秦以其先造父封趙城爲趙氏
臣謹按嬴姓也秦氏也何謂以國爲姓乎徐郯莒黃江國也以國爲氏者鍾離楚邑菟裘魯邑也以邑爲氏者蜚廉人名也以名爲氏者何謂以國爲姓乎凡此十三氏幷趙爲十四氏其爲氏不同而姓則同嬴也由司馬氏作紀世家爲譜系之始而昧於此義致後世之言姓氏者無別焉言秦者又有三秦國之後以國爲氏其有出於魯者以邑爲氏蓋魯有秦邑故也出於楚者未知以邑以字與然此三秦者所出既殊皆非同姓彼十四氏雖不同秦而同嬴是爲同姓此三秦者雖同秦而不同嬴是不爲同姓古者婚姻之制別姓不別氏三秦可以通婚姻十四氏不可以通婚姻此道湮蕪已久譜諜之家初無識別

漢氏（姓苑云東莞有此姓云漢高帝之後初項羽封沛公爲漢王王巴蜀漢中今興元府漢中郡也自高帝至光武終於獻帝通王）

莽十八年劉聖公二年計四百二十五年傳漢祚漢亡子孫或以國爲氏

臣謹按三代之時天子諸侯傳國支庶傳氏其傳國者國亡則以國爲氏三代之後雖有國號無問適庶皆以氏傳而謂之姓如漢家雖亡亦稱劉氏或有稱漢者雖存古道而存爲希姓

周同姓國

臣謹按以國爲氏者有二諸侯之子在其國稱公子在他國則稱國國亡無爵者亦稱國

魯氏武王克商封其弟周公旦於曲阜本少昊之墟又大庭氏居之魯於其上作庫故謂大庭氏之庫其地本名魯因以命國乃作都於曲阜宋祥符中改曲阜爲仙源今隸兗州周公留相成王而使元子伯禽就封於魯錫之山川土田附庸官司典策四代之樂郊上帝與周同制伯禽之國周公戒之曰我文王之子武王之弟今王之叔父我於天下亦不賤矣然我一沐三握髮一飯三吐哺猶恐失天下之士汝之魯慎無以國驕人伯禽之魯三年而報政周公曰何遲也曰變其俗革其禮喪三年然後除之太公封於齊五月而報政周公曰何速也曰吾簡其君臣禮從其俗爲也周公歎曰魯後世其北面事齊矣不簡不易民不有近平易近民民必歸之宜公之後三家盛公室微弱昭公見逐卒于乾侯自隱公至哀公凡十二世見春秋自悼公至頃公爲楚考烈王所滅頃公亡遷于卞邑爲家人子孫以

國爲氏

臣謹按魯自莊公之時齊桓公始伯爾後齊爲盟主魯共命之不暇則報政之言周公不虛也況魯自襄仲殺適立庶宣公之後公室微弱政在三家昭公不反國哀公卒于有山氏可哀也哉魯起周公至頃公三十四世豈周公之澤流芳浸遠而微弱之漸亦由伯禽立政之所始也

晉氏 晉大夏之墟也堯之所都平陽其國曰唐及叔虞封於唐其子燮父嗣封改爲晉以其地有晉水故也今爲晉州其地正名翼亦名絳而平陽者是其總名至景公遷于新田謂新田爲絳今絳州也而謂平陽爲故絳叔虞者武王第二子初邑姜方娠武王夢天謂之曰余命而子虞與之唐及生有文在其手曰虞遂命曰虞字子于成王立唐有亂周公滅之成王與叔虞戲削桐葉爲珪曰以此封若史佚因請擇日立叔虞成王曰吾與之戲耳佚曰天子無戲言遂封於唐在河汾之東地方百里至昭侯封其叔成師於曲沃號桓叔曲沃大於翼是謂末大於本桓叔之孫武公滅翼以其寶器獻于周僖王王命武公爲晉君獻公始彊大文公伯諸侯文公之後世爲盟主至景公遷于新田晉始作六卿自此政在私門韓趙魏盛彊烈公十九年周威烈王命三家皆爲諸侯靜公二年魏武侯韓哀侯趙敬侯滅晉而三分其地靜公遷爲家人子孫爲晉氏凡三十三代魏將有晉鄙蓋其後也漢有晉寶爲樂安相

臣謹按晉魯大國而其子孫希少者皆由彊臣剝喪公室枝葉凋落其來已久及夫亡國之日公族無幾矣齊亦如是

衛氏文王第九子康叔封之國也武王克商之後以商餘民封紂子武庚祿父以奉先祀武王又令其弟管叔蔡叔相之以和其民武王崩成王幼周公攝政管蔡疑周公挾武庚祿父作亂周公以王命伐之而以商之餘民封康叔爲衛君居河淇之間故商墟周公與康叔至相睦故以其地封之作康誥酒誥梓材三篇命之國而行魯國之政故曰魯衛之政兄弟也其地曰朝歌漢晉爲縣隸汲郡隋始改爲衛縣遂爲衛州衛縣朝歌故城在縣西二十二里衛縣宋熙寧中省爲鎮入黎陽及懿公爲狄所滅齊桓公率諸侯城楚邱而立文公楚邱今單州成武是也魯僖公三十一年衛成公始遷于帝邱今澶州濮陽是也桓公十二年魯隱公之元年也出公輒十二年獲麟之歲也凡傳世四十餘至衛君角之九年秦并天下子孫以國爲氏至漢有丞相建陵侯衛綰

蔡氏文王第五子蔡叔度之國也或言第十四子同母兄弟十人唯發旦賢故文王舍伯邑考而立武王周公輔之武王平天下封功臣兄弟乃封叔鮮於管叔度於蔡二人相紂子武庚祿父治商餘民武王崩成王少管蔡疑周公不利於成王乃挾武庚以作亂周公以王命伐之殺管叔而放蔡叔與車十乘徒七十人從而分商餘民爲二其一封微子啓於宋以續商祀其一封康叔爲衛君蔡君叔度旣遷而死其子曰胡改德率行周公聞之舉以爲魯卿士魯國治於是言於成王復封於蔡以奉蔡叔之祀是爲蔡仲其地今蔡州上蔡縣西南十里故蔡城是也至平侯徙居新蔡今蔡州新蔡是也至昭侯衰微服役於楚遂徙于州來謂之九江下蔡是也下蔡今爲縣隸壽州宣侯二十八年魯隱公之元年也昭

侯子成侯侯十年獲麟之歲也自昭侯以下春秋後相承二十六世爲楚所滅子孫以國爲氏又後周改賜姓爲大利稽隋復舊晉有蔡墨秦相蔡澤或以邑或以地未知其得氏之由漢功臣表肥如侯蔡演演玄孫丞相義義玄孫勳爲長安邸長累召不至勳曾孫攜

曹氏叔振鐸文王子而武王弟也武王克商封之於陶邱今廣濟軍定陶是也振鐸後十四世桓公二十五年魯隱公之元年也至二十四世伯陽立爲宋景公所滅時魯哀公八年也初國人有夢衆君子立于社宮謀亡曹曹叔振鐸止之請待公孫彊許之夢者求之曹無此人而戒其子曰我亡爾聞公孫彊爲政必去曹無罹禍及伯陽即位好田弋之事六年曹野人公孫彊亦好田弋獲白鴈而獻之且言弋之說因訪政事伯陽說之使爲司城以聽政夢者之子乃亡去十四年公孫彊說曹伯背晉奸宋十五年爲宋景公所滅子孫以國爲氏

滕氏文王第十四子叔繡後也武王封之於滕舊云滕在沛國公邱縣東南按晉志公邱屬魯國今兗州龔邱是隱十一年滕薛來朝爭長自叔繡及宣公十七世始見春秋國小弱不能朝王每朝于魯名不赴故不書隱公以下春秋後至公邱一十一世爲秦所滅繹例云春秋後七世爲齊所滅又有騰氏即滕也因避難改爲騰後漢有北海相騰撫梁孝行傳有騰曇恭今開封有此姓

燕氏北燕也舊幽州薊縣是也南燕今滑州胙城是也召康公奭周之支族食邑於召武王滅紂封召公於北燕成王以爲三公與周公分陝而治決獄於甘棠之下後世思之不忍伐焉然其國僻小不能通諸夏盟會自召公以下九世至惠侯始見載籍又惠侯九世莊公之時齊桓公始伯北伐山戎爲燕開路燕君送齊君出境齊君割燕君所至地以予燕使職貢于天子修召公之政於是平莊公始稱公自莊公十三世簡公始見春秋簡公卒獻公立始有年次自獻公至易王八世始稱王易王卒燕噲立讓國與其相子之子之南面行王事國

人不悅齊王令章子將五都之兵因北地之衆以伐燕子之亡燕昭王卽位欲雪齊恥乃卑身厚幣以招賢者築宮以尊郭隗而師事之樂毅自魏往劇辛自趙往鄒衍自齊往士爭趨燕乃與秦楚三晉合謀而伐齊齊兵大敗湣王亡自易王至王喜七世稱王爲秦所滅自獻公之子孝公以下六世始大稱王十二世二百二十五年太史公謂燕崎嶇彊國之間最爲弱小幾滅者數矣然社稷血食八九百歲於姬姓獨後亡豈非召公之烈邪南燕姞姓伯爵黃帝之後實故國猶存於周者南燕北燕皆爲燕氏此異姓而同氏者望在范陽漢有功臣宜城侯燕倉後漢中郎將燕瑗北齊有右僕射燕子獻周唐有補闕燕欽融宋朝有龍圖閣學士燕肅望出上谷范陽

鄭氏 周厲王之少子宣王之母弟桓公友之後也桓公初受封於鄭在周之畿內今華州鄭縣是也封三十三歲爲周大司徒當幽王時桓公問於太史伯曰王室多故吾安逃死乎對曰獨洛之東土河濟之南可居地近虢鄶其君貪而好利今君爲司徒民皆愛公公誠居之虢鄶之民皆君之民也桓公從之後幽王有犬戎之禍桓公死難其子武公從平王東遷卒有虢鄶之地號爲新鄭今之鄭州也武公生莊公莊公之二十年魯隱公之元年也聲公二十年獲麟之歲也聲公三十七年卒自聲公三世至幽公韓武子伐鄭殺幽公子孫播遷陳宋之間以國爲氏自幽公二世鄭君乙之二十一年復爲韓所幷幽公生公子魯魯六世孫榮號鄭君生當時漢大司農居滎陽開封唐志云魯七代孫鄭君生當時

吳氏 今蘇州城是也太伯與弟仲雍皆周太王之子而王季歷之兄也季歷有聖子昌太王欲立季歷以及昌故太伯仲雍相攜而奔荊蠻太伯號句吾舊曰句吾地名然吳有勾吾越曰勾踐皆是名號非謂地名勾者吳越之語辭也荊蠻之人義太伯從而歸之千餘家立以爲君長太伯卒無子仲雍立至武王克商求太伯仲雍之後得仲雍之曾孫周章已君吳矣從而封之

爲吳子追封太伯爲吳伯又別封周章之弟虞仲於虞皆爲諸侯自太伯五世而得封十二世而晉滅虞虞滅而吳始大至壽夢而稱王其子季札來聘始見春秋自壽夢以上可知世數而不可紀年壽夢之元年魯成公之六年也夫差十五年獲麟之歲也二十三年魯哀公之二十二年也是年勾踐滅吳子孫以國爲氏季札避國子孫居齊魯之間

魏氏 始祖畢公高封於畢爲畢氏杜預曰畢在長安西北今長安縣西有杜山又曰畢陌至畢萬事晉封於魏杜預曰魏在河東河北縣河北今爲平陸縣陝州治有魏城後雖遷徙不常自封魏之後皆號魏惟徙梁之後亦謂之梁按畢公高周文王第十五子蓋庶子也故云姬姓之別族武王伐紂而高封於畢其後絕封爲庶人其苗裔曰畢萬卜事晉遇屯之比辛廖占之曰吉此公侯之卦獻公十六年趙夙爲御畢萬爲右以伐耿霍魏三國而滅之以魏封畢萬爲大夫生魏犨從晉公子重耳出奔及重耳立以犨襲魏氏後治於魏武子之後世爲晉卿生悼子徙治霍今晉州霍邑是也生魏絳晉悼公曰自吾用魏絳八年之間九合諸侯和戎翟絳之力也賜之樂是爲莊子徙治安邑今爲縣隸解州自莊子七世文侯始稱侯受經於子夏過段干木之閭未嘗不式也其子武侯之十年與韓趙滅晉而分其地武侯之子稱王徙治大梁今開封治也是爲梁惠王自文侯而下二侯七王秦將王賁灌大梁城滅王假以其地爲郡縣子孫以國爲氏安釐王封其弟公子無忌爲信陵君其後蕃盛漢有高梁侯魏無知者信陵君之孫也又有甯陵君魏咎陳勝立爲魏王其弟魏豹項羽立爲魏王後乃魏之諸公子也

韓氏 姬姓之別族出晉穆侯之少子曲沃成師是爲桓叔生萬是爲武子食采韓原一云成王封叔虞於唐賜畢萬韓原之地其地今同州韓城縣南十八里故城是武子生厥是爲獻子晉景公之時晉作六卿獻子在一卿之位從其始封遂爲韓氏世爲晉卿厥生起是爲宣子起聘于周

天子嘉其有禮曰韓氏其邑阜於晉宣子徙居州今懷州武德是也生貞子徙居平陽今晉州也貞子五世景侯與趙魏俱得爲列侯景侯四世哀侯與趙魏分晉國滅鄭而徙都焉哀侯四世宣惠王始稱王至王安五年秦攻韓急使韓非使秦秦留非殺之九年秦虜王安盡入其地爲穎川郡自景侯至王安六侯五王百七十九年

何氏 姬姓唐叔虞裔孫韓王安爲秦所滅子孫分散江淮音訛以韓爲何氏漢有何武爲膠東相孫比干爲丹陽都尉

虢氏 有二皆王季之子虢仲之國在今虢州謂之西虢僖五年晉滅之虢叔之國在鳳翔虢縣公子譜云在滎陽謂之東虢虢叔之國爲鄭所幷以建鄭國虢仲之國僖五年晉滅之子孫以國爲氏左傳晉大夫虢射漢有虢廣爲春秋博士

郭氏 春秋有郭公遂以爲氏公羊曰虢謂之郭聲之轉也或言郭爲晉所滅公子配奔周遂爲郭氏今虢氏無聞惟著郭氏左傳齊有郭最燕有郭隗後漢郭丹又有郭泰字林宗舉有道

管氏 周文王第三子管叔鮮之國其地今鄭州管城是也子孫以國爲氏焉又齊有管夷吾出自周穆王至夷吾始顯於齊夷吾裔孫修仕楚齊又有管至父漢有燕令管少卿未知其自齊往與此皆以邑爲氏者

焦氏 史記周武王封神農之後於焦今陝州東北百步焦城是也左傳曰虞虢焦滑皆姬姓也爲晉所滅子孫以國爲氏漢有外黃令焦貢後漢有焦儉魏志有河東焦先吳志有會稽焦征羌

滑氏 周同姓舊云河南緱氏縣是緱氏今廢爲鎮隸偃師其國爲晉所滅子孫以國爲氏左傳鄭大夫滑羅漢有詹事滑興望出京北安陸宋朝登科滑君俞濟州人滑延年邢州人

霍氏 周文王第八子霍叔處之國今晉州霍邑是其地閔元年晉滅之子孫以國爲氏

聃氏 風俗通周文王第十子聃季載之後按世系譜聃季載文王第十七子周有聃啓

郜氏 周文王之子封於郜或又言第十一子聃季之弟子爵今單州

成武有二部城是其地也晉有高昌長郜玖望出安定京兆

浩氏 音告漢青州刺史浩寶吳都尉浩舟唐隰州刺史浩聿狀元云本郜氏因避難改爲浩氏聿生虛舟

雍氏 去聲舊云河內山陽縣按山陽在懷州修武范曄云山陽有雍城文王第十三子雍伯受封之國其後裔爲雍氏又宋有雍氏姞姓也鄭有雍糾齊有雍廩雍巫楚有雍子望出京兆平原宋政和登科雍舟御雍源並閬州人大觀雍觀復利州人政和雍垣鄭州人紹興雍朝瑛普州人

畢氏 周文王第十五子畢公高始封於此其子萬事晉乃封於魏居於畢者以畢爲氏今長安縣西有杜山又曰畢陌是其地也漢有滕侯畢取本南越將軍生奉義宋朝宰相畢士安狀頭畢漸又有出連氏改爲畢氏虜姓也

酆氏 周文王之子酆侯之後或言第十七子此文王之舊都也故城在今永興鄠縣北二十里其後以國爲氏又有酆舒宋朝登科酆伸之嚴州人

郇氏 周文王之子封郇侯或言第十七子郇國故城在邠州三水東其後以國爲氏郇音荀一音環今有環音之氏而未聞荀者

臣謹按譜文王十七子然原郇二侯不在其列此譜系之家失於記載原郇爲文王之昭左氏見之甚明

郕氏 亦作成伯爵文王第五子郕叔武之所封或言武王封季載於此其地在今濮州雷澤北三十里郕國故城是也其後以國爲氏或去邑爲成氏與周之成肅公楚之成得臣同爲一成宋朝登科成唐晉州人成繡應天人成斯立蜀人今三衙太尉成閔

盛氏 周之同姓國也後爲齊所滅穆天子傳云盛姬之國公羊云成降于齊師成者盛也以諱滅同姓故言成也又有奭氏召公奭之後也蓋

以名爲氏後避漢元帝諱故改奭氏爲盛氏焉漢有司徒盛吉後漢有北海太守盛苞

于氏 卽邘氏周武王之子邘叔所封之國京相璠云野王縣西北三十里有故邘城及邘臺野王隋改曰河內今懷州治子孫以國爲氏其後去邑但爲于氏亦有不去邑者後魏官氏志有萬紐氏改爲于氏始有自東海隨拓拔隣徙代改爲萬紐于氏後魏孝文時復爲于氏又淳于氏唐元和初避憲宗嫌名改爲于氏

應氏 侯爵武王第四子今汝州葉縣故應城是也漢初有隱者應曜居淮陽山與四皓俱被召時人語之曰南山四皓不如淮陽一老玄孫順後漢將作大匠望出汝南潁川

凡氏 周公第二子凡伯之後爲周畿內諸侯袁崧云凡在共縣西南今衛州城西南二十二里有凡城皇甫謐謂凡氏避秦亂添水爲汎氏

臣謹按凡者周公之後爲凡國汎者周大夫采邑也自是兩家因知姓氏家有避地改姓之言多無足取

蔣氏 周公之第三子伯齡所封之國也杜預云弋陽期思縣是按期思宋改爲樂安今光州仙居縣是也漢有隱者蔣詡又有蔣期劉宋時有蔣恭靈異後封爲蔣神

邢氏 侯爵周公之第四子受封於邢今邢州治龍岡是其故地也僖二十五年衛滅之子孫以國爲氏

茅氏 周公之後也今濟州金鄉是其地子孫以國爲氏又有茅戎卽戎之別裔又邾大夫有茅地茅夷鴻秦有博士茅焦上書說始皇神仙傳有茅盈又有茅氏兄弟三人隱句曲山成仙去未知其爲茅國之裔或別有茅邑也

胙氏 周公之後今滑州胙城是其國爲南燕所幷子孫以國爲氏

作氏 風俗通周公之子胙侯子孫因避地改爲作氏漢有涿郡太守作顯

賈氏 伯爵

康王封唐叔虞少子公明於此同州有賈城即其地或言河東臨汾有賈鄉是也爲晉所滅子孫以國爲氏又晉既并賈遂以爲邑故晉之公族狐偃之子射姑食邑於賈謂之賈季其後則以邑爲氏

芮氏 伯爵周同姓之國司徒芮伯之後也其後有芮伯萬其地即陝州芮城爲晉所滅齊景公妾曰芮姬

隨氏 侯爵今隨州是其地楚滅之子孫以國爲氏又杜伯之玄孫爲晉大夫食采於隨曰隨會子孫以邑爲氏至隋以周齊不遑寧處故去走作隋搜神記隨侯行野見蛇傷乃傳之藥蛇報以明珠所謂隨侯之珠是也未知隨侯爲何代人

胡氏 子爵其地在今潁州汝陰西二里胡城是也定十五年楚滅之其後以國爲氏或云胡公滿封於陳其後亦爲胡氏又樂陵之胡賜姓李又河南之胡改紇骨氏爲胡也

巴氏 子爵世本云巴丁國子孫以國爲氏其地杜預云巴郡江州縣按江州隋改江津今隸渝州漢有太常巴茂後漢黨錮傳有巴肅又有揚州刺史巴祗以清貧著名

杷氏 杷闕牙切字亦作爬本巴氏東樓公之後後漢靈帝時巴康避董卓難改爲杷氏

遂氏 子爵莊十三年齊滅之其地在濟州鉅野或言燧人氏之後非也

頓氏 子爵頓子牂之國也今陳州南頓即其地定十四年楚滅之子孫以國爲氏魏志華陀傳有督郵頓子獻漢有頓蕭爲邵陽長望出魏郡宋世登科有頓起頓聾皆蔡州人

道氏 姬姓之國今蔡州確山西南有故道城疑爲楚所并子孫以國爲氏楚有大夫道朔宋世有登科道大亨常州人

邠氏 亦作豳姓苑云周太王居邠因氏焉

臣謹按太王去邠居岐其族屬留于邠者爲邠氏

耿氏 姬姓商時侯國閔元年爲晉所滅今河中龍門縣南十二里故耿城是尚書祖乙圮於耿是此地也

岑氏 呂氏春秋云周

文王封異母弟耀之子于渠爲岑子其地梁國岑亭是也子
孫以國爲氏宋有岑平岑頔登科元祐有岑穰濟州人　彤氏出於
彤伯
周同姓之國
爲成王宗伯彤氏本彤氏避
仇改爲彤

周異姓國

齊氏姜姓四嶽之苗裔也與申呂許皆姜姓四嶽佐禹有功或封於
申或封於呂故太公謂之呂望文王得於渭濱以爲太師股肱
周室相武王克商封於營邱即今臨淄縣是也或云營邱故城在濰
州昌樂其地本顓帝之墟晏子曰昔爽鳩氏始居於此季萴因之逢
伯陵因之蒲姑氏因之而後太公因之又管仲曰昔召康公命我先
君太公曰五侯九伯汝實征之以夾輔周室賜我先君履東至于海
西至于河南至于穆陵北至于無棣僖公九年魯隱公之元年也簡
公四年獲麟之歲也凡二十九世爲彊臣田氏所簒子孫以國爲氏
又衛大夫齊子以字爲氏戰國時有齊冣周人也漢有光祿大夫齊
晉功臣表平恭侯齊受傳封四代晉有齊恭注漢書前涼將軍齊肅
後涼僕
射齊難楚氏羋姓始居於丹陽今江陵枝江是也後遷于郢今江陵
縣北有舊郢城本國號荊遷郢始改楚又遷于鄀今襄
陽宜城西南有鄀亭山後遷于壽春今之壽春府也楚之先出顓帝
高陽氏曰重黎爲帝嚳火正使伐共工氏不克事帝誅之而以其弟
吳回爲重黎後復居火正爲祝融吳回生陸終陸終生季連季連之
苗裔曰鬻熊爲文王師及成王舉文王之勞臣封其曾孫熊繹居丹
陽國號荊今江陵枝江是其故地熊繹與周公之子伯禽康叔之子
牟晉侯之子燮太公之子呂伋俱事成王然世以名稱皆無爵號至
熊達始盛彊十九年則魯隱公之元年也三十五年伐隨使隨人爲
請於周以尊爵號王室不聽三十七年熊達怒曰吾先君鬻熊文王

師也不幸早世成王舉我先君錫以子男之田令居楚蠻夷率服而王不加位我自尊耳乃自立爲武王始開濮地而有之武王卒子文王立始都郢改號楚今江陵縣北舊郢城是也文王卒子成王立結舊好於諸侯使人獻天子天子錫之胙曰鎮爾南服使夷越之亂無侵中國於是開地千里三十九年滅夔以不祀祝融與鬻熊故也靈王之七年築章華臺內亡人實之共王有寵子五人無適立乃望祭羣神而決之陰與巴姬謀而埋璧於室內召五子齊而入康王跨之靈王肘加焉子比子晳皆遠之平王幼抱而入再拜皆壓紐故康王以長立至其子失之圍爲靈王及身而弒四子皆無後惟平王續楚祀昭王十年冬伍子胥復父兄之仇相吳王闔閭以伐楚入郢楚平王之墓十二年吳復伐楚楚去郢北徙都鄀今襄陽宜城西南有鄀亭山是其地懷王三十年秦昭王詐遺懷王書欲親結盟于武關既至伏兵劫懷王而西至咸陽朝章臺如蕃臣不與亢禮楚人立太子橫爲頃襄王三年懷王卒于秦秦歸其喪楚人哀之考烈王二十二年秦王政立楚與諸侯共伐秦不利東徙壽春命曰郢王負芻五年秦將王翦蒙武破楚虜王負芻滅之爲楚郡凡四十五世其後以國爲氏魯有楚邱又有林楚是楚邱者必林楚之後以名爲氏者又趙襄子之家臣有楚隆者未知　又古有賢者楚老宋有驍衞上將軍楚公輔望出江陵祥符登科有楚咸

臣謹按陸終氏娶鬼方之女孕而不育十一年開其左脅而出三人焉又開其右脅而出三人焉長曰昆吾名樊爲己姓封於衞墟次曰參胡董姓封於韓墟周時爲胡國楚滅之三曰彭祖名翦彭

姓封於韓大彭之墟即彭城也四曰會人妘姓封於鄭墟五曰安
曹姓封於邾之墟六曰季連芈姓其後爲楚昆吾氏爲夏伯湯伐
桀滅之彭祖氏爲商伯商之末世始亡按干寶之論曰先儒多疑
此事譙周作古史考以爲妄記廢而不論然六子之世子孫有國
數千年間迭爲伯王天將興之必有尤物若夫前志所傳修己背
坼而生禹簡狄胸坼而生契歷代久遠莫足相證近魏黃初五年
汝南屈雍妻王氏生男從右胳下水腹上出而平和自若數月創
合母子無恙
臣按浮屠氏稱釋迦生於摩耶夫人之右脅亦此理也其徒信之
而不疑何學者之疑陸終氏之事近莆田尉舍之左有市人之妻
生男從股髀間出亦能創合母子無他此又足以明屈雍之事不
誣
臣又按以王父字爲氏者古之道也然亦有以名爲氏者楚以鬻

熊之故世稱熊氏女子則稱芈焉楚國亡於秦漢之世是時姓氏之道泯矣故楚以熊著而楚族無聞

宋氏子姓商之裔也武王克商封紂子武庚以紹商武庚與管蔡作亂成王誅之立紂庶兄微子啓爲宋公以備三恪都商邱杜預云梁國睢陽是也按睢陽隋改爲宋城今南京治本陶唐氏火正閼伯之墟以其主火故又爲大辰之墟杞宋二國皆公爵於周爲客得用其先王禮樂微子卒立其弟衍是爲微仲至穆公十三世穆公之七年魯隱公之元年也穆公以宣公舍其子而立己不敢忘宣公而立其子殤公與夷自殤公至景公十二世獲麟之歲也凡三十一世至宋君偃自立爲王東敗齊取五城南敗楚取地三百里西敗魏乃與齊魏爲敵國盛血以韋囊揭而射之曰射天於是諸侯目之爲桀宋齊湣王與魏楚滅之而三分其地

荆氏芈姓楚國舊號荆此未號楚之前受氏也燕有荆軻望出廣陵宋朝太平興國登科有荆伯玠

陳氏嬀姓初封虞城今應天府之縣也後封於遂今濟州鉅野後封於陳今陳州治宛邱縣是也本太昊伏羲氏之墟舜傳天下於禹禹封舜之子商均於虞城周武王克商乃求舜後以備三恪得胡公滿封之於陳以奉舜祀或曰當周之興有虞遏父者爲周陶正武王賴其器用妻以元女太姬生子滿而封於陳以奉舜祀滿號胡公往往以頷胡之故而得此號成公元年楚王爲夏徵舒弑靈公遂率諸侯伐陳謂陳人目無恐吾誅徵舒而已已而縣陳羣臣皆賀申叔時不賀王問其故曰鄙語有之牽牛以蹊人之田田主奪之牛蹊則有罪矣而奪之牛不亦甚乎今君徵兵諸侯以討不義已而取之以利其地何以令於天下是以不賀王曰善乃迎陳靈公太子午於晉而立之是爲成公孔子讀史記至楚復陳曰賢矣哉楚莊王輕

千乘之國而重一言哀公二十四年司徒招作亂楚靈王使公子棄疾帥師圍陳滅之使棄疾爲陳公晉平公問太史趙曰陳遂亡乎對曰陳顓帝之族自幕至于瞽瞍無違命舜重之以明德寘德於遂蓋商之興也存舜之後而封於遂世世守之及胡公不淫故周賜之姓以舜居嬀汭故姓之曰嬀而祀虞帝且盛德必百世祀虞之世未也五歲棄疾弑靈王而自立是爲平王欲和諸侯乃求陳悼太子偃師之子吳立爲陳侯是爲惠公湣公二十二年獲麟之歲也二十四年楚惠王使子西之子公孫朝伐陳而滅之子孫以國爲氏又廣陵之陳實劉氏魯相無子以外孫劉矯嗣河南官氏志云侯莫陳之後亦改爲陳氏又自永貴隋初改爲陳氏是爲萬年之陳也

臣謹按陳嬀姓也然伍員曰夏少康爲有仍牧正逃奔有虞虞思妻之以二姚是則又爲姚姓也蓋嬀姓始於周姚姓自夏有之然則堯妻舜以二女而賜之姓者賜以姚也謂爲嬀誤矣自夏之前爲虞國至商爲遂國未知虞之存於商否然至周則遂虞皆爲姬姓國矣而封胡公於陳自是陳稱嬀不復言姚矣

趙氏嬴姓與秦同祖少皞之後皆祖皋陶皋陶十世曰蜚廉蜚廉二子一曰惡來惡來之後爲秦二曰季勝季勝生孟增得幸於周成王是爲宅皋狼皋狼生衡父衡父生造父造父爲周穆王御穆王賜以趙城爲趙氏趙城今晉州縣造父六世曰奄父奄父爲周宣王御奄父生叔帶幽王無道去周如晉爲晉文侯御始建趙氏于晉叔帶五世曰夙晉獻公賜之耿夙生共孟共孟生衰事文公爲原大夫衰生盾爲

晉正卿盾生朔景公三年晉人攻滅趙氏朔有子曰武韓厥言於公更立之後亦相晉是爲文子文子之孫曰簡子鞅簡子卒子襄子毋恤立毋恤傳位於其兄伯魯之孫浣爲獻侯獻侯居中牟其地在灅水之北獻侯卒子烈侯籍立周命籍與韓魏並爲諸侯烈侯卒弟武公立武公卒烈侯太子章立爲敬侯敬侯始都邯鄲邯鄲今磁州縣十一年晉亡韓趙魏三分其地敬侯生成侯種成侯生肅侯肅侯生武靈王武靈王傳國於子何爲惠文王惠文王卒太子丹立爲孝成王孝成王生悼襄王偃悼襄王生幽穆王遷秦併六國滅邯鄲遷兄嘉立爲代王秦復滅之自襄子已下六侯四王凡十一世秦併代使嘉子公輔主西戎世居天水其趙宗散處者皆以國爲氏居涿郡者後有天下

田氏

卽陳氏陳厲公子完字敬仲陳宣公殺其太子禦寇敬仲懼禍奔齊遂匿其氏爲田陳田聲近故也應劭云始食采地然齊無田邑至田和篡齊爲諸侯九世至王建爲秦所滅建弟假及田儋儋子市儋從兄榮榮弟橫橫弟子廣項羽時並裂地稱王旋皆破滅漢興諸田並徙陽陵後又徙北平又田都田角田間亦田氏之族也漢興徙關中春秋時晉有田蘇宋有田景齊有田巴漢有魯相田叔太尉田蚡丞相田千秋大鴻臚田廣明大司農田延年魏議郎田疇皆敬仲之苗裔也後周田弘爲大司空鴈門郡公賜姓紇干氏宋世有田況爲樞密

許氏

姜姓與齊同祖炎帝之後堯四岳伯夷之子也周武王封其苗裔文叔於許以爲太岳後今許州是也靈公遷于葉悼公遷于城父又遷于白羽許男斯遷于容城自文叔至莊公十一世始見春秋元公子結元年獲麟之歲也至戰國時爲楚所滅昭十九年許悼公瘧飲太子止之藥卒太子奔晉定六年鄭游速帥師滅許以許男斯歸哀元年楚子許男圍蔡杜預注曰此蓋楚之封也哀十三年許男成卒秋葬許元公晉有許偃楚有許伯鄭有許瑕皆以失國不能庇其本枝故適他國

莒氏

嬴姓少昊之後

也周武王封玆輿其於莒今密州莒縣是也世本曰自紀公已下爲己姓鄭語曰曹姓鄒莒以爲陸終第五子曰安之後未知孰是十一世玆丕公始見春秋共公以下微弱不復見矣四世楚滅之按史記當楚惠王時越滅吳而不能正江淮北楚東侵廣地至泗上而滅莒矣子孫以國爲氏楚有大夫莒伯漢有緱氏令莒誦

邾氏 顓帝元孫陸終第五子曰安賜姓爲曹其子孫亦以姓爲氏周武王時封安之苗裔曰邾挾爲附庸居於邾今兗州仙源東南四十里古邾城是也挾以下至儀父名字始見春秋齊桓公霸儀父附從進爵稱子十四代孫文公徙于繹今兗州鄒縣北嶧山是也邾自桓公革以下春秋後八世而楚滅之又小邾國亦出邾挾之後姓曹其子孫亦以姓爲氏挾七世孫夷父顏有功於周其子友別封爲附庸居郳曾孫黎郲始見春秋附從齊桓以尊周室命爲小邾子晉志云蕃縣古小邾國按蕃縣隋改曰滕今隸沂州縣之東南郳城是樂史云郳城在承縣自小邾子穆公之孫惠公以下春秋後六世而楚滅之

朱氏 本邾也姓曹其世系見於邾邾既失國子孫去邑以朱爲氏其後盛大者有沛國丹陽永城吳郡錢塘義陽丹陽太康河南之九族顯於漢唐間又有渴燭渾可朱渾並改爲朱氏虜姓也則爲河南之族

婁氏 亦作僂風俗通云邾婁之國子孫或以婁爲氏或以邾婁爲氏陸終產六子其第五子曰安賜姓爲曹邾即安之後挾安之裔曰邾挾周初受封爲附庸挾之後不得其名字十二世至儀父始通于大國魯隱公之元年與隱公盟于姑蔑其後爲楚所滅齊大夫婁禋其後也又有疋婁氏改爲婁虜姓也宋朝登科婁瑄婁昞婁汝勵並臨江軍人察院婁寅亮温州人

郳氏 曹姓郳小邾也邾挾七世孫夷父顏有功於周次子友父別封附庸爲小邾國以居郳故又稱郳國今沂州滕縣東南郳城是也樂史云郳城在承縣或云邾武公封次子于郳是爲小邾後失國子孫爲郳氏

兒氏

卽郳氏也或省文作兒兒良六國時人見呂氏春秋漢有御史大夫兒寬受業於孔安國家貧賃作帶經而鋤寬千乘人又賀兒氏虜姓也

倪氏卽郳氏也避仇改爲倪漢有揚州刺史倪諺唐有刑部郎中倪若水中山藁城人

杞氏姒姓夏禹之後成湯放桀其後稍絕武王克紂求禹後得東樓公而封之於杞今東京雍邱縣卽杞故城九世及成公遷于緣陵今濰州營邱是也文公居淳于今密州高密有故淳于城是也成公始見春秋黜爲伯桓公用夷禮黜爲子僖公子緡公六年獲麟之歲也緡公弟哀公三年春秋之傳終矣自哀公以下二世十三年而楚滅之凡二十世子孫以國爲氏又杞康漢末時避董卓難改姓抱北史有抱嶷抱老壽

樓氏亦爲東樓氏姒姓夏少康之後周封杞東樓公支孫以樓爲氏城陽諸縣有婁鄉是其地秦有相樓緩漢有大尚書樓瑝又杞大夫有東樓羽

越氏姒姓賈逵注國語曰䕫越皆芈姓寶夏后氏之苗裔少康之庶子封於會稽以奉禹之祀文身斷髮披草萊而邑焉自號於越於越者夷言發聲也其地今越州城是也濱在南海不與中國通後二十餘世至於允常魯定公五年始伐吳允常卒子勾踐立是爲越王越王元年魯定公十四年也哀公二十二年句踐滅吳霸中國自句踐七世下至王無疆爲楚所破殺無疆盡取吳地至浙江越以此潰散諸族子爭立或爲王或爲君濱於江南海上服朝於楚後七世至閩君搖佐諸侯平秦漢高帝復以搖爲越王以奉越後東越閩君皆其後也又河南官氏志有越疆氏改爲越氏又後秦錄有北梁州刺史越質詰歸三字虜姓也亦改爲越氏

紀氏炎帝之後侯爵姜姓莊四年齊滅之杜預云東莞劇縣按紀訛爲劇在青邱臨朐縣東壽光縣西故魯連曰朐劇之人辨漢有紀信弟成生通封襄平侯宋朝登科有紀瑛紀元規

息氏亦作鄎侯爵嬀姓今蔡州新息縣是莊十四年楚滅之子孫以國爲氏

鄧氏曼姓商之侯國

其地今襄陽鄧城是也春秋時鄧侯吾離朝魯莊十六年楚文王滅之子孫以國爲氏又鄭有鄧析復爲一氏

梁氏嬴姓伯爵伯益之後秦仲有功周平王封其少子康於夏陽梁山夏陽今爲同州縣猶有新里城新里梁伯所城者樂史云新里在澄城僖十九年秦取之子孫以國爲氏晉有梁益梁弘梁由靡以晉有解梁城高梁曲梁之地此則以邑命氏者又有拔列蘭氏改爲梁氏虜姓也

薛氏任姓黃帝之孫顓帝少子陽封於任故以爲姓十二世孫奚仲爲夏車正禹封爲薛侯奚仲遷于邳十二世孫仲虺爲湯左相復居薛舊云魯國薛縣今徐州有薛城在滕縣東南五十里是也臣扈祖己皆仲虺之胄也祖己七世孫曰成徙國於摯更號摯國女大任生周文王至武王克商復封爲薛侯隱十一年滕薛爭長齊桓之霸也薛侯不從黜爲伯獻公始與諸侯盟杜預云小國無紀世次不盡知也然唐世系表自畛至愍侯弘爲楚所滅凡二十一世父子相傳其語無所經見只本人家譜籍無足信也今但從杜氏所紀而不得其世次無者也自仲虺爲諸侯歷三代凡六十四世至愍侯弘爲齊所滅公子登仕楚懷王賜沛邑爲大夫遂以國爲氏或言登隱於博徒號薛公者曾孫倪爲楚令尹生翁翁生鑒漢初獻策滅黥布封千戶侯玄孫廣德御史大夫生饒長沙太守生愿淮陽太守因徙居焉愿孫漢爲後漢千乘太守漢生虎司徒祭酒虎生侍御史安期六代孫蘭爲曹操所害生永遂依蜀先主官至蜀郡太守生齊爲巴蜀郡太守歸晉爲光祿大夫河東太守子孫因家汾陰世號蜀薛一子懿始又河南官氏志云叱干氏改爲薛此虜姓也又遼西薛氏本東北蕃又姓苑云東莞薛氏本姓薛氏避仇改爲孽氏

臣謹按薛氏血脈譜文王曹夫人姜氏見赤龍交而孕十二月生

子手把薛字因氏爲薛乃知譜牒家言多無足取者

蕭氏子姓杜預曰古之蕭國也其地卽徐州蕭縣是也後爲宋所幷微子之支孫大心平南宮長萬有功封於蕭以爲附庸宣十二年楚滅之子孫因以爲氏世居豐沛之間裔孫不疑爲楚相春申君客漢有丞相酇文終侯何六代孫望之御史大夫又齊武帝以巴東王子響叛改姓爲蛸氏

沈氏姒姓子爵春秋有沈子逞沈子嘉定四年蔡滅之其地杜預云汝南平輿縣沈亭按平輿故城在蔡州汝陽縣東此沈國也子孫以國爲氏又楚有沈邑楚莊王之子公子貞封於沈鹿故爲沈氏其地在今潁州沈邱縣五年楚子囊爲令尹昭二十三年子囊孫瓦爲令尹定四年吳楚戰于柏舉楚師敗績囊瓦奔鄭宣十二年楚子北師次于郔沈尹將中軍襄二十四年舒鳩人叛楚楚使沈尹壽讓之昭四年吳伐楚入棘櫟麻五年沈尹射待命于巢哀十七年王與葉公枚卜子良以爲令尹沈尹朱曰吉過於其志

臣謹按唐表云沈氏出自姬姓周文王第十子聃叔季字子揖食采於沈成八年爲晉所滅沈子生逞字循之奔楚遂爲沈氏生嘉字惟良二子尹丙尹戊尹戊字仲達奔楚隱於零山爲楚左司馬生諸梁據春秋釋例沈國今言食采則邑耳又釋例所記沈子揖沈子嘉沈子逞皆本春秋今唐表言聃季字子揖何所本也逞字

循之嘉字惟艮此皆野書之言無足取也

曾氏亦作鄫亦作繒姒姓子爵今沂州承縣東八十里故鄫城是也夏少康封其少子曲烈于鄫襄六年莒滅之鄫太子巫仕魯去邑爲曾氏見世本巫生阜阜生晳晳生參字子輿父子並仲尼弟子參生元申裔孫偉後漢尚書令望出魯國

徐氏子爵嬴姓皋陶之後也皋陶生伯益伯益佐禹有功封其子若木於徐在今徐城縣北三十里徐城并入臨淮今泗州臨淮有徐城自若木至偃王三十二世爲周所滅復封其子宗爲徐子宗十一世孫章羽昭三十年爲吳所滅子孫以國爲氏又一族出於嬴氏十四姓之一也

䢵氏亦作妘亦作鄖又去邑作云嬴姓子爵祝融之後封於羅號妘子見國語其地在今安州雲夢縣猶有鄖公廟焉漢有云敞爲諫議大夫與梅福同傳又吳有鄖邑今泰州海陵是又有牒云氏改爲云

鄅氏子爵風姓一云䢵姓杜氏謂瑯邪開陽縣即其地按開陽城在臨沂北十五里又夏禹之後爲禹氏故此鄅氏者往往去邑作禹

宿氏風姓伏羲之後武王封之使主太昊與濟水之祀宋人遷之不復見左傳云任宿須句顓臾風姓杜預云宿國在東平無鹽縣無鹽故城在鄆州須城東三十六里子孫以國爲氏後漢有宿仲談又有宿六斤氏改爲宿氏宋朝有宿千之舉進士

羅氏子爵熊姓一曰祝融之後妘姓初封宜城徙枝江爲楚所滅周末居長沙漢有梁相羅懷襄陽記有羅象又鄭公德雋賜姓李氏又叱羅氏改爲羅氏五代有羅紹威望出豫章長沙

夔氏子爵芈姓楚君熊摯之後今歸州東二十里故夔子城是僖二十六年楚滅之子孫以國爲氏又天竺亦有夔氏

臣謹按傳言夔之先楚鬻熊之嫡嗣有疾不得代而別封於夔爲

楚附庸其後爲夔子然據夔氏譜則鬻熊十世而後有夔子未知
孰是
淳于氏亦曰州公姜姓風俗通曰春秋時之小國也桓五年不復其國子孫以國爲氏唐元和初避憲宗嫌名改爲于氏其地本
在密州高密爲杞所并遷江南杜預云南郡華容縣是也華容今荊南府監利縣宋皇祐登科淳于復登州人又淳于輿宗南劍人夷
氏邳姓春秋夷詭諸之裔杜預云在城陽莊武縣所治夷安縣是其地子孫以國爲氏又逸民夷逸齊大夫夷仲年之後邾大夫夷射
姑皆以字爲氏穀氏嬴姓伯爵春秋穀伯綏之裔也今襄陽穀城縣西北五里故穀城是也子孫以國爲氏漢有穀思爲魯相舒
氏亦曰舒鳩氏子爵偃姓皋陶之後也舒子平僖三年爲徐所滅其後復立襄二十一年舒鳩子爲楚所滅子孫以國爲氏今廬州舒
城本舊名也其地在楚徐之間故爲二國所滅或言舒之種類多舒子平與舒鳩子自是二國故舒城西有龍舒或曰舒有五名一曰舒
二曰羣舒三曰舒蓼四曰舒庸五曰舒鳩望出鉅鹿舒蓼氏世本舒蓼偃姓皋陶之後楚東境小國也舒蓼與蓼國自異舒
鮑氏世本舒鮑偃姓國也晉悼公大夫有舒鮑無終須句氏子爵風姓太昊之後也鄆州壽張縣西北須朐城是其國子孫
以國爲氏或省句爲須氏或省須爲句氏又有須國姑姓又商有密須國其後亦爲須須氏今涇州靈臺是其國也郯氏祁姓子爵
或言嬴姓少昊之後春秋時郯子朝魯能辨古官仲尼師之今下邳東北百五十里有古郯城談氏郯也亦作談六國時有談生
蜀錄有征東將軍談巴後趙錄有晉將軍談元望出梁國廣平宋太平登科談堯叟紹興有談誼廣德人黎氏字亦作犂子姓侯爵

商時諸侯風俗通云九黎之後尚書西伯戡黎亦見毛詩今潞州黎城縣有黎侯故城是其地又齊有大夫黎彌黎且者卽齊之黎邑也此以邑命氏者又有素埶氏改爲黎虜姓也宋朝黎威爲安南節度嘉祐登科黎上行益州人黎仲吉州人今嶺南多此姓

申氏 伯爵姜姓炎帝四嶽之後封於申號申伯周宣王元舅也今信陽軍乃唐申州卽其國也子孫以國爲氏後爲楚之邑申公居之又爲申氏是以邑爲氏也魯有申豐鄭有申侯齊有申鯡韓有申不害著書漢有申巡石趙有申鐘爲司徒宋慶歷登科申顗信州人政和申好問鄆州人

章氏 卽鄣國之後也姜姓齊太公支孫封於鄣爲紀附庸之國今密州有古鄣城爲齊所滅子孫去邑爲章氏齊威王將有章子秦將有章邯字少榮收趙滅韓有功封雍王望出豫章

向氏 祁姓附庸之國今沂州古向城是也子孫以國爲氏又宋桓公之後公子肸字向父其後以字爲氏哀十四年向魋奔衛向巢來奔司馬牛適齊卒于魯郭門之外

臣謹按公子肸字向父其義音響與晉叔向名字同音今以爲氏而音餉疑古人讀肸向之向有響餉二音也

葛氏 伯爵嬴姓夏時諸侯今許州鄢城北三十里有葛伯城卽其地也子孫以國爲氏又風俗通云葛天氏之裔又賀葛氏改爲葛氏虜姓也漢有潁川太守葛興後漢有汾陰令葛龔有文集七卷

諸葛氏 本葛氏夏商諸侯葛伯之後英賢傳云舊居琅邪諸縣後徙陽都時人謂之諸葛因以爲氏焉風俗通云葛嬰爲陳涉將軍有功非罪而誅漢文追封其孫爲諸侯因以爲氏世本云有熊氏之後爲詹葛氏齊人語訛以詹葛爲諸葛

蓼氏 偃姓皋陶之後文五年楚滅之今壽州霍邱卽其地也子孫以國爲氏

黃氏

嬴姓陸終之後受封於黃今光州定城西十二里有黃國故城在楚與國也僖十二年爲楚所滅子孫以國爲氏亦嬴姓十四氏之一也楚有春申君黃歇也

權氏 羋姓顓帝之後唐表云子姓商武丁之裔杜預云南郡當陽東南有權城按當陽隸荆門軍今其地名權口楚武王滅權子孫爲權氏或云楚武王使鬬緡尹權因以爲氏秦滅楚遷大姓於隴西因居天水

江氏 舊云汝南安陽縣江亭按此在信陽縣之東南新息縣之西安陽故城是也嬴姓之國顓帝玄孫伯益之後也文四年楚滅之子孫以國爲氏

顓臾氏 風姓伏羲氏之後魯附庸國主東蒙及濟水之祀任宿須句顓臾四國近濟水故祀濟舊有顓臾縣隋省入費縣今頼沂州故顓臾城在費西北八十里子孫以國爲氏或去顓爲臾氏晉大夫臾駢是其族或去臾爲顓氏及顓帝支孫亦爲顓氏陳大夫顓孫仲尼弟子有顓孫師字子張神仙傳有太玄女敾和顓或作敾

鄶氏 房姓卽鄶仲之國本祝融之墟在溱洧之間爲鄭武公所并遂爲新鄭今新鄭縣東北三十五里有古鄶城是也子孫以國爲氏宋朝有鄶士隆登進士第又有鄶唐越州人或去邑爲會氏又風俗通云陸終之子會乙之後邔姓有武陽令會炳

英氏 偃姓皋陶之後以國爲氏漢有英布爲九江王望出晉陵宋朝登科英秉臣洪州人

六氏 偃姓皋陶之後文五年楚滅之今廬江故六城是也子孫以國爲氏

莘氏 姒姓夏后啓封支子于莘亦曰有莘氏後世以國爲氏宋朝莘融舉進士錢塘人望出天水

辛氏 卽莘氏也莘辛聲相近遂爲辛氏周太史辛甲文王封之於長子有辛俞実爲昭王友秦有將軍辛騰家中山苦陘曾孫蒲漢初以豪族徙隴西狄道又有項亶賜姓辛氏又計然本辛氏改爲計氏宋朝有辛仲甫爲太子少傅

謝氏 姜姓炎帝之裔申伯以周宣王舅受封於謝今兖州龔邱縣謝城是也後失爵以國爲氏焉魯有謝息漢有謝弘謝琊謝該

射

氏三輔決錄云後漢末鴻臚謝服天子以爲將軍出征姓謝名服不祥改姓射名咸咸子登援登蜀郡太守援中郎將又吳有射慈

偪陽氏妘姓祝融之孫陸終第四子求言之後爲晉所滅今沂州承縣有偪陽城

封氏姜姓炎帝裔孫鉅爲黃帝師胙土命氏至夏后氏之世封父列爲諸侯今開封府封邱有封父亭即封父所都之地至周失國子孫爲齊大夫遂居渤海蓨縣裔孫岌後漢侍中涼州刺史又有賁氏改爲封氏虜姓也望出武陵宋元符登科有封賡大觀登科有封祥懷州人

呂氏姜姓侯爵炎帝之後也虞夏之際受封爲諸侯或言伯夷佐禹有功封於呂今蔡州新蔡即其地也歷夏商不墜至周穆王呂侯入爲司寇或言宣王時改呂爲甫然呂甫聲相近未必改也故又有甫氏出焉呂望相武王呂姜爲衛莊公妃其時呂國猶存故也呂望封齊之後本國微弱爲宋所并故宋有呂封人樂懼呂封人華豹又晉有呂氏出於魏氏未知其以字以邑與漢有單父呂公女爲高帝后封臨泗侯又後魏有比邱氏改爲呂氏虜姓也

仇吾氏韓子云仇吾國爲智伯所滅因氏焉或作仇繇

祝氏己姓黃帝之後周武王封黃帝之裔于祝祝阿祝邱是其地祝因氏焉鄭有祝聃衛有祝鮀祝鼃或云祝史之後以官爲氏又有叱盧氏改爲祝氏

周不得姓之國

萊氏子爵其俗夷故亦謂之萊夷今登州黃縣東南二十五里有故黃城是萊子國襄六年齊滅之子孫以國爲氏晉有大夫萊駒漢有萊章

賴氏子爵今蔡州褒信有賴亭即其地也昭四年爲楚所滅子孫以國爲氏漢有交趾太守賴先蜀有零陵太守賴文唐有光祿少卿賴文雅宋初有畫工賴祚又有賴克紹登進士第望出南康潁川河南

譚氏子爵莊十年齊滅之今齊州歷城有古譚

城子孫以國爲氏急就章漢有譚平定巴南六姓有譚氏盤瓠之後也
覃氏本譚或去言爲覃梁有東南寧州刺史覃無克又音尋今嶺南多此姓焉宋登科覃日嚴開州人
弦氏江黃道柏之姻杜預云在弋陽軑縣東南按古軑城今在光州仙居北四十里僖五年楚滅之子孫以國爲氏又鄭有商人弦高齊有大夫弦多弦施漢有博士弦訢
戴氏開封封邱縣戴城是其國隱十年鄭人伐取之或云舊考城縣是爲宋人所滅改名穀城子孫以國爲氏又宋戴公之後亦爲戴氏是以謚爲氏者漢有信都太傅戴德九江太守戴聖子父修禮記後漢有司徒戴涉戴良戴憑戴就晉有戴逵南史有戴顒戴法興戴僧靜宋世有戴興爲定武軍節度使望出廣陵清河
載氏疑即戴之訛也漢有載載宋太平登科有載永
項氏或言姬姓之國故城在陳州項城縣東北一里爲齊所滅子孫以國爲氏項橐八歲孔子師之又漢賜姓劉氏周賜姓辛氏望出遼西
暴氏一音瀑暴公周卿士見毛詩風俗通暴辛公周諸侯也秦有將軍暴鳶漢御史大夫暴勝之字公子河東人後魏有暴顯魏郡人也
陽氏其國近齊閔二年齊人遷之子孫以國爲氏或言周景王封少子於陽樊而以爲陽國誤矣陽樊周畿內之邑晉有陽處父魯有陽氏楚有陽氏芈姓
冀氏左傳冀國今晉州冀氏縣也子孫以國爲氏晉滅冀爲郤氏食邑冀芮之子孫以邑爲氏宋朝冀膺登進士第幷州人望出渤海
牟氏風俗通云牟子國祝融之後望出鉅鹿宋登科牟景先陳州人牟冲陵井監人牟企吉州人牟華起梓州人又蜀有牟氏箸書雜
鄟氏魯附庸國成六年魯取之子孫以國爲氏去邑作專又作鱄刺客專諸亦作鱄諸即其裔也
鬲氏即有鬲之國今德州平原有故鬲城在子孫以國爲氏又商有賢人曰膠鬲子孫以名爲氏
巢氏有巢氏之後堯時有巢父夏商有巢國其地在廬江子孫以國爲氏

左傳吳有巢牛臣後漢有司空巢堪又巢元方著病源望出彭城宋朝登科有巢安上眉州人

柏氏 子爵風俗通柏皇氏之裔又柏亮父顓帝師柏招帝嚳師柏景爲周太僕柏國在今蔡州西平縣爲楚所滅子孫以國爲氏漢有柏英爲大鴻臚魏大將軍柏直晉宣帝柏夫人生趙王倫

軫氏 左傳軫國在楚之東楚屈瑕將盟貳軫注云二國也

絞氏 左傳絞國在隨唐之南漢光武時山陽盜長佼強佼卽絞也後人以爲氏故更从人

貳氏 或言姬姓左傳楚屈瑕將盟貳軫並小國也貳國在隨州南

夏商以前國

程氏 伯爵風姓重黎之後也重爲火正裔孫封於程洛陽有上程聚卽其地也至周宣王時程伯休父失其官守以諸侯入爲王司馬又晉有程鄭程嬰漢有程不識魏有程昱吳有程普宋朝自開國之始年有程浩然登科自是程氏世有人焉

崇氏 商時侯國也其地在今永興鄠縣東崇侯虎不道周文王滅之子孫以國爲氏唐開元登科有崇穎宋朝登進士第崇大年吳郡人

扈氏 姒姓夏時諸侯也夏爲扈商爲崇扈秦改爲鄠今永興鄠縣北二十里有故扈城國亡子孫以國爲氏漢有將軍扈輒又上郡太守扈育廣漢太守扈商又有扈地于氏改爲扈此虜姓也宋朝有扈蒙爲尚書元豐登科扈垣大名人政和扈瑜河南人宣和有扈拱

房氏 祁姓舜封堯子丹朱於房今蔡州遂平故吳房縣是也以楚後封吳王夫槩於此故謂之吳房丹朱生陵後世國絕子孫以國爲氏陵三十五世孫鐘周昭王時食采於靈壽生沈十二世孫漢常山太守雅徙清河繹幕又屋引氏改爲房虜姓也

杜氏 亦曰唐杜氏祁姓帝堯之後建國于劉爲陶唐氏裔孫劉累以能擾龍事孔甲故在夏爲御龍氏在商爲豕韋氏在周爲唐杜氏成王滅唐而封叔虞乃遷唐

氏於杜是爲杜伯今永興長安縣南十里有下杜猶有杜伯冢在至宣王滅其國以爲大夫杜伯無罪被殺子孫分適諸侯居杜城者爲杜氏在魯有杜洩避季平子之難奔於楚生大夫綽又後魏有獨孤渾氏改爲杜氏實虜姓之杜也

箕氏子姓箕子之國商畿內諸侯杜預云太原陽邑縣南有箕陽邑隋改曰大谷今隸太原武王克商改封箕子於朝鮮其地後爲晉邑漢有西華令箕堪臧荼相箕肆

密須氏世本商時姞姓之國今涇州靈臺有密康公墓或云涇州保定有陰密城是也子孫以國爲氏或去密爲須氏魏有須賈漢有須無或去須爲密氏仲尼弟子密不齊

寒氏夏時諸侯寒浞之後或言周武王子寒侯之後且寒浞爲夏諸侯矣周無寒國今濰州東二十三里寒亭是也其後以國爲氏望出尋陽

過氏夏時諸侯澆之國也亦曰有過氏少康滅之今萊州掖縣北有過鄉子孫以國爲氏漢有兗州刺史過急急就章有過說宋朝有尚書郎過勉登科有過詡急建昌人又過勸望出高平

庸氏商時侯國周武王時來助伐紂今房州西二百五十里故上庸城是文十六年楚滅之子孫以國爲氏漢有庸光又有膠東庸生

戈氏夏時諸侯豷之國也少康滅之其地在宋鄭之間子孫以國爲氏

邶氏亦作鄁亦作背即商都也武王伐紂分其地爲三監自紂城而東謂之邶漕邶地也封紂子武庚於此以霍叔尹之及三監叛周公伐之而并其地爲衛邶國往往自此亡矣子孫以國爲氏

鄘氏即商都之地武王伐紂分其地爲三監自紂城而南謂之鄘楚邱鄘地也管叔尹之及三監叛周公伐之而并其地爲衛鄘國往往自此絕矣子孫以國爲氏

鑄氏風俗通鑄國堯後公子譜云姬姓杜預云濟北蛇邱縣按蛇邱後爲乘邱唐省入鉅野今濟州治左傳臧宣叔娶於鑄氏

邳氏符悲切風俗通云奚仲爲夏車正自薛封邳今泗州故下邳郡即其地也公子譜云邳國商諸侯按奚仲本封

薛既遷于邳則以邳爲薛而舊名不廢故子孫亦以爲氏後漢二十八將有衞尉信都邳彤

觀氏 去聲又平聲姒姓侯爵左傳云夏有觀扈皆同姓之國至商失國子孫以國爲氏今澶州有觀城是其地也楚有觀氏

褒氏 姒姓之國禹之後也今興元府褒城是其地周幽王后褒姒河南官氏志達勃氏改爲褒氏

緡氏 夏時諸侯子孫以國爲氏今濟州金鄉有古緡城姓苑有緡氏

岐氏 周故都也今鳳翔岐山是也太王居之至文王始遷于豐其支庶留岐故爲岐氏又古有岐伯爲黄帝師望出安化趙郡宋端拱登科有岐賁

仍氏 卽有仍氏夏之諸侯后相娶有仍氏生少康以國爲氏

奄氏 風俗通云奄國號卽商奄也魯地衞祝佗曰因商奄之民以命伯禽今兗州有奄城尚書成王既踐奄左傳秦大夫奄息其後也望出內黄

雙氏 顓帝之後封於雙蒙城其後因以命氏焉宋朝有尚書郎雙漸無爲軍人

武羅氏 夏時侯國之後

吾氏 己姓夏之諸侯昆吾氏之後也昆吾爲夏伯其地卽濮陽縣唐武德四年析置昆吾縣是其地也八年復省入濮陽漢有廣陵令吾扈晉有交州刺史吾彥吳人也吳有吾粲

昆氏 己姓夏之諸侯昆吾氏之後也齊有昆辨見戰國策

昆吾氏 世本古己姓之國夏時諸侯伯祝融氏之後

梅氏 商紂時有梅伯以國爲氏宋朝有梅詢龍圖閣學士族子堯臣有詩名宣城人

癸北氏 國名女爲舜妃

雷氏 方雷氏之後女爲黄帝妃生元梈蓋古諸侯之國後漢有雷義又有雷次宗蜀有將軍雷同吳陸抗傳有宜都太守雷譚

玄氏 風俗通云元都古諸侯國也子孫以國爲氏

冥氏 史記云姒姓之國子孫以國爲氏漢有冥都爲丞相史治公羊春秋疎廣弟子

斟氏 曹姓亦作斟尋氏亦作斟灌氏亦作斟戈氏亦作介斟氏並夏諸侯以國爲氏皆祝融之裔國語注曰曹姓之別也姓纂云斟尋斟灌並姒姓斟戈禹後亦姒姓介

斟杜預云夏同姓 鄘氏 普肯切穆天子傳鄘伯綮之後國在虞芮之間 用氏 風俗通古有用國漢有高唐令用虬名十錢有

高士用羽 摯氏 風俗通摯疇古諸侯國也見毛詩周有摯荒或言帝嚳子摯之後漢貨殖傳有茂陵摯綱 肩氏 風俗通云夏時

侯國子孫氏焉 灌氏 亦作斟灌氏風俗通斟灌氏夏諸侯也子孫氏焉又有張氏冒灌氏 廖氏 亦作飂並力救切今呼為料風

俗通古有廖叔安左傳作飂蓋其後也漢有廖頭為鉅鹿太守今衡山南劍多廖氏或言周文王子伯廖之後 竹氏 姜姓孤竹君成

湯封之遼西至伯夷叔齊有讓國之賢子孫以竹為氏後漢竹曾為下邳相又擬陽侯竹晏並東莞人宋朝有竹滋登進士第開州人也

郅氏 音質風俗通郅商時侯國也見毛詩漢有濟南太守郅都入酷吏傳宋朝登科郅之郡延安人 習氏 風俗通云習國名漢

有習響為陳相晉衡陽太守習鑿齒著漢晉春秋五十四卷襄陽人 西陵氏 古侯國也黃帝娶西陵氏女為妃名纍祖春秋時有

西陵高為大夫 安陵氏 戰國策安陵小國侯也其後氏之安陵纏楚王妃 甲父氏 古諸侯以國為氏今單州有甲父城

漢有侍御史甲父沮 有窮氏 古諸侯國也至后羿篡夏后相 有扈氏 夏諸侯國夏為扈商為崇其地在今永興鄠縣北二

十里姓氏英賢傳曰有扈氏今為弘農人 蒲姑氏 商諸侯居齊地 西王氏 新序子夏曰禹學于西王國 孤竹氏

商之諸侯也夷齊讓國其後遂以國氏 封父氏 夏商國名鄭有封父真為大夫 終利氏 嬴姓與秦同姓 夙沙氏

英賢傳曰炎帝時侯國左傳宦者夙沙衛 秝氏 秝陽國也以國為氏 末氏 本秝氏避難去禾今秝陵是其後也 柏成氏

風俗通柏成子高堯時諸侯也 顧氏 己姓伯爵夏商之諸侯今濮州范縣東南二十八里有故顧城是其地也子孫以國為氏又顧

氏譜云越王勾踐七代孫閩君搖漢封東甌搖別封其子爲顧余侯漢初居會稽亦爲顧氏漢有荊州刺史顧容晉有顧悅之愷之

阮氏 商之諸侯國在岐渭之閒周文王侵阮徂共見於詩孫以國爲氏後漢有巴吾令阮敦阮氏惟盛於晉宋

共氏 亦作恭商末侯國今河內共城即其地也文王侵阮徂共其子孫以國爲氏晉有左行共華或言共氏共叔段之後也又晉太子申生謚恭君其後以爲氏此皆以謚爲氏者

龔氏 左傳晉大夫龔堅漢渤海太守龔遂後漢巴郡蠻酋有龔氏

臣謹按項羽傳義帝柱國共敖顏師古云共讀曰龔龔即共也籀文从龍又按後漢巴郡蠻酋羅朴督鄂度夕龔凡七姓是巴蠻亦有龔氏

洪氏 本共氏因避仇改爲洪豫章有弘氏因避宋朝諱亦改爲洪

苑氏 亦作宛狀云商武丁子先受封於苑因以爲氏或音怨非也左傳齊有苑何忌衞有苑春鄭有苑射犬漢有太山太守苑康下邳相苑暹吳興太守苑方望出范陽南唐有苑文宋朝有登科苑鈞苑湛並穎昌府人

逄氏 音龐商諸侯封於齊土至商周之閒有蒲姑氏代之至武王伐商而後封太公焉其地在今臨淄古有逄蒙善射齊大夫有逄丑父後漢處士逄萌宋朝有尚書郎逄沖齊人望出北海譙國又密州逄序開州逄汝舟並登科

彭氏 即大彭之國在商時爲諸侯伯古祝融氏之後有陸終氏六子第三子彭祖建國于彭子孫以國爲氏又彭亦爲姓國語云祝融之後八姓己董彭秃妘斟曹芈周滅之楚有大夫彭仲爽彭名漢有梁王彭越大司馬彭宣後漢有彭寵望出宜春

韋氏 亦曰豕韋氏風

姓杜預云彭商之伯國今滑州韋城即其地能豢龍故韋城古城內有豢龍井尚存按唐表云顓帝孫大彭爲夏諸侯少康之世封其別孫元哲于豕韋大彭豕韋迭爲商伯周赧王時始失國徙居彭城以國爲氏然元哲之名無所經見春秋時自無韋國何得至赧王也韋伯遐二十四世孫孟爲漢楚王傅去位徙居魯國鄒縣

夷狄之國

狄氏 周文王封少子於狄城因氏焉或言成王封母弟孝伯於狄城其地在今慈州魯大夫有狄虒彌古賢人有狄儀仲尼弟子有狄黑衛人也裔孫漢博士狄山

白狄氏 狄之別種杜預云故河西郡有白狄部

翟氏 亦作狄音狄又音宅又音狄祁姓黃帝之後世居翟地國語云翟國爲晉所滅子孫以國爲氏秦有翟傿新魏有翟黃漢文景時廷尉翟公下邽人望出南陽

代氏 古代君翟國也在常山北今代州是也稱王爲趙襄子所滅其遺族以代爲氏史記趙有代舉漢有京兆尹代武宋朝有代淵登進士第

路氏 路舊作潞國語潞洛泉余滿赤狄別種隗姓子爵其地在今上黨潞縣宣十五年晉滅之子孫以國爲氏姓纂云炎帝之後黃帝封其支子於潞春秋時潞子嬰兒是也唐表云姬姓帝摯了玄元堯封於中路歷虞夏稱侯又有沒路眞氏改爲路

戎氏 隱公會戎于潛之戎也杜預云陳留濟陽縣東南有戎城漢功臣有柳邱侯戎賜宣帝婕妤狄氏生中山哀王望出江陵扶風

支氏 石趙司空支雄傳云其先月支胡人也實西域之國晉有高僧支遁字道林天竺人後趙有司空支雄唐有武寧節度使支祥宋朝有支允文太平興國登科又支詠華州人

驪氏 左傳驪戎國之後在昭應縣按昭應縣古新豐縣唐改昭應宋大中祥符改臨潼縣東二十四里有驪戎

故城卑氏卑耳國之後或云鮮卑種類漢有右北平太守卑躬盧氏亦作盧音通盧子戢黎之後此南蠻也今襄州有中盧邨

其地那氏風俗通朝那東夷也其後單姓那氏後燕錄遼西太守那頡西魏有揚州刺史那椿望出丹陽天水甌氏亦作歐東

甌王之後也甌冶子吳人善鑄劍安氏安息王子入侍遂爲漢人故其族出涼州風俗通漢有安成廬山記吳有安高唐賜抱玉

爲李氏其餘卽安氏也望出姑臧河內瞞氏風俗通云荆蠻之後本姓蠻音訛遂爲瞞氏左傳有司徒瞞成蠻氏芈姓荆之

後因氏焉羌氏晉石氏將羌迪鼓氏鼓氏爲鞮之後也自狄別種今祁州鼓城縣是其地也米氏西域米國胡人也唐

有供奉歌者米嘉榮五代米至誠望出隴西高平滿氏國語潞洛泉余滿皆赤狄隗姓風俗通荆蠻有瞞氏音舛爲滿氏漢有滿

昌宋朝登科滿中正滿中行開封人滿執中滿周揚州人竺氏本天竺胡人後漢歸中國而稱竺氏竺固爲後漢侍中西平侯或言

後漢竺晏本姓竹避仇加二此謬論也宋朝竺毗舉進士落氏風俗通云皐落氏翟國也此赤翟別種其地在今絳州垣縣漢有落

下閎巴郡人撰太初歷洛氏卽落氏落下閎亦去草後魏書宦者洛齊又有洛子淵爲虎賁淮夷氏姓纂云淮夷小國入

周因氏焉其地今淮甸皐落氏姬姓東山皐落氏赤狄別種今絳州垣縣西北六十里有皐落城義渠氏風俗通義

渠狄國爲秦所滅因氏焉漢書光祿大夫義渠安國西申氏瑞應圖周成王時西申國獻鳳留中國因氏焉

以郡國爲氏

漢郡國

紅氏楚元王交子劉富初封休侯後更封紅侯曾孫無子國絕支庶或以國爲氏

蘄氏姓苑云蘄春秋之後也漢有弘農太守蘄良

番氏番音婆見姓苑吳芮封番君支孫氏焉

郴氏芈姓楚懷王孫心號義帝都郴子孫氏焉晉陶侃別傳有江夏郴寶

鄮氏姓纂云越人以郡爲姓今明州鄮縣是也

東陽氏見姓苑此出於東陽郡也

東陵氏風俗通東陵侯邵平子孫氏焉又齊景公時有隱居東陵因以爲氏又東陵聖母廣陵人適杜氏

櫟陽氏風俗通後漢景丹封櫟陽侯丹曾孫分避亂隴西因封爲氏焉

周陽氏漢書淮南王舅趙兼受封周陽侯子由爲河東尉因父封爲周陽氏由入酷吏傳郭頒世語云魏文帝時有周陽成能占異

信都氏風俗通云張敖尚漢魯元公主封於信都因氏焉一云本申屠氏古者信申音同故爲信都北齊有信都芳

冠軍氏漢霍去病封冠軍侯其後氏焉晉有太傅東海王參軍冠軍夷見太傅佐史簿

武彊氏漢書二十八將王梁封武彊侯因氏焉

廣武氏漢廣武君李左車因封氏焉

氏族略第二

以邑爲氏

周邑

祭氏 姬姓周公第七子所封其地今鄭州管城東北祭城是也周畿內之邑故祭氏世爲周卿士子孫以邑爲氏又鄭有祭仲足以其地近於鄭故亦爲鄭所幷

尹氏 少昊之子封於尹城因以爲氏子孫世爲周卿士食采於尹今汾州有尹吉甫墓即其地也古今人表尹壽爲堯師漢有尹咸尹賞尹齊尹翁歸後漢有尹敏晉有尹奉

蘇氏 己姓顓帝裔孫吳回爲重黎生陸終陸終生昆吾封於蘇其地鄴西蘇城是也至周武王用忿生爲司寇邑於蘇子孫因以爲氏世居河內又有拔略氏改爲蘇氏虜姓也

毛氏 周文王之子毛伯明之所封世爲周卿士食采於毛子孫因以爲氏趙有毛遂漢有毛公治詩趙人也爲河間王博士毛萇亦治詩人古川又有代北之族世爲酋長

樊氏 姬姓周太王之子虞仲支孫仲山甫爲周宣王卿士食采於樊曰大侯因邑命氏其地一名陽樊今河南濟源東南三十八里皮城是也以樊皮居之故名皮城又商人七族有樊氏仲尼弟子有樊遲魯人蓋其後也

尋氏 亦作鄩曹姓古斟鄩之後或言與夏同姓今維州東五十里尚有鄩亭京相璠云斟鄩去鄩亭七里周有鄩肸

單氏 周室卿大夫成王封蔑於單邑故爲單氏魯成公元年始見春秋晉侯使瑕嘉平戎於王單襄公如晉拜成襄十年傳曰王叔氏與伯輿爭政坐獄於庭王叔不能舉其要辭故奔晉於是單靖公爲政於王室代王叔也二十餘代爲周卿士漢有功臣中牟侯單左車傳封六代昌武侯單究傳封七代

也**甘氏**夏時侯國酈道元云甘水東十里洛陽南有故甘城世謂之鑒城一云周武王封同姓於畿內因氏焉甘昭公者周惠王
之子也王子帶魯僖元年又封之於甘僖二十四年傳曰甘昭公有寵於惠后惠后欲立之昭十二年甘簡公無子立其弟過將去成景
之族丙申殺甘悼公而立成公之孫鰌子孫以邑爲氏秦有甘茂生羅楚有甘公撰星占漢義陽侯甘延壽吳將軍甘甯**緱氏**周卿
士食采之邑也又渴侯氏改爲緱氏**滎氏**周大夫滎夷公其先食邑於滎杜預云鞏縣西有滎錡澗周畿內地也又魯亦有滎氏漢
有滎廣宋朝有滎諲爲光祿卿望出樂安上谷太平登科有滎見素滎眞素滎輯今知臨安有滎薿**郗氏**音絺巳姓青陽氏之後蘇
忿生支子封郗邑因氏焉趙有郗疵今望出濟南**鞏氏**今鞏縣也周卿士鞏簡公甸內侯也晉有鞏朔漢有侍中鞏攸宋朝鞏申
爲光祿卿望出山陽**汜氏**音凡本亦作汎周大夫食采於汜因以爲氏漢有汜勝之爲黃門侍郎撰農書十二篇**謝邱氏**
風俗通周宣王支子食采謝邱漢書古今人表魯有謝邱章**營氏**風俗通周成王卿士營伯之後也後漢有京兆尹營郃望出成
陽宋朝有營道學究出身**劉氏**祁姓帝堯陶唐氏之後受封於劉其地今定州唐縣也裔孫劉氏以能擾龍事夏后孔甲爲御龍氏
在商爲豕韋氏在周爲唐杜氏亦爲杜伯以成王滅唐而遷之於杜也今永興長安縣南十里下杜城是也至宣王滅其國杜伯之子隰
叔奔晉爲士師故爲士氏孫士會適秦後歸晉其處於秦者爲劉氏此祁姓之劉也以國爲氏又成王封王季之子於劉邑因以爲氏杜
預云緱氏西北舊有劉亭按緱氏熙甯中省入河南偃師此姬姓之劉也以邑爲氏姬姓之劉世爲周卿士康公獻公其後也祁姓之劉
卽士會之後周末家于魏又徙豐此班固之說也劉惴字執嘉生四子伯仲季交季卽漢高祖也名邦漢自高祖至光武光武至獻帝享

國四百二十五年又有東郡河南雕陰三族俱出匈奴之族漢高祖
以宗女妻冒頓其俗貴者皆從母姓因改爲劉氏又漢賜項氏姓爲
劉氏

原氏 周文王第十六子原伯之後封於河內今澤州沁水是其地
也周有原莊公世爲周卿士故以邑爲氏魯有原壤陳有原
仲晉有原軫往往其族散
在他國而以本國爲氏者

召氏 或作邵姬姓召公食邑也杜預云扶
風雍縣東南有召亭雍今鳳翔天興
此舊地也東仙之後其地在今王屋又周公封魯召公封燕雖各之
國也然其後有留佐周室者世爲周卿士也周厲王時周德衰微兄
弟道缺召穆公於東都收會宗族而作常棣之詩召簡公之後不見
春秋召與邵一氏而後世分爲二齊有召忽漢功臣有召歐又南陽
太守召信臣生馴孫林此單名者也秦
有邵不疑及汝南安陽之族皆從邑

魯邑

臧氏 姬姓魯孝公之子公子彄食邑于臧因以爲氏隱十年臧僖伯
諫觀魚桓二年臧哀伯諫納郜鼎襄二十四年臧紇爲季氏廢
長立庶被孟氏所譖斬鹿門之關以出奔邾乃立臧爲致防而奔齊
漢有燕王臧荼城陽王太傅臧璋後漢二十八將城門校尉臧宮望
出東

郈氏 亦作后魯孝公八世孫成叔爲郈大夫因以爲氏郈邑今
海
鄆州須城東三十六里郈鄉亭是孔子弟子后處之邑漢
有少府后倉古
今人表作厚

費氏 亦音祕姬姓懿公之孫費伯之邑也今沂州費
縣西北二十里故費城是紂辛臣費仲夏禹之
後也楚有費無極又費
連氏改爲費氏虞姓也

郎氏 姬姓魯懿公孫費伯城郎因以居之子
孫遂以爲氏今單州魚臺縣舊有郁郎
亭是其地漢有郎含後漢中郎郎顗北海人石趙司空郎闓宋朝
郎簡爲侍郎錢塘人皇祐登科郎淑蘇州人又有郎誼湖州人 柳

氏魯孝公之後孝公生子展展孫無駭生展禽字季爲魯士師謚曰惠食采於柳下故謂之柳下惠子孫以邑爲氏楚滅魯仕楚秦幷天下柳氏遷於河東

匡氏魯匡邑宰匡句須之後開封長垣縣西南十里匡邑故城亦屬衞又疑魯別有匡邑盧山記楚威王時有匡裕先生

管氏魯大夫食采於管因氏焉

鄆氏魯大夫食采於鄆子孫氏焉鄆亦作運

落姑氏魯大夫食采於落姑因氏焉漢博士落姑仲異

郰氏子姓宋湣公之後正考父食邑於郰生叔梁紇遂爲郰氏其地今兖州郰縣是也齊有郰衍郰忌望出范陽

卞氏魯邑也今兖州泗水有卞城姓纂云曹叔振鐸之後有支庶食采於卞因以氏焉然卞非曹邑之地魯有卞莊子楚有卞和南史儒林卞華宋朝卞袞爲鹽鐵副使

瑕邱氏姬姓風俗通魯桓公庶子食采瑕邱漢有瑕邱申陽

瞿相氏魯大夫食采瞿相因氏姓苑云沛人

菟裘氏史記秦嬴姓之後也其地魯邑今在兖州奉符

晉邑

欒氏姬姓晉靖侯孫欒賓食邑趙州平棘西北十六里古欒城是其地以邑爲氏欒氏世爲晉卿又齊有欒氏姜姓齊惠公之後惠公子堅字子欒是以字爲氏者漢有欒布又有尚書欒巴望出西河魏郡宋朝登科有欒副

郄氏姬姓晉之公族也晉大夫郄文子食邑於郄世爲晉卿以邑爲氏望出山陽宋朝登科郄濟川真定人又景祐登科郄晉卿

苦氏卽郄氏郤犨亦號苦成子苦爲別封之邑潛夫論苦成城在鹽池東北越大夫苦成漢有苦灼爲會稽太守音庫

祁氏姬姓晉獻侯四世孫奚爲晉大夫食邑于祁遂以爲氏其地卽今太原祁縣是也猶有祁奚墓或云隰叔之後與士氏同族又祁亦姓也出黃帝後所謂伊祁是也亦作者望出太

原樂陵宋朝登科祁高開封人又有祁融

荀氏晉之公族也隰叔之後僖二十八年荀林父將中軍故曰中行氏荀邑在絳州正平西十五里宣十二年荀林父與楚子戰于邲荀首趙同為下軍大夫荀首食邑於智號曰智莊子襄十四年知朔生盈而死故荀氏同見又為田氏程氏輔氏荀本侯國姬姓晉滅之以為邑荀侯之裔亦以國為氏

智氏姬姓卽荀氏荀首別食智邑又為智氏至荀瑤為趙魏所滅故智氏亦謂荀氏望出河東天水陳留

輔氏姬姓晉之公族也本荀氏又食邑於智故又為智氏智果以智伯剛愎必亡其宗別為輔氏又晉大夫有輔躒漢有輔狠為尚書令今河東有此姓望出扶風宋朝登科輔章無為軍人

續氏姬姓晉大夫狐鞫居食采於續故謂之續簡伯又為續氏一云舜七友續牙之後漢功臣表續相如封承父侯晉有續武威撰異物志石趙有太子少保續咸上黨河東襄陽並有此姓望出雁門宋元祐登科續渙若汝州人建炎續商賢兗州人近續[illegible]為吏部郎

戲陽氏晉邑也舊屬衛今相州安陽縣永和鎮東二十五里戲陽城衛大夫戲陽速晉有戲陽扶為鄉

函與氏晉大夫范皐夷食采函與因氏焉

邯鄲氏嬴姓晉趙盾從父昆弟子曰趙穿食邑邯鄲因以為氏其地今為邑隸磁州漢有衛尉邯鄲義

羊舌氏姬姓晉之公族也靖侯之後食采於此故為羊舌大夫有四族皆彊家羊舌晉邑名未詳其所或言羊舌氏姓季名果有人盜殺羊而遺其頭不敢不受受而埋之後盜事發詞連季氏乃掘而示之以明己不食惟舌存而得免此不根之論也

羊氏卽羊舌氏之後春秋末始單為羊氏秦亂徙居泰山戰國有羊千著書漢隴西功曹羊嘉宋朝登科羊奭濰州人

絳氏晉絳縣老人之後其地在今絳州

步氏姬姓晉公族郄氏之後步陽食采於步遂以為氏仲尼弟子有步叔乘齊人又步鹿氏改為步氏望出潯陽宋朝登科步覺氏河南

府人

蒯氏 風俗通晉大夫蒯得之後又衛有蒯聵見左傳前漢有蒯徹又有蕢氏同音宋初登科有蒯諤

彘氏 左傳士會支子士魴別食采於彘邑在平陽北號恭子

曲氏 姬姓晉穆侯封少子成師于曲沃支孫氏焉今絳州曲沃即其地漢有代郡太守曲謙貨殖傳有曲叔後漢太常卿曲仲尼唐貞元中陳許節度使曲環陝州人望出陝郡雁門宋朝登科曲全昌和州人

范氏 陶唐之裔歷虞夏商周成王遷之杜為伯宣王殺杜伯其子隰叔奔晉為士師故為士氏其子孫處隨及范故經傳見三族焉范晉邑也其地濮州范縣是也范氏帝堯裔孫劉累之後伊祁姓自虞以上為陶唐氏夏為御龍氏商為豕韋氏周為唐杜氏周衰奔晉為范氏按隰叔生士輿士輿生士蔿而釋例云士蔿杜伯之孫隰叔之子也士蔿字子輿因疑此而為士輿也越有范蠡著書曰計然魏有范芊項羽有范增居巢人

苗氏 芈姓楚大夫伯棼之後伯棼以罪誅其子賁皇奔晉晉人與之苗因以為氏河內軹縣南苗亭即其地也漢有長水校尉苗浦王莽時有苗訢東晉有苗顒望出東陽

邴氏 亦作丙晉大夫邴豫食邑于邴因以為氏齊亦有邴邑而亦有邴氏漢有博士邴丹丞相丙吉出魯國功臣表有高苑侯丙倩傳封八代又漢都尉李陵降匈奴裔孫歸魏見於丙殿賜氏曰丙唐應公邴粲其後也與高祖有舊以其姓犯廟諱賜姓李

吾邱氏 吾音魚即虞邱氏也晉大夫虞邱子著書楚莊王相虞邱子薦孫叔敖自代者

令狐氏 姬姓周文王子畢公高之後有畢萬仕晉其子犨封於魏犨之子顆以獲秦將杜回功別封於令狐故為令狐顆其地在今猗氏縣西十五里漢有令狐邁避王莽亂居燉煌生稱宋慶曆登科有令狐詠河中人元符有令狐相如鄆州人大觀有令狐皞如汝州人

溫氏 姬姓唐叔虞之後晉郤至為溫大夫號溫季因以為氏按姓纂唐表皆言唐叔虞之後以公族封於河內此即郤至

之封言郤至食采于温亦號温季一事分而為二誤矣温今河內温
縣是也漢功臣表温疥封椿侯疥孫何始居太原又有温忩氏改為
温氏揚氏姬姓周宣王子尚父幽王時封為揚侯為晉所滅其後為氏焉或曰周景王之後一云唐叔虞之後至晉出公孫于齊生
伯僑歸周天子封揚侯然傳言虞號焦滑霍揚韓魏皆姬姓之國為
晉所滅晉以為羊舌氏之邑此其明也揚雄自敘云伯僑不知周何
別也又云晉武公子伯僑生文文生突羊舌大夫也又云晉之公族
食邑於羊舌凡三縣一曰銅鞮二曰揚氏三曰平陽突生職職生五
子赤肸鮒虎季夙赤字伯華為銅鞮大夫生子容肸字叔向亦曰叔
譽鮒字叔魚虎字叔羆號羊舌四族叔向晉太傅食采揚氏其地平
陽揚氏縣是也叔向生伯石字食我以邑為氏曰揚石黨於祁盈盈
得罪於晉并滅羊舌氏叔向子孫逃于華山仙谷遂居華陰又有揚
突後周賜姓獨孤氏隋復本姓又有莫胡盧氏改為揚氏又煬帝誅揚元感改姓為梟氏盂氏晉大夫食采于盂邑因氏焉其地今為
太原盂縣晉有盂丙衛有盂黶壺氏晉大夫邑也因以為氏其地今潞州黎城東壺口關是也衛有壺黯漢有諫議大夫壺遂列仙
傳有壺公鞮氏亦為銅鞮氏風俗通云晉有銅鞮伯華之後晉之別邑也今屬威勝軍有故城及銅鞮宮遺阯遆氏音帝今同
州澄城多此姓本銅鞮氏避事改焉繇氏晉大夫食采繇上因氏焉今大通監繇上縣是其地晉張方腹心有繇恩又河南官氏志
爾繇氏改為繇望出河南梓潼解氏晉大夫解揚解狐之後其先食采於解今解州卽其地漢有御史大夫解延年司隸校尉解光
又解毗氏改為解宋熙甯登科解澄開封人又有解九皋州氏風俗通云晉有州綽州賓其先食采于州因以為氏其地今懷州武
陟縣是也衛有公子州吁漢有州輔魏有州泰又淳于氏謂之州公其後亦為州氏姜姓春秋時小國也鄔氏晉大夫鄔臧之後也

食邑于鄔杜預云太原鄔縣宋登科鄔執權撫州人鄔大昕惠州人

莢氏 風俗通莢成僖子晉大夫也見世本王僧孺百家志云荀丞之娶平陽莢氏又漢藝文志有夾氏春秋音莢

俠氏 卽莢氏音莢韓俠累之後急就章有俠卻敵

鄂氏 姬姓晉鄂侯之後以居於鄂邑故支庶以為氏焉漢初功臣安平侯鄂千秋沛人又巴郡蠻七姓鄂其一也望出武昌焉

翼氏 姬姓晉翼侯居翼城因氏焉漢諫議大夫翼奉東海下邳人

衛邑

甯氏 姬姓衛武公生季亹食采於甯因以為氏杜云汲郡修武縣按修武今屬懷州武陟然獲嘉有甯城周有甯越晉有甯嬴

元氏 左傳衛大夫元咺之後也咺食邑於元今大名府元城是其地子孫以邑為氏又拓跋氏云黃帝子昌意之後昌意少子悃居北土世為鮮卑君長宋書云李陵之後自昌意二十九世至昭成皇帝什翼犍始號代王都雲中至道武皇帝始改號魏至孝文帝更為元氏都洛陽又有紇骨氏改為元氏又有是云氏改為元氏又有景氏改為元氏

儀氏 衛大夫儀封人之後徐大夫儀楚陳大夫儀行父望出晉陽

常氏 姬姓衛康叔支孫食邑於常因以為氏或言黃帝臣常先之後左傳越大夫常壽過漢有右將軍長羅侯常惠宋朝登科有常九思又有常琪成都人又有恆氏避宋諱亦改為常

裘氏 衛大夫食采於裘因氏焉或云本求氏改為裘望出渤海號略

承氏 衛大夫承成之後見世本望出千乘

濮氏 衛大夫食采於濮因而氏焉其地在澶州濮陽今新定有此姓望出魯國濮陽宋朝登科濮俊民開封人濮溫其邵武人

戚氏 衛大夫食采於戚因氏焉其地在衛州頓邱昔賢有戚子著書漢高祖戚夫人

生趙王如意功臣表有臨轅侯戚鰓傳封七世望出齊郡宋建隆登科有戚維

汲氏 風俗通衛宣公太子伋之後居汲因以爲氏然汲衛邑也其大夫所治之邑又何必子伋爲哉其地今衛州衛縣宋尚書郎汲熙載望出清河

聶氏 衛大夫食采於聶因氏焉史記軹人聶政殺韓相俠累漢有太守聶良護羌校尉聶尚又有聶壹吳志有將軍聶支石趙錄冉閔有中書令聶熊孛出河東又新安

棗氏 本棘氏衛大夫棘子成之後避地改爲棗後漢有棗祇

商丘氏 衛大夫食邑於此漢有御史大夫秺侯商丘成又有商丘子胥高邑人見列仙傳

五鹿氏 姬姓風俗通衛邑也晉公子重耳封舅犯於五鹿支孫氏焉漢有少府五鹿充宗代郡成陽縣有五鹿氏

鄭邑

馮氏 世本云歸姓鄭大夫馮簡子之後姓纂云周文王第十五子畢公高之後畢萬封魏支孫食采於馮城因氏焉漢書云秦末馮亭爲上黨太守入趙其宗族或留潞或在趙秦丞相去疾御史大夫劫漢博成侯毋擇並亭之後也至馮唐徙安陵爲楚相弟騫自上黨徙杜陵孫奉世左將軍生譚逡野王立參野王左馮翊上郡太守參宜鄉侯漢功臣又有閼氏侯馮解散穀陵侯馮谿傳封六代後漢司馬馮勤魏郡人馮衍杜陵人生豹爲尚書司空馮魴南陽人廷尉馮緄巴郡人

京氏 鄭武公少子改封於京謂之京城太叔因氏焉舊滎陽京縣是其地後齊廢入滎陽其故城在縣東南二十里又李氏改爲京氏望出譙國

齊邑

閭丘氏

志籍不言所出然邾國有閭丘杜預云高平南陽縣北有顯閭亭本邾地爲齊所幷往往閭丘氏食邑於此故以命氏釋例公子譜皆略惟世本詳焉蓋春秋閭丘嬰之後也迨齊宣王時有閭丘卬閭丘光漢有廷尉閭丘勳後漢太常閭丘遵魏有閭丘決著書十二篇晉有太常閭丘沖南陽太守閭丘羨

閭氏

齊大夫閭丘嬰之後或單言閭氏從省文也又改爲盧氏

隰氏

姜姓齊莊公子廖事桓公封於隰陰爲大夫故以爲氏杜預云濟南有隰陰縣

崔氏

姜姓出齊丁公嫡子季子讓國於叔乙食采于崔遂爲崔氏杜預云濟南東朝陽縣西北有崔氏城是也季子生穆伯穆伯生沃沃生野八世孫夭僖二十八年晉侯宋公齊國歸父崔夭次于城濮夭生杼宣十九年齊惠公卒崔杼有寵於惠公高國畏其偪也公卒而逐之書曰崔氏出奔衛非其罪也成十七年齊侯使崔杼爲大夫襄二十三年崔杼弒莊公崔杼生成及彊後妻生明嫡庶爭立二十七年慶封使盧蒲嫳殺成及彊杼及其妻縊崔明奔魯生良十五世孫意如爲秦大夫封東萊侯二子伯基仲牟伯基居清河東武城仲牟居博陵安平並爲著姓

盧氏

姜姓齊太公之後也齊文公之子高高之孫傒食采於盧今齊州盧城是也因邑爲氏秦有博士盧敖子孫家于涿水之上遂爲范陽涿人漢有燕王盧綰其裔也又有盧蒲氏出自桓公亦爲盧氏皆齊之盧也按河南後魏官氏志有莫盧氏虜姓也後改爲盧復去艸又有范陽雷氏以盧雷聲近故亦改爲盧焉又有三原閭氏准制改爲盧氏又章仇大翼善天文隋煬帝賜姓盧氏

鮑氏

姒姓不知所出或云夏禹之後有鮑叔仕齊食采於鮑因以爲氏鮑叔字叔牙進管仲於齊桓公遂霸諸侯其後有鮑牽曰鮑莊子爲夫人聲孟子所譖靈公刖其足傳曰鮑莊子之智不如葵葵猶能衛其足齊人召鮑國而立之定九年陽虎奔齊請伐魯鮑文子諫曰魯未可取也世爲齊卿又侯力氏改爲鮑虜姓

也望出上黨東海

棠氏姜姓齊桓公之後邑于棠曰棠公其後爲棠氏又楚亦有棠邑大夫伍尚之所封號曰棠君其後亦爲棠氏

穰氏風俗通田穰苴諸田之族穰所食之邑因以氏焉穰苴爲齊大司馬

晏氏或云齊公族襄公二十九年吳季札聘于齊說晏平仲謂之曰子速納邑與政無邑無政乃免於難故晏子因陳桓子納政與邑以免欒高之難漢有司隸校尉晏稱南燕有晏漢宋朝有宰相晏殊應神童舉臨川人望出齊國

晝氏風俗通齊大夫食采晝邑因氏焉

檀氏姓纂云姜姓齊公族有食瑕丘檀城因以爲氏然瑕丘魯地也或齊之公族奔于魯者受邑乎檀也禮記魯有檀弓是其裔也又周卿士檀伯達六國時齊有檀子望出清河平盧高平

來氏本作郲子姓商之支孫食采於郲因以爲氏其後避難去邑齊有來章秦末徙義陽之新野風俗通楚有來英漢功臣表軑侯來蒼軑音待宋朝登科來章磁州人

菑氏齊邑也見姓苑孔融集菑莊青州人爲北海望族

盆氏齊邑也盆城子之後漢盆諡爲中郎將望出齊郡

卽墨氏齊將田單守卽墨支孫氏焉漢書儒林傳城陽相卽墨成

卽氏風俗通漢單父令卽費其先食采卽墨因以命氏

葵丘氏齊邑也英賢傳古有葵丘頎又石虎時有龍驤將軍葵丘直

梁丘氏齊大夫食采梁丘景公時有梁丘據漢少府梁丘賀諸縣人王莽時有梁丘賜

籍丘氏齊大夫籍丘子鉏

余丘氏齊公族食采余丘漢有侍御史余丘炳又隱士余丘靈居曲阿

安平氏齊將田單封安平君因氏焉

高堂氏齊公族也風俗通齊卿高敬仲食采於高堂因氏焉其地在博州高唐

楚邑

鬭氏羋姓若敖之後按若敖名熊儀其先無字鬭者必邑也其地未詳若敖娶於䢵生鬭伯比淫於䢵子之女生子文焉棄諸夢中
虎乳之䢵子見而收之楚人謂乳為穀謂虎為於菟故名之曰鬭穀於菟子文楚之良也世世為令尹秉楚政薳氏亦作蔿羋姓楚
蚡冒之後薳章食邑于薳故以命氏按楚有地名蔿又有薳澨則知薳為楚邑矣又晉士蔿之後亦為蔿氏此以王父字為氏者屈
氏羋姓楚之公族也莫敖屈瑕食邑於屈因以為氏三閭大夫屈平字原其後也漢有屈燕又屈突氏改為屈氏望出河南宋朝登科
屈符屈唐臣又同州屈理耀州屈長吉屈大方廬州人屈中美並登科陰氏姬姓管夷吾七代孫修適楚為陰大夫因以為氏風
俗通又云陰康氏之後周有陰不佞陰里人又後周賜姓丘月陰氏隋復舊姓宋朝登科陰信臣陰昭又有陰暉鳳翔人鍾氏晉伯
宗之後伯宗晉之賢者也為郤氏所譖被殺子伯州犂奔楚邑于鍾離今濠州也子孫以邑為氏或言鍾或言鍾離楚有鍾儀鍾建鍾子
期與伯牙為友項羽將鍾離昧昧有二子長曰發居九江仍故姓次曰接居頴川長社為鍾氏南唐有鍾傳鍾離氏姬姓即鍾
氏以伯州犂居鍾離故曰鍾離氏亦省言鍾氏州犂與晉同祖而世本云與秦同祖嬴姓何也戰國策齊賢人鍾離于昧楚人鍾離岫撰
會稽後賢傳後漢鍾離意會稽山陰人曾孫緒樓船都尉生駰春氏風俗通云楚相黃歇春申君之後上官氏楚王子蘭
為上官邑大夫因以為氏秦滅楚徙隴西之上邽漢有右將軍安陽侯上官桀生安桑樂侯女為昭帝皇后拜車騎將軍後以反伏誅裔
孫勝詹氏楚詹尹之後有詹何善釣周有詹父又有詹嘉楚辭有太卜詹尹宋朝為著姓望出渤海河間蔓氏楚有鬬成然食
采於蔓曰蔓成然其後以邑為氏白氏羋姓楚白公勝之後也楚有白邑其地在蔡州褒信秦大夫白乙丙武安君白起史記有

白圭周富人也漢書白生魯人爲楚元王博士晉有白褎苻秦大鴻臚白景望出南陽太原

葉氏舊音攝後世與木葉同音風俗通楚沈尹戌生諸梁食采於葉因氏焉吳志有都尉葉雄唐有葉法善宋朝爲著姓望出下邳南陽

商密氏楚大夫食采之邑其地在今鄧州穰縣

軒丘氏芈姓楚文王庶子食采軒丘因氏漢有梁相軒丘豹

三閭氏芈姓楚屈原爲三閭大夫因氏焉

鄧陵氏芈姓楚公子食邑鄧陵因氏焉鄧陵氏著書見韓子

諸梁氏楚莊王之後食邑諸梁因氏焉

棠谿氏姬姓吳王闔閭弟夫槩王奔楚爲棠谿氏其地在今蔡州遂平漢有棠谿惠又五官中郎將棠谿典

宋邑

留氏按姓纂衞大夫留封人之後然無據宋有留邑此則宋之留邑大夫因以邑爲氏其地在今徐州泗水東南二十五里留城是也漢功臣疆圉侯留肸傳封四代吳有將軍留贊又有劉誕謀逆貶姓爲留五代留從効爲泉州節度使望出會稽宋朝登科留鎔漳州人留穀衢州人

合氏子姓宋向戌食采於合爲宋左師故謂之合左師望出馮翊

坎氏英賢傳云宋華氏附庸有坎氏

華氏子姓宋戴公子考父食采於華因氏焉世爲宋卿漢功臣表終陵侯華無害傳封四代宋朝有華相華泰登科

韓邑

平氏姬姓韓哀侯少子婼食采平邑因以爲氏秦滅韓徙下邑漢有丞相平當生晏司徒北齊有平筌望出河內燕郡宋朝登科平天倪大名府人

横氏風俗通云韓公子咸號横陽君子孫氏焉

魏邑

鄴氏魏邑名今爲相州治縣風俗通漢有梁令鄴鳳

信氏風俗通魏公子信陵君之後

趙邑

馬氏卽馬服氏嬴姓伯益之後趙奢封馬服君因以爲氏或去服爲馬秦滅趙奢孫興徙咸陽

雎氏息爲切趙大夫食采於雎邑因以命氏

藺氏姬姓韓厥玄孫曰康仕趙食采於藺因氏焉康裔孫相如爲趙上卿子孫仕秦隨司馬錯伐蜀因家成都望出中山華陰宋朝登科藺中謹開封人藺中行永靜人

鹿氏趙大夫食采五鹿因氏焉漢有巴郡太守鹿旗子孫因家焉又阿鹿元氏改爲鹿氏後魏黃門侍郎鹿悆宋朝鹿積登進士第又有鹿元規單州人鹿敏求陳州人

武成氏嬴姓風俗通趙平原君勝封武成君因氏焉

鄗氏苦遙切趙大夫食采深澤鄗邑因氏焉孔子弟子鄗單字子家望出太原鉅鹿

秦邑

衙氏嬴姓秦穆公子食采於衙因氏焉其地卽彭衙也同州白水東北六十里有彭衙城漢有長平令衙謹鄉七世同居蜀志晉有督護衙傳望出江夏

武安氏芈姓秦將白起封武安君因氏焉漢有千乘侯武安恭

華陽氏秦宣太后弟封華陽君子孫氏焉漢有諫議大夫華陽通

涇陽氏秦宣太后弟封涇陽君因氏焉漢有駙馬都尉涇陽犨

高陵氏嬴姓秦昭王弟封高陵君因氏焉漢有諫大夫高陵顯

諸國邑

通氏巴大夫食采於通川因氏焉　譙氏曹大夫食采於譙因氏焉漢譙隆爲上林令以忠諫拜侍中望出巴西譙國宋朝登科譙南薰　鄾氏鄧大夫食采鄾邑子孫因氏焉杜預云地在鄧縣南沔水之北　鄼氏音鑽海西先賢傳鄼授字仲華漁陽人

縣氏或爲平聲其先有爲縣大夫者望出扶風風俗通縣成父孔子門人漢有甘陵相縣芝吳中書令縣默　酈氏黃帝之後支孫食采於酈因氏焉漢有廣野君酈食其沛人弟商右相曲周景侯生寄一名沉食其子疥封高梁侯侯傳封三代後魏酈道元字善長注水經官至御史中丞望出新蔡宋朝登科酈因江陵人　取慮氏徐偃王子食邑取慮因氏焉姓纂云今臨淮有此姓　薊氏邑名在燕地神仙傳有薊子訓望出內黃　鮮于氏子姓鮮音仙商後周武王封箕子於朝鮮支子仲食采於于子孫以鮮于爲氏宋慶曆登科有鮮于綽鄭州人政和有鮮于陶宣和有鮮于先知並閬州人　鮮氏音仙鮮于氏之後亦爲鮮氏蜀李壽司空鮮思明望出南安宋朝登科有鮮洪範開封人熙甯有鮮符戎州人　毋丘氏其先食采毋丘因氏焉宋朝登科有毋丘會政和有毋丘儼毋丘斌並閬州人　毋氏毋丘氏或爲毋氏唐開元補闕毋景洛陽人一云吳人宋朝毋湜直龍圖閣又毋隨登科望出平昌鉅鹿

三烏氏風俗通凡氏於職三烏五鹿有三烏大夫因氏焉漢有三烏羣爲上郡計　渠丘氏亦作著丘氏嬴姓莒國之君居於渠丘故謂之渠丘公今密州莒縣有渠丘城英賢傳彭城有渠丘氏　漁陽氏燕大夫受封漁陽因以爲氏漢有少府漁陽鴻北平人　堂邑氏漢張騫使西域從百餘人堂邑氏二人得還

漢魏邑

泉氏狀云本姓全氏全琮之後琮孫暉魏封南陽侯食封白水遂改爲泉氏然國語瀦洛泉余滿皆赤翟隗姓是則舊有泉氏矣後魏洛州刺史上洛侯泉企

揭陽氏漢功臣安道侯揭陽定爲南海揭陽令因氏焉

以鄉爲氏

臣謹按封土之制降國而爲邑降邑而爲關內邑降關內邑而爲鄉降鄉而爲亭後世但知傳國邑之封而失鄉亭之旨今自國至亭列五等

裴氏嬴姓伯益之後秦非子支孫封𨛬鄉因以爲氏今聞喜𨛬城是也按聞喜隸解州六代孫陵當周僖王之時封爲解邑君乃去邑從衣爲裴裴衣長貌一云晉平公封顓帝之孫鍼於周川之裴中號裴君又唐開元右驍衛大將軍疎勒王裴夷健之後爲西域裴又後趙錄有壘氏本姓裴改爲壘自魏晉至周隋裴氏七代有傳

陸氏嬀姓田敬仲之後也十一世齊宣王少子通封於平原般縣陸鄉即陸終氏之故地因以爲氏通譜元侯生共侯發爲齊上大夫生二子萬皐皐孫賈爲漢太中大夫萬生烈爲吳令遷豫章都尉既卒吳人思之迎其喪葬于胥屏亭子孫遂爲吳郡吳縣人十世孫閎潁川太守生三子卬溫威號潁川枝威生續揚州別駕生三子稠逢褒號荆州枝稠爲荆州刺史二子肅謙肅爲丹徒令號丹徒枝又代北有部落大人號步陸孤氏後魏孝文遷洛陽改爲陸氏虜姓也壽

氏廣信都多此姓本姓陸避事改爲壽女玉切煖望出譙國

龐氏姬姓周文王子畢公高之後其支庶封於龐因以爲氏魏有龐涓趙有龐

閻氏姬姓武王封太伯曾孫仲奕於閻鄉因以爲氏又云昭王少子生而有文在其手曰閻康王封於閻城又云唐叔虞之後晉成公子懿食采於閻晉滅之子孫散處河洛然太伯無後武王克商求仲雍之孫叔達之子周章封於吳爲太伯後周章之弟曰虞仲封於虞爲仲雍後未聞仲奕者也有文在手之言多爲迂誕晉有閻沒齊有閻職又有雲中族後周賜姓大野氏隋復舊望出樂安

郝氏出於赫胥氏太昊氏之佐也殷帝乙時有子期封太原郝鄉安郝氏因氏焉漢有上谷太守郝賢後漢有郝蘭宋朝郝太沖雍熙二年及第郝居中景德元年登第

尸氏漢書尸佼晉人爲商君師著尸子風俗通云其先封尸鄉因以爲氏齊相有尸臣

肥氏恐其先有封於肥鄉者戰國策趙賢人肥義之後風俗通云漢有肥詔英布將肥赫又仁恕掾肥親

資氏黃帝之後食采益州資中因以爲氏風俗通資成陳留人望出南陽會稽

郯氏左傳鄭大夫郯張其先封郯鄉因氏焉宋郯艮子修輔並登進士第吳興人望出滎陽武陵嘉祐有郯亶開封人紹興有郯升卿平江人

胡毋氏嬀姓齊宣王封母弟於毋鄉其鄉本胡國因曰胡毋氏漢有太史胡毋恭

大陸氏姜姓齊太公之後食邑陸鄉因號大陸氏齊簡公時有大陸子方

以亭爲氏

麋氏楚大夫受封於南郡麋亭因以爲氏或言工尹麋之後以名爲氏望出東海南陽

采氏黃帝封其子於右北平采亭因氏焉

俞豆氏芈姓楚公子食采於南陽俞豆亭因氏焉

歐陽氏姒姓越王勾踐之後支孫封烏程歐陽亭因氏烏程今隸

湖州漢有歐陽和伯授尚書會孫高博士孫地餘少府子政

以地爲氏所居附

傅氏商相傅說之後築於傅巖因以爲氏唐傅游藝賜姓武氏

蒙氏風俗通東蒙主以蒙山爲氏秦有將軍蒙驁生武武生恬皆仕秦望出安定宋蒙傳祥符元年登科又有蒙汲台州人蒙著封州人

臣謹按蒙山在沂州費縣西北八十里又有東蒙在費西北七十五里在蒙山之東主其山之祀者子孫因山爲氏

陵陽氏搜神記陵陽子明止陵陽山得仙其後因山爲氏

少室氏國語少室周爲趙簡子戎右

城氏風俗通凡氏於事者城郭園池皆姓也

池氏以所居爲氏也漢有中牟令池瑗魏有城門侯池仲魚望出西平今爲福州大姓有池鍔登科

涂氏洪州人因水爲氏宋朝登科涂天明涂正勝涂壎並撫州人

嵇氏姒姓夏少康封子季杼於會稽遂爲會稽氏漢初徙譙嵇山改爲嵇氏又統嵇氏改爲嵇氏宋翰林學士嵇穎

鮭氏音圭以居鮭陽改爲鮭氏後漢有鮭陽鴻爲少府傳孟氏易

橋氏黃帝葬橋山子孫守冢因爲橋氏漢有橋庇仁

喬氏即橋氏也後周文帝作相命橋氏去木義取高遠一云匈奴貴姓世爲輔相宋朝有喬惟岳給事中

勞氏其先居東海勞山因氏焉望出松陽

東關氏晉有東關嬖五漢有將軍北亭侯東關義

關氏風俗通云關令尹喜之後也一云夏大夫關龍逄之後漢有長水校尉關陽蜀有前將軍漢壽亭侯關羽望出隴西東海

賴氏

鄭大夫穎考叔爲穎谷封人故以爲氏今許州長社有穎谷即其地也後漢穎容字子嚴著春秋釋例望出陳留 狐丘氏晉大夫狐丘林之後見世本英賢傳曰出自狐丘封人之裔 丘氏姜姓太公封於齊而都營丘其支庶居於營丘者遂以丘爲氏其地在今齊州臨淄或云濰州昌樂有營丘故城左傳有邾大夫丘弱丘氏世居扶風又有丘林氏丘敦氏並改爲丘氏虜姓也 壺丘氏列子師壺丘子林鄭人 桑丘氏漢書桑丘公著書五篇姓纂云今下邳有此姓 龍丘氏見風俗通漢有高士龍丘萇吳郡人 蛇丘氏見英賢傳後漢河內太守蛇丘或生重濟北太守女適羊續重濟北人 陶丘氏帝堯子丹朱居陶丘因氏焉齊大夫陶丘德漢侍御陶丘仁 於丘氏其先家於丘因氏焉漢有宛朐令於丘略 苞丘氏楚苞丘先生荀卿弟子 水丘氏漢司隸校尉水丘崇 曹丘氏漢書楚有曹丘生見季布傳 楚丘氏新序楚丘先生孟嘗君時人 廩丘氏齊大夫廩丘子之後見世本英賢傳有廩丘充齊隱者 曼丘氏齊士曼丘不擇漢韓信將曼丘臣 咸丘氏齊有隱士咸丘蒙 浮丘氏列仙傳周太子晉時道士浮丘伯控鶴上嵩山漢書楚元王與申公學詩浮丘伯荀卿門人 安丘氏漢有長陵三老安丘望之注老子行於世京兆人 淄丘氏英賢傳齊勇士淄丘許 稷丘氏漢稷丘子得仙道 雍丘氏晉郭默將軍雍丘洛 何丘氏楚有何丘子後魏殿中將軍何丘勍列威將軍何丘寄 麥丘氏英賢傳齊桓公時賢人麥丘老 北丘氏 獻丘氏 崎丘氏 羊丘氏 逢丘氏 厚丘氏並見姓苑 姜氏地名姜里即文王所因之地也居於此地者以姜爲氏或言姜里獄官 綺氏漢初四皓隱商

山號綺里季其後爲綺氏以季居於綺里也

臣謹按四皓非顯達之人其初不得受氏之祖故以所居爲氏此三代之事也如介之推燭之武冀芮穎考叔之類是矣

濟氏以所居近濟水故以爲氏襄陽有此姓見姓苑巷氏毛詩寺人巷伯之後艾氏晏子春秋大夫艾孔之後卽左傳裔款也艾亦謂之艾陵齊魯境上山風俗通龎儉母艾氏南燕有牙門艾江又東平太守艾銓唐有侍郎御史艾敬直北平人宋朝艾穎爲御史元豐登科艾早真州人元祐艾輿言沂州人望出隴西西河南天水又河南官氏志艾斤氏改爲艾氏柘氏楚大夫以地爲氏急就章漢有柘溫舒望出武陵燭氏鄭人燭之武不得氏以其居於燭地故言燭之者猶言介之推佚之狐也耸氏所嫁切風俗通云新鄭人楊耸村在縣西二十五里闞氏風俗通闞黨童子之後漢有荆州刺史闞翊漢書藝文志闞子著書後漢末闞宜下邳人王僧孺百家譜云蕭遠娶下邽闞氏之女辟閭氏姬姓衞文公支孫居楚丘營辟閭里因爲辟閭氏焉漢書儒林傳太子少傅辟閭曾孫某爲昌邑王太傅申屠氏姜姓周幽王申后兄申侯之後支子居安定屠原因以爲氏一說申徒狄夏賢人後音轉改爲申屠氏又有作勝屠者或云申屠楚官號申徒氏風俗通云本申徒氏隨音改爲申屠氏申徒狄夏賢人也湯以天下授之恥不以義聞己自投於河莊子申徒兀者鄭人也漢有西屏將軍申徒建東門氏姬姓魯莊公子公子遂字襄仲居東門號東門襄仲因氏焉漢有荆州刺史東門雲又有東門京善相馬西門氏鄭大夫居西門因氏焉列子有西門子魏文侯時西門豹爲鄴

令漢王莽時有西門息神仙傳有西門惠宋祥符登科西門洽大觀有西門解濱州人西氏姓苑云西門豹之後改爲西南

門氏見姓苑北門氏左傳有北門駟尸子有北門子莊子有北門成陽門氏禮記陽門介夫之後桐門氏

子姓左傳宋樂大心爲右師食采桐門因氏焉夷門氏史記魏隱士侯嬴爲夷門門者因氏焉闞門氏漢書儒林傳膠

東內史闞門慶忌鄒人申公弟子也木門氏宋公子食采木門因氏焉說苑衛大夫有木門子高逢門氏漢書古今人表

有逢門子豹藝文志逢門子著兵法胥門氏左傳吳大夫胥門巢之後也弋門氏姓苑云漢陽人雍門氏齊頃

公之子公子勝居雍門故爲雍門氏戰國策雍門周以鼓琴干孟嘗君說苑齊有雍門子秋彤氏宋有彤班以其守彤門故以爲

氏漢功臣表芒侯彤路生昭昭生申尚景帝女南宮公主門氏周禮公卿之子入王端門教以六藝謂之門子其後爲氏後魏有門

文愛今望出河南又廬江河南官氏志有叱門氏改爲門氏又有叱門氏改爲門氏又有庫門氏改爲門氏東宮氏東宮得臣

齊大夫也其後東宮得疾隱嵩山年三百歲西宮氏見姓苑南宮氏姬姓孟僖子之後也或言文王四友南宮子之

後宋有南宮長萬南宮牛仲尼弟子南宮縚字子容魯人宋天聖登科南宮誠慶曆有南宮覲洪州人紹興有南宮瑞北宮氏

姬姓衛之公族也左傳有北宮奢漢書有北宮伯子晉有西河太守北宮協前涼有護軍北宮萌東郭氏姜姓齊公族桓公之

後也齊大夫東郭書見左傳又大陸子方號東郭賈齊人莊子有東郭子魏文侯時有東郭子方東郭惠見說苑西郭氏姓氏

英賢傳云齊有賢者居西郭因氏焉漢有謁者僕射西郭嵩晉有祕書西郭陽北海人何承天云西朝名士也南郭氏莊子有南

郭子綦左傳有南郭偃南郭且于北郭氏左傳齊大夫北郭子車之後也子車名佐生北郭啓說苑齊人有北郭騷與晏子為
友東閭氏東閭子嘗富貴後乞食於道曰吾為相六年未嘗薦一士見說苑西閭氏說苑有西閭過屋廬氏
晉賢人屋廬子著書言彭聃之法市南氏左傳楚人有市南宜僚亦見莊子社南氏其先齊倡見風俗通又姓苑云
扶風安陵有社南氏社北氏風俗通與社南皆齊倡也漢有高煬娶扶風社北氏
臣謹按優倡依社而居則其志可知也
三丘氏蜀志有三丘務三州氏孝子傳有三州昏延陵氏姬姓吳季札居延陵因氏焉亦為延州來氏呂氏春
秋延陵玉趙襄子謀臣於陵氏姜姓風俗通陳仲子齊世家辭爵灌園於於陵子孫氏焉平陵氏史記平陵老之後
梁垣氏陳留風俗傳周畢公後有梁垣演居大梁之墟子孫因氏焉漢光武時侍御史梁垣烈字惠伯又武陵太守梁垣成蒲
圃氏魯地以所居為氏東方氏風俗通伏羲之後帝出於震位主東方子孫因氏焉宋嘉祐登科有東方穎叔梓州人熙
甯有東方暉開封人西方氏姓苑云少昊金天氏位主西方金因氏焉宋朝登科西方琥淄州人九方氏列子秦穆公時
九方皋一名歅善相馬東里氏姬姓鄭大夫子產居東里因氏焉曹瞞狀有南陽太守東里昆泰始先賢狀有東里晃魏志有
東里袞百里氏風俗通秦大夫百里奚之後其先虞人家于百里因氏焉後漢徐州刺史吉陽亭侯百里嵩陳留人東鄉
氏宋大夫東鄉為人之後見世本漢有并州護軍東鄉子琴高密人見英賢傳西鄉氏風俗通宋大夫西鄉錯之後見世本

尸子有隱者西鄉曹南鄉氏晉高士居隱南鄉因氏焉後漢有羽林左監南鄉㮘北鄉氏見姓苑東野氏家語有東野畢弋東野稷見莊子西野氏南野氏北野氏並見姓苑北唐氏英賢傳曰晉有高人越者隱伏於北唐因氏焉漢有北唐子真治京氏易北海氏英賢傳曰古有劉河者處於北海其後以爲氏吳大夫有北海子高成陽氏見姓苑漢有安陽護軍成陽恢生謁者僕射昇河東人濮陽氏其地在今澶州後漢外黃令牛述以濮陽潛爲主鮮陽氏漢有揚州刺史鮮陽簿戩孫滔武騎常侍鮭陽氏音珪漢有少府鮭陽鴻治孟氏易梗陽氏晉有梗陽巫皋漢有侍御史謁者梗陽真落下氏漢武帝時落下閎善天文地理歷數巴郡閬中人神仙傳有落下公瓜田氏王莽時臨淮瓜田儀爲盜賊甪里氏亦作用里氏漢初商山四皓有甪里先生其所居在甪里後漢有甪里若叔者其後也祿里氏即甪里也以甪音祿故亦作祿神仙傳有祿里先生綺里氏漢商山四皓綺里季之後夏里氏四皓夏里黃公河內人樗里氏亦作樗氏嬴姓秦丞相樗里子之後也名疾秦惠文王弟桐里氏見英賢傳後漢御史中謁者桐里斥生儒議郎晉博昌令桐里夫並河東人空同氏世本云子姓蓋因空同山也延州氏姬姓吳季札居延州來因氏延州郯州氏世本晉郯豹孫步楊生郯州因氏焉阪上氏上黨屯留人其先居阪上因氏焉晉惠帝時有殿中將軍阪上囂鉛陵氏呂氏春秋有鉛陵卓子

以姓爲氏氏附

姚氏虞之姓也虞舜生於姚墟故因生以爲姓後世亦有以爲氏者左傳鄭大夫姚句耳是也漢有諫議大夫姚平舜後胡公封陳至敬仲仕齊又爲田氏至田豐王莽封爲代睦侯奉舜後子恢避莽亂居吳郡改姓嬀氏五代孫敷又爲姚氏

臣謹按虞有二姓曰嬀因姚墟之生而姓姚因嬀水之居而姓嬀故姚恢改姓爲嬀而嬀皓又改姓爲姚知姚與嬀二姓可通

嬀氏帝舜之後也舜居嬀汭因以爲姓或言舜生嬀汭此姓也世世亦以爲氏後漢有嬀皓改爲姚氏文士傳有嬀覽

姜氏姓也炎帝生於姜水因生以爲姓其後太公封於齊世與周魯爲婚姻歷二十九世爲田氏所滅子孫分散或以國爲氏或以姓爲氏又桓庭邑唐上元中淮制改爲姜氏

歸氏姓也未詳得姓之始左傳胡子國姓歸爲楚所滅子孫或以國爲氏或以姓爲氏以姓爲氏者世居吳郡

任氏姓也未詳因生之始然妊娠女子之事也姓女子之稱也妊古作壬又作任或云黄帝二十五子十二人以德爲姓一爲任氏六代至奚仲封薛又云黄帝之孫顓帝少子陽封於任故以爲任氏又任爲風姓之國實太昊之後主濟祀今濟州任城即其地也任姓之任與任國之任子孫皆以任爲氏魏有任鄙漢有御史大夫廣阿侯任敖武帝時有任安

風氏姓也伏羲氏之姓任宿須句顓臾四國皆風姓風作凡即古文風字世亦有此姓此雖姓也古之時亦有以爲氏者黄帝之臣風后是也

姬氏姓也帝嚳生姬水因以爲姓裔孫周文王三十餘代至赧王子孫號姬氏漢有周子南君姬嘉唐水部郎中姬處遜世居長安開元初明皇以嫌名改爲周氏望出南陽

嬴氏伯益之後伯益作朕虞有功賜姓嬴氏漢有嬴公治公羊望出河東太原

臣謹按嬴地名也杜預云泰山嬴縣唐并入兗州博城博城今爲奉符以所居於嬴故因生以姓或言河間有嬴水故爲瀛州卽嬴姓所居之地

姓氏齊人有此姓見漢書貨殖傳臨菑姓偉貲五千萬注云姓姓名偉 是氏本氏氏齊大夫之後也吳志北海氏儀本姓氏孔融嘲之曰民者民無上可改爲是遂改焉仕吳官至侍中都亭侯唐天寶祕書少監是光又改姓齊又是云氏改爲是氏亦有氏氏五代梁將氏叔琮氏延賞 子氏帝嚳之子契受封於商賜姓子湯有天下微子基宋世爲子姓或以爲氏又楚有屈建字子木公子申字子西皆爲子氏左傳魯叔孫之車士有子商鉏家語注姓子名商鉏鄭大夫子人九子熙子丁子上又宋有子韋明天文宋朝皇祐九年子元瑜登科開封人 芈氏楚姓也陸終之子季連之後也陸終娶鬼方之女孕而不育十一年開左脅出三人焉又開右脇出三人焉第六子曰季連是爲芈姓周文王時季連苗裔鬻熊爲文王師事成王成王擧文王勞臣封其裔子于丹陽是爲楚國漢初楚懷王孫芈心項羽封爲楚懷王後爲義帝

臣謹按三代之時男子未嘗稱姓支庶未嘗稱國秦滅六國諸侯子孫皆爲民庶故或以國或以姓爲氏所以楚之子孫可稱楚亦可稱芈

以姒氏伯鯀之姓鯀爲堯崇伯賜姓姒氏其子禹受舜禪爲夏家至桀而絕杞國爲姒姓之後王莽時封夏後遼西姒豐爲章功侯按

官氏志姒亦改爲似後魏渴侯氏改爲似氏 隗氏姓也赤狄姓隗潞子嬰兒是也廧咎如東山皋落氏皆其別種而亦姓隗 允氏允姓之戎居於瓜州者其後以爲氏或言允格之後 偃氏皋陶生於曲阜是爲偃姓六蓼皆偃姓之國祀皋陶文公五年楚滅之又國語舒庸舒鳩並偃姓吳有偃州員王莽時有偃參又有偃氏卽偃之別族也公羊傳有偃子皋爲晉士官又有匽氏後漢匽皇后

禿氏國語云祝融後八姓己董彭禿妘斟曹芊周皆滅之賈逵云禿彭姓別族也 姞氏史記姞氏爲后稷元妃南燕密須皆姞姓之國後改爲吉氏宋朝登科吉臨澤州人 酉氏黃帝十四子之一姓也見國語或作羑魏有陳留人酉收今望出太原 妚氏方九切見纂要又據此當是姓 漆氏長狄僑如本鄋瞞之國姓漆又爲氏一云漆室女之後古有漆沈爲魯相或云卽漆雕開亦單爲桼氏宋有郎中令漆凱之望出南昌 弋氏姓也姓纂云今蒲州有弋氏望出河東宋朝弋子元太平興國二年登進士第

侯岡氏地記蒼頡姓侯岡氏居馮翊衙縣 伊祈氏堯之姓亦作伊祁 伊氏卽伊祈氏之後也裔孫伊尹名摯相湯生陟奮風俗通漢有議郎伊推又伊嘉爲鴈門都尉石顯黨又伊婁氏改爲伊氏宋朝登科有伊尚 巳氏音自己之己昆吾之姓也漢有太常卿巳茂 嫪氏郎到切按從女者姓也秦有嫪毒

以字爲氏

周人字

林氏姬姓周平王庶子林開之後因以爲氏開生林英英生林茂林慶世系甚明而譜家謂王子比干爲紂所戮其子堅逃長林之山遂爲氏按古人受氏之義無此義也魯有林放仲尼弟子齊有林阮見說苑林類見列子林回見莊子林雍林不狃林楚世仕季氏故曰林氏之先皆季氏之良也然桓王之孫又有林茂林英者王子克之子也恐有差訛不應一族而同名氏者兩人又有邸林氏改爲林虞姓也

臣謹按林氏在唐末爲昌宗而特詳著豈林寶作元和姓纂故爾然林氏出比干之子堅之說由寶傳之也著書之家不得有偏徇而私生好惡所當平心直道於我何厚於人何薄哉

家氏姬姓周大夫家父之後以字爲氏又魯有子家氏亦爲家氏魯之公族宋朝家靜登進士第蜀人也又有家形家仲並眉州人望出南安京兆

忌氏風俗通周公忌父之後以王父字爲氏

謀氏風俗通云周卿士祭公謀父之後以字爲氏

顯氏周大夫顯父之後

旅氏風俗通周大夫子旅之後漢高功臣昌平侯旅卿傳封六代望出南安又共侯旅罷師傳封四代

方氏周大夫方叔之後以字爲氏風俗通云方雷氏之後漢有方賀唐有詩人方干嚴州人宋朝方氏爲著姓閩中爲多望出河南

賁氏縣賁父之後風俗通魯有賁浦賁音奔又音肥漢功臣表賁赫

槐氏左傳富父槐之後以王父字爲氏槐音回

吉氏尹吉甫之後也或云黄帝之裔伯儵之後封於南燕賜姓姞氏後改爲吉漢有漢中太守吉恪魏有吉茂晉有魏興太守吉挹劉宋有將軍吉

幹朱熙甯登科有吉甫絳州人紹聖有吉觀國康國並通利軍人建炎吉與忠兗州人

魯人字

施氏姬姓魯惠公之子公子尾字施父其子因以爲氏齊有施常仲尼弟子漢有博士施讎　奇氏伯奇之後以王父字爲氏

又後魏河南官氏志奇斤氏改爲奇氏望出河南今開封有此姓宋朝登科奇軾代州人　爲氏姬姓魯昭公子公爲之後以字爲氏

後漢南郡太守爲昆　貢氏仲尼弟子端木賜字子貢其後以字爲氏漢有御史大夫貢禹望出廣陵琅邪　衆氏姬姓魯公子益

師字衆仲亦曰衆父以字爲氏衆一音終　騫氏風俗通云仲尼弟子閔子騫之後以王父字爲氏閔損字子騫　顓孫氏嬀姓

陳公子顓孫仕晉子孫氏焉顓孫師字子張仲尼弟子顓孫子莫見說苑　公父氏姬姓魯季悼子之子靖字公父之後也　公

之氏姬姓季悼子之子鞅字公之之後是也　公石氏姬姓悼公子堅字公石之後也　公索氏魯有公索氏將祭而

亡其牲見家語　公伯氏魯有公伯僚仲尼之弟子　公慎氏魯有公慎氏　公輸氏魯公輸般之後也　公西

氏見姓苑魯有公西赤子華公西蒧子上並仲尼弟子　公罔氏仲尼時魯有公罔氏　公冶氏公冶長齊人仲尼弟子

公祖氏仲尼弟子公祖句茲魯人見纂要　公羊氏魯有公羊高子夏弟子注春秋　公良氏仲尼時魯人公良孺

公齊氏仲尼弟子公齊定　公山氏魯有公山不狃爲季氏宰　公儀氏公儀仲子魯人見禮記史記公儀休爲魯

相　公沙氏後漢遼東屬國都尉公沙穆北海膠東人　公玊氏玊音肅黃帝時公玊帶造明堂　少施氏姬姓世本

魯惠公子施父之後

夏父氏 魯大夫夏父弗忌宋大夫夏父徵

子服氏 姬姓魯桓公之子公子慶父玄孫孟懿伯字子服其後以爲氏

子家氏 姬姓魯莊公之孫公孫歸父字子家其後爲子家氏

子桑氏 魯大夫子桑伯子之後也秦公孫枝字子桑其後亦氏焉莊子有子桑雩

子陽氏 姬姓魯公族有子陽者其後以王父字爲氏

子叔氏 姬姓魯文公之子公子叔肹之子子叔聲伯之後爲子叔氏亦爲叔氏

子士氏 姬姓魯桓公之後叔孫氏之裔也叔孫成子爲子士氏亦爲叔孫氏

子言氏 姬姓魯季平子生昭伯字子言其後也本季氏

子楊氏 姬姓世本季桓子生穆叔其後爲子楊氏

子孟氏 姬姓魯公子子孟之後見英賢傳又齊簡王時有子孟鄉爲大夫

子我氏 姬姓魯叔孫成子生申字子我因氏焉又衞大夫有子我封人

子有氏 魯有子有善祥見禮記宋有若是也又宋有子有有恭叔亦爲有氏

子仲氏 姬姓風俗通魯宣公子仲之後見毛詩

子羽氏 姬姓晉公族子羽之後爲楚隨邑大夫衞有行人子羽

晉人字

張氏 世仕晉晉分爲三又世仕韓此卽晉之公族以字爲氏者譜家謂黃帝子少昊青陽氏第五子揮爲弓正觀弧星始制弓矢主祀弧星賜姓張氏此非命姓氏之義也按晉有解張字張侯自此晉國世有張氏則因張侯之字以命氏可無疑也趙有張談韓有張開地趙韓分晉皆張侯之裔也漢有張耳張釋之後周改賜叱羅氏隋復舊

蟜氏 晉大夫蟜父之後漢有將軍蟜望後魏有蟜慎扶風人郭頌世語北海有高士蟜應

嘉氏 晉大夫嘉父之後欒氏黨也

胥氏 晉大夫胥仁之後以字爲氏或言出赫胥氏之後宋

有胥偃爲翰林學士慶曆登科有胥世臣撫州人熙甯有胥彥回潭州人先詔登科

先氏 晉大夫先輔之後世爲晉卿漢有先虞宋有瀘州人

利孫氏 晉大夫公子利孫其後氏焉漢東萊太守任秉娶利孫氏

邳氏 邳亦作丕晉大夫丕鄭之後也

臣謹按邳鄭亦曰邳鄭父名字通稱也父者男子之美稱則知自稱爲邳鄭人稱之曰邳鄭父

叔帶氏 嬴姓趙夙字叔帶以字爲氏齊大夫有叔帶子莊父爲宰御見說苑

叔向氏 晉羊舌大夫之後也羊舌肸字叔向以字爲氏

叔魚氏 晉羊舌大夫之後也羊舌鮒字叔魚

衞人字

孫氏 姬姓衞武公之後也武公和生公子惠孫惠孫生耳爲衞上卿食邑於戚生武仲亦曰孫仲以王父字爲氏孫仲生炎曰孫昭子自昭子六世至孫嘉世居汲郡晉有孫登卽其裔也又有孫氏芊姓楚令尹孫叔敖之後也又有孫氏嬀姓齊陳敬仲四世孫孫桓子無宇之後也或言桓子之子書戍莒有功齊景公賜姓孫氏非也以字爲氏何用賜爲此當是桓子祖父字也桓子曾孫武以齊之田鮑四族謀爲亂奔吳爲將武之子明食邑於富春自是世爲富春人

彌氏 姬姓史記衞公孫彌牟彌牟孫子瑕以王父字爲氏

臣謹按王父字爲氏者皆公子也諸侯支庶之子爲所始之宗故以其字爲氏今彌牟者公子郢之子靈公之孫也以此則知亦有

以公孫之字爲氏者

析氏衛公族大夫析朱鉏之後也朱鉏公子黑背之孫以王父字爲氏齊有大夫析歸父後漢析像通京氏易像者鬱林太守析國之子也廣漢雒縣人像入後漢方術傳望出廣漢西河也

臣謹按鄭公孫黑字子晳楚公子黑肱亦字子晳今析朱鉏乃公子黑之子疑析卽黑之字耳晳亦作析

石氏姬姓靖伯之孫石碏有大功於衛世爲衛大夫齊有石之紛如楚有石奢石乞鄭有石申父石癸石楚石制石首石㚟周有石速石張石尚漢有石奮生建慶號萬石君五代石氏建國號晉又烏石蘭氏改爲石氏

臣謹按晉揚食我字伯石鄭公孫段字子石則知此之爲石者必其字也

南氏姬姓衛靈公之子公子郢字子南以字爲氏或言周宣王南仲之後又魯亦有南氏又楚有子南氏亦爲南氏是皆以字爲氏者或言晉高士居隱於南鄉因以爲氏此以鄉爲氏者姓源韻譜云盤庚妃姜氏夢龍入懷因孕十二月而生手把南字長荆州因號南赤龍此里巷之言也六國時有南公子著書言五行陰陽之事漢有南蠋爲北平太守又有南季魯算王莽時有南觀觀一作歡後漢有南韜爲雍州刺史南纂爲平昌太守唐有南霽雲忠義之士宋朝南楚南翥登進士第望出汝南宣和有南得臣燕人望出汝南又姓源

韻譜云亦改爲宇文氏

子南氏 衛靈公之子公子郢之後爲子南氏鄭穆公之孫公孫楚之後爲子南氏姬姓也楚莊王之子公子追舒之後爲子南氏芊姓也

子玉氏 姬姓衛大夫子玉霄之後秦穆公時大夫有子玉房

子伯氏 姬姓衛大夫子伯季之後魏有子伯先子夏門人居西河

子齊氏 姬姓衛公族也

公南氏 姬姓衛獻公之子楚字公南生子牟爲公南氏

公叔氏 姬姓衛獻公之公子當字公叔之後

公孟氏 姬姓衛公孟縶之後也

公明氏 衛大夫公明賈

公文氏 衛大夫公文要

公析氏 姬姓衛公子黑背字子析之後也

鄭人字

游氏 姬姓鄭穆公之子公子偃字子游其後以王父字爲氏鄭大夫游吉裔孫尋漢御史中丞後漢有游因前趙有游子遠前燕有游宗皆爲股肱之任

國氏 姬姓鄭穆公之子公子發字子國其後以王父字爲氏齊有國氏姜姓其先共伯齊之公族也高氏國氏世爲齊上卿蓋天子所以命相齊者故曰有天子之二守國高在宋朝登科國鼎臣海州人國經衡州人又有國宗望出下邳樂安

駟氏 姬姓鄭穆公子駟之後也公子騑字子駟其孫駟帶駟乞以王父字爲氏漢恩澤侯表鄔侯駟鈞齊哀王舅

印氏 姬姓鄭穆公子子印之後也公子喻字子印其孫印段以王父字爲氏望出馮翊南唐印粲登第宋朝有印況舉進士江甯人

良氏 姬姓鄭穆公子子良之後漢有河間相良就又有良賀

伯有氏 姬姓鄭穆公玄孫良霄字伯有之後也伯有爲良氏復爲伯有氏所以別其族

羽氏 姬姓鄭子羽之後也漢有俠士羽公後魏官氏志弗羽氏改爲羽氏望出河南

罕氏 姬姓鄭穆公之子公子喜字子

罕其孫罕虎罕雖遂爲罕氏
子師氏姬姓鄭大夫子師僕之後也漢有北平太守子師將
子國氏姬姓鄭公子發字子國之後也亦爲國氏
子罕氏姬姓鄭公子喜字子罕之後也或作子軒氏亦爲罕氏
子孔氏鄭公子嘉字子孔之後也姬姓又有公子志謂之士子孔並穆公之子亦爲孔氏
子游氏姬姓鄭公子偃字子游之後也亦爲游氏
子駟氏姬姓鄭公子騑字子駟之後也亦爲駟氏
子晳氏姬姓鄭公孫黑字子晳之後也
子豐氏姬姓鄭公子去疾字子豐之後也亦爲豐氏
子人氏鄭子人九之後也亦爲子氏

宋人字

孔氏子姓出宋閔公之後閔公生弗父何以有宋而授厲公三世生正考父傳所謂三命滋益恭者考父生孔父嘉爲大司馬魯隱公三年宋穆公疾召孔父而屬殤公焉桓二年宋華父督見孔父之妻于路目逆而送之曰美而豔遂殺嘉而取其妻其子奔魯嘉字孔父後世以字爲孔氏又爲孔父氏自孔父六世而生仲尼二歲喪父十九而娶娶一年而生鯉以哀公十六年四月己丑卒年七十三葬魯城北泗上自漢以來孔氏襲奉百世不絕又衞有孔氏不知所出爲衞世卿魯文公元年孔達始見傳昭七年衞襄公夫人無子嬖人婤姶生孟縶孔成子夢康叔謂已立元余使羈之孫圉與史狗相之故孔氏之孫世爲衞大夫又鄭有孔氏穆公蘭之後也穆公之子十三人其二皆爲孔氏宋子生子曰公子喜字子孔遂爲孔氏圭嬀生子曰公子志字士子孔亦爲孔氏後無聞
牛氏子姓宋微子之後司寇牛父之子孫以王父字爲氏趙有武靈王將軍牛翦秦大儒有牛缺漢護羌校尉牛邯前秦有大夫牛夷北涼有郎中牛溫後秦

有牛讎淮南子有牛哀又有牛金之後逃難改姓牢氏又改爲寮氏後復牛氏

樂氏 子姓宋微子之後戴公生公子衎字樂父子孫以王父字爲氏曾孫樂莒莒孫喜字子罕燕有樂毅毅孫臣叔漢高祖封爲華成君裔孫恢宋朝樂史作寰宇記又有樂艮樂泌登科樂希孟樂播並邛州人

皇甫氏 子姓宋戴公之子充石字皇父其後以王父字爲氏漢興改父爲甫後漢安定都尉皇甫儁生稜始居安定稜子彪有八子號八祖皇甫氏爲著姓

靈氏 子姓宋大夫子靈之後也文公之子公子圍龜字子靈以字爲氏或曰齊靈公之後以字爲氏者左傳有靈輒

邊氏 子姓宋公子城之後城字子邊或言宋平公子御戎字子邊以王父字爲氏孫邛爲司徒又周大夫有邊伯

正氏 亦作政子姓宋正考父之後魏志永昌太守正帛宋祥符登科正尹

祿氏 子姓風俗通云紂子武庚字祿父其後以字爲氏涇陽有此祿姓亦出扶風又吐蕃酋長有祿東贊

乙氏 子姓商湯字天乙支孫因以王父字爲氏前燕有護軍乙逸今襄陽有乙氏又燕有鴻臚乙歸楊威將軍乙愛皆北狄種類又河南官氏志乙弗氏改爲乙氏或云望出平原

魚氏 子姓風俗通云宋桓公子公子目夷字子魚子孫以王父字爲氏漢有長安富人魚翁叔唐有魚朝恩宋朝有御史中丞魚周詢開封人

事父氏 子姓宋人

子革氏 世本宋司城子革之後又曰季平子支孫亦爲子革氏

子儀氏 左傳宋桓司馬之臣子儀克

齊人字

慶氏 姜姓齊桓公之子公子無虧之後也無虧生慶克亦謂之慶父名字通用是亦以字爲氏者望出廣陵

臣謹按諸侯之子稱公子公子之子稱公孫公孫之子以王父字

爲氏今無虧之子慶父其後爲慶氏此又以父字爲氏而不以王父字爲氏也不可一槪言

賀氏卽慶氏也姜姓齊桓公之支庶也自齊慶父之後皆以慶爲氏至後漢汝陰令慶儀卽慶普之裔也儀之孫酺酺子侍中賀避安帝父諱改爲賀氏又後魏賀氏賀蘭氏賀賴氏並改爲賀氏虞姓也望出廣平宋賀恂青州人慶曆登科賀理蔡州人熙寧登科賀旂元祐賀衞政和賀紱並齊人也賀密賀天覺並密州人宣和登科

尚氏姜姓齊太公之後也太公號太師尚父支孫因氏焉後漢高士尚長字子平望出汲郡清河上黨

旗氏風俗通齊卿公孫竈之孫欒施字子旗子孫以王父字爲氏後漢有九江太守旗況

子旗氏姜姓齊惠公曾孫欒施字子旗之後也本欒氏

子乾氏姜姓世本齊公子鄀字子乾之後也

子工氏姜姓世本齊頃公之子公子工之後也

子泉氏姜姓世本齊頃公之子公子湫字子泉之後也又子泉捷齊大夫見新序

子襄氏姜姓齊惠公之子公子子襄之後也

子雅氏姜姓齊惠公之孫公孫竈字子雅之後也

子尾氏姜姓齊惠公之孫公孫蠆字子尾之後也亦爲高氏

邾人字

顏氏曹姓顓帝玄孫陸終第五子曰安安裔孫挾周武王時封之於邾爲魯附庸邾挾之後至於夷父字顏公羊謂之顏公子孫因以爲氏據圈稱陳留風俗傳及葛洪要字皆如此云但謂顏爲武公然邾自顏六世至文公蘧蒢始有爵謚武公之號未必然也王儉譜

云顏氏出自魯侯伯禽支庶食采顏邑因氏焉真卿尚書譜云未知儉何所憑故當依圈葛二家及舊譜為定仲尼弟子達者顏氏八人四科之首稱顏淵然惟齊魯多顏氏豈其近於郳故顏公之子孫散在二國與漢有大司農顏異濟南人顏駟江都人後漢顏良為袁紹將臨沂人

諸國人字

董氏己姓或言姬姓黃帝之裔孫有飂叔安生董父其後遂為董氏又有陸終之子參故姓董周時為胡國其後亦為董氏晉有董狐董安于漢有江都相董仲舒清河廣川人後漢有董宣董鈞宣陳留人鈞犍為人晉有董京董養又有范陽董泰大曆賜姓李氏

明氏姬姓虞仲之後也有百里奚者為虞之公族大夫晉獻公滅虞虜虞公及其大夫百里奚以媵秦穆姬自此遂為秦大夫奚生孟明視視名也明字也以字為氏宋朝有明鎬參知政事熙寧登科明覿吉州人紹興撫諭使明櫜潭州人

子臧氏姬姓曹公子欣時字子臧之後也

子華氏韓有子華子因以為氏焉

子州氏莊子堯以天下與子州支父舜以天下與子州支伯

公賓氏王莽校尉公賓就斬莽首傳於宛就北海人

陳人字

袁氏亦作轅亦作爰嬀姓舜後陳胡公之裔胡公生申公申公生靖伯十八世孫莊伯生諸字伯爰孫濤塗以王父字為氏世為陳上卿

轅氏陳轅濤塗之後其詳見袁氏譜史記儒林有轅固漢書有轅豐後漢功臣禦兒侯轅終古

爰氏即袁氏也陳胡公裔

九代孫爰伯諸之後漢有袁盎楚人後漢侍中爰延陳留人魏郎中令爰節

占氏陳子占之後以王父字爲氏

子獻氏嬀姓世本陳桓公孫子獻之後風俗通云齊大夫子獻之後也楚文王之時子獻遼爲大夫

子占氏世本陳桓子生書字子占之後也

子鞅氏嬀姓陳僖公生簡子齒爲子鞅氏

子芒氏嬀姓陳僖公生盈字子芒之後也

子尚氏嬀姓世本陳僖公生廩丘子尚意茲因氏焉國語鄭大夫子尚伯父

子禽氏嬀姓陳僖公生惠子子得爲子禽氏

子輿氏嬀姓陳桓公生子石難爲子輿氏

子寤氏嬀姓陳僖公生宣子其後爲子寤氏

子沮氏嬀姓陳桓公生子子輿爲子沮氏

子宋氏嬀姓陳宣公生子楚其後爲子宋氏

子夏氏嬀姓陳公子少西字子夏之後也

子枋氏

楚人字秦人字附

成氏楚若敖之後以字爲氏僖二十六年成得臣鬬宜申帥師滅夔冬令尹子玉司馬子西伐宋圍緡二十八年晉及楚戰于城濮楚師敗績子玉及連穀而死文五年成大心率師滅六十二年令尹大孫伯卒成嘉爲令尹昭十二年或譖成虎於楚子成虎知之而不能行楚子謂成虎若敖之餘也遂殺之又有郕國之後亦去邑爲成又周成肅公成桓公未知其以字以邑與後漢成瑨魏有成濟成倅

包氏出自申氏楚大夫申包胥之後以字爲氏宋朝包拯爲樞密副使廬州人

潘氏芈姓楚之公族以字爲氏潘崇之先未詳其始或言畢公高之子季孫食采於潘謚矣潘岳家風詩自可見晉亦有潘父恐自楚往也漢有潘瑾後漢有潘勉又有破多羅氏改姓潘氏虜姓也宋朝潘美爲太師

乘氏風俗通楚大夫子乘之後以王父字爲氏又乘睢古賢人見世本漢有蕢康侯乘昌乘平聲或

（音賸又有乘和治易爲博士）

椒氏（楚伍參之後也或爲伍氏或爲椒氏）

囊氏（芈姓楚莊王子子囊之後也公子貞字子囊以字爲氏孫囊瓦爲令尹齊大夫囊帶）

叔敖氏（芈姓楚蚡冒之後也蔿艾獵爲令尹字叔敖以字爲氏）

無鉤氏（芈姓潛夫論云楚蚡冒生蔿章爲王子無鉤氏焉）

若敖氏（芈姓楚君若敖之後也）

臣謹按若敖者楚君熊義字也或言楚國尊者稱敖如霄敖郟敖之類是也

伯比氏（芈姓楚若敖之後也懷王時有大夫伯比仲華則知伯比雖以鬬氏傳家而復以伯比爲氏亦所以別族）

子庚氏（芈姓楚公子午字子庚其後以王父字爲氏）

子季氏（芈姓楚之公族也）

子西氏（芈姓楚公子申字子西之後也）

子重氏（芈姓楚公子嬰齊字子重之後）

子期氏（芈姓楚公子結字子期之後也）

子囊氏（芈姓楚公子貞字子囊之後也）

桑氏（嬴姓秦大夫子桑之後也公孫枝字子桑以字爲氏漢有御史大夫桑弘羊成帝時有桑欽撰水經三卷五代尚書令桑維翰望出宋城黎陽宋朝登科桑景舒高郵人）

臣謹按以王父字爲氏者公子之爲王父者也今公孫枝之後亦用公孫字爲氏

逢孫氏（英賢傳秦大夫逢孫之後漢有隴西都尉逢孫依）

氏族略第三

以名爲氏

臣謹按諡法起於周自堯舜禹湯之前雖天子亦以名呼故其後之人亦以名氏焉

古天子名

大庭氏 英賢傳曰古天子號一云炎帝時諸侯

大氏 風俗通大庭氏之後又大塡大山稽並黄帝師大款爲顓帝師禮記大連東夷之子

懷氏 無懷氏之後吳志顧雍傳有尚書懷敘望出河內宋政和二年懷芑登科陳州人

鬷氏 古鬷夷氏之後左傳鄭有鬷蔑晉有鬷戾

戲氏 伏羲氏之後也音羲亦去聲魏志有戲志才潁川人

伏氏 風姓伏羲氏之後遂以爲氏與任宿須句顓臾同祖又侯伏氏改爲伏氏望出高陽

宓氏 即伏羲氏之後也伏亦作宓仲尼弟子宓不齊字子賤魯人後轉爲密

臣謹按伏宓同出伏羲氏異文者其後之人以別族也

有氏 風俗通有巢氏之後仲尼弟子有若魯人漢有有祿

神氏 風俗通神農氏之後漢有騎都尉神曜姓苑云琅邪有神氏

軒轅氏 亦爲帝鴻氏風俗通軒轅即黄帝也姓公孫或言姓姬宋祥符登科軒轅損

軒氏 即軒轅氏也亦省作軒氏漢有諫議大夫軒和宋登科軒彥續

鴻氏 大鴻氏之後也大鴻即黄帝亦謂帝鴻氏左傳衛有鴻聊魋齊有直閣將軍鴻選

金氏

金天氏之後也黃帝之子玄枵亦爲少昊氏曰少昊摯亦爲青陽氏己姓後爲嬴姓爲官漢功臣表有金安上望出渤海

青陽氏 風俗通青陽黃帝子也始得姓焉見國語漢有東海太守青陽悟又東海王國中尉青陽精宋咸平登科有青陽相元符有青陽回陵井監人

青氏 卽青陽氏之後亦爲青氏宋登科青傑應天府人

媯氏 女媯氏之後

盤氏 盤瓠氏之後與冉元巴李田爲巴南六姓

昊氏 又作皞風俗通云昊英氏之後也一云少昊之後

少氏 少昊氏之後一云少典之後禮記少連善居喪東夷之子

高陽氏 高陽氏之後呂氏春秋古辯士高陽魋

顓玉氏 帝高陽氏也黃帝之孫

帝王名

臣謹按中古之前一代質於一代中古之後一代文於一代觀堯舜禹湯猶且名焉則二帝之前良可知伏羲又曰太昊帝嚳又曰高辛皆二命也堯曰放勛舜曰重華禹曰文命湯曰天乙從可知也

堯氏 帝堯之後也支孫以爲氏望出河間上黨

臣謹按謚義起於周後人不知而作謚法以堯舜禹湯爲謚誤矣此皆名也

禹氏姒姓夏禹之後也王僧孺百家譜云蘭陵蕭道遊娶禹氏女南唐將禹萬誠望出隴西　啓氏姒姓夏后啓之後也後燕有啓崙

湯氏子姓夏商之前未有謚法堯舜禹湯皆名也南史道人湯休唐貞元道人湯靈徹宋州刺史湯桑並吳人宋湯氏爲著姓望出中山范陽

甲氏子姓風俗通太甲之後一云鄭大夫石甲之後

臣謹按商人之道以實不以文故命名無義死亦無謚自太甲至帝乙紂辛幾四十世惟以十日命生之與死皆以是己之所稱人之所呼亦以是逮周生有名死有謚生以義名死以義謚生曰昌曰發死曰文曰武微子啓微仲衍箕子比干皆周人也故去其甲乙丙丁之類始尚文焉

沃氏子姓風俗通商王沃丁之後神仙傳沃焦吳人　槐氏音懷夏王帝槐之後也其音回者富父槐之後與此同文異音宋朝有尚書郎槐京

古人名

力氏黃帝臣力牧之後漢有魯相力題漢末有力子都爲盜今臨安多有此姓　牧氏黃帝臣力牧之後漢有越巂太守牧良

玊氏音宿黃帝時公玊帶造合宮明堂見尸子後爲玊氏後漢司徒玊況字文伯　三苗氏姜姓炎帝之後爲侯國因氏焉

夷鼓氏英賢傳黃帝之子夷鼓之後國語秦大夫有夷鼓德宜　疇氏風俗通云摯疇之後或作儔　堪氏姓苑古八
元仲堪之後　頡氏姓苑蒼頡之後風俗通云頡衞古之賢人　倉頡氏黃帝史官子孫氏焉馮翊縣人　僑氏風俗通黃
帝孫僑極之後僑亦作蟜　蟜氏音矯高陽氏之玄孫蟜牛之後舜之祖也禮記有蟜固漢有逸人蟜慎望出扶風　童氏顓帝
生老童其子孫以王父字為氏今建昌有此姓望出勃海

臣謹按以王父字為氏惟見於周未知五帝之時有此義否

僮氏卽童也或從人以別其族漢有交趾刺史僮尹吳志丹陽僮芝自擅廬陵詐言被旨為郡太守　老氏風俗通顓帝子老童
之後左傳宋有老佐論語老彭卽彭祖也或云老氏老聃老萊子之後並無聞焉以其老也故以老稱之遂為氏　廣氏風俗通云
廣成子之後也　放氏上音堯臣放齊之後也　奮氏高辛氏才子八元伯奮之後楚有奮楊　蓐氏風俗通云蓐收之後
栗氏栗陸氏之後也漢有栗融字容卿又有富人栗氏長安人漢景帝時栗夫人生臨江王榮　尊盧氏古太昊時諸侯　鬷
夷氏左傳祝融董父之後為鬷夷氏　勾龍氏共工氏之後勾龍為土正今社神也紹興御史中丞勾龍如淵　熙氏英賢
傳曰帝嚳使玄冥為水正熙氏佐之因以為氏　脩氏玄冥之佐有脩氏因以為氏焉　白冥氏史記秦嬴姓有白冥氏　根
水氏世本老童娶根水氏　奔水氏神農納奔水氏為妃　列氏亦作烈神農之世有烈山氏焉子孫為列氏鄭有隱者列
禦寇著書八篇號列子晉有協律郎列和善吹笙　夙氏古夙沙氏之後衛有夙沙衞閽寺之屬　訾氏音紫風俗通帝嚳妃

訾娵氏女姓苑云今齊人漢功臣表有樓虛侯訾順望出渤海姓苑云本姓祭以爲不祥改爲訾　蚩氏蚩尤氏之後也　融氏祝融氏之後也　勾氏勾芒氏之後史記有勾疆宋登科勾希言又有勾士良益州人　尊氏古尊盧氏之後也　渾沌氏太昊佐渾沌氏也　屯氏姓苑云渾沌氏之後去水爲屯漢有太山太守屯莫巴都有後蜀法部尚書屯度望出巴郡　汪氏汪芒氏之裔禮記有汪踦魯人也宋朝爲著姓　稽氏黃帝臣太山稽之後風俗通云稽黃秦賢人也漢貨殖有稽發　泠氏風俗通云黃帝時典樂泠倫之後左傳秦大夫泠至周有泠州鳩漢功臣下相侯泠耳元帝功臣酈望侯泠廣又有泠褒泠豐宋登科有泠洙開封府人　冷氏卽泠氏又有作上音者前趙徐州刺史泠道江都人唐貞元兼監察御史冷朝陽吳人望出新蔡臨安　倫氏風俗通云黃帝樂人伶倫氏之後今密州多此姓唐監察御史倫慶京北人　泠倫氏黃帝樂官二名分爲四氏所以別族　臺氏臺駘之後漢有侍中臺崇後漢高士臺佟晉有術士臺彥前趙錄特進臺彥高五代有臺濛　回氏祝融子吳回之後　敳氏八凱隤敳之後以王父字爲氏　廉氏顓帝曾孫大廉之後以王父字爲氏趙有廉頗漢有廉丹廉范宋廉布登科楚州人廉操穀昌州人

臣謹按古者帝王猶以名行況臣下乎此以名爲氏然以名字爲氏者起於商周之世今此廉氏未有所徵且從人廉之號焉

龍氏舜臣也龍爲納言子孫以名爲氏又董父己姓以能畜龍故賜氏爲豢龍氏龍且楚人爲項羽將漢有將軍龍伯高急就章龍

未央亦楚人也今望出天水武陵宋朝登進士科龍起之後有龍滑夔州人龍瑜汾州人龍溥吉州人

容氏帝王紀黃帝臣曰容成造歷舜八愷有仲容何承天姓苑云禮記容居吴人也望出燉煌

重氏風俗通云顓帝重黎之後少昊時重為南正司天之事黎為北正司地之事

幕氏風俗通舜祖幕之後也幕見左傳

莫氏鄚幕氏省文漢有富人莫氏見游俠傳唐大曆比部員外郎莫藏用又河南官氏志邢莫氏改為莫氏望出江陵

和氏羲和堯時掌天地之官和仲和叔因以為氏晉有和組父漢有和武又後魏有素和氏改為和氏五代有侍中和凝宋太平登科有和蒙咸平有和郁

臣謹按堯舜二典所命之官如皐夔益稷之類皆以名稱和以名為氏仲叔又其長幼之稱也

羲氏羲和堯掌天地之官子孫氏焉

殳氏尚書殳戕舜臣南史有殳嘉與又有殳真得道經訣望出武功

禺氏音愚禺彊之後出姓苑

狸氏舜八元季狸之後也

纍氏風俗通纍祖之後左傳晉七輿大夫纍虎

實氏實沈之後

達氏八凱叔達之後也

格氏允格之後後漢有御史格班裔孫顯後魏青州刺史

雄氏舜七友雄陶之後以名為氏

終氏陸終之後以名為氏望出濟南南陽宋有終慎思

季連氏芈姓鬼方氏陸終第六子季連因氏焉

善氏善卷之後善卷堯時高士見呂氏春秋

囂氏亦作枵世本云玄囂之後

皐氏皐陶之後左傳越大夫皐如風俗通漢有司徒長史皐誨

敖氏顓帝師太敖之後宋敖頴士登進士第又有敖知言臨江軍人望出譙國

陸終氏祝融子陸終之後也

丹氏堯子丹朱之後

漢有丹王君長安富人

臨氏八凱大臨之後也石趙秦州刺史臨深東海人隋日者儀同臨孝恭知天文京兆人望出西河

參氏董姓陸終第二子參胡後見世本唐開元登科有參開又作蓡氏卽古文參字

徵氏杜二云理徵之後吳有率更令徵宗河南人

咸氏姓苑有咸氏二云巫咸之後唐開元中有殿中侍御史咸廙業世居東海臨朐

飛廉氏史記秦嬴姓有飛廉氏

昌氏風俗通二云黃帝子昌意之後今嶺南多昌族望出汝南東海

豹氏八元叔豹之後也

倉氏黃帝史官倉頡之後或言古有世掌倉庾者各以爲氏春秋時周有倉葛魏有燉煌太守倉慈望出武陵

蒼氏風俗通二云八凱蒼舒之後漢有江夏太守蒼英子孫遂爲江夏人望出武陵

周人名

服氏周內史叔服之後漢有江夏太守服徵又後漢九江太守服虔注漢書河南人望出西平

鞠氏姬姓后稷之孫生而有文在手曰鞠因以名之裔孫鞠武爲燕太子丹傅風俗通漢尚書令鞠譚或爲麴氏音之訛也宋鞠詠爲天章閣待制又有鞠先鞠整鞠仲謀登科

麴氏卽鞠氏也漢尚書令鞠譚生閎避難湟中因居西平改姓麴氏宋開寶登科有麴拱今歷陽多此姓望出吳興

稷氏姬姓后稷之子孫氏焉見姓苑漢稷嗣君叔孫通支孫亦爲稷氏今兖州有此姓

篇氏周大夫史篇之後

皮氏風俗通周卿士樊仲皮之後漢有皮尚後漢有諫議大夫皮究北齊有皮柔和唐末有皮日休宋皮仲容登進士第

臣謹按世譜樊皮字仲文此則以名爲氏不以字爲氏也

輿氏云周大夫伯輿之後以王父字爲氏又莫輿氏改爲輿

臣謹按伯輿名也

晁氏亦作朝亦作鼂姬姓周景王子王子朝之後朝亦作晁一云衞大夫史晁之後漢有御史大夫晁錯宋翰林學士晁迥子宗慤參知政事望出潁川京兆

狐氏姬姓周平王之子王子狐之後以名爲氏或言晉唐叔之後世爲晉卿蜀有狐篤

臣謹按左傳大戎狐姬生公子重耳小戎子生夷吾姬姓也狐氏也戎國也言戎國狐氏姬姓之女凡姓別婚姻氏別貴賤此言狐姬者明此姬出於王子狐之後貴族之女故兼氏言之蓋戎國不足貴矣所貴者狐氏則知王子狐之後有居於戎者也

昔氏風俗通周大夫封昔因氏焉漢有昔登爲烏傷令唐開元有昔安仁生豐大禮評事汝州人

太氏文王四友太顛之後咸陽有此姓

季騧氏周八士季騧之後晉有郝邑大夫季騧息

季隨氏世本周八士季隨之後宋有季隨逢

閎氏周文王四友閎夭之後漢有廣陵相閎孺

牙氏風俗通云周穆王司徒君牙之後以王父字爲氏

臣謹按穆王所以命君牙無因不以名命也

魯人名

展氏姬姓魯孝公之子公子展之後以名爲氏又有蟜遲氏改爲展氏虞姓也梁有畫工展子虔望出河東

臣謹按隱八年無駭卒無駭者展之孫也傳言羽父請氏公命以字爲展氏然孝公之子四人惠公公子益師字衆父其後爲衆氏公子彄食臧邑其後爲臧氏公子展名也古人尚質有名無字者多矣益師有字則以字氏彄有邑則以邑氏展無字邑則以名爲氏何必專守王父字之說乎

弓氏魯大夫叔弓之後漢有光祿勳弓祉

賜氏仲尼弟子端木賜之後以王父名爲氏

玆氏姬姓魯桓公之孫公孫玆之後今望出會稽

臣謹按公孫玆曰戴伯戴謚也伯長也皆不以爲氏而以名爲氏則知古人以名行者初不以爲惡也以此亦知不以公子字而以公孫名者亦可爲氏也

意如氏姬姓魯季孫意如之後

遺氏魯費宰南遺之後急就章有遺餘人

述氏魯大夫仲述之後見世本

牢氏仲尼弟子琴牢之後以王父名爲氏漢中書僕射牢梁石顯前漢儒林傳有牢丘後漢有牢慎

晉人名

攣氏 姬姓晉大夫郤攣之後以王父字爲氏漢有來城侯居般今錢塘多此姓望出渤海信都 麗氏 晉匠麗之後 招氏 晉步招之後漢有大鴻臚招猛 居氏 晉大夫先且居之後

臣謹按先且居字霍伯此以名爲氏者

曠氏 風俗通師曠之後 萬氏 亦作姚姬姓畢萬之後一云芮伯萬之後孟軻門人萬章漢有萬攀又有吐萬氏改萬氏 盈氏 姬姓晉欒盈之後 虢射氏 晉大夫虢射之後漢桓帝時羽林右監虢射鏘 季嬰氏 世本晉樓季嬰之後 季夙氏 世本潛夫論晉靖侯孫季夙之後 樓季氏 姬姓潛夫論晉穆侯庶子樓季之後 弗忌氏 姬姓晉大夫欒弗忌之後也弗忌者靖侯之玄孫也 甥氏 亦作生晉呂甥之後也郤瑕呂飴生亦作陰飴生故又爲生氏 大狐氏 姬姓世本晉大夫大狐伯生突生鐃爲大狐氏其後大狐容爲晉大夫 大戊氏 姬姓晉公子大戊之後也世本大戊教昭爲原大夫 嬰氏 嬴姓風俗通云晉大夫趙嬰齊之後 夷吾氏 姬姓晉惠公名夷吾懷公繼之不享其位其後支庶以名爲氏也 梁其氏 姬姓晉大夫梁其踁之後英賢傳云魯伯禽庶子梁其之後 嘾氏 狼嘾之後漢書武落鍾離山黑穴有楚氏嘾氏鄭氏相氏

鄭人名

段氏 姬姓鄭武公子共叔段之後以王父字爲氏戰國韓相段規三輔決錄云段氏干木之子隱如入關去干字漢文帝時段卬爲

北地都尉成帝時段會爲西域都護後漢桓帝世段熲爲太尉皆其裔也

臣謹按共叔段者共諡叔字段名也此以名爲氏者春秋鄭伯克段于鄢段名也封於京故謂京城太叔亦謂之太叔氏

司氏鄭司臣之後宋朝有司超爲防禦使望出頓山

豐氏左傳鄭穆公子豐之後以王父字爲氏望出松陽宋豐稷登進士第元豐登第有豐安常明州人

臣謹按穆公之子皆以王父字爲氏公子去疾字子良其後爲良氏良霄良止是也公子喜字子罕其後爲罕氏罕虎罕魋是也公子騑字子駟其後爲駟氏駟帶駟乞是也公子偃字子游其後爲游氏游吉游眅是也以至子孔子國子印子然皆然惟公子豐無字其後爲豐施豐卷並以名爲氏

蘭氏姬姓鄭穆公裔也穆公名蘭其支庶以王父名爲氏漢有太守蘭廣後漢書南匈奴四姓有蘭氏又河南官氏志烏蘭氏改爲蘭唐太和登第有蘭承

然氏姬姓鄭穆公子然之後也然丹仕楚爲右尹姓苑云今蒼梧人望出山陽

子然氏姬姓鄭公子然之後也又爲然氏

去疾氏姬姓世本鄭穆公子去疾之後去疾字子良又有良氏所以別族

吳人名

壽氏姬姓風俗通吳王壽夢之後吳大夫壽越又有壽於姚漢末兗州牧壽良晉有太僕壽沖南涼有尚書壽悅南史將軍壽寂之望出京兆博陵宋登科壽朋漢州人

要氏吳人要離之後漢有河南令要兢唐建中朔方大將軍要珍望出魯國

既氏姬姓風俗通云吳王夫槩之後因避仇改為既氏漢有南安長既良

常壽氏姬姓吳仲雍之後左傳越大夫常壽過

慶忌氏姬姓吳公子慶忌之後

衞人名

輒氏姬姓風俗通衞出公輒之後漢有輒終古

兼氏風俗通衞公子兼之後也

彊梁氏世本衞將軍文子生慎子會生彊梁因氏焉秦有左庶子長水校尉彊梁皐

子郢氏姬姓衞公子郢之後也

臣謹按公子郢字子南已有子南氏復有子郢氏此後之人所以別族也

齊人名

高氏姜姓齊太公六代孫文公之子公子高之孫傒以王父名為氏齊孫洪後漢渤海太守因居之又有惠公之子公子祁字子高之後亦為高氏鄭有高克高渠彌不得氏又高麗羽真氏改為高氏又是婁氏改為高氏又高獲自高麗歸魏周賜姓獨孤氏

柴氏

姜姓齊文公子高之後高孫傒以王父名爲氏十代孫高柴仲尼弟子孫舉又以王父名爲柴氏漢有棘蒲侯柴武齊孫守禮五代周太祖無後以守禮子榮爲嗣是爲世宗

臼季氏姜姓齊公子臼季之後魯有臼季宣孟

激氏齊太史激之後漢書淮南王傳有激章

刁氏音凋風俗通齊大夫竪刁之後戰國時有刁勃漢有刁間齊人以富聞子孫居勃海後漢有侍中刁紫宋有刁湛刁約刁獻可登科

弱氏音黎蜀有刁逵避難改焉又百濟八姓其三曰弱氏

連氏左傳齊大夫連稱之後又是連氏改爲連望出上黨

法氏姜姓田氏之裔也齊襄王名法章支孫以名爲氏

光氏狀云田光之後秦末子孫避地以光爲氏宋有光垂裕登進士第又有光利賓絳州人

駱氏姜姓齊太公之後有公子駱子孫以名爲氏吳有駱統東陽人後居會稽曾孫勍又地駱拔氏改爲駱氏望出河南會稽宋駱偃駱與京登進士第宣和駱武仲京兆人

望氏姜姓風俗通齊太公望之後姓苑云今魏與人景祐登科記有望儼

將具氏姜姓英賢傳齊太公子將具之後見國語

將鉅氏即將具氏之訛也漢藝文志六國時將具子彰著書五篇漢章帝時中謁者將具彌

楚人名

熊氏楚鬻熊之後以名爲氏今望出南昌江陵

臣謹按古之諸侯傳國者爲諸侯則稱國支庶非諸侯乃稱氏今楚有國稱王而其君世稱熊氏蠻夷之道也

能氏姓苑云長廣人狀云楚熊摯之後避難改爲能氏能音耐宋醫官能日宣又有能迪登科建州人能將撫州人

鬻氏芈姓祝融之後周文王師鬻熊受封於楚著鬻熊子鬻拳之後也姓苑云建平有此姓氏

班氏芈姓楚若敖生鬭伯比伯比生令尹子文爲虎所乳謂虎有班文因以爲氏秦有班壹避地樓煩生孺生長長生況況生穉穉生彪班固之父也宋雍熙登第有班絢

臣謹按鬭穀於菟因爲虎所乳故名穀於菟而字之曰子文其子曰鬭般與班同音不應父曰班而子亦以般名者此以名爲氏者

員氏音運亦作鄖芈姓楚伍員之後也伍子胥名員以父伍奢被執而奔吳爲吳行人以謀楚又使於齊屬其子於鮑氏是爲王孫氏吳王聞之賜子胥屬鏤以死伍氏以其祖伍參食邑於椒故其後爲椒氏又子胥以名員其後亦以名爲氏前涼有安夷人員半千金城人員敞大夏人員景唐吏部郎員嘉靜宋登科員安輿員子思並陵井監人員安宇開封人員逢辰華州人

建氏芈姓風俗通楚太子建之後漢元后傳有建居趙幽王臣建德

濄氏楚大夫封濄因氏焉三輔決錄扶風太守濄尚

冉氏楚大夫叔山冉之後以名爲氏一云高辛之後宋冉宗閔冉夔登進士第望出武陵

染氏郎冉氏石虎將染閔魏郡內黃人篡石趙號魏三年爲燕慕容儁所滅

枝氏楚大夫枝如子躬之後或姓枝如

臣謹按此必晉欒枝或秦大夫公孫枝之後也以名爲氏者若枝如子躬其後自爲枝如氏矣

到氏 楚屈到之後以名爲氏
鈎氏 風俗通楚大夫元鈎之後漢有御史鈎喜
倚相氏 楚左史倚相之後威王時有倚相季文爲士官
辛廖氏 楚大夫辛廖之後漢有河間相辛廖通
接輿氏 楚隱者其後因爲氏
棄疾氏 楚平王名棄疾後人爲氏悼王時棄疾休爲左宰
鄉射氏 晉大夫號射之後漢有大鴻臚射咸吳有中書郎射慈善治喪服射食亦切又如字
拳氏 羋姓楚鬻拳之後衛有大夫拳彌
僚氏 姓苑宜僚之後晉大夫僚安魯寺人僚祖
大心氏 羋姓英賢傳楚有大心令尹得臣之子因氏焉楚懷王時大心子成爲黃邑大夫
楚季氏 羋姓世本楚若敖生楚季因氏焉陳大夫有楚季融
無庸氏 羋姓姓氏英賢傳楚熊渠生無庸因氏焉又無庸先生學仙道
季融氏 羋姓世本楚鬪廉生季融子孫氏焉
翠氏 羋姓急就章有翠鴛鴦其先楚景翠之後因避難以祖名爲氏
子建氏 羋姓楚太子建之後也頃襄王時有子建叔子爲大夫
子午氏 羋姓楚公子午之後也齊有大夫子午明
闉龜氏 羋姓楚鬪闉龜之後
越椒氏 羋姓楚大夫鬪越椒之後也
嬰齊氏 羋姓楚穆王之子公子嬰齊之後也嬰齊字子重爲令尹
黑肱氏 羋姓楚共王之子公子黑肱之後也黑肱字子皙
巫臣氏 羋姓楚屈蕩之子屈申也亦曰申公巫臣奔晉
鮮虞氏 楚申鮮虞之後也本齊人

夏人名

羿氏 有窮后羿篡夏后相之位羿本國在滑州衛南東十五里故鉏城是也後遷窮石
悅氏 亦作說傅說之後以名爲氏後燕錄左僕射悅綰生壽南燕尚書綰昌黎人又有鮮卑人清泉侯悅真亦其族也望出昌黎
奚氏 夏車正奚仲之後漢功臣表魯

侯奚涓成湯侯奚意傳封三代又薄奚氏改爲奚氏望出譙國宋登科奚知常徽州人

臣謹按奚仲封於薛薛任姓也

宋人名

衍氏子姓宋微仲衍之後見風俗通　微氏子姓宋微仲之後左傳魯大夫微虎　微生氏猶今人曰某生也微生畝魯武城人又微生高或云卽尾生也　幾氏風俗通宋大夫仲幾之後以王父字爲氏

臣謹按幾氏子姓仲幾字子然此以名爲氏者

仇氏宋大夫仇牧之後王莽時有仇延唐宦者仇士良宋朝仇鸞登進士第又有仇著仇伯玉並開封人又有仇悆待制望出南陽

求氏姓苑云本仇氏避難改焉後漢有求仲宋朝登科求利忠越州人　獲氏風俗通宋大夫猛獲之後　季老氏子姓宋華氏有華季老子孫氏焉見世本　子蕩氏亦作蕩氏子姓宋桓公之子公子蕩之後也　鐸遏氏宋襄公下大夫鐸遏章左傳晉上軍尉鐸遏寇　督氏子姓宋大夫華父督之後晉有督戎欒盈之臣漢有督瓚見風俗通又五原太守督瓊隋有督君謨善射又後漢書巴郡蠻酋有督氏與羅朴鄂度夕襲爲七姓望出巴郡　目夷氏子姓宋公子目夷之後也目夷字子魚又有魚氏魚孫氏皆所以別族　祝其氏子姓風俗通宋戴公之子公子祝其爲司寇因氏焉漢有清河郡尉祝其承先　大耦氏子姓風俗通云宋卿華耦之後漢有侍中耦嘉又姓苑云今廣平有耦氏　泥氏世本云宋大夫卑泥之後

諸國人名

庶其氏邾大夫庶其之後

茅夷氏邾大夫茅夷鴻之後

噲氏音快姬姓燕王噲之後孝子傳有噲恭鶴銜珠與之又有璯氏同音漢有璯錢

搖氏姒姓越王句踐裔孫東越王搖之後以王父名爲氏漢功臣表有海陽侯搖母餘舊爲會稽望族今居餘杭

由氏亦爲由余氏西戎由余相秦子孫氏焉楚王孫由于亦爲由氏急就章有由廣國風俗通漢長沙太守由彰

余氏風俗通云由余之後世居歙州爲新安大族望出下邳吳興

臣謹按余氏隗姓國語潞洛泉余滿皆赤翟隗姓

孫陽氏嬴姓英賢傳曰秦穆公子有孫陽伯樂善相馬漢有侍御史孫陽放

偃師氏嬀姓陳太子偃師之後

鄉氏風俗通虞鄉之後戰國有鄉奏爲魏將或云項羽將鄉子冠軍宋義之後宋朝鄉尚學究出身望出渤海

無婁氏嬴姓莒公子無婁之後無亦作務又無婁先生著書姓纂云今琅邪有此姓

苴氏子餘切司馬穰苴之後望出平陵漢書貨殖傳有平陵苴氏

離氏風俗通離婁孟子門人漢有中庶子離常之後燕有離班

名字未辨

綸氏魏志云公孫懿大臣有綸直綸魚

鱗氏左傳宋大夫鱗矔鱗朱

渾氏左傳鄭大夫渾罕衞渾良夫又官氏志吐谷渾氏改爲渾又唐表渾氏出自匈奴渾邪王隨拓跋氏徙河南因以爲氏自迴貴至瑊世襲皋蘭州都督府

裨氏鄭大夫裨諶裨

竇姓苑云今宣州有禪氏開氏姬姓衛公子開方之後漢有開章望出隴西狼氏左傳晉大夫狼瞫齊有狼蘧疏又河南官

氏志叱奴氏改爲狼名氏楚大夫彭名之後也顛氏晉大夫顛頡之後或言周亂臣太顛之後也麻氏風俗通齊大夫

麻嬰之後漢有麻光爲御史大夫又有麻達注論語唐麻嗣宗賜姓李望出上谷宋祥符登科有麻溫其元豐有麻中孚懷州人皇祐有

麻元伯開封人柯氏姓苑云吳公子柯盧之後望出錢唐及齊郡宋沈季文傳有錢唐富人柯隆齊書南兗州典籤柯益孫齊郡人

唐朝尚書郎柯頫又河南官氏志柯拔氏改爲柯氏瑕氏周大夫瑕禽晉有瑕嘉漢有廷尉瑕更又有瑕蒼儋氏周大夫儋

翩之後吳志有九真太守儋萌或云儋耳國人舟氏晉大夫舟之僑之後宋端拱登科有舟宗閔攸氏北燕有尚書攸邁

祁氏周司馬祁父之後左傳祁瞞干命晉有祁嘉聞窗外人招隱者干氏宋大夫干犨之後陳有干徵師漢有蜀郡尉干獻吳

有軍師干吉晉有將軍干瓚望出滎陽潁川禽氏魯大夫禽鄭者管干奚之子也墨翟弟子有禽滑釐高士傳有禽慶孝子傳有

禽賢望出魯國琴氏家語仲尼弟子琴牢字子開一名張衛人列仙傳琴高趙人得水仙嘗於漢上乘赤鯉望出天水萇氏

左傳周大夫萇弘之後唐大曆有奉天尉萇總望出魏郡東平黔氏禮記齊有黔敖又有黔婁先生隱者易氏齊大夫易牙之

後魏有雍州刺史易愷魏郡人晉陵令易雄長沙人前涼有將軍易犍望出太原濟陽今江東多此姓宋易準易林易東登科苦氏

魯大夫苦夷之後也弘氏風俗通衛大夫弘演之後漢有宦者弘恭爲中書令吳孫權姊夫弘咨臼氏左傳華氏家臣臼任

冶氏衛有冶廑魯有冶區夫苟氏國語云黃帝之後有苟賓苟參或言以河內多苟杞因以爲氏又若干氏改爲苟氏宋翱

登科有茍飾顏茍鐸並滁州人又有茍毅易州人茍全夔州人

梓氏 魯大夫梓慎之後也

倚氏 楚左史倚相之後也

尾氏 魯有尾生或云卽微生高

汝氏 尚書有汝鳩汝方左傳晉大夫汝寬汝齊漢有長水校尉汝隨後漢孝子傳有汝郁潁州人宋朝汝孝恭登進士第又有汝孝隆汝日休並晉州人望出渤海

伍氏 芊姓楚大夫伍參之後也伍子胥奔吳其子又爲王孫氏滴齊漢有伍被楚人望出安定武陵又有五氏本伍氏避仇改爲五蜀有五梁晉有始興太守五斎

禮氏 衞大夫禮孔禮至漢有新市長禮賢後漢禮震受尚書於歐陽歙平原人也

免氏 音勉一音問姬姓左傳衞有免餘衞公孫也漢有免乙爲上郡太守

蹇氏 秦有蹇叔或云西乞術白乙丙皆蹇叔子風俗通漢有蹇蘭爲交趾刺史後漢小黃門蹇石望出山陽襄陽宋朝登科蹇序臣蹇逢辰成都人蹇士堯彭州人蹇綬懷安軍人

散氏 文王四友有散宜生今江都有此姓

繞氏 秦人大夫繞朝之後也

肆氏 風俗通宋大夫肆臣之後姓苑有漁陽太守肆敏

具氏 晉大夫具丙之後後漢有中山太守具褱後漢宦者中常侍具瑗

闞氏 齊闞止之後也宋尚書郎闞洞開封人又有闞洙登第興國軍人望出會稽天水

洩氏 亦作泄左傳鄭大夫洩駕陳大夫洩冶

捷氏 曹姓風俗通云郰公子捷菑之後漢藝文志有捷子二篇六國時人

賓氏 左傳齊大夫賓須無周賓起爲王子朝傅望出梁國

恩氏 風俗通云陳大夫成仲不恩之後前燕錄有東庠祭酒恩茂

肩吾氏 莊子肩吾古賢者晉袁宏集有東海太守肩吾汜氏

徐吾氏 左傳鄭大夫徐吾犯之後

鍾吾氏 左傳鍾吾子之後漢尉氏令鍾吾蒼

由吾氏 姓纂云由余之後仕吳子孫入越因號由吾氏北齊有諫議大夫由吾道榮琅邪人

叔山氏 左傳叔山冉之後莊子魯有叔山無趾

叔先氏 後漢書犍

爲叔先雄叔達氏八凱叔達之後公羊有叔達段爲景王大夫叔夜氏周八士叔夜之後也楚康王時有叔夜子莊見
國語叔服氏周內史叔服之後也晉武公大夫有叔服子要方叔氏鼓方叔之後也見世本漢功臣新壽侯方叔無咎
陶叔氏姓纂云周司徒陶叔之後也晉有陶叔真爲原大夫文公時陶叔狐漢有陶叔卷爲青州刺史今平原有此姓申鮮
氏齊有申鮮虞漢有中謁者申鮮湓申章氏漢有長沙王太傅申章昌子師氏左傳鄭有子師僕漢有北平太守子
師磐富父氏魯富父終生之後魯又有大夫富父槐仲熊氏芊姓潛夫論云楚公族有仲熊氏仲顏氏左傳
魯有仲顏莊叔齊臨淄大夫仲顏據原仲氏陳大夫原仲之後楚悼王時原仲蔑慶父氏世本楚大夫慶父之後又慶父
藉爲楚王工正安國氏漢武帝使安國少季使南越見姓氏英賢傳仲長氏見纂要文仲行氏左傳秦三良仲
行之後世本宋有仲行寅晉大夫有仲行氏榮叔氏周大夫榮叔之後韓有大夫榮叔遙墨台氏子姓宋成公子墨台
之後漢書有墨台愔墨氏姓纂云孤竹君之後本墨台氏後改爲墨氏望出梁郡戰國時宋人墨翟著書號墨子台氏亦作
怡本墨台氏避事改焉後魏遼西郡守寬玄孫峯後周樂陵公峯子昂長沙公昂弟光安平侯立如氏魯賢人立如子著書見風
俗通郱意氏齊大夫郱意茲之後舒堅氏潛夫論楚公族有舒堅文叔爲大夫

以次爲氏親附

孟氏姬姓魯桓公子慶父之後也慶父曰共仲本仲氏亦曰仲孫氏爲閔公之故諱弒君之罪更爲孟氏亦曰孟孫氏又衛有公孟

縶之後亦曰孟氏齊有孟軻字子車秦有孟說齊有仲孫湫韓子有仲孫章

仲氏高辛氏才子八元仲堪仲熊之後又仲虺爲湯左相其後並爲仲氏又魯公子慶父曰共仲亦爲仲氏亦爲仲孫氏慶父有弑君之罪更爲孟氏又公子譜云宋莊公子仲之後亦稱仲氏衞人仲由爲孔子弟子漢有廷尉仲定少府監仲景唐司門員外郎仲子陵成都人宋朝登科仲伯達曹州人仲楫隨州人紹興仲安常爲郡守

种氏本仲氏或言仲山甫之後因避難改爲种宋种放自處士召拜司諫長安人望出河南

叔氏姬姓魯桓公之子叔牙之後叔牙與慶父同母慶父弑閔公叔牙有罪飲酖而死遂立公孫茲爲叔氏亦曰叔孫氏亦曰叔仲氏又魯文公之子叔肸後世亦爲叔氏或言八凱叔達之後及晉叔向之後亦爲叔氏東觀漢記光武時壯武將軍叔壽

季氏姬姓魯桓公季子友之後也亦曰季孫氏一曰陸終氏之子季連之後漢功臣表戚圉侯季必傳封四代望出壽昌魯國

臣謹按世譜云諸侯之子稱公子公子之子稱公孫公孫以王父字爲氏行父是季友之孫故爲季氏又爲季孫氏也然季氏自行父至季孫彊並稱季孫氏以傳家故也如季公烏季公亥之類凡支庶並稱季氏以別

伯氏晉大夫荀林父之後林父爲中行伯孫伯黶以王父字爲氏伯黶爲正卿司晉之典籍以爲大政故又爲籍氏孔子弟子伯虔字子析或言嬴姓伯益之後漢有幷州刺史伯柳又有伯至

丁氏姜姓齊太公生丁公伋支孫以丁爲氏漢有丁固功臣表陽都

侯丁復宣曲侯丁義並傳封四代樂成侯丁禮傳封七代

臣謹按謚法雖始有周周自文王以後世世稱謚是時諸侯猶未能徧及晉魯大國也魯再世伯禽稱魯公晉再世爕父稱晉侯曹蔡皆四世未稱謚齊再世伋稱丁公三世得稱乙公四世慈母稱癸公五世哀公不辰而後稱謚則知所謂丁公者長第之次也

癸氏姜姓齊癸公之後見姓苑

祖氏子姓商王祖甲祖乙祖丁支庶因氏焉商有祖伊漢有祖沂始家涿郡今建州有此姓祖秀寶屢作監司祖日新宋宣和登科

臣謹按祖者子孫所稱其先也支庶以是爲氏不獨祖乙也祖辛祖丁祖庚祖甲之子孫往往皆稱祖氏

舅氏晉大夫舅犯之後也姬姓狐氏晉惠公文公皆狐氏甥故以犯爲舅因以爲氏

咎氏卽舅氏舅犯左傳亦作咎犯成湯司空又有咎單氏

古氏風俗通云古公亶父之後因氏焉言古古公者猶言先公也晉平公時有舟人古乘漢有孝子古初蜀志廣漢功曹古牧後魏尚書令古弼今望出新平河內又吐奚氏改爲古氏宋端拱登科古成之後有古華梅州人古亶懷安軍人

禰氏父廟爲禰此從父而別氏也後漢禰衡字正平平原人

稚氏子姓姓纂云商後見史記

次氏次非荊之勇者見呂氏春秋亦作佽

漢功臣表有瞭侯文公孺氏魯有孺悲欲見孔子太叔氏姬姓衛文公之子太叔儀之後也漢有尚書太叔雄太伯氏姬姓周古公之長子讓國季歷爲周之太伯故以爲氏叔仲氏姬姓魯公子牙之後也公孫茲生得臣彭生得臣爲叔孫氏彭生爲叔仲氏史記叔仲會魯人仲尼弟子中叔氏中叔圉之後晉有中叔無忌漢光武時侍御史中叔僚仲叔氏左傳仲叔于奚衛大夫其後有仲叔圉第五氏嬀姓齊諸田之後田氏大族漢初徙園陵者多故以次第爲氏第二氏其先齊諸田漢武帝徙之諸陵以次第田廣之孫田登爲第二氏以門第八氏出陳留風俗通亦齊諸田之後田廣弟田英爲第八門因氏焉王莽時有講學大夫第八矯太士氏漢建安太守太士靈秀永嘉松楊有太士氏主父氏嬴姓趙武靈王號主父支孫因以爲氏漢齊相主父偃齊郡臨淄人宋登科主父喆開封人主氏嬴姓即主父氏也或單言主氏姓纂云今同州有此姓南伯氏莊子有南伯子綦南伯子葵並古之賢人也南公氏戰國時有南公子著書二十一篇言五行陰陽事蓋衛南公子之後大季氏姬姓鄭穆公之子有二子孔止大子孔謂之大季氏即公子志之後也

以族爲氏

因氏遂人之四族也領氏音鄰遂人之族也飢氏商人之七族也錡氏商人之七族漢書洛陽錡華後有荊州刺史錡嵩條氏左傳商人七族有條氏冉閔司空條攸姓苑云安定人姓纂云今寃句有此姓寃句曹州也昭氏楚辭云昭屈景楚之三族也戰國時楚有昭奚恤爲上柱國繁氏音婆左傳商人七族有繁氏漢有司御史大夫繁延壽望出潁川上黨品

氏風俗通云衛嗣君之後左氏姜姓齊公族有左右公子因以爲氏楚有左史倚相左史老者以爲左史官故亦爲左氏望出
濟陽景氏羋姓楚公族也漢初徙山東豪族於關中今好畤華陽諸景是也楚有景差漢有景風宋景大方景泰登進士科望出晉
陽又有景淵徽州人景光京兆人並登科
臣謹按所著春秋傳卽倚相之後世爲楚左史官非左丘明明居
左丘爲左丘氏非左氏也又按景諡也楚未之聞疑齊景公之後
盛繁此爲姜姓之族與
賞氏職尚反姓苑云賞氏吳中八族也晉有賞慶索氏桑堰切商人七族索氏之後唐索元禮宋索湘索周臣索遂並登科
望出燉煌汝南陘氏魯公孫有陘氏之後也黨氏公族見釋例周世族譜掌氏魯大夫黨氏之後以音掌故從音文
揚雄與劉向歆書云林閭妻蜀郡掌氏晉有掌同前梁有遂興侯掌據宋有直秘閣掌禹錫又有掌奏掌天鈞密州人掌世衡許州人並
登科望出瑯邪燉煌長勺氏左傳商人六族有長勺氏尾勺氏左傳商人六族有尾勺氏趙陽氏姬姓潛夫論衛
公侯有趙陽氏魯陽氏潛夫論羋姓楚公族有魯陽氏終葵氏左傳商人七族有終葵氏工婁氏左傳遂國有工
婁氏齊大夫有工婁濟傳餘氏姓氏英賢傳云傳說爲相子孫留傳巖者號傳餘氏晉傳餘頠撰複姓錄
臣謹按餘者餘子之族也世本於韓餘已言之矣

餘氏晉餘頒著複姓錄自云本出傳氏前燕錄有餘元餘和餘嚴崇舊云鮮卑種類然旣出傳氏無因出鮮卑韓餘子世本韓宣子餘子之後因氏焉褐餘氏潛夫論曲沃桓叔之後也

臣疑褐冠子之後也桓叔之後何以言褐

梁餘氏晉下軍御梁餘子養之後本衛人須遂氏遂國有須遂氏列宗氏潛夫論楚公族列宗氏芊姓運奄氏史記秦嬴有運奄氏脩魚氏史記秦嬴有脩魚氏五王氏嬀姓風俗通齊自威宣湣襄至王建五王因以爲氏小王氏衛大夫卜工桃甲之後也屈南氏芊姓楚屈至之後裔孫仕後魏時重複姓以自南來乃加南或作男續祁氏姬姓晉隰叔之後與士氏同族祁奚舉子祁午自代父子相續爲政因氏焉羌憲氏姬姓衛公族羌子孫憲爲羌憲氏會屖氏音雅姓纂云衛靈公子郢生龍爲會屖氏樂利氏姓纂云齊胡公支子爲樂利氏幹獻氏世本宋司徒華定爲幹獻氏伊秩氏伊尹之孫又爲伊秩氏

夷狄大姓

党氏党去聲今人呼爲上聲本出西羌姚秦有將軍党耐虎自云夏后氏之後世爲羌豪又有吳平男党娥子孫居同州宋党進節度使党祺淳化登第慶曆登科有党御經延州人朴氏亦作樸普木切後漢書巴郡蠻酋七姓羅朴督鄂度夕龔釋氏悉達太子成道姓釋赫氏風俗通云赫胥氏之後也塞氏入聲天竺胡人之姓即釋種也宜氏隋西南夷有宜繒宜林左傳陳

大夫宜咎

僜氏 平聲西羌姓也唐初有僜企本北地羌豪爲薛舉將來降後叛伏誅

單氏 音丹本可丹氏改爲單氏又阿單氏改爲單氏又渴單氏亦改爲單氏

雕氏 漢功臣有臧馬侯雕延年匈奴降王

口氏 羌姓也今同州有此姓

斂氏 姚秦錄有將軍斂憲斂方斂岐並南安人皆羌酋也

異氏 姓纂云今溫州自水蠻有此姓

騶氏 閩越王無諸之後

紙氏 官氏志云渴侯氏改爲紙氏

緩氏 官氏志和稽氏改爲緩氏

譏氏 後魏官氏志俟纖氏改爲纖氏

論氏 去聲叶藩大姓祿東贊生論欽陵欽陵生贊婆生弓仁唐左衛大將軍生修偕偕惟真惟明惟賢惟明檢校工部尚書鄜坊節度惟賢右羽林大將軍朱論九齡登科華州人

副氏 河南官氏志副呂氏改爲副氏

沓氏 官氏志沓盧氏改爲沓氏

蔞氏 音蘆官氏志云那蔞氏改爲蔞氏

郃氏 官氏志大莫于氏改爲郃氏

徐盧氏 漢景帝匈奴徐盧庸來降

源氏 出自代北後魏聖武皇帝詰汾長子疋孤七世孫禿髮傉檀據南涼生賀降後魏太武見之曰與卿同源可改爲源氏位太尉隴西王生懷侍中馮翊公生子邕子恭宋建隆登第有源獲景祐有源永勵

茹氏 音如官氏志蠕蠕入中國爲茹氏又普陋茹氏改爲茹氏望出河內宋尚書郎茹孝標慶曆登科茹約越州人元豐茹平仲汝州人

乜氏 彌也切蕃姓也今秦隴多此姓望出晉昌趙郡

以官爲氏

雲氏 縉雲氏之後也黃帝時官名以雲紀者爲縉雲氏又連肯氏改爲雲氏虜姓也望出琅邪河南宋大觀中雲景祥登第太原人

五鳩氏 少昊氏官名因氏焉趙有將軍五鳩盧

爽鳩氏 左傳少昊氏官名國于齊土因氏焉

桑扈氏 金天氏以

烏名官故有九扈之官桑扈者九扈之一也

烏氏姬姓黃帝之後少昊氏以烏鳥名官以世功命氏齊有烏餘烏枝鳴莒有烏存秦有烏獲唐表言烏餘之裔世居北方號烏洛侯後徙張掖又烏石蘭改為烏氏

史氏周太史史佚之後以官為氏漢有史恭其女弟為戾太子良娣生史皇孫進進生宣帝恭三子高曾元高侍中大司馬車騎將軍樂陵安侯生術丹術樂陵嚴侯生崇淑丹左將軍武陽頃侯生耶武陽煬侯生獲高曾孫岑嗣樂陵侯曾侍中中郎將將陵哀侯元侍中中郎將平臺康侯生任恁平臺戴侯生習又有阿史那氏改為史氏

臣謹按史之為氏者非獨佚也周有史佚史興晉有史蘇史黯史趙史龜史墨楚有史猈史皇衛有史鰌史狗史朝齊有史嚚凡此之類並以史為氏而未得世系者又有太史氏內史氏左史氏右史氏皆主於史不容無別

南史氏齊有南史氏其後子孫氏焉

內史氏風俗通周內史叔興之後也周又有內史過

青史氏英賢傳晉太史董狐之子受封青史之田因氏焉漢書藝文志青史子著書

太史氏齊太史子餘之後

王史氏風俗通周先王太史號王史氏英賢傳周共王生囿囿曾孫滿生簡簡生業業生宰世傳史職因氏焉漢清河太守王史篆生音新豐令藝文志有王史氏後漢侍中王史元庠晉亦有王史氏

侯史氏風俗通董狐為晉侯史官因氏焉

祝史氏衛有祝史揮因氏焉姓纂

云今下邳有此姓 **左史氏** 古者左史記言楚有左史倚相左史老其後也 **右史氏** 古者右史記事周有右史武見宋衷世本 **終古氏** 風俗通終古桀內史也因氏焉 **監氏** 音鑑風俗通衛康叔爲連屬之監其後以爲氏宋朝監由舉進士 **士氏** 陶唐之苗裔歷虞夏商周至成王遷之杜爲伯宣王殺杜伯其子隰叔奔晉爲士師故爲士氏其子孫居隨及范故又爲隨氏范氏有三族焉伊祁姓隰叔生士蔿字子輿故亦謂之士輿此爲士氏又有士季氏亦爲士氏後漢末有交趾太守士爕宋朝有尚書郎士建中 **籍氏** 出於伯氏晉大夫荀林父爲中行伯孫伯黶以王父字爲伯氏司晉之典籍故亦謂之籍氏以官爲氏也昭二十五年傳曰王曰叔氏而忘之乎而高祖孫伯黶司晉之典籍以爲大政故曰籍氏或言晉文侯仇弟陽叔伯黶晉爲三家所滅籍氏播遷于宋漢有偉臣籍孺又諫議大夫籍禮石趙有侍中籍羆唐太常博士籍知幾云其後也今望出廣平 **席氏** 本籍氏晉大夫籍談之後談十三世孫避項羽諱改爲席氏漢初徙關東豪傑席氏於安定臨涇宋紹興參政席益河南人也 **師氏** 風俗通師樂人瞽者之稱晉有師曠魯有師乙鄭有師悝師觸師蠲師成也宋師顏爲翰林學士建隆登科有師庚師先並眉州也師晞孟汝州人望出琅邪平原太原 **帥氏** 音率亦作率狀云本姓師氏避晉景帝諱改爲帥氏宋有率汀 **中英氏** 虞舜有五英樂有掌樂中英者因以爲氏 **正氏** 周禮樂正因官氏焉孟子魯有樂正子春曾子弟子 **太祝氏** 見姓苑 **庾氏** 堯時掌庾大夫以官命氏至春秋時周有大夫庾皮皮子過邑于緱氏衛有庾公差望出潁川新野齊千乘郡 **褚師氏** 宋共公子子石爲褚師因氏焉又有褚師子服衛有大夫褚師圃亦爲褚氏 **褚氏** 卽褚師氏漢梁相褚大元成間有褚先生少孫並以儒學稱焉

臣謹按褚氏卽褚師氏後世略去師遂爲褚氏然衞亦有褚師氏不獨宋也

錢氏 顓帝曾孫陸終生彭祖裔孫孚周錢府上士因官命氏焉戰國時有隱士錢丹秦有御史大夫錢産子孫居下邳漢哀平間錢遜爲廣陵太守避王莽亂徙居烏程遜子晟東晉有青州刺史錢端歷陽太守錢鳳宋有太史令錢樂之五代時有錢鏐據吳越宋贈武穆王望出彭城吳興

山氏 周山師掌山林之官以官爲氏風俗通云烈山氏之後左傳晉大夫山祈漢有武都太守山昱又吐難氏後魏改爲山氏宋朝登科山說

司馬氏 重黎之後唐虞夏商代掌天地周宣王時裔孫程伯休父爲司馬克平徐方錫以官族爲司馬氏其後世或在衞或在趙或在秦在衞者相中山在趙者以傳劍顯蒯聵其後也在秦者名錯與張儀論伐蜀錯孫蘄事武安君白起蘄孫昌爲秦鐵官昌生漢市長無澤無澤生五大夫喜喜生太史公談談生中書令遷

臣謹按晉有司馬鄖司馬彌牟司馬寅齊有司馬竈楚有司馬子魚司馬督宋有司馬彊陳有司馬桓子是皆以司馬爲氏不獨程伯休父也

司寇氏 世本云衞靈公之子公子郢之後也郢之子孫爲衞司寇以官爲氏司寇亥卽其裔也風俗通云蘇忿生爲周武王司寇其後氏焉禮記司寇惠子魯大夫

寇氏 周有蘇忿生爲司寇子孫以官氏焉一云衞康叔爲周司寇支孫以官爲氏秦滅衞君角

家于上谷寇恂其八世孫也又後魏改口引氏爲寇氏

臣謹按司寇氏或略去司然蘇忿生之後爲蘇氏此以司寇氏者未必忿生之裔

司徒氏帝王世紀曰舜爲堯司徒支孫氏焉衞有司徒瞞成宋有司徒邊卬陳有司徒公子招其後皆爲司徒氏漢有安平相司徒肅中謁者司徒發宋元祐登科有司徒公綽恩州人

司空氏禹爲堯司空支孫氏焉堯後有隰叔孫士蔿爲晉司空亦因氏焉晉大夫胥臣魏司空季子又有司空靖司空督惟晉官備司空餘國無之言司空氏者系出於晉宋太平登科有司空舜賓紹聖有司空宗韓洛州人

司城氏宋以武公名司空故改爲司城公子蕩爲司城其後曰蕩氏世爲司城因氏焉又陳亦有司城氏哀公之子公子勝爲之也

司功氏世本云晉大夫司功景子士丐弟他因官氏焉

臣謹按世本世系多與經典異同如春秋世系有士丐而無景子亦無弟他

司鴻氏風俗通古有司鴻荀著書漢中大夫司鴻儀

司褐氏古今人表有司褐拘又有司褐扶楚靈王大夫見韓子

司工氏周宣王時司工錡因官氏焉

公正氏古官也其後氏焉宋建狀稱中朝邑令公正範吳人

宗正氏本劉氏楚元王交之孫劉德爲宗正支孫氏焉裔孫宗正珍孫唐有殿中少監宗正辯濟陰人

宗氏又爲宗伯氏周大夫宗伯之後以官

命氏齊有宗樓衞有宗魯又宗伯氏漢平帝時有少府宗伯鳳唐表云宗氏子姓宋襄公母弟敖仕晉孫伯宗爲三郤所殺子州犂奔楚少子連家於南陽以王父字爲氏

臣謹按宗伯掌禮之官然伯夷秩宗其來久矣則宗氏不必因周宗伯而後命氏

符氏姬姓魯頃公爲楚所滅頃公之孫公雅爲秦符節令因以爲氏後漢有符融宋符彥卿以戚里封魏十望出琅邪

軍氏冠軍侯之後因以爲氏

偏氏古偏將軍之後急就章漢有偏呂張

調氏周禮調人之後因官爲氏

衡氏風俗通伊尹爲湯阿衡子孫以衡爲氏一云魯公子衡之後以王父字爲氏漢有衡咸衡驃鄉又袁氏改爲衡氏

阿氏風俗通伊尹爲阿衡支孫以官爲氏又河南官氏志阿伏氏及阿賀氏並改爲阿

環氏楚有環列之尹子孫因氏焉楚有環泉漢有河東太守環懿隗囂將環安晉有環濟撰要略宋有環中環申登科並淮陽人

箴氏姓苑楚大夫箴尹克黃之後也主箴規之官子孫以官爲氏又有箴尹宜咎本陳人

凌氏姬姓衞康叔支子爲周凌人子孫以官爲氏吳志有凌統晉有凌嵩望出渤海

酒氏周官酒正因官命氏

委氏周禮有委人掌委積其後氏焉漢太原太守委進

杜氏杜下史官之後古有杜厲叔

豎氏閽寺之官賤者爲之晉有豎頭須齊有豎刁鄭有豎拊

宰氏姬姓周卿士宰周公之後又有宰孔者皆周太宰以官爲氏仲尼弟子宰予漢有司空掾宰直今望出西河宋登科宰需揚州人

宰氏氏范蠡傳云范蠡師計然姓宰氏字文子葵丘濮上人

保氏周禮保章氏因

官爲氏呂氏春秋楚有保申度氏古掌度之官因以命氏西京雜記漢成帝時侍郎度安世居山陽胡陸後漢荊州刺史古鄉侯
度尚撰曹娥碑子禮庫氏漢文時有倉氏庫氏爲吏之久故子孫以爲氏後漢竇融傳有輔義侯庫鈞又河南官氏志庫傉官氏改
爲庫氏望出河南魯國御氏周禮有御人之職其後爲氏左傳有御叔漢書有御長倩者丞相公孫弘故人也訓氏周禮
有訓方氏以官爲氏憲氏姓纂云周之憲官司寇之屬也急就章有憲義渠諫氏周禮有司諫氏因以爲氏漢有持書御史
諫忠見風俗通望出歙郡校氏周官校人之後唐天寶有校傑河南士曹候氏周禮候人氏子孫因氏焉漏氏古掌漏之
官因以爲氏今吳興有此姓節氏姓纂周禮掌節上士子孫以官爲氏畜氏嬴姓自云秦非子之後也非子爲周孝王主馬
畜牧於汧渭之間馬大蕃息邑之秦號秦嬴支庶以畜爲氏姓苑云今天水有畜氏鄐氏卽畜氏漢東海太守鄐熙因官居焉僕
氏周禮僕人之後漢時匈奴降者僕朋封煇渠侯生電雷屬國都尉又河南官氏志僕蘭氏改爲僕氏今吳興有此姓望出河南粟
氏漢有治粟都尉因以爲氏魏志袁紹魏郡太守粟舉今嶺南多此姓宋登科粟彭年定州人謁氏風俗通云古有謁者官因
以爲氏漢有汝南太守謁瓊又張湯小吏謁居閽氏姓纂云周之閽人守王宮者所以止扇謂之閽因以爲氏急就章有閽并訢漢
有閽并孺者太守田延年使部汾北後至廣陵相有治名唐有潭州橋口鎮副閽輔奴自云其望出河北職氏周禮職方氏之後也
嗇氏風俗通云古嗇夫子孫因氏焉太師氏商有太師摯周有太師疵大羅氏周禮羅氏掌羅烏獸秦有將軍大羅
弘牧師氏漢依周禮置牧師令主養馬因氏焉馬師氏姬姓鄭穆公之孫公孫鉏爲馬師氏因以爲氏子羽之孫羽頡

爲馬師亦氏焉列仙傳有馬師皇 少師氏英賢傳魯有少師彊又有少師慶 少正氏韓詩內傳魯大夫有少正卯仲

尼誅之 宰父氏仲尼弟子有宰父黑 行人氏周禮大行人也又有行氏卽行人氏左傳陳行人之儀衞有行人燭過

王人氏風俗通王人子突之後因氏焉漢有安平太守王人宰公 徒人氏左傳齊有徒人費國語齊有徒人回 左人

氏仲尼弟子左人郢見史記 廚人氏周禮廚人因官爲氏宋有廚人濮見釋例 雍人氏周禮雍人以官爲氏魯雍人高

雍人檀並見左傳 封人氏守封疆之官其後爲氏左傳晉有蕭封人漢有司空掾封人興 寺人氏掌府寺之官宋寺人

惠牆之後 太傅氏漢太子太傅疏廣曾孫彥則避王莽亂於太原因氏焉 中行氏晉公族隰叔之後也荀林父將中行

故曰中行氏漢文時有宦者中行說 中壘氏風俗通劉向爲中壘校尉支孫氏焉 王官氏晉有王官無地楚有王官子羽

爲沄邑大夫 弁官氏白褒魯先賢傳孔子娶宋之弁官氏 左尹氏楚左尹鄰宛之後宛字子惡郤梁有左尹子息 右

尹氏楚公子辛爲右尹子孫氏焉 門尹氏宋門尹般之後宋又有門尹沮渠 箴尹氏芊姓楚箴尹克黃之後也

楚又有箴尹宜咎本陳人 工尹氏楚工尹壽之後也楚又有工尹齊工尹餘工尹赤工尹麋並見左傳禮記又有楚工尹商陽則

工尹氏盛於楚矣由其世官故也 廄尹氏芊姓姓纂云楚大夫廐尹然之後

臣謹按廄尹卽宮廄尹也鬬氏世爲之

連尹氏芊姓楚羅氏之後也連尹襄老 沈尹氏沈邑之尹官也沈姓沈尹之後世爲之 陵尹氏楚大夫陵尹喜

陵尹招之後季尹氏楚有季尹然齊有季尹明芊尹氏楚有大夫芊尹申無宇之後藍尹氏楚大夫藍尹亹

之後也樂尹氏楚昭王以鍾建爲樂尹監尹氏楚監尹大心之後也清尹氏楚大夫清尹弗忌之後也又楚

有大夫清尹午子叔占尹氏齊有占尹德又有占尹應堅將匠氏風俗通漢官有將匠少府因官爲氏吳中散大夫將

匠或曲陽令將匠熙晉侍御史將匠進梁太末令將匠道李正令氏周禮大僕掌貳車正令因氏焉趣馬氏英賢傳曰

周趣馬蹶之後也後漢南陽功曹趣馬恩尚方氏傳餘頡複姓錄有尚方氏將軍氏世本衞靈公子昭生子郢生文子才

芳爲將軍氏

臣謹按世譜子郢者靈公之子未聞有子昭

下軍氏左傳晉欒黶爲下軍大夫支孫因氏焉右行氏晉屠擊將右行因氏焉晉右行賈華右行辛爲司空漢有御史

中丞右行綽右宰氏左傳衞大夫右宰穀右師氏世本宋莊公生公子申世爲右師氏漢有中郎將右師譚後漢有博

士右師細君亞飯氏商末賢人亞飯干之後也三飯氏三飯繚之後也四飯氏四飯缺之後也理氏咎繇

爲堯理官子孫遂爲理氏商末有理徵改姓李望出河西里氏本理氏春秋改焉晉有里克魯有里革鄭有里析後居相城者又爲

相里氏相里氏咎繇之後爲理氏商末理徵孫仲師遭難去王爲里至晉大夫里克爲惠公所戮克妻司城氏攜少子季連逃

居相城因爲相里氏季連玄孫勤見莊子韓子云相里子古賢人也著書七篇漢有河隄謁者相里平又持書御史相里虎濟陰太守相

里祉始居西河前趙錄偏將軍相里覽梁有相里係孫本仕索虜東平王侍郎大通二年歸化

李氏嬴姓高陽氏生大業大業生女華女華生皐陶字庭堅爲堯大理因官命族爲理氏夏商之季有理徵爲翼隸中吳伯以直道不容得罪于紂其妻契和氏攜子利貞逃于伊侯之墟食木子而得全遂改理爲李氏利貞十一代孫老君名耳字伯陽以其聃耳故又號爲老聃居苦縣賴鄉曲仁里或言聃六世祖碩宗周康王賜采邑於苦縣聃曾孫曇雲生崇璣崇子孫居隴西璣子孫居趙郡崇五代孫仲翔生伯考伯考生尚尚生廣又徐氏邸氏安氏杜氏胡氏弘氏郭氏麻氏鮮于氏張氏阿布氏阿跌氏舍利氏董氏羅氏朱邪氏並以立功從唐國姓爲李氏

臣謹按李氏涼武昭王有國二十年高祖有天下三百年支庶既蕃子孫必衆然譜牒之議紛紛不知何始以理官爲氏以食木子又爲李氏此何理也以官爲氏者容有此理以食木子爲氏而取理同音者無是理也今不得其始姑從理說寘在官列臣又按唐家有天下必欲世系詳明然自成紀令之後信以傳信自成紀令之前疑以傳疑蓋譜諜之家信疑相半尚爲成紀令因居之其後遂爲隴西成紀人故言李者稱隴西

臣又按自明皇以後凡十四代諸王不出閤不分房子孫闕而不

見唐之初也自高祖至睿宗子孫皆使之治官臨民然後立功立事故有可著者而其後亦盛大且以天族龍種之慧而使之出入閒親世事知稼穡之艱難是故功臣文士輩出雖經武后中宗之變而唐祚不衰自明皇之後皇子王孫皆因納於富貴嗜欲之閫遂令文章事業之姿變爲奇技淫巧之行枝葉披離則本根無所芘所以唐室自明皇之後一日不振於一日以此觀之則周家享國長久也宜哉

以爵爲氏

皇氏風俗通云三皇之後因氏焉左傳鄭大夫皇頡皇辰宋有皇氏世爲上卿本皇甫充石之後以字爲氏者漢有琅邪相皇運吳有青州刺史皇象工書宋元豐登科皇漢傑常州人元祐有皇淳安州人

王氏天子之裔也所出不一有姬姓之王有嬀姓之王有子姓之王有虞姓之王若琅邪太原之王則曰周靈王太子晉以直諫廢爲庶人其子宗恭爲司徒時人號曰王家若京兆河閒之王則曰周文王第十五子畢公高之後畢萬封魏後分晉爲諸侯至王假爲秦所滅子孫分散時人號曰王家或言魏至昭王形生無忌封信陵君信陵生閒憂閒憂生卑子秦滅魏卑子逃于泰山漢高帝召爲中涓封蘭陵侯時人以其王族也謂之王家此皆姬姓之王也出於

北海陳留者則曰舜之後也其先齊諸田爲秦所滅齊人號爲王家
此嬀姓之王也出於汲郡者則曰王子比干之後此子姓之王也出
於河南者則爲可類氏出於馮翊者則爲鉗耳族出於營州者本高
麗出於安東者本阿布思此皆虜姓之王也以其所出既多故王氏
之族最爲
蕃盛云

公氏 姬姓左傳魯昭公子公衍公
爲之後漢有主爵都尉公儉

臣謹按公衍公爲卽公子衍公子爲去子而言公則公爲爵矣昭
公失國故其子孫以爵爲氏

霸氏 益部耆舊
傳有霸栩

侯氏 姬姓晉侯緡之後也二十八年曲沃武公伐晉
侯緡而滅之緡之子孫適他國以爵爲
氏也或云夏后氏之裔封於侯無義未聞有國號侯者也鄭有侯宣
多侯羽魯有侯叔夏侯犯齊有侯朝魏有侯嬴又後魏有侯植從孝
武西遷賜姓侯伏氏又賜姓賀屯氏其後復舊
又古引氏改爲侯氏虜姓也宋侯益爲太師

公乘氏 古爵也久居
是爵者子孫
氏焉宋嘉祐登科有公乘良瑀相
州人建炎有公乘博文東平人也

公士氏 古爵也久居是爵者子孫
氏焉漢功臣汲侯公士不
害傳封
四代

不更氏 不更音郎秦大夫爵也英賢傳云公子
不更之後秦簡公時不更苗爲執法

庶長氏 秦爵也
左傳秦
庶長鮑庶長
武庶長無地

以凶德爲氏

蛸氏 子姓卽蕭氏也齊武帝以巴
東王子響叛逆改爲蛸氏也

莽氏 莫補切漢書馬何羅逆誅後
漢馬后之先也后惡其先有

反者改爲莽氏

聞人氏風俗通少正卯魯之聞人其後遂以聞人爲氏然聞達之人皆謂聞人何必少正卯以惡聞也漢有太子舍人聞人通沛人治后氏禮宋大觀登科聞人宏政和聞人穎立秀州人

聞氏鄭聞人也宋登科有聞見昌聞舜舉

梟氏隋煬帝誅楊玄感改爲梟氏

兀氏後魏改安樂王元鑒曰兀氏

勃氏梁武帝改豫章王綜爲勃氏又風俗通宋左師勃之後也晉有寺人勃鞮

杌氏左傳楚檮杌之後檮杌惡獸也故以爲號

黥氏偃姓臯陶之後淮南王英布少時以罪被黥遂爲黥氏

蝮氏唐史補乾封元年改武惟良爲蝮氏

以吉德爲氏

冬日氏晉趙衰之於人如冬日可愛故因氏焉

老成氏古賢人老成子之裔孫也老成方爲宋大夫著書十篇言黃老之道

考成子古有考成子著書述黃老之道列子有考成子幼學於尹先生

以技爲氏

巫氏風俗通凡氏於事巫卜匠陶也商有巫咸巫賢漢有冀州刺史巫捷又有巫都著養性經望出平陽宋紹興簽書樞密巫伋建康人

臣謹按此以技術傳家因以爲氏魯有巫臣又有鍼巫氏晉有巫

臯

屠氏 左傳晉大夫屠蒯禮記作杜蕢又屠羊說楚人晉有屠岸賈鄭有屠擊風俗通漢末有屠景先河東人望出陳留

臣謹按屠蒯者晉之膳宰也屠氏之職以割牲爲事

甄氏 音真虞舜陶甄河濱因以爲氏或音堅漢末太保甄邯生豐爲司徒若望中山宋甄履甄昂登進士第開封人又有甄好古瀛州人甄徹陳州人

陶氏 陶唐氏之後因氏焉虞思爲周陶正亦爲陶氏左傳商人七族有陶氏此皆以陶冶爲業者也陶叔爲周司徒漢功臣開封侯陶舍生青爲丞相後漢徐州牧陶謙

優氏 史記優孟楚樂人也子孫氏焉滑稽傳有優旃

卜氏 周禮卜人氏也魯有卜楚丘晉有卜偃楚有卜徒父皆以卜命之其後遂以爲氏如仲尼弟子卜商之徒是也又須卜氏改爲卜氏虜姓也宋有尚書郎卜伸會稽人望出西河武陵河南也

匠氏 風俗通氏於事者巫卜陶匠是也古有匠石

豢龍氏 古飂叔安裔子曰董父好龍龍多歸之帝舜嘉之賜氏曰豢龍氏

御龍氏 風俗通陶唐氏之後有劉累學擾龍事夏孔甲賜氏曰御龍氏

擾龍氏 劉累之後漢有侍御史擾龍羣

屠羊氏 韓詩內傳楚有屠羊說

烏浴氏 伯益佐堯有養鳥獸之功賜氏烏浴

路洛氏 伯益支孫又以路洛爲氏者此烏浴之訛也

干將氏 善鑄劍故劍以干將得名

以事爲氏

竇氏 姒姓少康之後帝相遭有窮氏之難后緡方娠逃出自竇而生少康支孫以竇爲氏至周世爲大夫竇犨爲晉大夫仕趙簡子裔孫漢丞相嬰又有鮮卑賜姓紇豆陵氏後魏孝文改爲竇氏

所氏 所者伐木聲本虞衡主伐木之官聞聲以爲氏風俗通宋大夫

所華之後也漢有諫議大夫所忠武帝時人望出平原後漢有平原所輔 痛氏 周穆王盛姬早卒改其族曰痛氏急就章宋有痛無
忌 兒氏 吳吳郡有語兒生而能語子孫氏焉又河南官氏志賀兒氏改為兒氏 車氏 尺遮切嫣姓漢武帝時丞相田千秋以年
老詔乘小車出入省中時號車丞相子孫因氏焉又後魏疏屬曰車焜氏改為車氏 鴟夷氏 潛夫論子姓宋微子之後說苑鴟夷
子皮齊人風俗通云本范蠡也 冠氏 風俗通鶡冠子之後 鶡冠氏 風俗通賨人以鶡冠為姓鶡冠子著書 新垣氏
風俗通魏將新垣衍畢公高之後漢書文帝時新垣平善望氣 白馬氏 風俗通微子乘白馬朝周因氏焉一云漢公孫瓚在幽并
常乘白馬因氏焉
臣謹按周時無白馬氏此當為公孫瓚事也
乘馬氏 漢書溝洫志有諫議大夫乘馬延年又張掖有乘馬敦 青牛氏 魏略初平中有青牛先生山東人也 白象
氏 風俗通白象先生古隱者 白鹿氏 風俗通白鹿先生古賢人著書 蒲氏 姒姓有扈氏之後為啓所滅世為西羌酋長晉
書苻洪傳因其家池水生昌蒲長五丈五節形如竹時人遂以為蒲家後改為苻風俗通有詹事蒲昌又有蒲遵今蜀中多此姓望出河
東 苻氏 本蒲氏苻洪以其孫堅背上有艸付主又士之文遂改為苻氏 芻氏 牛哀食芻後姓芻氏見姓苑 銳氏 主兵
銳者齊有銳司徒女嫁為辟司徒妻晉昇平中有鮮卑御史大夫銳管有作銚管者非 空桑氏 姓氏英賢傳云伊尹生於空桑
支孫氏焉 白石氏 神仙傳白石生中黃大夫弟子常煮白石為糧 章仇氏 姜姓本章氏齊公族漢有章舍因避仇遂加仇

字唐長安元年右史知貢舉張說下進士章仇嘉勉又隋賜姓盧氏

以謚爲氏

莊氏芈姓楚莊王之後以謚爲氏楚有大儒曰莊周六國時嘗爲蒙漆園吏著書號莊子齊有莊賈周有莊辛

嚴氏芈姓即楚莊王之後以謚爲氏因避後漢明帝諱遂改爲嚴氏魏晉之際有復本氏者故有莊嚴二氏行於世前漢有會稽嚴助後漢光武友嚴光始居南陽或新野後居新安江側有釣臺祠貌存又蜀郡嚴遵字君平舍易注老子又河南尹嚴延年母有五子位各二千石號爲萬石嚴嫗華陽國志嚴瑀爲揚州刺史每值遷官吏民塞路攀轅

敬氏嬀姓陳厲公子敬仲之後以謚爲氏姓苑云黄帝孫敬康之後秦有敬丕子教爲平陽太守

臣謹按姓氏之别起於商周如姓苑所引黄帝之事多不經之語

又敬氏至宋朝以諱改爲文今潞公家是其氏也亦改爲恭氏而

晉太子申生謚恭君其後以爲氏亦作共漢代郡太守共友

康氏姬姓衞康叔支孫以謚爲氏前趙有黄門侍郎康安前燕有康遷宋有康說梁有康約望出會稽東平京北宋朝登科有康戩康亞之爲盛族

武氏子姓宋武公之後也姓纂云周平王少子生而有文在手曰武遂以爲氏此繆論也漢武臣爲趙王又有武涉功臣表梁鄒侯武彪傳六代後居沛國漢又有祭酒武忠望出太原

桓氏姜姓齊桓公之後以謚爲氏又宋桓公之後向魋亦號桓

氏後漢有太子少傅桓榮又司徒桓虞又桓庭昌唐上元中准制改姜氏又烏丸氏改桓氏虜姓也

穆氏 或作繆音同又繆或有紕繆之音子姓宋穆公之後也其支孫以謚為氏左傳有穆伯漢有穆生為是元王傅友又有丘穆陵氏改為穆氏宋登科穆守危穆說穆脩穆琪嘉祐穆演河中人紹興登科有繆若虛溫州人繆渥越州人

僖氏 姬姓僖或作釐姓苑云魯僖公之後今彭城人左傳僖負羈今望出彭城

文氏 姬姓風俗通云周文王支孫以謚為氏越大夫文種宋璐公家本敬氏避國諱改為文氏

哀氏 謚也未詳何王公之謚與漢有哀章事王莽金陵有哀仲種述異記宋有哀道訓望出南康東陽今建州多哀族

幽氏 未詳何代謚然死非其道者則謚之以幽隱不欲彰之也幽氏見姓苑

宣氏 姬姓魯大夫叔孫僑如之後也僑如謚宣伯以謚為氏又風俗通云宋宣公之後也子姓後漢有司空宣酆又漢年表有南安侯宣虎今望出汝南

昭氏 芊姓楚辭云昭屈景楚之三族也鬻熊之後戰國時楚有大夫昭奚卹

襄氏 姬姓魯莊公子公子遂謚襄故曰襄仲子孫以謚為氏

聲氏 姬姓蔡大夫聲子之後也公孫歸生字子朝故為朝氏謚聲子故又為聲氏

寧氏 秦寧公之後也漢有都尉寧昱又濟南都尉寧城

威氏 嬀姓風俗通云齊威王之後以為田氏始王故其後以為氏今望出南安

隱氏 姬姓吳志有廷尉左監隱蕃云魯隱公之後以謚為氏考古之命謚凡人君遭弒虐而不明者不謂之幽則謂之隱隱蕃北海人又河間中尉隱哀或作河閒太守隱翁

閔氏 謚也夭折而死於不道者則謚之閔仲尼弟子有閔損字子騫魯人望出太原又魯國宋登科有閔昌言閔敷閔從周又開封有閔叔獻

簡氏 姬姓晉大夫狐鞫居之後也狐鞫居號續簡伯續邑也簡謚也漢有簡卿蜀志簡雍善滑稽傳云幽州人本姓耿幽人以耿為簡音訛

靖氏 風俗通單

靖公之後以諡爲氏一云齊田氏之族靖郭君之後

懿氏 姜姓風俗通本齊懿公之後姚秦有吏部郎懿橫

惠氏 姬姓周惠王支孫以諡爲氏戰國有惠施爲梁伯漢有交趾太守惠乘太僕惠根宋惠演舉進士第望出扶風琅邪又有惠敷惠柔時常州人惠厚下耀州人

厲氏 或作勵姜姓風俗通齊厲公之後漢有魏郡太守義陽侯厲溫見功臣表吳志孫皓以孫秀奔魏改姓厲氏唐有厲歸眞善畫又光啓登科有厲自南今東陽多厲氏望出范陽宋登科有厲申開封人又有加邑者酈靜嘉祐登科湖州人

獻氏 姬姓晉獻公之後也見風俗通戰國時有秦大夫獻則

孝氏 姜姓齊孝公支孫之後也

繆氏 音謬亦作繆亦作穆嬴姓秦繆公之後亦作穆漢書楚有穆生爲楚元王師亦作謬後漢獨行有謬彤宋登科有謬潛懷州人繆彥常州人

肅氏 舊云周文王之子郕叔之後以諡爲氏

臣謹按郕叔武未聞有諡此則周卿士成肅公之後也一云肅愼氏歸中國改爲肅氏梁有吳郡太守西豐侯肅正一

氏族略第四

氏族略第五　通志卷第二十九

臣謹按複姓者爲有重複之義兩字具二義也有王氏而又有叔有子所以別王氏之族有公氏而又有子有孫所以別公氏之義或以爵系別或以國系別或以族系別或以名氏別或以邑氏別皆本乎兩字之義所以別族是之謂複也後世虜姓多兩字而無兩字之義名雖同而實異耳

以爵系爲氏

王叔氏姬姓周襄王之子王叔虎之後也　王子氏姬姓周大夫王子狐王子城父之後也漢有王子中同治尚書　王孫氏姬姓周王孫滿之後也滿頃王孫也衞有王孫賈楚有王孫由于漢書貨殖有王孫大卿陳留耆舊傳有王孫滑治三禮爲博士　公子氏春秋時列國公子之後　公孫氏春秋時諸侯之孫亦以爲氏者曰公孫氏皆貴者之稱或言黃帝姓公孫因亦以爲氏元祐登科有公孫尚漢州人　士孫氏漢書平陵士孫張爲博士揚州牧明梁丘易生仲徹長安令裔孫睦後漢弘農太守生瑞尚書令

以國系爲氏

唐孫氏祁姓堯之裔唐侯子孫仕晉號唐孫氏 室孫氏王室之孫也古有室孫子著書姓纂云今棣州有室孫氏 廖叔氏古飂叔安之後秦惠公有大夫廖叔 滕叔氏滕叔繡之後楚考烈時有滕叔辛 蔡仲氏姬姓蔡仲胡之後趙將有蔡仲其 齊季氏姜姓齊襄公子季奔楚因氏焉世本魯有大夫齊季窺

以族系爲氏

仲孫氏魯公子慶父之後慶父曰共仲故以爲仲氏亦曰仲孫氏爲閔公之故諱弒君之罪更爲孟氏亦曰孟孫氏 叔孫氏魯公子叔牙之後叔牙與慶父同母慶父弒閔公故牙有罪飲酖而死遂立公孫茲爲叔孫氏亦曰叔仲氏卽叔氏也又後魏乙旃氏改爲叔孫氏

臣謹按叔氏桓公子叔牙之後叔牙飲酖而卒季友爲之立後故以叔爲氏至於得臣則叔牙之孫也故爲叔孫氏

季孫氏魯公子季友之後也亦曰季氏 臧孫氏姬姓魯公子彄食邑于臧其後謂之臧孫 魚孫氏子姓宋公子目夷字子魚其後以魚孫爲氏 楊孫氏楊晉邑也其先有食于楊者猶臧孫然秦有下大夫楊孫氏始皇時楊孫皓 賈孫氏衞大夫王孫賈之後以去王室賈爲始祖後漢侍中賈孫嗌北海人 古孫氏姬姓王孫賈之後後亦隨音改爲古孫氏見姓纂 福子氏齊大夫福子丶丹見國語 卷子氏姬姓衞文公之後也

以名氏爲氏國邑鄉附

士丐氏姬姓晉士氏之子士丐之後也 士季氏姬姓晉士氏之子士季生渥濁爲士季氏見姓氏英賢傳 士吉氏姬姓晉士蔿生吉爲士吉氏 士蔿氏姬姓晉隰叔爲士氏之祖士蔿其子也爲晉士官故以爲氏 士貞氏穀梁晉康公支子士貞之後 士思氏古今人表晉有士思癸鄭有士思卜秦有將軍士思穆 伍參氏世本楚伍參之後支孫以爲氏國語楚昭王時有伍參蹇 胡非氏嬀姓陳胡公後有公子非其後子孫爲胡非氏戰國有胡非子著書 鬭耆氏芈姓英賢傳云鬭伯比之孫鬭耆仕晉因氏焉 伯宗氏世本晉孫伯起生伯宗因氏焉 祁夜氏英賢傳祁大夫之後後漢龍驤將軍祁夜豐 鬭班氏芈姓世本鬭彊生班因氏焉 鬭彊氏芈姓世本若敖生鬭彊因氏焉

臣謹按世本世系及名氏多與春秋公子譜不同譜中自無鬭彊雖有鬭般又鬭穀於菟之子若敖之曾孫也

魏彊氏姬姓魏武子支孫莊子快生彊爲魏彊氏 巫咸氏商卿也其後氏焉 匠麗氏左傳晉有匠麗氏漢功臣祝其侯匠麗舒 祝圉氏衛祝圉之後漢侍御史祝圉遙 臧會氏姬姓魯大夫臧會之後 韓嬰氏姬姓纂云晉韓宣子玄孫也爲韓嬰氏

臣謹按世譜韓宣子玄孫無名嬰者惟韓襄王太子嬰

韓言氏姬姓世本晉韓厥生無忌無忌生襄襄生子魚爲韓言氏

韓厥氏姬姓韓獻子厥支孫氏焉

韓籍氏姬姓晉韓起之子籍字叔禽爲韓籍氏

韓褐氏姬姓英賢傳云晉韓厥之後韓子云趙肅侯大夫韓褐胥居

孟獲氏呂氏春秋齊力人孟獲之後一云卽宋猛獲也

史葉氏姬姓釋例云衛頭侯之後公子史食采於葉因氏焉左傳作史華

封具氏姬姓鄭公子具食采開封因氏焉鄭城父大夫封具狐人

精縱氏姬姓周平王子精別封縱邑因氏精縱

屠住氏芈姓英賢傳楚公子屠食采於住鄉因氏焉

邵皓氏晉有平陽從事邵皓宜邪

干己氏陳大夫干徵師食采於己因氏焉漢京兆尹干己衍

先穀氏晉國士氏之別族也隰叔初封于先故以爲氏

彭祖氏彭姓也陸終氏之子支孫氏焉

熊率氏芈姓左傳衛大夫熊率且比之後

熊相氏芈姓英賢傳楚熊相宜僚之後懷王時將軍熊相祁

以國爵爲氏邑爵附

夏侯氏姒姓夏禹之後至東樓公封爲杞侯至簡公爲楚惠王所滅弟佗奔魯悼公以佗夏後受爵爲侯因氏焉後去魯之沛分沛立譙遂爲郡人漢有太僕夏侯嬰又有夏侯始昌生勝宋朝建隆初夏侯晁登科後又有夏侯嶠夏侯嘉眞

柏侯氏柏成子高堯時諸侯也因氏焉漢有尚書令柏侯奮管寧從柏侯子安受春秋子安南陽人

韓侯氏周宣王時韓侯支孫氏焉

屈侯氏屈舊國也風俗通魏賢人屈侯鮒史記漢有郎中令屈侯豫

羅侯氏羅君之後也支孫氏焉其國在宜城山中後遷枝江晉中山王司馬服妃蜀郡羅侯氏

白侯氏白楚邑也白舊侯國楚人取而邑之後漢尚書郎白侯攜吳志白侯子張

莒子

氏嬴姓春秋時楚滅之子孫以莒子爲氏 戎子氏戎子駒支之後此允姓之戎也而姓纂謂姜姓 舒子氏偃姓僖公三年徐滅之子孫氏焉 滑伯氏姬姓舊河南緱氏縣即其地今廢爲鎮隸偃師 葛伯氏嬴姓夏時諸侯爲商所滅子孫因以爲氏許州鄢城北三十里有葛伯城 息夫氏嬀姓風俗通息公子邊爲大夫因氏焉漢有光祿大夫息夫躬世居河內河陽

以邑系爲氏 邑官附

原伯氏左傳周原伯絞之後因氏焉今澤州沁水有原城晉孝公時有原伯蓋見英賢傳 溫伯氏周邑也其地在河陽縣溫西南 召伯氏周邑也召公食采之地姓纂云左傳召伯奐之後 申叔氏楚大夫申叔侯食邑于申此申叔時之後也 沂相氏英賢傳云魯沂大夫爲相因氏焉漢侍御史沂相封 甘士氏周甘平公爲正卿上因氏焉

以官名爲氏 官氏附

師宜氏後漢有師宜官南陽人善隸書 師延氏宋有大夫師延宜其先掌樂職 師祁氏左傳楚有師祁黎漢有郎中師祁番 尹午氏楚大夫敖尹午之後又楚有大夫尹午子叔 呂相氏秦相呂不韋本陽翟賈人子孫以貴氏焉 史晁氏世本衞史晁之後 侍其氏漢廣野君酈食其曾孫賜以食其爲氏玄孫武平帝時爲侍中改爲侍其焉宋朝雍熙登科有侍其穎皇祐登科有侍其瑋嘉祐登科侍其端並開封人

以邑諡爲氏

苦成氏姬姓郤犨別封於苦爲苦城子潛夫論苦成城名在鹽池東北然此城因苦成子之封而得苦成城之名其實成謚也

古成氏風俗通苦成之後後隨音改焉有廣漢都尉古成雲姚興給事中黃門侍郎古成詵又將軍古成和晉袁宏集有南海太守古成彪唐開元雲陽尉古成夔

庫成氏風俗通云本苦成方言音變爲庫成燉煌實錄石趙奉車都尉庫成述生濟大夏令又郎中庫成佇廣平太守庫成防從孫楢

臧文氏姬姓魯大夫臧文仲之後

丁若氏姜姓風俗通齊丁公子懿伯食采於丁若因氏焉晉遂興令丁若堅高密人

以謚氏爲氏

薳子氏出楚薳子觀起之後羋姓楚有大夫薳子班薳卽僖字

共叔氏姬姓鄭武公之子共叔段之後

惠叔氏姬姓魯大夫孟惠叔之後漢有尚書惠叔儉

顏成氏曹姓邾婁顏之後有謚成者其後以爲氏莊子有顏成子游

士成氏莊子有士成綺

尹文氏世本齊有尹文子著書五篇

鬭文氏姓纂云楚若敖生鬭文子因氏焉

武仲氏姬姓臧武仲之後也

以爵謚爲氏

成公氏姬姓衛成公之後以謚爲氏

成王氏羋姓楚成王之後漢中郎成王弼

代北複姓

長孫氏出自拓跋鬱律生二子長曰沙莫雄次曰仲翼犍卽後魏道武皇帝祖也後魏獻帝拓跋與鄰七分國人以兄弟分統之沙莫雄爲南部大人後改名仁號爲拓跋氏至孝文帝以拓跋爲皇枝之長改爲長孫氏以與鄰長兄爲紇骨氏次兄普氏改爲周氏帝拓跋氏改爲元氏次兄爲達奚氏次兄爲伊婁氏改爲婁氏次兄敦丘氏改爲丘氏次兄侯氏改爲万侯氏又叔父之後乙旃氏改爲叔孫氏疏屬車焜氏改爲車氏是爲十姓

臣謹按北朝之制雖文采不足而古道猶存觀武王得天下封同姓五十國而兄弟之國十有六今獻帝十姓而七分兄弟其國豈非成周之道乎元魏之起甚微其後盛彊奄有中原垂百六十載豈無所自而然

万俟氏後魏獻帝季弟之後獻帝王分國人與兄弟統領之是爲十姓官氏志云万俟氏中間失譜太平興國登科有万俟湘政和二年登科乃有丞相万俟卨望出開封

宇文氏本出遼東南單于之後有葛烏兔爲鮮卑君長世襲大人至普迴因獵得玉璽自以爲天所授鮮卑謂天子爲宇文因號宇文氏或云神農氏爲黃帝所滅子孫遁居北方以神農有嘗草之功北俗呼草爲俟汾音訛爲宇文普迴子莫那自陰山徙居遼西至後周追諡獻侯獻侯生可地汗號莫何單于闢地西出王門東踰遼水六世孫失豆歸自稱大單于爲慕容皝所滅生拔拔壞陵拔拔壞陵後周所承也西魏遷豪傑於代都故陵徙居代州武川壞卽安化化政清河南安四公子所

承也

慕容氏 高辛少子居東北夷後徙遼西號鮮卑國于昌黎棘城至涉歸爲鮮卑單于自云慕二儀之德繼三光之容或云冠步搖音訛爲慕容初慕容氏破後種族仍繁後魏天賜末頗忌而誅之時有免者皆以輿爲氏延昌末詔復舊姓而其子女先入掖庭者猶號慕容多於他族元豐登科有慕容彥達

慕輿氏 即鮮卑慕容氏音訛又爲慕輿前燕錄有將軍慕輿虎領軍慕輿根御史中丞慕輿干司徒慕輿拔虎生常侍中零陵公居昌黎

慕利氏 後魏有吐谷渾主慕利延與慕容氏同祖

豆盧氏 本姓慕容燕主廆弟西平王慕容運孫北地王精之後入後魏北人謂歸義爲豆盧道武因賜姓豆盧氏天僖登科有豆盧若

獨孤氏 本姓劉氏北蕃右賢王之後其先尚公主因從母姓劉氏後漢度遼將軍劉進伯擊匈奴兵敗被執囚之孤山下生尸利單于以爲谷蠡王號獨孤部尸利六世孫羅辰從後魏孝文徙洛陽爲河南人初以其部爲氏姓纂云後魏代北有三十六部有伏留屯爲部大人居於雲中和平中以貴人子弟鎮武川因家焉伏留屯之後有侯尼生庫者後魏司空生信又高護自高麗歸賜姓獨孤氏又獨孤楷本姓李氏也

達奚氏 後魏獻帝第五弟之後爲十姓遠祖長甯公華生司空斤亦單姓奚氏與于婁賀劉尉爲北人八族斤玄孫武後周太保大冢宰鄭國公

賀蘭氏 有紇伏者與後魏俱起爲賀蘭莫何弗因以爲氏其後鎮武川因家之後生庫者

賀若氏 代居玄朔隨魏南遷北俗謂志正爲賀若因以命氏孝文時代人咸改單姓惟賀若氏不改遠祖達羅安樂王

尒朱氏 其先契胡部落大人世爲酋帥居尒朱川因以爲氏後魏有尒朱羽健從駕平晉陽定中山有功割秀容三百里封之以爲世業

赫連氏 劉去卑之後也去卑獨孤氏之祖也勃勃僭帝號稱夏都朔方自云赫赫連天因以爲氏二主共二十五年

賀拔氏 與後魏同

出陰山世爲酋長北人謂地爲拔言總有其地而人相賀因以爲氏尉遲氏與後魏同起號尉遲部如中華之諸侯國孝文改爲
尉遲氏崇甯登科有尉遲繹濰州人屈突氏本居玄朔後徙昌黎孝文改爲屈氏至西魏復本姓斛律氏代人世爲部落
統帥號斛律部因爲氏焉斛斯氏其先居廣牧世襲莫弗大人號斛斯部因氏焉賀婁氏代人本居漠北以國爲氏孝文
改爲婁氏伊婁氏後魏獻帝與鄰第六弟爲伊婁氏爲十姓見官氏志庫狄氏鮮卑段疋磾之後避難改姓庫狄居代後
遷中夏若干氏出自代北以國爲氏呼延氏匈奴四族有呼衍氏入中國改爲呼延氏又有呼衍氏見匈奴傳宋太平
登科有呼延遇大觀有呼延次升壽春人呼延範邠州人柘王氏狀云本姓王樂浪人遠祖羆後魏伏波將軍鎮武川賜姓柘王
氏乙弗氏前燕有高麗王乙弗利後魏書云代人世統部落大武時乙弗疋知隨魏南遷遂爲河南人孝文改爲乙氏又有乙
弗根周有乙弗鳳薩孤氏代人隨魏南徙紇骨氏後魏獻帝兄紇骨氏爲十姓見官氏志居代北丘敦氏後魏
獻帝弟爲邱敦爲十姓孝文改爲丘氏綦連氏代人號綦連部卽以爲氏史家謂其先姬姓六國末避亂出塞保祁連山因以
山爲姓北人語訛故曰綦連是連氏自代北隨魏南徙可達氏代北武川人隨魏南徙叱利氏一云叱列
西部大人世爲酋帥後魏初各依舊號爲叱利氏後周改爲利氏拔也氏與斛律同祖爲拔也部後因氏焉叱干氏
代人後魏獻帝定姓爲叱干氏居武川乙干氏代人隨魏南徙屋引氏本居玄朔隨魏南遷孝文改爲屋氏唐洪仁府
統軍屋引豐生封渭原縣公賈盞屋賀遂氏晉州稽胡晉初賜姓呼延居西州後魏正始中呼延勤爲定州刺史於定陽鎮賜姓

賀遂氏因任南汾州仵城縣音訛者又爲賀悅**拓跋氏**後魏書云黃帝子昌意之後受封北土黃帝土德王北人以土爲拓后受
爲跋號拓后跋氏後從省爲拓跋孝文帝遷都洛陽改爲元氏唐開元後有右監門大將軍西平公靜邊州都督拓跋守寂亦北蕃也孫
乾暉銀州刺史姪澄峴任銀州刺史**沮渠氏**本臨松盧水胡人其先爲匈奴官號沮渠因氏焉吳有沮渠萬年爲張掖王晉末沮
渠蒙遜僭稱西河王號北涼都張掖二主三十九年爲後魏所滅也**禿髮氏**西河鮮卑也與後魏同出聖武帝詰汾長子疋孤神
元時率其部衆徙河西六代孫樹機能據有涼州其族孫思復鞬生烏孤僭號西平王稱南涼都廣武弟利鹿孤傉檀三王十八年爲乞
伏熾磐所滅傉檀之子賀歸魏太武賜姓源氏**乞伏氏**乞伏國仁本鮮卑乞伏部酋帥也晉孝武時僭號西秦王大單于弟乾歸
生熾磐熾磐生慕末四王四十七年赫連勃勃滅之見載記宋端拱登科有乞伏矩**折婁氏**本鮮卑隨魏南徙**谷渾氏**
吐谷渾歸化因氏焉**素和氏**鮮卑檀石槐之支裔後魏有尚書素和跋弟毗又將軍素和突後魏書云以本白部故號素和孝文
改爲和氏**吐萬氏**代人世爲部落酋帥也**車焜氏**後魏獻帝命疏屬爲車焜氏繫十姓之列孝文改爲車氏**車非**
氏後魏獻帝次兄爲普氏孝文改爲周氏至金水公搖周閔帝賜姓車非氏**紇干氏**代人孝文改爲干氏**乙旃氏**後魏
官氏志獻帝命叔父之裔爲乙旃氏是爲十姓見長孫氏譜孝文改爲叔孫氏**可頻氏**周書王雄傳云太原人唐貞觀志云代人
雄涇州總管庸國公西魏賜姓可頻氏生謙周益州總管阻兵爲隋文帝所滅宋朝建中中藍田尉可頻瑜其後也**仇尼氏**後燕
錄有滎州刺史洛陽公仇尼倪**賀悅氏**即賀遂氏之訛也姓纂云今關西有此姓**徒何氏**周書柱國太尉李弼賜姓徒何

氏谷會氏官氏志改爲谷氏後有谷會琨大野氏後魏末南青州刺史大野拔都督大野況周書閻慶賜姓大野氏後
魏龍驤將軍謝懿賜姓大野氏孫孝政孫偃有詞賦並行於世拔略氏後魏官氏志拔略改爲蘇氏賀拔勝傳有都督拔略昶
俟利氏後魏疋孤之後猶中國方伯也俟玄氏改爲玄氏俟幾氏改爲幾氏俟力氏改爲鮑氏俟奴
氏改爲俟氏賀魯氏改爲周氏賀葛氏改爲葛氏賀賴氏南燕有徐州刺史賀賴盧賀兒氏改爲兒氏
是婁氏改爲高氏是賁氏改爲封氏是云氏改爲是氏西魏有是氏開府是云寶是奴氏改爲是氏叱
利氏改爲利氏叱門氏改爲門氏叱呂氏改爲呂氏叱李氏改爲李氏叱盧氏改爲祝氏宥連
氏改爲雲氏費連氏改爲費氏叱羅氏改爲羅氏西魏有柱國叱羅協叱奴氏改爲狼氏西魏開府叱奴興周
文帝叱奴后生武帝又光祿大夫叱奴祐出連氏改爲畢氏西秦錄乞伏國仁之先如弗與出連斯引叱靈二部自漠北出陰山
有丞相出連乞都尉雍州刺史出連本右僕射出連虔右輔將軍出連高明費羽氏改爲羽氏黜弗氏改爲弗氏莫
盧氏改爲盧氏莫輿氏改爲輿氏莫者氏西秦錄有右衛將軍莫者羖羝西安太守莫者幼春尚書郎莫者阿胡
莫侯氏西秦錄有南涼州刺史莫侯弟眷蓋婁氏改爲婁氏疋婁氏改爲婁氏後魏疋婁內于女爲齊神武皇
帝高歡后生文宣等三帝詳見婁氏悅力氏後魏有謁者悅力延敕力氏後魏高車別帥敕力犍倍利氏斛律
部別帥倍利奔後魏封孟都公多蘭氏後魏初多蘭部大人因氏焉賀術氏後魏初賀術部居賀術山因氏焉吐

奚氏後魏吐古𤥜大人本姓吐奚名華後魏司徒賜姓古名𤥜越勤氏後魏有越勤部因氏焉尒綿氏改爲綿氏
後魏蠕蠕渠帥尒綿他拔來降温孤氏代人改爲温垂拱中有温孤元軌解毗氏改爲解後魏高車別帥解毗莫弗幡
豆建牒云氏北齊營州刺史漢中公牒云樂護諾氏後魏西河胡護諾于內附鐵伐氏赫連勃勃以其本宗支庶
非正統者並爲鐵伐氏胡掖氏禿髮思復鞬娶胡掖氏生烏孤木易氏後魏有木易于爲多蘭部帥者舌氏
本康居國人朝後魏因留中國尸逐氏姓氏英賢傳云南匈奴尸逐鞮裔孫降漢因氏焉何柰氏匈奴單于之裔歸漢
爲何柰氏晉幽州牧王浚有將軍何柰虒先賢氏匈奴單于從兄曰逐王先賢撣漢元時降漢封歸德侯生富昌傳封三代唯
徐氏按史記景帝時有容成侯唯徐盧呼毒氏漢武帝時匈奴王呼毒尼降封下摩侯傳封三代渠復氏漢武
帝時屬國酋渠復累封昆侯傳子絕植黎氏後魏有蠕蠕別帥植黎勿地來降奇斤氏蠕蠕別帥歸中國後改爲奇氏
茹茹氏其先蠕蠕種類爲突厥所破歸中國後魏蔚州刺史高平公茹茹敦生愼周甯州刺史洋公生師寶海寶師寶隋車騎大
將軍安汝公生盛壽海寶唐右屯衛大將軍吐賀氏後魏有吐賀真吐突氏唐有中官右監門大將軍吐突承璀紇
單氏改爲單唐有日者紇單珫悉居氏古西夜國人也麗飛氏與荔菲同承吐門氏改爲門氏吐難
氏改爲山氏渴單氏改爲單氏阿單氏改爲單氏渴侯氏改爲紙氏統萬氏改爲萬氏統稽氏
改爲稽氏悉雲氏改爲雲氏安遲氏改爲遲氏輾遲氏改爲展氏烏蘭氏改爲烏氏副呂氏改爲

(呂氏) 柯拔氏(改爲柯氏) 温盆氏(改爲温氏) 馝邗氏(改爲邗氏) 如羅氏(改爲羅氏) 丘林氏(改爲丘氏)

如稽氏(改爲緩氏) 鐵弗氏(改爲弗氏) 薄奚氏(改爲奚氏) 紇奚氏(改爲紇氏) 達奚氏(改爲褒氏) 口引氏(改爲寇氏) 須卜氏(改爲卜氏) 烏九氏(改爲桓氏) 可地氏(改爲延氏) 沓盧氏(改爲沓氏) 莪眷氏(改爲眷氏) 去斤氏(改爲艾氏) 菟賴氏(改爲就氏) 素黎氏(改爲黎氏) 庫門氏(改爲門氏) 可沓氏(梁日南王可沓振)

醜門氏(西魏將軍醜門弟子) 庫汗氏(唐貞元范陽判官殿中御史庫汗勤) 婆衍氏(見複姓錄)

若久氏(後燕步兵校尉若久和) 宿勤氏(後魏賊帥宿勤明達) 地倫氏(見複姓錄) 武都氏(西秦錄有武都) 達步氏

普屯氏(周書辛威賜姓普屯氏) 折掘氏(南涼錄禿髮傉檀立折掘氏爲皇后) 沓盧氏(改爲沓氏) 達步氏(周文帝妃達步氏生齊王憲茹茹人) 斯引氏(西秦錄乞伏氏與斯引氏自漠北出陰山) 叱靈氏(乞伏與斯引出連叱靈三部至隴西)

郁朱氏 鮑俎氏 鶻也氏 渠金氏 軍車氏 叱雷氏

駱雷氏 吐粟氏 都車氏 生耳氏 薄野氏 鶻奚氏

九盧氏 苟訾氏 李蘭氏 默容氏 三種氏 吐火氏

吐和氏 屋南氏 鶻野氏

已上二十一姓見複姓錄並不詳所出

契苾氏 九姓迴鶻匈奴苗裔後魏謂之高車亦曰勅勒周隋又曰鐵勒居金山之陰獨洛河北其一曰契苾部號榆溪州唐右驍衛大將軍涼國公契苾何力改號賀蘭都督生明光貞觀中賀蘭都督司膳少卿曾孫演貞元中檢校郎中河中元帥判官

阿跌氏 九姓阿跌部爲雞田州都督唐單于都護振武節度使兼御史大夫阿跌光進元和二年詔賜姓李名光顏陳許節度使

僕固氏 九姓僕固部爲金州都督或號僕固廣德中中書令朔方節度大寧郡王僕固懷恩叛逆與子瑒並誅死

高車氏 卽九姓迴鶻種類也入中國者號高車氏後魏有高車或如

哥舒氏 突騎施本號西突厥首領有哥舒部因氏焉唐左清道率哥舒沮世居安西生道元安西副都護生翰天寶左僕射平章事西平王東討先鋒兵馬副元帥生曜晃皓曄曜檢校工部尚書東都汝州節度使生峘大理主簿皓試太常卿兼御史中丞曄慶州刺史御史大夫

執失氏 北番酋帥有屈密支頡利發姓執失氏生思力唐左驍衛將軍定襄州都督駙馬尚高祖女九江公主生紹德紹宗歸仁歸真

舍利氏 北番酋帥舍利部大人因氏焉龍朔中左威衛大將軍舍利阿博曾孫葛旃兼御史大夫賜姓李氏名奉國從父弟澄左神武大將軍

沙吒氏 北番酋帥也神龍左驍衛大將軍鄜國公沙吒義

沙陁氏 西北番突騎施首領也神龍右驍衛大將軍滿州都督張掖公沙陁金山開元左羽林大將軍永壽郡王沙陁輔國左金吾大將軍同正酒泉公沙陁盡忠

蘇農氏 貞觀左屯衛將軍穀州刺史蘇農泥孰亦北番歸化

似和氏 開元左威衛大將軍赤水軍副使武威公似和舒

跌跌氏 北蕃首領

大拔氏 突騎施首領開元左武衛大將軍燕

山王大拔石失卑啜刺氏突厥首領長壽中司僕卿同正榆林伯啜生歸仁襲燕山王啜刺真生元崇左威衞將軍同正樓煩男生瓌尚承壽奉御

已上十四姓並唐朝歸附

關西複姓

鉗耳氏西羌人狀云周王季之後爲虔仁氏音訛爲鉗耳姓氏英賢傳曰本胡姓梁天監初有鉗耳期陵自河南歸化父同祖光並仕虜爲三品　莫折氏本西羌世居渭州襄武縣　荔非氏西羌種類也隋有荔非雄涇州人伏誅唐彭州刺史荔非某生寶應節度荔非元禮寗州人　彌姐氏後秦冠軍大將軍彌姐婆觸遼東侯彌姐要地立節將軍彌姐威後魏末都督彌姐元進夏州酋望也唐右領軍延州刺史彌姐長通　夫蒙氏西羌人後秦建威將軍夫蒙羌命姓纂云今同蒲二州多此姓或改姓爲馮　擕蒙氏

已上西羌人不詳所出

昨和氏　屈男氏　罕井氏　魯步氏　同蹄氏　乡且氏彡音陝且音子且反今合二字爲𢒉音陝唐上元中有左金吾大將軍關西節度𢒉復弟震賁　不蒙氏音夢西羌人後魏也書不夢蛾使內脩吔　咥氏上音野下音經

諸方複姓

夫餘氏風俗通吳太子夫槩王奔楚餘子在吳以夫餘爲氏百濟國王夫餘寬生璋號帶方郡王生義慈唐拜帶方郡王金紫光祿大夫生隆熊州都督帶方郡王生文宣司膳卿左衛大將軍樂浪郡公　黑齒氏百濟西部人也唐左武衛大將軍燕國公黑齒常之　鳧與氏百濟之夫餘音轉爲鳧與氏　似先氏本高麗餘種也唐武德中右驍衛大將軍似先英問　朝臣氏日本國使人朝臣眞人唐長安中拜司膳卿同正副使朝臣大父拜率更令同正　瞿曇氏西域天竺國人唐司天監瞿曇譔子晏爲冬官正　鳩摩氏晉西域天竺人鳩摩炎世爲國相生羅什爲僧入中國　佛圖氏晉書佛圖澄天竺高僧也本姓白氏永嘉中至洛　迦葉氏西域天竺人唐貞觀涇原大將試太常卿迦葉濟　鄯善氏西域人以國爲氏　烏氏氏音之西域人　焉耆氏西域人　且末氏西域人　昭武氏康居人　波斯氏西域人

代北三字姓

侯莫陳氏其先後魏別部居庫斛眞水周書云武川人世爲渠帥隨魏南遷號侯莫陳氏　破六韓氏其先代人隨魏南遷　乙速孤氏代人隨魏南遷　可朱渾氏自出代北又居懷朔隨魏南遷　步大汗氏出自塞北遷中土　郁久閭氏後魏神元時掠騎獲木骨閭北方言靑首禿也自云匈奴之甥車鹿會有部衆聲訛爲郁久閭氏魏帝號之爲茹茹或爲蠕蠕　步六孤氏代北人後魏有步六孤眞爲長安鎭將孝文改爲陸氏　丘穆陵氏代人孝文紇改爲穆氏

豆陵氏代人孝文改爲竇氏沒鹿回氏紇豆陵氏本沒鹿回部大人或爲沒鹿氏孝文改爲竇氏莫多婁氏代人隨後魏遷洛陽莫那婁氏代人後魏中山太守高邑公莫那婁題後無聞莫胡盧氏代人孝文改爲陽氏莫且婁氏代人莫侯盧氏代人阿史那氏夏氏之裔居兜牟山北人呼爲突厥窟歷魏晉十代爲君長後屬蠕蠕阿史那最爲首領後周末遂滅蠕蠕霸彊北土蓋百餘年至處羅蘇尼失等歸化號阿史那唐開元更爲史氏並已見史官氏長安右衛大將軍賓國公阿史那忠節左驍衛大將軍阿史那大節貞元神策將軍兼御史大夫阿史那思諫並其支族貞觀內屬有阿史那社爾乃突厥可汗之孫子十年入朝授左驍衛大將軍生道真左屯衛大將軍又有阿史那忠乃蘇尼失之子也擢右驍衛大將軍宿衛四十八年無纖毫過失人比金日磾阿史德氏突厥始善可汗之裔別號阿史德氏通天司賓卿瀚海侯阿史德元珍右武衛大將軍阿史德覽並其後也阿伏干氏改爲阿氏乙那婁氏改爲婁氏斛瑟羅氏改爲羅氏步鹿孤氏改爲鹿氏普陋茹氏改爲茹氏可地延氏改爲延氏拔列蘭氏改爲梁氏阿鹿桓氏改爲恆氏宿六斤氏改爲宿氏烏落蘭氏改爲蘭氏破多羅氏改爲羅氏庫若干氏改爲干氏白揚提氏後魏有白揚提度汗吐谷渾別帥率戶附魏吐谷渾氏魏晉之際鮮卑慕容廆兄吐谷渾率部落止青海之西國號吐谷渾或有歸中國因氏焉叱伏列氏周書云代郡西部人其先爲第一領人酋長周侍中常州刺史長樂公叱伏列龜生椿幽州刺史庫傉官氏改爲庫氏前燕錄有岷山公庫傉官泥生津後燕太師安定王又有西河公庫傉官驥大

司農庫傉官乾勿忸干氏官氏志云改為干氏疑與万紐干同普六茹氏周書楊忠賜姓普六茹氏疑與普陋如同茹
或作如樹若干氏改為樹氏扈地干氏改為干氏俟伏斤氏改為斤氏地駱拔氏改為駱氏
郁原甄氏改為甄氏若口引氏改為冠氏費也頭氏與費野頭同破落那氏大宛之後改為
那氏沒路真氏改為路氏譬歷辰氏代人改為辰氏溫石蘭氏改為石氏烏石蘭氏改為石氏
紇突鄰氏改為鄰氏骨咄祿氏改為祿氏俟呂陵氏改為呂氏周賜韓袞姓俟呂陵大莫干氏
周末尉迥將大莫干元章生後大利稽氏官氏志改為郘氏周賜蔡祐姓大利稽俟力代氏改為俟氏大洛
稽氏改為稽氏俟伏斤氏改為伏氏疑與俟伏斤同壹斗眷氏改為明氏步鹿根氏改為步氏獨
孤渾氏改為杜氏末那樓氏復燕錄有襄城公末那樓富奚什盧氏官氏志改為索盧氏可足渾
氏前燕慕容儁皇后可足渾氏又有散騎常侍可足渾常後燕有新汲侯可足渾鐽生譚平公渴燭渾氏改為朱氏渴燭
渾可足渾疑與可朱渾同而音轉矣越質詰氏後秦錄有北梁州刺史平襄公越質詰歸阿逸多氏西域人突
黎人氏西域人赤小豆氏改為豆氏

代北四字姓

自死獨膊氏代人井疆六斤氏代人

平聲

臣謹按舊氏族家皆以聲類或以字別今之所修盡本所系故以國以邑以地以人以官以爵以姓以謚爲主其有不得所系者則莫爲之主遂從舊書從聲分韻云耳

東氏舜七友東不訾之後望出平原桐氏神仙傳桐君爲盧著藥錄白日升仙宮氏虞大夫宮之奇後魏有宮延和唐有殿中侍御史宮志惲宋有宮詠登進士科第齊州人又有宮聲海州人躬氏何承天姓苑云人姓叢氏見姓苑南唐叢鐇許昌人望出許昌中氏何承天纂要云漢少府中京茙氏見姓苑春秋茙律又河南官氏志茙眷氏改爲茙氏蟲氏漢功臣曲成侯蟲達同氏前涼錄有同善充氏急就章漢有充申仙人充尚之後見洞仙傳望出贊皇翁氏漢有翁伯販脂而傾縣邑唐有比部郎中翁義洛陽人一本作義恪富陽人五代有諫議大夫翁承贊莆田人儂氏音農邕州賊儂智高元豐登第有儂蘷青州人冬氏前燕錄慕容皝左司馬冬壽佟氏北燕有遼東佟萬以文章知名琮氏宋登科琮師古開封人從氏七松切又如字漢將軍從成公望出東莞松氏見姓苑隋有松贇名士也望出東莞邦氏見姓苑涳氏去江切見何承天纂要危氏南唐將危全諷宋太常博士危佑姓苑云臨川多此姓今邵武最多累有登科者馳氏見姓苑綦氏姓苑云義興人後漢將軍綦儁望出河南又河南官氏志綦連氏改爲綦氏慈氏急就章有慈仁姓纂云高陽氏才子

之後美其宣慈惠和因以爲氏以臣觀之無是理也釐氏後秦錄有釐豔斯氏姓苑云吳人吳志剡縣史斯從望出東陽與勃
海南齊書東陽郡有斯氏移氏漢有弘農太守移良脂氏見姓苑魏志中散大夫脂習哭孔融者京兆人之氏見姓苑
其氏漢功臣表有陽阿侯其石傳封六代又有元氏亓氏亦作亓音其唐有亓志宋有諸司使亓贇時氏齊有賢人時子
著書見孟子新論有時農遲氏商賢人遲任望出太原東晉有湘東太守遲超茨氏後漢有桂陽太守茨先治氏平聲
見何承天纂要藜氏姓苑云淮南有此姓騅氏晉七輿大夫騅歂鄭有騅甥衣氏見姓苑斐氏音非左傳有斐
豹漢有斐禹希氏三輔決錄有希海字子江賁氏音肥嬴姓風俗通秦非子之後漢功臣表賁赫告黥布反封期思侯扶
氏漢有廷尉扶嘉河南官氏志乞扶氏改爲扶氏望出京兆河南塗氏風俗通漢有諫議大夫塗惲又塗子真治尚書宋登進士
第有塗會都氏吳興人姓苑云都稽臨淄人又望出黎陽宋登科有都公琬又有都貺潭州人都隨饒州人區氏音驅風俗
通云歐冶子之後轉爲區氏又音歐王莽時有郎中區博吳有區景長沙人官至蒼梧太守今江嶺南多此姓宋誅宜州蠻酋區希範又
廣州區傑登進士第望出渤海瞿氏晉東海王越參軍瞿莊博陵人又王僧孺譜云河東裴桃兒娶蒼梧瞿寶女風俗通漢南太守
瞿茂梁鎮北將軍瞿延唐絳州刺史瞿稹望出高平松陽今平江府與溫州平陽有瞿氏宋登科瞿珣俞氏平聲又吐溜切古有
俞跗善醫漢有司徒掾俞連前趙劉聰中常侍俞容唐天后時有俞文俊江陵人也今爲平聲之氏甚多望出漢東河間俱氏南涼
有鎮北將軍俱起延唐宦者俱文珍開元國學博士俱康辟望出頴川衢氏江陵人見姓苑模氏宋登科有模道成沅州人

呼氏列仙傳有呼子先　雩氏音呼姓苑云沛人　梧氏見姓苑　軤氏音呼纂要云六人姓　辜氏姓纂云今泉州晉安有此姓不詳所出按今泉州有此姓宋嘉祐登科有辜甫泉州人又紹興登科有辜氏其後也　軲氏音枯見字統　蒷氏音胥又音滑見姓苑望出吳郡　如氏桓譚新論有道人如子禮漢書長安富人如氏又有如羅氏改爲如氏　絇氏宋登科絇紡開封人　儲氏後漢儲大伯文富人儲老王莽亂以五百人據大庾嶺唐開元汜水尉儲光義潤川人裔孫隱檢校郎中宋儲鄉材登進士第望出河東今泉州有儲氏也　紆氏後漢有肥鄉侯始平紆邈　蘧氏衛大夫蘧瑗字伯玉之後漢有大行令蘧正望出黎陽　璩氏唐神功登科有璩抱朴望出豫章宋登科璩秉璩重並岳州人　沮氏音葅黃帝史臣沮誦之後後漢射聲校尉沮雋　於氏出姓苑唐初守文化及將於澄以魏州降今餘杭有之望出廣陵京兆　洙氏宋登科有洙頎　渠氏周大夫渠伯之後衛有渠孔漢有渠參封贊侯　疎氏望出東海漢太子太傅疎廣廣兄子受世本有疎踦　束氏晉書疎廣之後曾孫孟達避王莽亂自東海徙鹿山因去足爲束氏望出南陽　初氏見姓苑宋初房舉賢良方正熙甯登科初變密州人元豐初西美鄆州人初汝爲登州人　鉏氏左傳晉有力士鉏麑　虛氏見姓苑　犀氏史記秦有犀首　陡氏卽古陡字見姓苑　洼氏音珪望出南陽後漢大鴻臚洼丹　毒氏下珪反見纂要云人姓　巂氏下珪反梁有巂闖　淮氏見姓苑　棓氏音裴漢書爰盎從棓塑問占文穎曰秦末之賢士也　枚氏六國時賢人枚被漢弘農太守枚乘望出淮陰　新氏晉大夫新穆稚子之後見國語　真氏風俗通云漢有太尉長史真祐西京雜記真元莧善算又百濟八姓其一曰眞望出上谷　頫氏風俗

通二云漢有酒泉太守頻陽欣氏望出西河五代貞明登科有欣彪渤海人今臨海有此姓仁氏見姓苑出彭城閭氏姓苑
廣平人勤氏風俗通魯有大夫勤成唐勤會爲館陶尉筋氏見姓苑芬氏風俗通晉大夫芬賢見戰國策言氏
孔子弟子言偃字子游望出汝南垣氏漢西河太守垣恭之南齊司馬垣歷生溒氏音袁出何氏纂要薫氏見姓
苑鐏氏見纂要敦氏陳留風俗傳敦氏姑姓之後急就章有敦倚僤氏牛坤切見纂要文乾氏居寒切見
姓苑端氏讙氏官氏並見姓苑莞氏姓苑云吳人但氏平聲漢有西域都護但欽又濟陰太守但巴錢
氏音賤姓苑二云彭祖姓籛名鏗難氏見姓苑姍氏古刪字姓纂云人姓瞯氏音閑濟南瞯氏豪族爲郅都所滅又
前漢有宗氏瞯氏長安大豪也閒氏見姓苑馯氏丘妍切前漢馯臂字子弓吳人治易堅氏見姓苑全氏祥符
登科有全安石肩氏賢氏並見姓苑蜎氏如字又狂兗切漢書藝文志有蜎子十三篇楚人也老子弟子名淵涓氏
列仙傳涓子齊人便氏平聲漢有少府便樂成望出魯國牽氏見姓苑延氏見姓苑後漢有延岑又有延篤南陽
人爲京兆尹穀梁冀使者又河南官氏志可地延氏改爲延氏虔氏風俗通二云陳留虔氏黃帝之後又莊子有虔天根吞氏
音天漢有吞景雲望出晉陽或作天者非纏氏藝文志纏子著書銚氏音姚饒氏見姓苑韶氏出姓苑今開封
有此姓望出太原遼氏何氏姓苑有遼氏聊氏望出潁川風俗通漢侍中聊蒼著書號聊子又有潁川太守聊某著萬姓
譜貂氏見姓苑超氏漢有太僕超喜朝氏音雕左傳蔡大夫朝吾麃氏始秦皇將軍麃公漢有太守麃宣

膠氏商末賢人膠鬲之後漢有膠倉　蒿氏見姓苑　桃氏見姓苑　蛾氏見姓苑左傳晉大夫蛾析之後後魏平東
將軍蛾青又音蟻　儋氏音多又音朋漢南山盜帥儋宗　荼氏徒加切蘇林云音瑯邪之邪漢書江都易王傳有男子荼恬
沙氏見姓苑望出東莞姓纂云今東莞有沙氏風俗通晉有沙廣又百濟八族其一曰沙族又五代貞明登科沙承贇渤海人今吳
興亦有此姓望出汝南　佘氏音蛇從示唐開元有太學博士佘欽南昌人唐又有右司郎中佘斿祖文集隋考功主事洛陽人宋
登科佘贇洪州人佘剛衢州人佘赫徽州人　蛇氏見姓苑姚萇蛇后南安人兄越滂爲南安太守又有建武將軍蛇元望出鴈門
諸氏音遮後漢洛陽令諸施吳郡人今吳郡有此氏　查氏側加切望出齊郡宋登科雍熙有查盛待制查道新安人也　花
氏出姓苑唐有倉部員外郎花季睦宋有尚書郎花尹今望出東平　琅氏姓苑云齊有琅過　相氏音湘見姓苑　疆
氏晉大夫疆劍後漢疆華又漢陽太守疆釋之並見風俗通　將氏平聲石趙常山太守將容見姓苑又有將先生出道語　芳
氏風俗通漢有幽州刺史芳垂敷　涼氏魏志有太子太傅涼茂望出山陽　彊氏望出丹陽與扶風姓苑云丹陽有彊氏前
秦有將軍彊求北齊有彊諫後漢光武同舍生彊華注云又作強其兩切宋登科有彊瑀　卬氏漢公卿表御史大夫卬祗　荒氏
鄉氏　當氏　喪氏並見姓苑無定望　鄜氏音荒一音廣姓苑云今臨淮有此姓望出廬江　杭氏
宋登科杭開饒州人　征氏姓苑今淮南有此姓宋征復登科　訇氏許橫切蜀錄關中流人訇琦訇廣　經氏見姓苑晉
太元中有經曠出還寃記望出苑陽　零氏見姓苑　庚氏唐太常博士庚季良　更氏國語魏有更盈能虛弓落鴈　星

氏見姓苑南陽太守羊續娶濟北星重女見羊氏家傳瓶氏見姓苑風俗通有太子太傅瓶守稱氏漢元帝功臣有新山
侯稱忠登氏後漢有左馮翊登道又將作大匠登豹蜀錄有關中流人始平登定望出始平南陽繒氏漢功臣表有繒賀
恆氏風俗通楚大夫恆思公之後見世本漢有東安長恆裴子孫因居之望出東海倗氏音朋又音多或作蕿漢南山盜長倗
宗憂氏見姓苑尤氏見姓苑宋尤鶴登進士第又有尤絢尤昱南劍人望出吳興脩氏漢有左騎校尉脩炳不詳
所出吳有合浦太守脩允臨川人又王太后外孫脩成子仲或爲脩氏郵氏古今人表有郵無恤西京雜記公孫弘故人郵長倩
望出臨菑秋氏姓苑古有秋胡子宋中書舍人秋富望出天水不氏甫鳩切晉時有汲郡人不準發魏襄王冢得竹書科斗文
者又姚興安遠將軍不蒙世巷氏音浮見纂要猷氏風俗通衞有猷康望出遼西投氏漢有光祿投調或言其先
周鄖伯因桓王伐鄭投先驅以策其後氏焉無是理也摎氏居求切一音留史記南越王趙嬰齊在長安時娶邯鄲摎氏女魏有
河內太守摎尚漢功臣表有龍侯摎廣德侵氏望出扶風三輔決錄有扶風太守侵恭因居焉鐔氏音尋又音淫漢有廷尉鐔
政後漢有鐔顯蜀志有太常鐔承望出廣漢今蜀中有此姓乃呼爲蟾蜀音之訛也欽氏見姓苑諶氏姓苑陶侃母諶氏今
南昌多此姓望出豫章鹽氏見姓苑望出北海魯國先賢傳漢北海相鹽津因居之潛氏望出臨川姓苑云今臨川有此
姓宋有潛成登進士第開封人又有潛時舉江陵人鍼氏左傳魯大夫鍼巫鍼季函氏見姓苑漢南昌太守函熙藍氏
望出中山戰國策中山大夫藍諸宋有尚書郎藍丞端拱登科藍成務天聖藍晝今望出東莞汝南

上聲

奉氏 重氏 隴氏並見姓苑 闞氏音鬫國語闞大夫之後也 起氏見姓苑 侯氏風俗通侯子著

書六國時人又後魏獻帝次弟為侯亥氏後為侯氏又侯奴氏改為侯氏 被氏呂氏春秋鄭有大夫被瞻風俗通漢有牂牁太守被

條 弭氏三輔決錄云王莽時有弭彊漢末新豐人弭仲叔亦見決錄望出新豐 紫氏 履氏並見姓苑 鬼氏

古今人表鬼臾區 舞氏 宇氏並見姓苑 萬氏音矩前漢游俠傳有萬章急就章萬改鄉又作楀詩謂楀維師氏

府氏風俗通漢有府悝為司徒掾 鬴氏即釜字見姓苑望出襄陽 栩氏陳留先賢傳有栩氏又董賢傳有栩丹 序

氏禮有序點侍孔子點楊觶後漢有序淵 舉氏見姓苑 處氏漢書藝文志趙有辨士處子著書風俗通有處興為北海

太守望出潁川晉有處柱又陳留相處就並潁川人後魏有處德又望出沛國 巨氏漢有荊州刺史巨武望出平昌 仵氏望出

襄陽急就章仵終古今莆田多此姓宣和六年仵艮翰登科大名府人 堵氏又音者左傳有堵寇堵師叔堵俞彌鄭有堵狗堵汝

父魏志張燕本姓堵 浦氏晉起居注有尚方丞浦選宋有員外郎浦延熙望出京兆 圃氏 姥氏亡古切 補氏

禮氏見姓苑衛大夫禮孔後漢禮震受尚書於歐陽歙望出平原 邸氏風俗通漢有上郡太守邸杜北齊有行臺僕射

邸珍中山曲陽人孫懷道唐左司郎中又居洛陽望出中山 洗氏又音線晉忠義傳有洗勁南海人 亥氏戰國策晉有隱

者亥唐河南官氏志侯亥氏改為亥氏望出河南 改氏秦有大夫改產 海氏見姓苑 忖氏齊有忖乙管仲誅之 菌

氏見姓苑本氏見姓苑雋氏才兖切漢有京兆尹雋不疑渤海人望出渤海平陽棧氏見姓苑魏志有棧潛望出
任城琯氏見纂要曼氏音緩晉有西中郎將曼清又甯州刺史曼靜望出荊州今江陵多此姓寋氏其偃切宋寋綬
登進士第蜀人圈氏音倦芈姓風俗通楚鬻熊之後望出陳留漢有圈稱撰陳留風俗傳又有圈宣明郭林宗傳有陳留人圈文宣
卷氏音捲望出琅邪陳留風俗傳陳留太守琅邪卷基本圈氏因避仇去口又有琅邪卷焉兖氏宋登科兖公序典氏
風俗通魏志有校尉典韋多力者生滿望出陳留犀氏卽肇字戰國策趙有大夫犀賈紹氏見姓苑表氏見姓苑
考氏見姓苑今開封有此姓稻氏見姓苑今爲晉陵人寶氏見姓苑我氏六國時有我子著書假氏漢有
假倉治尚書陳留人望出陳留仉氏音掌梁州有仉啓仰氏出姓苑今新安吳興並有此姓宋紹興登科仰文蔚溫州人望
出汝南錢唐養氏楚有養由基孝子傳有養奮梁有養彭舒望出山陽強氏苻秦錄有強永強皋姚秦有強起強斌西陽侯
強京兆略陽氏人唐兵部郎中強寶質孫修御史中丞其先略陽氏人徙扶風望出扶風宋強至強浚明登進士第餘杭人又有強相如
強公諶皆登第常州人望出天水

臣謹按彊強一字耳舊以爲氏分二族兩音彊平聲強上聲後世

無復上聲只作強字用平聲

鞅氏見姓苑象氏見姓苑潁川望族今南昌多此姓[illegible]氏略養反見姓苑汻氏呼廣反今涇州有此姓井

氏穆天子傳云周有大夫井利又左傳虞大夫井伯漢有司徒掾井宗後漢有井丹望出扶風南陽宋有尚書郎井淵又井亮功井宗
元嘉祐六年登科澶州人又有井公南崇甯登科蔡州人永氏見姓苑列仙傳有永石公幸氏望出南昌晉書術士幸靈唐幸
南容並洪州人宋有幸白幸佐幸之武登進士第望出鴈門杏氏見姓苑秉氏漢有秉寬省氏宋有大夫省臧猛
氏宋有猛獲望出城陽針氏天口切今臨海有此姓五代漢針滔爲處州刺史鈕氏音紐又有紐氏東晉有鈕滔吳興人
隋有鈕回以孝行稱宋登科鈕昌言永興軍人守氏見姓苑糗氏風俗通漢有糗宗爲嬴長醜氏後漢袁紹傳有醜長
聚氏側紂反又音鄒晉有聚籌今襄陽江南並有此姓厚氏見姓苑後氏五代有後贊爲飛龍使今開封有此姓望
出東海部氏見姓苑審氏漢辟陽侯審食其爲左丞相沛人後漢末袁紹將審配望出魏郡品氏見姓苑枕
氏姓苑云下邳人檢氏漢末勾章尉檢某見姓苑儉氏見姓苑湛氏後漢有大司農湛重晉荊州刺史陶侃母湛氏
新淦人又有湛方宋有湛茂梁有司州刺史湛僧智唐有湛賁袁州人宋有尚書郎湛俞閩人望出新淦及豫章也啖氏亦作噉前
秦有將軍啖鐵又啖助治春秋大曆水部郎中啖彥珍會昌進士啖鱗避武宗諱改爲澹望出河東昝氏子感切何氏姓苑有昝氏
蜀人也晉書桓溫將昝堅唐昝慎盈宋昝居潤爲宣徽使望出太原彭城元祐登科有昝昌覽氏望出彭城⿸疒南氏乃感切見
纂要減氏亦作咸漢有減宣爲司隸校尉急就章有減罷軍或云巫咸氏之後望出汝南魯國今東海有此姓橄氏胡減切懷
州人橄氏望出河內範氏宋登科範昱饒州人

去聲

統氏見姓苑鳳氏神仙傳有鳳綱望出平陽郃陽祕氏漢功臣表戴侯祕彭祖傳封七代西秦錄有僕射祕宣五代有

祕瓊望出天水宋登科祕景儉真定人利氏或言楚公子食采於利後以為氏利今之葭萌也漢有利幾又仙人利真源漢陽人

風俗通漢有利乾為中相又河南官氏志叱利氏改為利氏宋利濺舉進士又有利璨登科吳州人望出河南義氏漢有酷吏南陽

太守義縱世居河東封岸頭侯蜀錄有上庸都尉義歆宋義積登進士第近有義道人年百五十歲泰州人望出河東及平原騎氏

去聲史記有燕將騎劫賈氏見姓苑望出廬江今廬州有此氏類氏出姓苑近為福州甯德尉類演宋登科類從道密州

人貴氏風俗通云陸終之後漢有廬江太守貴遷晉武帝才人貴常山貴氏生東海王越又有司空中郎將貴霸尉氏鄭大

夫尉翩之後又音鬱氣氏古氣字見纂要意氏見姓苑謂氏唐以前無聞宋太平興國登科有謂準露氏風俗

通漢有上黨都尉露平固氏晉平公時有舟人固來故氏見姓苑喻氏又音樹望出南昌姓苑云南昌有喻氏東

晉有喻歸撰西河記三卷又有諭氏今喻氏多作諭氏布氏風俗通趙有布子善相馬望出江夏晉陶侃別傳有江夏人布興

樹氏姓苑云今河東有樹氏宋有諸司使樹滋近改作壹望出河南及河東又河南官氏志樹洛于氏改為樹氏遇氏風俗

通漢有東安太守遇沖宋登進士第遇昌朝望出東莞附氏後漢段熲將附都魏志有附傳唐監察御史附得意上元登科有附

不疑望出新平務氏堯時有務成子見易傳列仙傳務光夏時人瓠氏淮南子古有瓠巴善鼓琴錯氏音措宋有太宰

錯居據氏佳氏並見姓苑鑢氏音慮又音盧楚大夫有鑢金庶氏子思之出母庶氏急就章有庶霸遂絮氏女據切又女居切漢書張敞傳有京兆捕賊掾絮舜謂敞爲五日京兆敞殺之姓纂有去聲非是桂氏見風俗通望出燕郡天水漢有揚州刺史桂褒燕人唐永甯令桂仲武吳人宋桂軻登進士第

臣謹按後漢太守陳球碑陰有城陽炅橫被誅四子一守墳姓炅一避難徐州姓昋一居幽州姓桂一居華陽姓炔四字並音桂字各九畫以避難也

昋氏音桂或作炅有昋道元著與天公論今臨海有此姓望出弘農號略漢有衞尉昋橫又有上計掾昋景雲魏志呂虔傳有炅母計氏國語有計然爲越大夫范蠡之師本葵丘濮上人姓辛字文子其先晉國亡公子也漢有司空掾計訓後漢有計子勳望出齊郡京兆宋有尚書郎計用章又有計良輔計有功登科並邛州人棣氏王莽時有司馬棣立隸氏古有隸首善筭制氏漢初有制氏以雅樂聲律世在樂官毳氏見姓苑蔕氏亦作蔕王莽傳有中常侍蔕惲張細切又徒蓋切稅氏盛弘之荊州記云建平信陵縣有稅氏昔蜀王欒君王巴蜀王見廩君兵彊結好飲宴以稅氏五十人遺巴蜀廩君望出河間宋稅挺登進士第藝氏裔氏並見姓苑古今人表有裔款弊氏左傳有弊無存世氏戰國時有秦大夫世鈞漢有九江尉世寵又世顧著子書炔氏漢書齊人炔欽治尚書帶氏六國時有帶他見姓苑藹氏去聲齊南海太守藹煥沛

氏望出吳興貝氏宋貝寶登科常州人兗氏見姓苑佴氏如代切晉山公集有佴湛進氏後漢有進延爲小黃
令見華嶠後漢書延或作儉遴氏古文吝字見纂要慎氏風俗通慎到爲韓大夫著慎子三十篇晉有東陽太守慎修望
出天水宋有給事中慎鏞又有慎錡祥符登科靳氏楚大夫靳尚漢有靳歙又汾陽侯靳彊後漢末范陽令靳先後燕錄有太史令
鴈門靳安唐金紫光祿大夫靳孝謨武功人吏部郎中靳常館陶人又居汝南今望出西河宋乾德登科有靳穎又有靳裁之穎昌人靳
守中齊州人貫氏戰國策齊有貫珠漢初趙相貫高後漢西羌校尉貫友又博士貫長卿望出西河冠氏列仙傳有冠玉
爨氏望出晉昌後漢河南尹爨肅見謝承後漢書蜀志交阯刺史爨琛建甯大姓也又有甯州刺史爨頠華陽國志爨習官至領軍
昌甯大姓也贊氏出姓苑今開封有之炭氏西京雜記長安有炭虯戰氏後漢初戰兢爲諫議大夫五代有戰貽慶
登進士第戀氏漢有戀秘爲南郡太守賤氏風俗通漢有右北平太守賤瓊又有賤虞綀氏出姓苑今建安多此姓嘉
祐登科記有綀定孌氏　見氏　鷰氏並見姓苑燃氏女見切見纂要同州有此姓淖氏音鬧魯恭
王有淖姬姓纂楚將淖齒漕氏漢書任俠漕仲叔西河人少子游亦以俠聞好氏火報切見纂要秏氏見姓苑播
氏風俗通播鞀武商末賢人操氏隋大業末鄱陽賊操天成自號元興王建元始興舍氏見姓苑厙氏音舍姓苑
云人姓今天台括蒼有此姓化氏見姓苑晉氏音亞見纂要斥氏音拓蔡州有此姓暢氏陳留風俗傳有
暢氏不詳所出齊有暢惠明撰論語義十卷宋暢适暢彥雄登科並河中人暢鉤河南人伉氏漢有中大夫伉喜晉有漢中太守伉

嘉

抗氏望出丹陽後漢泰山都尉抗徐世居丹陽 亢氏出姓苑唐登科有亢潮京兆人又有五官正亢軫 曠氏宋登科有曠湜潭州人 相氏去聲亦作平聲漢書武洛山出四姓其二曰相氏姚秦有相雲作獵德賦世居馮翊望出西河 諒氏後漢有洛陽令諒輔廣漢人 亮氏 盎氏並見姓苑 況氏姓苑云廬江有此姓 涙氏晉書永嘉中張平保青州爲其下涙逄所殺 聖氏 性氏並見姓苑 豆氏後魏將軍豆大田 鏤氏姓苑云今遼東有此姓 勾氏舊去聲今作平聲蜀志左將軍宕渠侯勾扶巴西人今蜀川多此姓 富氏周大夫富辰之後又魯大夫富父終生鄭有富子 繡氏漢書游俠傳有繡君賓馬嶺人 救氏風俗通漢有諫議大夫救乂乂或作仁 廐氏 灸氏 胄氏 舊氏並見姓苑 就氏見姓苑河南官氏志就賴氏改爲就氏望出河南 禁氏姓苑吳興 念氏望出河南西魏太傅安定公念賢代人也生華合州刺史

入聲

澓氏望出東海澓仲翁爲漢宣帝師 木氏端木賜之後因避仇改爲木氏晉文章志有木華作海賦爲太傅楊駿主簿又有木槊著戰國策春秋二十卷見七錄又百濟八姓其五曰木氏宋熙甯登科木炎開封人崇甯木輅溫州人 沐氏漢有沐寵爲東平太守狀云端木賜之後避難改爲沐氏 谷氏有聞於漢宋登科谷大向大方並曹州人谷大忠與仁人谷椿衢州人 睦氏宋登科睦緯大名府人 潚氏漢有鴈門太守潚何 鵠氏望出東海 蔌氏望出晉陵 郁氏望出魯國國語云魯相郁貢子

孫因居之今吳中有此姓又望出黎陽宋郁藻郁澄登科皆浙人 束氏附平聲疎氏宋登科束向揚州人束長孺博州人束贊鄆
州人 鎐氏予木切望出彭城 鄭氏於六切出姓苑 逯氏音綠風俗通漢大司馬逯並後漢有逯明廣平人唐夏官
郎中逯仁傑河陽人望出廣平及河內又爲綠氏綠圖顓帝師今或讀作祿字宋景祐登科逯昂逯湛元祐有逯勉大名府人 卓氏
史記蜀郡卓氏本趙人以鐵冶致富徙臨邛後漢太傅卓茂南陽宛人望出南陽西河 偓氏列仙傳有偓佺 濁氏漢書貨殖
傳有濁氏賣脯 濯氏見風俗通 朔氏望出南陽 學氏 術氏並見姓苑 曁氏音訖吳有尚書曁豔唐天寶有
曁晃弟昱望出餘杭渤海又有曁舍應盧陵人又暨佐時上元中進制改爲周氏宋登科暨唐裔建州人暨商俊南雄人 悉氏古今
人表悉清爲神農師 帙氏見纂要 肮氏古聿字見纂要 鬱氏見姓苑 尉氏音鬱亦作尉鄭有尉止尉翩古賢有
尉繚著書號尉繚子又河南官氏志尉遲氏魏孝文改爲尉氏近有朝請大夫尉大廉未知何許人宋初有尉昭敏爲節度使又有尉春
登科永靜人 苐氏音蹄左傳有苐翰胡論語佛肸以中牟叛古今人表作苐肸 恤氏恤由之後也恤由之喪哀公使孺悲
弔之孔子學士喪禮 𨛘氏音弗漢有九江太守𨛘脩 厥氏漢文帝賜衡山王宮人厥氏姓苑云今京兆人 骨氏望出河南
隋京兆郡丞骨儀官氏志紇骨氏改爲骨氏南唐有歙州刺史骨言望出郃陽 髮氏漢有髮福東海人治詩 笪氏音妲今建
州多此姓宋笪深舉進士建平人又有笪揆登科廣濟人 察氏 脫氏並見姓苑 糴氏又音兆晉大夫糴茷 折氏
常列切望出西河宋爲大姓世守麟州猶古諸侯今端明殿學士折彥質 渫氏古有渫子賢人也見韓子 桀氏古隱者桀溺漢

襄城侯桀龍蘖氏望出東莞姓苑云東莞蘖本姓薛避仇改焉齧氏莊子齧缺堯時賢人學於王倪別氏姓苑云京
兆人宋有別全望出天水京兆鐵氏隋有將軍鐵士雄宋有進士鐵南仲淮甸人恪氏晉有郎中令恪啓望出陳留佫
氏音各洛氏並見姓苑薄氏風俗通衛賢人薄疑漢高帝薄夫人生文帝夫人弟昭封軹侯官至車騎將軍子戎奴嗣唐天
寶中大理評事薄芬櫟陽人望出鴈門譙國宋太平登科薄賁皇祐薄洙并州人錯氏姓纂云今溫州有此姓矍氏唐有
黄州刺史矍璋又四門博士矍參鐸氏晉大夫鐸遏寇楚將有鐸椒漢藝文志春秋鐸氏微旨三篇風俗通漢有廷尉鐸政望出
絳郡姓苑云今絳州有鐸氏博氏風俗通漢有博子勞魯相馬望出淮南廣平略氏姜姓吳志有略統望出武陵藥
氏望出河內後漢南陽太守藥崧又有太尉掾藥穆蜀錄晉有牙門藥冲唐大曆有閑廄使兼御史大夫藥子昂生峯崙望出河內宋
藥丕顯藥咸甯藥太元並登科約氏韓子古賢人約續馬融妾約氏直氏漢御史大夫直不疑封塞侯姓苑云楚人直躬之後
食氏望出河南風俗通漢有博士食子通河南人敕氏音棘望出遼東後燕合浦公敕勃東夷人墨氏孤竹君之後有
墨合墨翟望出梁郡勤氏晉鎮南將軍王歆騎督勤蒲討張昌於隨郡植氏姓纂云南越有此姓特氏左傳晉大夫特
宮望出平昌錫氏錫壽之後也漢末有交趾太守錫光後梁有錫休爲益州刺史望出樂安壁氏齊有壁司徒佖氏
古溺字見纂要夕氏後漢巴中渠帥有夕氏巴郡七姓一曰夕蜀志尚書令夕斌室氏見姓苑唐朝虞相室昉歸明爲諸衞
將軍赤氏風俗通帝嚳師赤松子之後見神仙傳辟氏左傳有辟司徒漢書富人辟子方笮氏側伯切亦作迮吳志

漢中有笮融丹陽人風俗通楚有笮倫今吳郡有此姓適氏見姓苑麥氏姓苑云高要始興有此姓隋有麥鐵杖始興人官至萊州刺史右屯衛大將軍今望出汝南宋登科麥致遠廣州人帛氏姓苑云吳郡人漢五威將軍帛敞後漢有帛宣神仙傳有帛和晉有高僧帛道佺益氏今望出城陽馮翊革氏漢初功臣有煑棗侯革朱望出清河澤氏見姓苑給氏見姓苑集氏風俗通漢有外黃令集一龔氏晉有隱士龔元之南史有龔鷰蓋氏古盍切漢有蓋公又司隸校尉蓋寬饒後漢二十八將有蓋延又官氏志蓋樓氏改為蓋氏宋有蓋源蓋沂蓋寓登科並大名人蓋傳兗州人展氏古闔字見纂要丞氏才盍切見纂要納氏見姓苑涉氏晉大夫涉佗神仙傳涉正宋太平登科有涉緯接氏三輔決錄有接子名昕著書十篇

複姓

凡複姓有不知其詳本者則附四聲之後

綦母氏左傳晉有綦母張風俗通漢有廷尉綦母參戰國策綦母子與公孫龍爭辨大觀登科有綦母贇南平人西乞氏秦將西乞術之後西都氏見王符潛夫論西鉏氏左傳宋大夫西鉏吾漢有侍御史西鉏虛見英賢傳南榮氏南榮疇見古今人表北人氏莊子舜友北人無擇晏子云古有北人無擇清身潔己疾世人濁自投清泠之淵九百氏姓苑云代縣有九百里為小吏叚干氏見姓苑段干木之後也西河人青萍氏見姓苑長盧氏列子楚賢者長

盧氏著書 索盧氏呂氏春秋禽滑釐門人索盧參後漢淮陽令索盧放 蒲盧氏姜姓齊人蒲盧胥善弋射 盧蒲氏姜姓齊桓公之後左傳齊有盧蒲就魁盧蒲癸盧蒲嫳 茲毋氏毋音無下同左傳齊大夫茲毋還漢有侍御史茲毋嵩 巨毋氏王莽時有長人巨毋霸 毋將氏 毋終氏左傳毋終子嘉父翟國君也 毋車氏見風俗通漢下邳相毋車伯奇望出樂安 宣于氏前趙錄有劉淵太史令宣于修之 闞于氏 多于氏並見姓苑 梁由氏晉有梁由靡漢有將軍梁由是先安帝時人 梁石氏漢隱者梁石君曹參所禮者也 梁可氏後魏上谷梁可頭又代郡太守梁可淚 仲梁氏魯大夫仲梁懷見左傳又春秋後語仲梁閔 穀梁氏魯有穀梁赤傳春秋尸子云穀梁淑字元始魯人亦傳春秋十五篇望出下邳姓纂今下邳有穀梁氏 將梁氏史記秦爲嬴姓有將梁氏 容成氏古容成子造歷神仙傳有容成公 廣成氏神仙傳廣成子居崆峒山 務成氏呂氏春秋務成子堯師也新序子夏曰舜學于務成跗 析成氏左傳齊有析成鉏 陽成氏風俗通陽成胥渠晉隱士也漢有諫議大夫陽成公衡功臣表梧齊侯陽成延傳封六代成或作城王莽時陽成修獻符命 上成氏後漢書密縣上成公自日昇天 盆成氏孟子有盆成括仕齊 將閭氏漢書藝文志將閭子名菟著書 林閭氏嬴姓漢蜀郡林閭翁孺博學能文見文章志 庚桑氏莊子庚桑楚之後 有男氏姒姓史記禹後有有男氏 澹臺氏風俗通澹臺滅明字子羽武城人漢有博士澹臺恭 浩星氏漢有浩星公治穀梁又有浩星賜趙充國所善也 墨夷氏風俗通宋大夫有墨夷須墨夷皐 養由氏楚大夫養由基之後

安期氏英賢傳安期生古仙人漢有安期生蒯通友人沐蘭氏望出任城端木氏端木賜仲尼弟子姑布
氏趙簡子時姑布子卿善相見史記又漢有姑布子望出東平黔婁氏列女傳黔婁先生古賢士中梁氏姓氏英賢
傳古隱者中梁之後中野氏子姓潛夫論宋微子之後楚文王御史中野彪室中氏漢書藝文志有室中周著書十篇王
莽時室中公避地漢中漢功臣表清簡侯室中同傳封四代路中氏漢書路中大夫之後步叔氏家語步叔乘齊人仲
尼弟子石作氏姓氏英賢傳石作蜀仲尼弟子見史記古野氏晏子春秋齊景公勇士也一作古冶壤駟氏
家語壤駟赤秦人仲尼弟子合博氏漢功臣昔侯合博胡害曾孫與昭帝時將軍漆雕氏史記漆雕徒父漆雕開漆
雕哆並仲尼弟子空相氏史記商後有空相氏晉惠時有空相機京相氏見英賢傳望出濟南晉京相璠作春秋土
地名三卷馬矢氏漢有大司徒馬宮本馬矢氏馬適氏英賢傳漢有畢梁侯馬適育漢功臣馬適求聚黨討王莽見害
巫馬氏史記巫馬施字子期仲尼弟子關龍氏夏桀時忠臣關龍逄之後青烏氏漢青烏子善術數神仙傳有青
烏公羊角氏列女傳有羊角氏苑羊氏左傳莒大夫苑羊牧之後鸋羊氏左傳衞石碏宰鸋羊肩浩羊
氏風俗通齊大夫浩羊嘉長魚氏左傳晉有長魚矯昭沙氏一作昭涉史記功臣表平州侯昭沙掉尾樂王
氏晉大夫樂王鮒之後也漢有郎中樂王茂泠州氏左傳周泠州鳩之後老萊氏老萊子楚賢人著書列禦氏
鄭穆公時列禦寇著書瞻葛氏英賢傳有熊氏之後世本宋景公時有瞻葛祁爲大夫瑕呂氏左傳晉有瑕呂飴甥

不第氏子姓潛夫論宋不第氏　鉤弋氏英賢傳漢昭帝母鉤弋夫人又爲鉤弋氏神仙傳有鉤弋君　呂管氏英賢傳漢鉅鹿都尉呂管交祖中山人　陵終氏王莽曾祖翁孺與東平陵終氏有怨　邑裘氏衛大夫邑裘氏之後縣　潘氏衛大夫柳莊卒君贈邑裘縣潘二氏書納諸棺見禮記　屠岸氏晉屠岸賈見史記　函治氏英賢傳後漢黃門侍郎函治子覺　洞沐氏漢有洞沐子孟陽舍易　甫爽氏世本宋大夫甫爽之後　安是氏英賢傳晉厲公大夫安是叔施　遫僕氏漢校尉遫僕多見霍去病傳　補祿氏英賢傳晉惠帝時殿中中郎補祿彪　游棣氏英賢傳游棣子著書一篇言法家事

氏族略第五

氏族略第六 通志卷第三十

同名異實第一

唐氏有二堯之後爲唐周以封晉此晉之唐也伊祁姓燮父之後封于唐爲楚所幷此楚之唐也姬姓

虞氏有二姚姓之虞舜後也姬姓之虞仲雍之後也

夏氏有二夏后之後以國爲氏陳宣公之子子夏之後以字爲氏

商氏有二成湯之後爲商衞鞅封商君其後亦爲商

周氏有五后稷之後爲周氏又姬氏唐先天中避諱改爲周氏又曁氏上元中准制改爲周氏又代北賀魯氏普氏後魏並改爲周氏

秦氏有三秦國爲秦氏魯有秦邑亦爲秦氏秦非是也楚又有秦商

燕氏有二有姬姓之燕有姞姓之燕

管氏有二叔鮮之後以國爲氏出自文王又齊管仲出自穆王

畢氏有二畢公高之後爲畢後魏出連氏改爲畢

于氏有三周武王之子邘叔之後或去邑爲于氏後魏萬紐于氏改爲于又淳于氏避唐諱改爲于

胡氏有二周之胡國爲胡氏後魏紇骨氏亦爲胡氏

齊氏有二太公之後以國爲氏衞大夫齊子之後以字爲氏

楚氏有二鬻熊之後以國爲氏魯林楚之後以名爲氏

陳氏有四舜之後以國爲氏也又白氏隋初改爲陳此萬年之陳也又魯相無子以外孫劉矯嗣此廣陵之陳也又侯莫陳之後亦改爲陳氏

朱氏有三邾子之後去邑爲朱又渴燭渾氏可朱渾氏並改爲朱

婁氏有二邾婁之後也又疋婁氏改爲婁氏

兒氏有二郳氏去邑爲兒又賀兒氏亦改爲兒

越氏有三勾踐之後以國爲氏又有越彊氏改爲越氏又有越質詰氏改爲越氏

薛氏有三奚仲之後以國爲氏又叱干氏改爲薛又有遼西薛氏

沈氏有二沈子逞之後以國爲氏又楚莊王之子公子正封於沈鹿

其後以邑爲氏

徐氏有二若木之後以國爲氏又一族出於黃帝十四姓

云氏有二䢵國之後去邑爲云又後魏牒云氏改爲云

禹氏有二鄅國去邑爲禹又夏禹之後以名爲氏

宿氏有二風姓之後以國爲氏又有宿六斤氏改爲宿

羅氏有二妘姓之後以國爲氏又有叱羅氏改爲羅

夔氏有二熊摯之後以國爲氏又天竺亦有夔氏

夷氏有四夷詭諸之後爲夷氏又逸民夷逸齊大夫夷仲年邾大夫

夷射姑之後皆以名字爲氏

須氏有二密須之後爲須須句之後亦爲須

黎氏有三子姓之後以國爲氏又齊大夫黎彌黎且以邑爲氏又後

魏素嵇氏改爲黎氏

申氏有二姜姓之後以國爲氏又楚之申邑申公居之以邑爲氏

向氏有二祁姓之後以國爲氏又宋公子肸字向以字爲氏

葛氏有三嬴姓之後以國爲氏又葛天氏之後亦爲葛氏後魏賀葛氏改爲葛

會氏有二鄶國去邑爲氏又會乙之後亦爲會氏

辛氏有三莘氏訛爲辛又計然本姓辛又周有項亶賜姓辛氏

呂氏有五姜姓之後以國爲氏又晉有呂氏出於魏氏又有叱丘氏副呂氏叱呂氏並改爲呂

譚氏有二子爵以國爲氏又巴南六姓有譚氏

冀氏有二冀國之後以國爲氏晉滅冀以爲邑郤氏食之爲冀芮子孫以邑爲氏

鬲氏有二有鬲之國以國爲氏又商人膠鬲以名爲氏

珍倣宋版印

顧氏有二顧國夏商諸侯也又句踐之後別封顧余以邑爲氏

共氏有三共者商之侯國也其後以國爲氏鄭公子段曰共叔晉太子申生曰共君並以謚爲氏

龔氏有三恭國籀書作龔又晉大夫龔堅之後也又漢巴郡蠻酋有龔氏

洪氏有二共氏改爲洪氏又豫章弘氏避唐明皇諱改爲洪

彭氏有二大彭之國爲彭氏祝融之後八姓亦有彭氏者

祭氏有二周公之後以國爲氏又鄭有祭邑祭仲足其後也

毛氏有二毛伯聃之後以國爲氏又有北代之族世爲酋長

劉氏有五堯之後有劉累爲劉氏成王封王季之子於劉邑亦爲劉漢賜項氏婁氏並爲劉氏又匈奴之族從母姓劉

欒氏有二晉欒賓之後姬姓也以邑爲氏齊子欒之後姜姓也以字爲氏

荀氏有二荀本侯國也又晉荀林父以邑爲氏
丙氏有二邴豫之後或去邑作丙又李陵降匈奴裔孫歸魏見丙殿
因賜氏焉
蔿氏有二薳章之後亦作蔿以邑爲氏晉士蔿之後以字爲氏
裴氏有二秦非子支孫封裴鄉以鄉爲氏又西域有裴氏
孫氏有三衛公子惠孫之後以字爲氏又楚有芈姓之孫齊有嬀姓
之孫皆以字爲氏
南氏有三衛公子郢字子南其後爲南氏又楚有子南氏亦爲南氏
並以字爲氏者晉有南氏以鄉爲氏
國氏有二鄭子國之後以字爲氏姬姓也齊有國氏姜姓也
孔氏有三宋孔父嘉之後也又衛有孔氏爲世卿鄭亦有孔氏皆以
字爲氏者
董氏有二董父之後以字爲氏又有陸終之子參胡姓董以姓爲氏

成氏有二楚若敖之後以字爲氏又周有成氏
孟氏有二魯慶父之後爲孟氏又衞公孟縶之後亦爲孟氏
仲氏有二魯慶父曰共仲之後爲仲氏又宋莊公之子子仲之後亦爲仲氏
叔氏有四魯叔牙之後魯文公之子叔肸之後八凱叔達之後晉叔向之後並以叔爲氏
季氏有二魯公子季友之後也又陸終之子季連亦爲季氏
伯氏有二晉中行伯之後也或言伯益之後亦爲伯氏
士氏有二隰叔爲晉士師以官爲氏又有士季氏之後以字爲氏
山氏有二烈山氏以山爲氏而周有山師之官以官爲氏
王氏有四有姬姓之王有嬀姓之王有子姓之王有虜姓之王姬姓之王有二族嬀姓之王有一族子姓之王有一族虜姓之王有四族

任氏有三黃帝二十五子得姓爲任者其後以姓爲氏又顓帝少子陽封於任其後以國爲氏又任爲風姓之國太昊之後也亦以國爲氏

偃氏有二有偃氏之國後爲偃氏又臯陶之後姓偃亦以姓爲氏

宣氏有二魯叔孫僑如諡宣伯與宋宣公之後並以諡爲氏

稷氏有二后稷之後有稷氏漢稷嗣君叔孫通支孫亦爲稷氏

改氏第二

婁氏項氏漢並賜劉氏

酈食其曾孫漢賜以食其爲氏玄孫武平帝時爲侍中復改侍其

晉州稽胡晉初賜呼延氏

項氏後周賜辛氏

獨孤屯本姓李從齊神武沙苑戰敗爲柱國獨孤信所擒配爲士伍賜獨孤氏

章仇禿髮氏歸後魏太武賜源氏

章仇大翼隋煬帝賜盧氏

唐傅遊藝賜武氏

唐徐氏以勣邴氏以元紘安氏以抱玉杜氏以伏威胡氏以大恩弘氏以播郭氏以子和麻氏以延昌鮮于氏以叔明安氏以元諒張氏以寶臣阿希布氏以懷遜阿跌氏以光進舍利氏以奉國董氏以忠臣羅氏以德儁以藝朱邪氏以國昌並由立功賜李氏從國氏也

桓庭昌唐上元准制改爲姜

暨佐時唐上元准制改爲周

嬀氏改爲姚氏

袁氏改爲衡氏

裴氏改爲壘氏

羊舌氏改爲吉氏
姞氏改爲羊氏
閭氏改爲盧氏
辛氏改爲計氏
鐵伐氏赫連勃勃以其本宗支庶非正統並爲鐵伐氏
氏氏孔融謝氏儀以氏字民無上遂改爲是氏
梁鴻氏改爲運期氏
馬矢氏改爲馬官氏
渾沌氏改爲屯氏去水
屈全之裔孫仕後魏以自南方乃加南或作男
謝服爲鴻臚卿後漢末出征嫌其名姓不祥乃改爲射咸
京房本姓李吹律定姓改爲京氏

改惡氏第三

蕭氏齊武帝以巴東王子響叛逆改爲蛸氏
馬氏以何羅逆誅馬后惡之改爲莽氏
梟氏隋煬帝誅楊玄感改爲梟氏
勃氏梁武帝改豫章王綜爲勃氏
黥氏淮南王英布少時以罪被黥遂爲黥氏
蝮氏唐乾封元年改武惟良爲蝮氏
劉誕謀逆貶爲留氏

漢魏受氏第四

臣謹按成周以國命氏漢則稱郡國者亦有之
楚元王交之子劉富初封休侯更封紅侯其後遂爲紅氏
楚懷王孫心都郴其後遂爲郴氏番音婆氏因吳芮封番君支孫氏焉
櫟陽氏後漢景丹封櫟陽侯曾孫分避亂隴西因封爲氏周陽氏
漢淮南王舅趙兼封周陽侯子由爲河東尉因封爲氏東陵氏因

邵平之封子孫遂以爲氏廣武氏因李左車之封子孫遂以爲氏
冠軍氏者因霍去病之封也信都氏者因張敖之封也武彊氏者
因後漢王梁之封也蘄氏者姓苑云蘄春侯之後鄮氏者姓纂云
越人以郡爲姓今明州鄮縣是也如此之類是爲以郡命氏者也
春秋之時冀芮居冀地賴考叔居賴谷介之推燭之武並以地命氏
者漢四皓亦然如綺里季居於綺里也其後有綺氏亦有綺里氏
甪里先生居於甪里也其後有甪氏亦有甪里氏少康之後漢初
徙居嵇山遂爲嵇氏後漢鮭陽鴻爲少府居鮭陽遂爲鮭氏鮭音
圭如此之類漢亦多矣是爲以地命氏者也
成周以邑命氏漢魏亦有之揭陽氏者因漢功臣安道侯揭陽定爲
揭縣令因氏焉泉氏因全琮之孫暉魏封南陽侯食封白水遂改
爲泉氏如此之類是爲以邑命氏者也

三代之時貴者有氏賤者有名無氏按漢郊祀志汾陰人無錦粵人

勇之是亦有名無氏者蓋錦爲工技之賤勇之爲蠻夷之賤也

臣謹按亡氏之賤漢猶有之受氏之道漢魏猶傳略載一二以備

考古漢魏之後無所聞惟用古姓氏耳

變夷第五

賀魯之爲周　賀葛之爲葛　是婁之爲高

叱盧之爲祝　口引之爲冠　如稽之爲緩

去斤之爲艾　是賁之爲封　叱奴之爲狼

吐難之爲山　古引之爲侯　出連之爲畢

乞扶之爲扶　那婁之爲婁　是連之爲連

俟畿之爲俟　可單之爲單　紇骨之爲骨

沓盧之爲沓　莫千之爲郤　屈突之爲屈

俟亥之爲亥　俟畿之爲畿　賀兒之爲兒

叱利之爲利　叱李之爲李　柯拔之爲柯

叱羅之爲羅　那莫之爲莫　莫輿之爲輿
費連之爲費　費羽之爲羽　黜弗之爲弗
莫盧之爲盧　爾綿之爲綿　解毗之爲解
奇斤之爲奇　紇萬之爲萬　紇嵇之爲嵇
安遲之爲安　輾遲之爲展　谿邪之爲邪
如羅之爲如　薄奚之爲古　若干之爲苟
昝盧之爲昝　姒先之爲姒　渴侯之爲紙
拔略之爲蘇　紇干之爲干　乙弗之爲乙
步鹿之爲步　屋引之爲房　車焜之爲車
普周之爲周　高護之爲李
莪眷之爲莪又爲眷　莫蘆之爲蘆或爲盧
丘林之爲林又爲丘丘敦亦爲丘
副呂之爲副又爲呂叱丘亦爲呂

就賴之爲就就蕘賴亦爲就　溫狐之爲溫溫盆亦爲溫
阿伏之爲阿阿賀亦爲阿　紇單之爲紇紇奚亦爲紇
羽真之爲高高楚婁亦爲高　是云之爲是是奴亦爲是
蓋婁之爲婁婁疋婁亦爲婁　俟力之爲鮑俟力代亦爲鮑
烏丸之爲桓阿鹿桓亦爲桓　可地之爲延可地延亦爲延
俟奴之爲俟俟伏斤亦爲俟　費羽之爲羽拂羽亦爲羽
黜弗之爲弗燕弗亦爲弗鐵弗亦爲弗
吐門之爲門叱門亦爲門庫門亦爲門
拓跋之爲元紇骨亦爲元是云亦爲元景氏亦爲元
阿單之爲單渴單亦爲單　悉雲之爲雲宥連亦爲雲
賀蘭之爲賀賀賴氏亦爲賀

右二字變夷

吐谷渾之爲渾　俟呂隣之爲呂

沒鹿回之爲竇紇豆陵亦爲竇
萬紐于之爲于勿忸于亦爲于
斛瑟羅之爲羅破多羅亦爲羅
温石蘭之爲石烏石蘭亦爲石又爲烏
步六孤之爲陸　丘穆陵之爲穆　阿伏干之爲阿
普陋茹之爲茹　拔烈蘭之爲梁　烏落蘭之爲蘭
宿六斤之爲宿　庫若干之爲干　扈地干之爲扈
俟伏斤之爲斤　地駱拔之爲駱　郁原甄之爲甄
若口引之爲冦　破多羅之爲潘　破落郍之爲郍
步鹿如之爲鹿　阿史郍之爲史　沒路真之爲路
譬曆辰之爲辰　紇突隣之爲隣　骨咄祿之爲祿
大利稽之爲郤　俟力代之爲俟　大洛稽之爲稽
俟伏斤之爲伏　壹斗眷之爲明　步鹿斤之爲步

獨孤渾之爲杜　庫傉官之爲庫　奚什盧之爲盧

渴燭渾之爲朱　莫胡盧之爲陽

右三字變夷

臣謹按代北之人隨後魏遷河南者後魏獻帝爲之定姓爲複姓或爲三字姓或爲四字姓其音多似西域梵書有二合三合四合者皆指一字之音故孝文用夏變夷革以華俗皆改爲單字之姓又孝文詔南遷者死不得還卽葬洛陽故虜姓皆在河南又按其書曰河南官氏志者蓋優代北之人隨後魏南遷因作其書而爲之志又按孝文之時咸改單姓惟賀若氏不改及乙旃氏改爲叔孫拓拔氏改爲長孫

變於夷第六

閻慶之爲大野氏　辛威之爲普屯氏　韓裒之爲俟呂隣氏

李弼之爲徒何氏　田弘之爲紇干氏　王雄之爲可頻氏

王熊之爲柘王氏　蔡氏之爲大利稽氏　陰氏之爲丘目陵氏

張氏之爲叱羅氏　周氏之爲車非氏　南氏之爲宇文氏

臣謹按後周宇文氏以其起於夷虜故欲變夏爲夷以夷爲貴也

然官制一遵三代而姓氏用夷虜何相反之如是

別族第七

魯季氏自季孫行父以至季孫彊大宗也故稱季孫如季公烏季子

差季寤之類但稱季者所以別支庶

叔氏之大宗亦稱叔孫其支庶稱叔仲氏又曰仲壬孟丙亦是也

仲氏之大宗亦稱仲孫氏其支庶則稱南宮氏南氏子服氏

臧氏之大宗稱臧氏至於臧會氏臧文氏皆支庶之別系其所自出

之祖

傅餘氏者傅氏餘子之族也

韓餘氏者韓氏餘子之族也

褐餘氏褐冠氏餘子之族也

成湯之後爲殷氏又有北殷氏

后稷之後爲周氏又有西周氏又有周生氏

舒氏之族見於當時者一曰舒二曰羣舒三曰舒蓼四曰舒庸五曰舒鳩六曰舒鮑

斟氏之族見於當時者一曰斟二曰斟鄩三曰斟灌四曰斟弋五曰介斟

荀氏之族見於後世者有田氏有程氏有輔氏有智氏

田氏之族見於後世者有第二有第五有第八

顓與之族三有顓與有去與爲顓有去顓爲與

窋須之族三有窋須有去須爲窋有去窋爲須

葛氏居於諸邑者爲諸葛

里氏居於相城者爲相里

避諱第八

宋以武公名司空改爲司功氏　晉以僖侯名司徒改爲司城氏

籍氏避項羽諱改爲席氏　奭氏避漢元帝諱改爲盛氏

莊氏避漢明帝諱改爲嚴氏　慶氏避漢安帝父諱改爲賀氏

師氏避晉景帝諱改爲帥氏　姬氏避唐明皇諱改爲周氏

弘氏避唐明皇諱改爲洪氏　淳于氏避唐憲宗諱改爲于氏

啖氏避唐武宗諱改爲澹氏　敬氏避宋諱改爲文氏又爲恭氏

恆氏避宋諱改爲常氏

音訛第九

陳氏爲田氏　韓氏爲何氏　莘氏爲辛氏

黨氏爲掌氏　歐氏爲區氏　戴氏爲載氏

蠻氏爲瞞氏　虢氏爲郭氏　呂氏爲甫氏

郯氏爲談氏　姒氏爲似氏　苦氏爲庫氏

雷氏爲盧氏　恭氏爲共氏　共氏爲洪氏
王孫賈之後亦爲古孫氏者賈近於古故也
苦成子以成子食苦邑故以爲氏後訛爲古成又爲庫成
慕容氏爲慕輿氏　賀遂氏爲賀悅氏　夫餘氏爲鳧臾氏
吾丘氏爲虞丘氏　毋丘氏爲曼丘氏　申徒氏爲申屠氏
鄶氏爲繒氏　穆氏爲繆氏
簡雍本姓耿幽州人以耿爲簡遂爲簡氏

省文第十

鄣之爲章　郱之爲丙　郲之爲來　鄟之爲專
鄩之爲尋　邵之爲召　郈之爲后　鄶之爲會
鄅之爲禹　䢵之爲云　鄫之爲曾　郳之爲兒
邾之爲朱　郕之爲成　郇之爲荀去邑
橋之爲喬去木　理之爲里去王

譚之爲覃去言　熊之爲能去火

省言第十一

盧蒲之爲盧　閭丘之爲閭　卽墨之爲卽　鍾離之爲鍾

馬服之爲馬　褚師之爲褚　毋丘之爲毋　司寇之爲寇

宗伯之爲宗　褐冠之爲冠　主父之爲主

避仇第十二

端木賜之後改爲木氏又爲沐氏

墨台之後改爲墨氏又改爲怡氏

刁氏之後改爲弔　伍氏之後改爲五

巴氏之後改爲杷　鞠氏之後改爲麴

譚氏之後改爲覃　仇氏之後改爲求

銅鞮氏之後改爲遆　馝邪氏之後改爲邪

滕氏之後改爲騰　秣氏之後改爲末

陸氏之後改爲禣　郜氏之後改爲浩
胙氏之後改爲作　杞氏之後改爲抱
樓氏之後改爲蓋　薛氏之後改爲辥
棘氏之後改爲棗　凡氏之後改爲汎
鮮卑氏之後改爲庫狄　圈氏去口爲卷氏
章氏避仇爲章仇氏
踈氏避王莽之難去足爲束又云踈廣之曾孫彥避王莽於太原改
爲太傅
牛金之子逃難改爲牢後改寮後又爲牛氏
臣謹按避仇之說多非或省文或訛音何必爲避仇也據皇甫謐
云凡氏遭秦亂避地添水爲汎氏此何所憑哉凡氏者凡伯之後
以國爲氏汎者周之邑也其大夫食采於此其後之人以邑爲氏
自是兩家源流應知避地改姓之說多附會然踈廣之後爲束爲

太傅牛金之後爲牢爲𤍠此又爲避地之事明矣

生而有文第十三

武氏唐元和姓纂云周平王少子生而有文在手曰武遂以爲氏

南氏姓源韻譜云盤庚妃姜氏夢龍入懷孕十二月而生手把南字長封荆州號南赤龍

鮮于氏鮮于血脈譜云子仲之子曰文生而有文在手左曰魚右曰羊及長封漁陽爲燕附庸

閻氏唐表云昭王少子生而有文在其手曰閻康王封於閻城

臣謹按左氏謂季友生而有文在其手曰友因以命之每疑其誕也後人由此復廣其道焉且武氏者以謚爲氏南氏者以字爲氏鮮于者武王封箕子於朝鮮支子仲食采於于故有鮮于氏閻氏者武王封太伯曾孫仲奕於閻鄉故有閻氏安得無稽之言流於後世大抵氏族之家言多誕博雅君子不可不審

氏族略第六

六書略第一　通志卷第三十一

六書圖

- 象形
  - 正生
    - 天物之形 八
    - 山川之形 三十
    - 井邑之形 十四
    - 艸木之形 四十五
    - 人物之形 百二十三
    - 鳥獸之形 七十五

- 蟲魚之形二十三
- 鬼物之形二
- 器用之形八十七
- 服飾之形十五

側生
- 象貌四十四
- 象數四十
- 象位十一
- 象气十五
- 象聲十三
- 象屬二

兼生
- 形兼聲五十
- 形兼意三十七

凡象形類計六百八

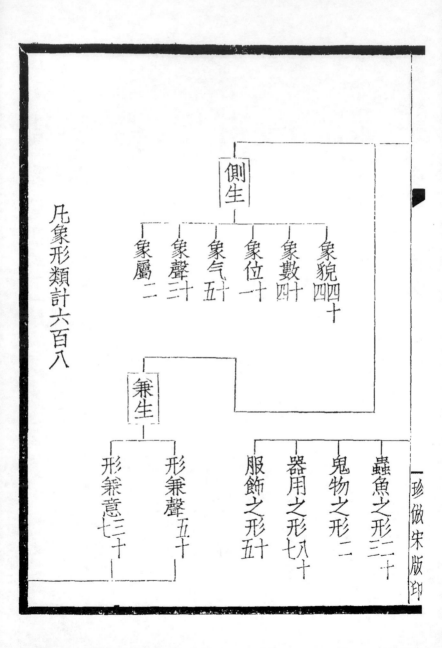

- 諧聲
  - 正生歸本 二萬一千三百四十
  - 變生
    - 子母同聲 三十七
    - 母主聲 二十一
    - 主聲不主義 四
    - 子母互爲聲 四
    - 三體諧聲 三十
    - 聲兼意 三百七十三

凡諧聲類計二萬一千八百十

- 指事
  - 正生歸本 七十八
  - 兼生
    - 事兼聲 六
    - 事兼形 十一

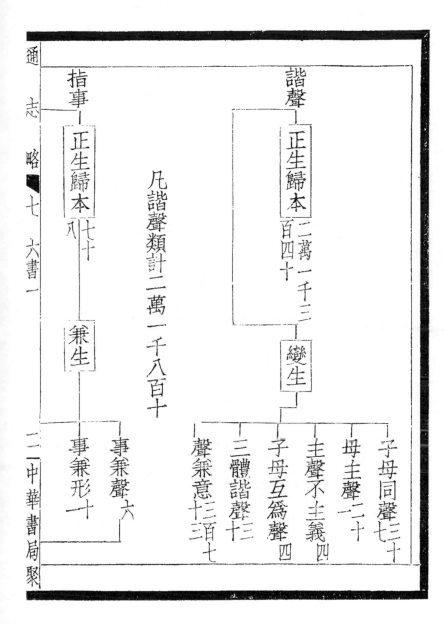

事兼意四十

凡指事類計百七

會意

正生歸本 上四百五十二 下二百四十六

續生 三體會意四十二

凡會意類七百四十

轉注

並生

建類主義轉注五十

建類主聲轉注二十

互體別聲轉注二百十四

互體別義轉注四十八

凡轉注類三百七十二

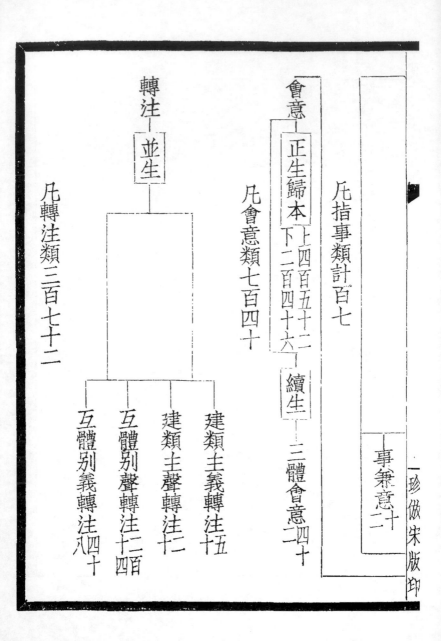

- 假借
  - 正生不
  - 託生
    - 同音借義 二十五
    - 借同音不借義 四十五
    - 協音借義 二百八
    - 借協音不借義 百三十三
    - 因義借音 二十五
    - 因借而借 四十三
    - 語辭之借 四十
    - 五音之借 五

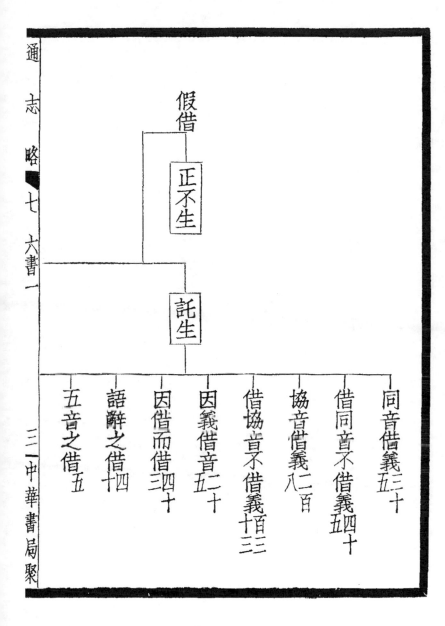

三詩之借三

十日之借十

十二辰之借十二

方言之借九

反生

雙音並義不爲假借十三

凡假借類計五百九十八

右六書總計二萬四千二百三十五

六書序

經術之不明由小學之不振小學之不振由六書之無傳聖人之道惟藉六經六經之作惟藉文言文言之本在於六書六書不分何以見義經之有六書猶弈之有二棋博之有五木弈之變無窮不離二色博之應無方不離五物苟二棋之無別則白猶黑也黑猶白也何以明勝負苟五木之不分則梟猶盧也盧猶梟也何以決雌雄小學之義第一當識子母之相生第二當識文字之有間象形指事文也會意諧聲轉注字也假借文字俱也象形指事一也象形別出爲指事諧聲轉注一也諧聲別出爲轉注二母爲會意一子一母爲諧聲六書也者象形爲本形不可象則屬諸事事不可指則屬諸意意不可會則屬諸聲聲則無不諧矣五不足而後假借生焉一曰象形而象形之別有十種有天物之形有山川之形有井邑之形有艸木之形有人物之形有鳥獸之形有蟲魚之形有鬼物之形有器用之形

有服飾之形是象形也推象形之類則有象貌象數象位象气象聲象屬是六象也與象形並生而統以象形又有象形而兼諧聲者則曰形兼聲有象形而兼會意者則曰形兼意十形猶子姓也六象猶適庶也兼聲兼意猶姻婭也二曰指事指事之別有兼諧聲者則曰事兼聲有兼象形者則曰事兼形有兼會意者則曰事兼意三曰會意二母之合有義無聲四曰轉注別聲與義故有建類主義亦有建類主聲有互體別聲亦有互體別義五曰諧聲母主形子主聲者諧聲之義也然有子母同聲者有母主聲者有主聲不主義者有子母互爲聲者有三體主聲者有諧聲而兼會意者則曰聲兼意六曰假借不離音義有同音借義有借同音不借義有協音借義有借協音不借義有因義借音有因借而借有語辭之借有五音之借有三詩之借有十日之借有十二辰之借有方言之借六書之道備於此矣臣舊有象類之書極深研幾盡制作之妙義奈何小學不傳已久見

者不無疑駭今取象類之義約而歸於六書使天下文字無所逃而有目者可以盡曉嗚呼古者有尉律所以勑小學也學童十七已上始試諷籀書九千字乃得爲吏又以八體試之郡移太史幷課最者以爲尙書史書或不正輒舉劾之夫古文變而爲籀籀書變而爲篆隸秦漢之人習篆隸必試以籀書者恐失其原也後之學者六書不明篆籀罔措而欲通經難矣哉且尉律者廷尉治獄之律也古人於獄訟之書猶不敢苟簡若是而況聖人之經乎

象形第一

序曰書與畫同出畫取形書取象畫取多書取少凡象形者皆可畫也不可畫則無其書矣然書窮能變故畫雖取多而得算常少書雖取少而得算常多六書也者皆象形之變也今推象形有十種而旁出有六象

天物之形

日太陽之精正圓不虧其中象日烏之形⊙古文星小則爲星大則爲槃月太陰之精多虧少盈故其形缺天一大爲天
象天垂示之形旦日初出於地上云古雲字象其形後人加雨故以云爲云回之云回古雷字後人加雨作靁又作〓省作雷回
象靁形借爲回旋之回古尊罍器多作云回雨古作〓又作〓〓卽〓而成文雨卽〓而備體

右八

山川之形

丘象山丘在地一地也嵒魚衡切岸也〓於口切山名在陽羨广音儼說文因广爲屋象對刺高屋之形厂呼旱
切山石之厓巖人可居碞魚咸切磛碞也水坎之體也川水會く卽畎字小從則爲水川爲川く水爲く巜卽澮字廣
尺深尺曰く廣二尋深二仞曰巜書曰濬く巜距川泉本錢字象錢貨之形自九府圜法行然後外圓內方此實錢也借爲泉水之泉
所以生字皆取借義𠂢蒲糜切水邪流𠂢匹卦切從反永徐鍇曰永長流也反卽分𠂢也永象水巠理之長詩曰江之永矣土
象物在土中拆土而出之形凷卽塊字从土一屈象形〓卽坐字象人據土而坐之形𠂤都回切說文小𠂤也𨸏卽阜
字說文大陸山無石者𨺅亦作〓音阜兩阜之間也鹵郎古切說文西方鹹地从西省象鹽形屾所臻切二山也〓魯猥
切象石也垚音堯說文土高也凹於交切窊也凸陁沒切出貌又徒結切冂呢洽切凹冋物低垂貌岳說文東岱
南霍西華北恆中泰室王者所以巡狩所至嶽古作岳象高形

右三十

井邑之形

丼卽井字說文八家一井象井幹之形其中點者罋之象也丹說文巴越之赤石也象采丹井其中之點象丹形田象田有所畫疆畛之形高亦作高象臺觀高之形从冂口與倉舍同意口卽圍字京說文人所爲絶高丘也从高省丨象高形冂卽坰字邑外謂之郊郊外謂之野野外謂之林林外謂之冂象遠界𩫏卽郭字說文民所度居也从回象城𩫏之重兩亭相對也从㐭卽廩字方曰倉圜曰㐭向上象其蓋壼苦本切今作壼說文宮中道从囗象宮垣道上之形引詩室家之壼宀音緜說文交覆深屋也穴胡決切象穿土爲室之形畕居良切比田也畾魯水切田閒謂之畾又盧回切雷也𤳳音虺仲𤳳湯左相關本義

右十四

艸木之形

㞢隸作之今作芝象芝出於地不从不音跗象華之不萼敷披於地上之形帝象華蔕之形才說文艸木之初也从丨上貫一將生枝葉下一地也屮丑列切又采早切象艸木初生有二葉附芽而出屯株倫切象艸木初自地出從屮貫一一象地也丵仕角切叢生艸丯音介說文艸蔡也象艸生之散亂也未木之滋也於木有加焉一曰木生未遂也木上象枝幹下象根荄𣎵牙葛切又牛代切木屈頭不出也桑木之類惟桑葉茂故詩曰桑之未落其葉沃若从叒象葉盛也𠂹華英也華皆五

出故象五出之形𠂹音垂象艸木華葉垂敷之形𢎘呼感切象艸木之華未發𢎘然之形卤田聊切象艸木之實垂卤卤然

朿七賜切木芒也麥從來象其實也從夂象其根也來說文周所受瑞麥來麰一來二麰象芒朿之形詩曰貽我來麰禾象根

葉及垂秀穗之形秀茂盛也象根莖盛而禾高茂米象禾實之形𣎵匹仞切枲莖皮也从屮八象枲之皮莖尗音叔豆也

象豆生之形韭象韭芽初生於地上之形瓜象葉苽其實也耑音端說文物初生之題也上象生形下象其根朩音稽木之

曲頭止不能上也桼今作漆說文木汁可以髼物象形桼如水滴而下不音趺象華萼蔕之形詩曰常棣之華萼不韡韡火

象火形又魚燕借爲尾象个竹枚也乇陟格切艸葉也从垂穗上貫一下有根一地也桀說文磔也从舛在木上一曰高木也

枼弋涉切木葉也果木實也朵說文木之垂朵朵也𦬸許鬼切隸作卉艸之總名茻音莽蕨類繁蓄而叢生一曰衆艸

艸象艸並出之形芻說文刈艸也象包束艸之形𢎗胡先切艸木𢎘盛也秝郎擊切稀疏適也一曰歷也季从禾歷从二禾

皆以禾爲節歷亦作厤𣏟匹卦切說文葩之總名㼌勇主切說文本不勝末微弱也

右四十五

人物之形

人象人立也匕今作化說文變也从到人臣按道家謂順行則爲人逆行則爲道人死則歸于土道則離人故能變化而上升丩

古文殄字从反匕身人身從禽畜身衡此象人之身儿古文奇字人也人象立人儿象行人立有所負行有所戴兒說文孺子

也象小兒頭囟未合先今作簪說文从人匕象簪形皃說文頌儀也从白象人面之形覍今作弁象戴弁之形𠑹公戶切說文廱蔽从人象左右皆蔽之形兜當侯切兜鍪胄也象人戴胄形禿象人之髮禿少如禾之茂爾𦣝與之切顄也面說文顏前也从百象人面𩠐隸作首从百从巛巛象髮謂之鬊鬊卽巛也鬊舒閏切百書九切頭也県古堯切斬首到縣故从到𩠐長展兩切在人上者故古文从上从人後之爲字者因古文而成體其上則象發號施令其下則象垂衣裳之形从匕所以化下也其實本古文之先耳元人頭也从二从儿二古文上字象人頭儿象其身大說文大象人形又曰大人也亦說文人之臂亦也从大象兩亦之形今別作腋夫說文丈夫也从大一以象簪也周制以八寸爲尺十尺爲丈人長八尺故曰丈夫夭於兆切說文屈也从大象形又古老切不長也夨阻力切又力結切傾頭也亢古郎切又寒剛切說文人頸也从大省象頸脈形交交脛也尣烏光切說文㝿曲頸也从大象偏曲之形夲土刀切說文進趣也臣按夲與交尣同意交以脛之交尣以脛之偏夲以脛之進亣他達切象人形亦作大立象人立地之上从大人也一地也夓今作夏說文中國之人也从夊从百从臼臼兩手夊兩足囟息進切說文頭會腦蓋心耳耴陟涉切耳垂也手女象婦人斂容儀之形母從女象褱子之形又曰象乳子毋武扶切說文止之也从女有奸之者也說文女陰也民氓也象俯首力作之形而說文頰毛也力筋也力由筋以生故象筋之形甲象人被甲之形故古文甲从人頭子𠫓他骨切說文不順出去到子了盧鳥切脛之椎骨𠃊丁了切男子陰孑居桀切說文無右臂孓居月切說文無左臂厶息夷切陰謂之厶與𠃊同體口[illegible]牛刀切謯也噩

魚各切驚動也走从夭从止止足也夭象人之仰首張足而奔之形止象足趾𣥂他達切說文蹈也从反止步行也象二
趾相前後癶蒲末切足相戾而躓也辵丑略切从彳从止彳行也止足也象足而行也隸作⻌彳丑亦切小步也象人脛三
屬相連也亍丑玉切說文步止也从反彳廴余忍切說文長行也从彳引之行从彳左步也从亍右步也左右步俱舉而後爲
行者牙說文牡齒也象上下相錯之形足象股脛下屬於趾之形疋所菹切說文足也上象腓腸下从止舌象吐舌之形
谷極虐切口上阿也从口上象其理㖅他感切吐舌皃㖅他點切舌皃壬如林切象懷妊之形與巫同意廾居竦切竦
手也𠬜普班切引也从反廾𦥑居玉切叉手也要伊消切說文身中也象人要自臼之形申以書告上也从象書从臼捧書
也曳余制切委地而行爪側絞切說文丮也覆手曰爪爪止兩切丮也與爪相向爪居六切掬也覆手掬也丮
紀劇切持也象手有所丮據也𠃹居玉切持也从反丮鬥都豆切从丮从𠃹象對敵之形又說文手也三指者手之列多略不過
三也ナ音左左手也厶音肱臂上也丑械其手也彗旋芮切說文埽竹也从又持甡夬古邁切說文分決也从又口象
決形徐鍇曰工物也丨所以決之又古穴切目說文人眼重童子也䀠恭于切从大大人也象人具兩目之形𥄎古倦切目
圍也如鼻間兩目之形眉旻悲切說文目上毛也从目象眉之形上象額理也自疾二切鼻也象鼻形又始生之子亦爲自幺
於堯切說文小也象子初生之形呂脊骨也予余呂切說文推予也象相予之形骨說文肉之覈也从冎有肉冎古瓦
切剔人肉置其骨也肉外象臠中象肉理巫說文祝也女能事無形以舞降神者象人兩褎舞形與工同意古者巫咸初作巫

舛昌兖切說文對臥也从反牛相背夋美忝切說文囟蓋也象布包覆腦下有兩臂而夊在下或作㚅莫坎切夊楚危切說
文行遲曳及夊象人兩脛有所躧也夂陟後切說文从後至也象人兩脛後有致之者久說文从後灸之象人兩脛後有距也引周
禮久諸牆以觀其橈疒音疾說文人有疾病象倚著之形苜徒結切目不正也或作苗象目生花之形尸主所祭之神而託於
人故象人之形包說文象人裹妊巳在中象子未成形坙古懷切背呂也象脅肋之形吅音喧驚呼也象並口呼之象㗊
側立切衆口也䀠九遇切左右視也从相聽也比毗志切相聽為从反从為比北蒲昧切乖也从一人相背㐺魚音
切衆立也㚘薄旱切並行也竝隸作並併也孖津之切一產二子也𩑋須兖切選具也闕本義

右百二十三

鳥獸之形

𦫳工瓦切羊角也丫於加切物之岐頭者釆蒲莧切獸之迹也象指爪之分羊孔子曰牛羊之字以形舉萈胡官切羊細角
牛說文象角頭三封尾之形臾音牢象圈養之狀𤛎象牽牛之狀角虍荒胡切說文虎文也按此象虎而剝其肉象其
皮之文虎象虎踞而回顧之形毛說文眉髮之屬及獸毛也尾象毛在後體之形豖勅六切豕絆足行豙魚記
切豕怒毛起彑居例切豕之頭𢑚何加切从互下象其足彖通貫切豕走也㣇羊至切說文脩豪獸一曰河內名豕也从
互下象毛足豸池爾切說文獸長脊行豸豸然欲有所司殺形又丈蟹切蟲無足𤉡徐姊切如野牛而青古作兕易羊益

切說文蜥蜴蝘蜓守宮象形祕書說日月爲易象陰陽也禺牛具切母猴象說文象長鼻牙南越大獸三年一乳象耳牙四足之
形古作爲馬𩡧何開切又胡關切說文馬一歲也从馬一絆其足亦作⿰扌馬馵朱戍切馬後左足白馽陟立切絆馬也鹿廌
宅買切獬廌獸似山牛一角古者決獄令觸不直㲋丑略切似兔青色而大兔犬說文狗之有垂蹏者也孔子曰視犬之字
如畫狗尨莫江切犬之多毛者犮蒲撥切說文走犬皃從犬而丿之曳其足則剌犮也鼠能奴來切獸也又爲三足鼈熊
羽弓切說文獸似豕山居冬蟄巤良涉切說文毛巤也象髮在囟上及毛髮巤巤之形离音離又音摛說文山神獸也歐陽喬說离
猛獸也禹說文蟲也或曰獸類⿱巛禺符朱切如人被髮一名梟羊萬無販切說文蟲也禼私列切說文蟲也嘼許救
切說文犍也象耳頭足厹地之形血象薦血之形革象獸之皮凡取皮者必張之頭角尾足皆具焉皮象以手剝取其皮之
形夔渠追切說文神魖也如龍一足象有角足人面之形夒奴刀切說文貪獸也一曰母猴又奴冬切鳥烏焉鳶也朋
音鳳說文神鳥也五色備舉出於東方君子之國見則天下安寧舄七約切卽鵲也萑胡官切說文鴟屬从隹从廾有毛角隹
說文鳥之短尾總名也羽鳥長毛也彡所銜切說文毛飾畫文也𠃨之忍切說文新生羽而飛也𠘧音殳說文鳥之短羽
飛几几也弱亦作弱說文橈也上象橈曲彡象毛氂橈弱也弱物并故从二㣇歰色入切說文不滑也从四止臣按獸畜少滑者
有四止也西古作卤鳥在巢上象形巢說文鳥在木上曰巢在穴曰窠飛說文鳥翥也朐權俱切脯挺也朐猶⿱羽句也⿱羽句象
束艸朐象束脯雔所江切雙鳥雥徂合切羣鳥虤五閑切虎怒也賏音鸎頸飾也豩悲巾切二豕也㹜語巾切兩

犬相毳尢芮切說文𦢊也毳獸細毛也

右七十五

蟲魚之形

魚其中从仌象鱗其下似火象尾燕說文玄鳥也籋口布翄枝尾乙魚腸也又魚鰓骨虫許偉切說文一名蝮博三寸首

大如擘指象其臥形物之微細或行或毛或蠃或介或鱗以虫爲象蜀說文葵中蠶也从虫上目象蜀頭形中象其身它湯何切說

文虫也从虫而長象冤曲垂尾形上古艸居患它故相問無它乎或作蛇又時遮切龜說文頭與它同天地之性廣肩無雄龜鼈之類

以它爲雄象足甲尾之形也黽莫杏切說文䵷黽也从它象形虯渠幽切龍子有角者卵盧管切說文凡物無乳者卵生臣按

此象蟲之卵附著於木枝之形如雀甕螵蛸之類是也卵公渾切鯤無子白魚胞也巴說文蟲也或曰食象蛇丁蠆尾

也又爲著物之丁卜灼剝龜也象炙龜之形兆灼龜坼也丙魚尾也貝說文海介蟲也居陸名猋在水名蜬象形古者

貨貝而寶龜至秦廢貝行錢孖時丑切甚孖魚名贔平祕切贔屭鼇也一曰雌鼇爲贔鱻語居切二魚也䖵音昆蟲之

總名蟲說文有足曰蟲無足曰豸

右二十三

鬼物之形

鬼象鬼魅之形甶敷物切鬼頭也

右二

器用之形

弋檿也象折木衺銳著形从乀象物挂之也戈說文平頭戟也亅音檿逆鉤也𠄌居月切說文鉤識也从反亅又株衛切劍

戟皃丁古本切鉤逆鋒也乚於謹切說文象迟曲隱蔽形匚甫良切說文受物之器也甾今作甾東楚名缶曰甾瓦

象甑瓦之形弓弓徒案切說文行丸也几亦作己踞几也周禮有五几囧俱永切象窗牖漏明且子余切說文薦也从

几足有二橫一其下地也臣按此卽俎豆之俎丌淺野切薦也斤斧屬象曲柄之形斗說文十升也象形有柄升說文

十龠也从斗亦象形斝古雅切玉爵也象形與爵同意一曰斝受六升又居迓切鬱尊矛說文酋矛也建於兵車長二丈車軎

于歲切車軸耑也酉卽卣也卣卽尊也冊以韋編竹爲書玉象貫玉之形珡卽琴字主之庾切說文云知庾切象

鐙鐙中火主也中主火餤之形鐙丳楚限切燔肉器干象干戟之形屰魚戟切於古爲戟字庚鬲之類故庚亦有三足率

捕鳥畢也鬲鼎屬說文實五觳斗二升曰觳象腹交文三足珏說岳切二玉相合爲一珏𩰲古禾切說文秦名土釜曰𩰲亦作䰛

丸胡官切說文圜傾側而轉者从反仄支他刀切戎鼓大首謂之支从又象手執之也叉初加切象叉物之形爾尼輒切箝

也象竹篾交錯成物之狀盾食閏切說文瞂也所以扞身蔽目𠦒北潘切說文箕屬所以推棄之器也又壁吉切畢說文田罔

也從華象畢形微也冓古候切說文交積林也象對交之形壴中句切說文陳樂立而上見也皿說文飯食之用器也豈可亥
切樂器與壴同體豆說文食肉器也豊音禮行禮之器豐說文豆之滿者一曰鄉飲酒有豐侯者自是器名豋禮器也象
肉在豆中之形缶說文瓦器所以盛酒漿秦人鼓之以節歌矢說文从入象鏑括羽之形古者夷牟初作矢矦即侯字射侯也
䠶即射字象張弓發矢之形臼說文舂也古者掘地爲臼其後穿木石兩古作㒳二十四銖爲兩象秤形冃莫報切說文小
兒蠻夷頭衣也舟古作亟隸作月方併船也象兩舟省總頭形𦨕逆及切象人持舟之形尺昌石切說文十寸也人手卻十
分動脈爲寸口十寸爲尺周制寸尺咫尋常仞諸度量皆以人之體爲法卩今作節符信也象相合之形㔾則侯切左卪也合符
有二與者執左取者執右勹之若切說文挹取凹象形中有實與包同意壺說文昆吾圜器也臣按禮經古有壺何必取於昆吾
疊新室改爲疊從晶從宜宜盛社肉之器象肉多之形與豐登同意正諸盈切射的也詩曰終日射侯不出正兮乏扶法切从
反正藏矢之具丏彌兗切避箭短牆刀刃象刀有刃之形匕必履切小刀也刅楚良切片說文判木也爿音牆
殳也亦判木也鼎說文三足兩耳和五味之寶器也易卦巽木於下者爲鼎象析木以炊也門戶闔爲門偏爲戶傘亦作繖蘇
旱切蓋也宁直呂切當屏間也業說文大版也所以飾鐘鼓捷業如鋸齒以白畫之象其鉏鋙相承也从丵从木木象版詩巨業
維樅樂逆角切說文五聲八音總名象鼓鞞木虡也乘食陵切說文覆也从入桀桀黠也軍法曰乘亡音徯說文衺徯有所
俠藏也區騎區藏匿也從品在匸中品衆也曲今作曲象器曲受物也

右八十七

服飾之形

衣象人披衣之形㐆卸衣字从向身衰蘇禾切說文艸雨衣巾佩巾也從丨象糸也市分勿切說文韠也上古衣蔽前

而已以象之帶說文紳也男子鞶帶婦人鞶絲象繫佩之形㡀毗祭切敗衣也网今作網說文庖犧氏始結繩以漁示

音祈象旗斿之形勿州里所建旗象其柄有三斿㫃於阮切旌旗之斿也左象人執旗杠右象旗斿於丑許切旌旗杠皃

系胡計切繫也从系而有所著焉糸莫狄切說文細絲也象束絲之形圖象圖畫之形

右十五

象貌

八象分別之皃入說文象从上俱下也爻象交加通疏皃㸚力几切象希明之皃丨音袞上下通皃爽通疏而明皃

奊空媧切物不齊也一曰奊邪離絶皃冂莫狄切覆物之皃冃莫保切重覆皃肯苦江切幬帳之象从冃覆也从之飾也

襾呼訝切說文覆也从冂上下覆之壬他鼎切說文象物出地挺生也王于況切象物出地而盛也生象艸木出土上丰

敷容切艸盛丰丰也朿縛也又春遇切約也丌居之切象薦物之皃畀必至切說文相付與之約在閣上也亓渠之切象播物

之皃考常句切說文老人行才相逮从老省易省行象文說文錯畫也象交文勹音包說文裹也象人曲形有所包裹凶說文

惡也象地穿交陷其中乜居月切也丩動皃丩居謁切也丩動皃凡息進切說文疾飛也似飛而羽不見非違也从飛

下翅取其相背氏與民同體象民俯首力作之皃丩居虯切說文相糾繚也一曰瓜瓠結丩起冄而談切說文毛冄冄也叕

陟劣切象聯綴之皃乂魚廢切芟艸也从丿从乀相交也又牛蓋切創乂懲也毌古患切象穿物之皃串古患切穿也口

音韋象環繞之狀至象鳥飛而至地之皃小象水之微也㕣音兗說文山間泥地从口从水敗皃录音祿說文刻木录录

也亝音齊象禾麥吐穗上平也厽力軌切象累土石爲牆壁皃𦣞象人臣事君屈服之皃翏力弔切高飛皃从㐱㐱者

羽之稠也燹敷文切又蘇典切野火皃

右四十四

象數

一二三亖乂音五五七九十千廿日執切二十并也卅蘇沓切三十并也亦作卉世三十年卌

息入切四十并也一二三亖象正數餘並合數

右十四

象位

上下中㫄亦作旁象位取聲亼音集象三方合丿房密切又於兆切又匹蔑切右戾也乀分勿切左戾也𠂆余制

切說文棩也徐鍇曰象丿而不舉首乀弋支切說文流也从反厂又以制切曳足也又力結切左戾也ナ今作左又今作右

右十一

象气

气亦作氣象气上升之狀只語已之辭象言訖而气散䰜郎激切䰜也象孰飪五味气上出也白疾二切說文此亦自字也省自者詞言之气從鼻出與口相助也曰亦作曶音忽說文出气詞也从曰象气出形丂音考說文气欲舒出勹上礙於一也𠀀虎何切訶也从反丂兮說文語所稽也从丂从八象气越丂乎語之餘也一曰疑辭乃說文曳詞之難也象气之出難于說文於也象气之舒亏平說文語平舒从亏从八八分也兊舊作兌說也徐鍇曰从口从八象气之分散欠說文張口气悟也象气從人上出之形旡隸作旡音既說文飲食气逆不得息曰旡从反欠

右十五

象聲

牟說文牛鳴也从牛象其聲气從口出臣按此象其開口出气蓋聲無形不可象芈綿婢切說文羊鳴也象聲气上出與牟同意囂虛嬌切說文聲也气出頭上吴說文大言也从夨口徐鍇曰大言故夨口以出聲轟呼宏切說文羣車聲也喿先到切鳥在木上羣鳴也曰王伐切象口气出也口气出聲乃發号胡到切說文痛聲也从口在丂上吅郎丁切象眾聲嵒尼輒

切多言之聲　彭蒲庚切鼓聲也从彡象擊聲　砳力摘切石聲也二石相擊而成聲　⿱虤曰魚巾切說文兩虎爭聲从曰象口气出也

右十三

象屬

巳亥十日十二辰皆假借惟巳亥為正書者以其日辰不可名象惟取同音而借巳亥無同音之本故無所借巳不可為也象蛇之形而為巳亥不可為也象豕之形而為亥

右二

形兼聲

齒从止聲　聿余律切筆也从聿一聿尼輒切　殳長丈二尺軍中士所持司馬法曰執羽从杸小音殊　箕今作箕說文簸也从竹𠀠象形下其丌也𠀠亦為箕字丌亦音箕　⿱竹互卽互字說文可以收繩也从竹象形互象人手所推握也　曐今作星晶象星之散明生象其發渙也　禽說文走獸總名从厹象形今聲禽离兕頭相似　厹人九切說文獸足蹂地也象形九聲按九亦象足蹂　戉王伐切斧也从戈𠄌𠄌音厥象斧刃　金說文象金在土中形今聲　屵五葛切說文岸高也從山厂厂亦聲　龍說文从肉飛之形童省聲　韋說文相背也从舛口聲獸皮之韋可以束枉戾　臼巨九切說文老人齒如臼也　[illegible]犁針切以水沃竈中火也　厷姑宏

切臂上也从𦟝今作𦟝辡今作辦判也從力从辡說文治也从辡四
厶厶音肱　𦟝判也　辡辡平免切別也　辡言在辡之間辡見
切斷也或言　畝今作畝說文六尺為步步百為畝或作　虡鼻許切今
章中絕也　畞从田十久徐氏曰十四方也久聲　作虡說文
鐘鼓之柎也飾為猛獸　舝胡戛切說文車軸耑鍵也兩穿　舜隸作舜
從虍異象其下足也　相背从舛萬省聲萬古偰字　說文艸
也楚謂之葍秦謂之藑蔓　雩況于切說文艸木華也臣　疒當經切病
地連華象形從舛舛亦聲　按从亏雖聲亦象蒂萼　創一曰倚
也人有疾病象倚　表亦作褎說文皮衣也从衣　彘說文豕也後蹏廢
著之形又尼厄切　求聲一曰象形與衰同意　謂之彘从彑矢聲
从二匕彘足　㬎乙獻切說文大皃从大𤰔聲　𣶒亦作㴸說文回水也
與鹿足同　按𤰔雖聲亦象人之面目　从水象形左右岸也
中象水皃臣按水復　鹵龍五切西方鹹地也　靁今省作雷　𢇍音關說
加㠬是為形兼聲　鹵象鹽形今以為聲　古作畾　文从絲
貫杼也廾　𠷎今作疇从𠷎時流　𣁋魚斤切　頪音耒說文頭不正也　頩
古礦字　切象耕屈之形　二斤也　从頁从耒耒頭傾也
音弁冠
傾也

右三十七

形兼意

龠說文樂之竹管三孔以和眾聲臣按从冊象　寸說文十分也人手
編竹从亼从㗊集眾聲也亼音集㗊音吟　卻一寸動𧖴謂之
寸口从又从一又曰寸　耒說文手耕曲木也从木推丰古者垂作　耒
人手也又曰法度也　耒耜以振民也臣按丰亦音耒象形

說文丹飾也从彡彡其畫也皀皮及切說文穀之馨香也象嘉穀在裹中之形匕所以扱之或說皀一粒也鬯說文以秬釀鬱

艸芬芳攸服以降神也从凵器也中象米匕所以扱也鬱紆勿切說文芳艸也十葉爲貫百廾貫築以煮之爲鬱從臼冂缶鬯彡其

飾也臣按鬱之上體與爨同意象煮鬱之形从彡所以飾鬯也爵篆作爵說文禮器也象爵之形中有鬯酒又持之也舂說文擣粟

也从廾持杵臨臼上午杵省也臿楚洽切說文舂去麥皮也從臼千所以臿之函容也舀以沼切說文杼臼也從爪臼引詩或

簸或舀夷周切臽乎韽切說文小阱也从人在臼上頁胡結切頭也从百从儿廾居容切竦手也𢍰渠龜切說文持弩拊

也从廾肉兵說文械也从廾持斤并力之皃弄玩也謂寶玉可玩弃捐也具說文共置也从廾从貝省古以貝爲貨戒

警也从廾持戈以戒不虞奐呼貫切說文取奐也共同也古作𢍂兆直紹切灼龜坼也肩經天切髆也俗作肩冐今作

胃說文穀府也从囪从肉象形脊篆作脊說文背呂也从𠂹从肉彪必幽切虎文也盉勑合切和五味以烹也盥古玩切說

文澡手也从臼水臨皿羈居宜切馬絡頭也從网從馽馽馬絆也須說文面毛也从頁从彡彤篆作彤船中也鬼說文

从人象鬼頭鬼陰气賊害从厶鬽明秘切說文老精物也从鬼彡彡鬼毛粦良刃切說文兵死及牛馬之血爲粦徐鍇曰舛者人

足也言光行著人夾失冉切說文盜竊裹物也从亦有所持俗謂蔽人俾夾是也从二入今陝郡之字從此𢇍今作絕說文斷

絲也从糸从刀从卩作𢇍篆不連體絕二絲素篆作𦃃說文白緻繒也从糸𠂹取其澤也蠆說文毒蟲也蠆同上今作畾

疆說文界也从畕三其界畫也鎧音斗說文酒器也从金豈象器形豈亦音斗䀠今作阜音阜說文兩目之間也酓說文繹酒

也從酉水半見於上虐今省作虐說文殘也𦧇戶快切合㠭知衍切
禮有大酋掌酒官也虐從虍虎足反爪人也𦧇會善言也㠭極工者
也說文从四工火光以冉切火華也又以
又象疊物之形炎上也焱瞻切焱焱火盛皃

右五十

凡象形類計六百八

指事第二

序曰指事類乎象形指事事也象形形也指事類乎會意指事文也
會意字也獨體爲文合體爲字形可象者曰象形非形不可象者指
其事曰指事此指事之義也

尹說文治也从又丿握事者也　史篆作𠭁記事者說文从又持中中正也　外說文遠也卜尚平旦今夕卜於事外矣　与
賜予也說文一勺爲与　丈說文十尺也从又持十篆作支　𢆉忍甚切說文撖也从干入一爲干入二爲𢆉言稍甚也　疐陟利
切說文礙不行也从叀引而止之也叀者如叀馬之鼻从此与牽同意叀音專　事職也与吏同意也　聿尼輒切說文手之疌巧也
从又　隶徒耐切說文及也从又从尾省又持巾持尾者从後及之也尾今作尾　玄說文黑而有赤色者玄象幽而入覆之也　叀
今作專說文小謹也从幺省屮財見也　爭象二手而競一物之狀　𢀩倚謹切說文所依據也　𤔔今作亂說文治也幺子相

亂叒治之也 亯 今作享說文獻也从高省曰象進孰物形 夅 平江切說文服也从夂中相承不敢竝也 柬 賈限切說文分別簡
之从束八八分別也 帚 止酉切說文糞也从又持巾埽冂內古者少康初作箕帚秫酒少康杜康也 弔 多嘯切問終也古之葬者厚衣
以薪故弔者必持弓貫矢警鳥鳶也 冘 余箴切說文冘冘行皃从人出冂冂卽坰也 兀 說文高而上平也从一在人上 古 說文
故也从十口識前言者也又音故古作罟 畏 今作畏說文惡也从甶虎省鬼頭而虎爪可畏也 厃 五委切說文仰也从人在厂上
仄 說文側傾也从人在厂下 直 說文正見也从乚从十从目徐鍇曰乚隱也今十目所見是直也 亾 篆作亾說文逃也从入从
乚音隱 辛 去虔切辠愆也从干二二古文上字干上則爲辠辛辠也矣或曰干亦爲幵字在幵獄之上則辠愆之人也辛辛被辠
者也故辛覩辛而有加焉 臾 羊朱切說文束縛捽抴爲臾从申从乙臣按从臼从人則有捽抴之義 百 篆作百从自自一至十十
爲百 𠯑 牙葛切說文語相訶歫也从口歫辛辛惡聲也 章 說文樂竟爲一章从音从十十數之終也 竟 說文樂曲盡爲竟从音从
人 𠬛 音沒說文入水有所取也从又在回下回古文回回淵水也 及 逮也从又从人徐鍇曰及前人也古文作乁秦刻石作乁
善 篆作善古作譱說文吉也从誩从羊此与義美意同 美 說文甘也从羊从大羊在六畜主給膳也美與善同 肎 今作肯說文骨
閒肉肎肎著者也又可亥切 奇 說文異也从大从可 昷 篆作昷烏昆切說文仁也从皿从囚食囚也官溥說 全 純玉也从入从
王古作仝 內 入也从冂自外而入也 夃 攻乎切說文秦以市買多得爲夃引詩我夃酌彼金罍从夂从乃乃益至也又果五切
言 从二从舌二古文上字自舌上而出者言也 音 說文聲也从言含一 晝 說文日之出入與夜爲界从晝省从日 再 說文

一舉而二也爯處陵切說文幷舉也从爪冓省甘說文美也从口含一一道也臣按此象甘物含而不去之狀叵普火切不
可也从反可央說文中央也从大在冂之內大人也央旁同意隺胡沃切說文高至也从隹上欲出門㫗今作厚厚也从到亯
謂上之所以亯下可謂厚下矣𡭴起戟切說文際見之白也从白上下小見𡿧祖財切說文害也从一雝川引春秋傳曰川雝為澤
凶亞今作弗兩己相背公說文平分也臣按从八从厶所以別厶也𠁥今作乖戾也从𠔁𠔁彼列切介畫也說文从八
从人人各有介分別也以刀分別物也谷象谷形从口能應聲之義夕說文莫也从月半見𥃩於交切深目皃从目反也貪
亦作負房九切說文恃也从人守貝有所恃也一曰受貸不償𧴪蘇果切說文貝聲也从小貝員今作員于權切數也徐鍇曰古
以貝為貨故數之𠤏博抱切說文相次也从匕从十鴇从此艮篆作皀說文狠也从目匕匕目猶目相比不相下易曰皀其限
目匕為皀匕目為真㐱之忍切說文稠髮也从彡从人引詩曰㐱髮如雲令篆作令力政切說文發號也从亼卪徐鍇曰集而為
之卪制也赤說文南方赤色也从大从火夰古老切說文放也从大而八分也又下老切㚔尼輒切說文所以驚人也从大
从羊一曰大聲也一曰俗語以盜不止為㚔羌墟羊切說文西戎牧羊人也从羊从人

右七十八

事兼聲

用說文可施行也从卜从中庸說文用也从用从庚庚更事也易曰先庚三日甫說文男子美稱从用父菐蒲沃切煩瀆也

从廾从𢍏今說文是時也从亼𢍏通還切說文賦事
又方六切今从丁丁古文及字㚖也从八八亦聲

右六

事兼形

支說文去竹之枝吏說文治人者也徐鍇曰吏之治人心主於一故
也从手持半竹吏从一臣疑吏史之字象人形吏从一象簪與夫
之一同按說文又說文矩也家長率教者臣按人道尊又故父於亼
夫从一象簪也父又有加焉父向左子向右是尊卑相向之義也
今作𠬪相詐爭象二手而競戊亡撫切从戈前垂象盾執戈引說文
惑也从到予爭一物之狀揚盾所以爲武戊卽武也　開弓
也从申有所上也从臼從丨丨克篆作户說文肩也象屋下刻木之
弓丨申象束書臼而上之也　形臣按今匠者治材刻之以承上
木則亘今作宣上下象天地中卽雷畫胡麥切說文界也象
曰肩亘字雷所以發宣天地之气　田四界聿所以畫之

右十一

事兼意

𡬶今作前人在舟上不行而進爨七亂切說文齊謂之炊爨臼象持
𡬶故說文不行而進謂之𡬶　甑冂爲竈口廾推林內火臣按此
說頗迂爨上象竈以　𠬪平小切受也从爪从又臣按
安甑下象廾而焚也𠬪象爪取而手受之也奴財干切說文殘穿
𣦼殘骨也又取之也然曹篆作𣍘說文獄之兩曹也从
凡从𣦼者皆有深意　曹在廷東从棘治事者从曰寒人在宀下从

艸薦覆之下有仌

侵說文漸進也从人又持帚若埽之進又手也　義說文己之威儀也从羊与善美同意也　后說文繼體君也象人之形从口施令以告四方也

司說文謂臣司事於外者是矣謂从反后非也司向后者也　邑說文國也从口先王之制尊卑有大小从卩

𨛜怨阮切同邑反文卽花苑之苑

右十二

凡指事類計百七

六書略第一

會意第三上

序曰象形指事文也會意字也文合而成字文有子母母主義子主聲一子一母爲諧聲諧聲者一體主義一體主聲二母合爲會意會意者二體俱主義合而成字也其別有二有同母之合有異母之合其主意則一也

社說文地主也春秋傳曰共工之子句龍爲社神一曰周禮二十五家爲社各植其上所宜之木　祟雖遂切神之變也又說律切

祝職救切詛也又之六切告神之語　瑞說文以玉爲信也从玉耑徐鍇曰耑諦也　班分瑞玉也故从刀　斑駁文也　𨏇房六切說文車軨間皮篋古者使奉玉以藏之又筆力切又蒲蒙切　毒徒沃切厚也害人之草从屮從毒　熏篆作熏說文火煙上出也从屮从黑屮黑熏象也又吁運切灼也　蒐艸名說文茅蒐茹藘人血所生可以染絳　芟除艸也　春篆作萅說文推也从艸从日艸春時生屯聲　苗稼生曰苗又說文艸生於田者　若說文擇菜也从艸右右手也　尖壯咸切銳也火形銳　尟思淺切說文是少也又宣遇切或作尠　乳乃后切乳子也　尖思嗟切少也　番符袁切又補過切獸足謂之番从采从田象足履於田也　宷式荏切說文悉也宷宷諦也徐鍇曰宀覆也采別也包覆而深別之篆文作審　悉息七切詳盡也古作㥉　𢍏樞玉切牴

也古犇逋昆切牛作牪犇羣走也牢郎刀切閑養牛馬圈也此象圈養之狀說文謂从牛冬省取其四周帀之說謬矣或从宀告

牛觸人角著橫木也吹吹氣也吽於金切牛鳴咶火夬切又呼刮切息也又胡化切言也喜許已切又許記切悅也或

作憘歡名說文自命也从口从夕夕者冥也冥不相見故以口自名臣按此說非也大凡義理但見其說不徑直卽不爲實義名从

口見義从夕見聲启遣禮切說文開也咸說文皆也从口从戌戌悉也各說文異辭也从口夊夊者有行而止之不相繼

也臣按在上爲夊陟紀切在下爲夂音綏則有行義吉善也从士从口士君子之口無非善言咠卽入切咠咠語也或作咠又七

入切詩咠咠幡幡又一入切喆今作哲智也古亦作嚞嘪牛刀切譊也或作嚻又虛嬌切喪息郎切从哭亡隸作喪又四浪

切企遣爾切舉踵也整齊也从敕从正連說文負連也一曰連屬又力展切難也易往蹇來連又連彥切及也道說文所行

道也一達謂之道又大到切逐追也又亭歷切速也易其欲逐逐又直祐切奔也山海經夸父與日逐一曰牝牡合[illegible]今作遠

御說文使馬也徐鍇曰卸解車馬也或彳或卸皆御者之職古作衘又魚駕切相迎也衟杜皓切所行道也又大到切導引也𧗳

熒絹切說文行且賣也或从玄齔楚引切博雅毀齒謂之齔又初堇切說文男八月生齒八歲而齔女七月生齒七歲而齔从齒从匕

或作齓[illegible]符轅切說文獸足謂之番[illegible]蒲孟切蹏[illegible]踢地聲从鼓聲也扁補典切說文署也从戶冊戶冊者署門戶之文也一

曰不圓爲扁甛徒兼切美也𦧇託盍切歠也或从習又託協切大小䑙卻乞約切說文節欲也一曰退也或作却協

胡頰切說文衆之和同也从劦从十徐鉉曰十衆也古作叶或作叶幵子玄切事之制也話說文合會善言也傳曰告之話言或

作式別切說文施陳也話設从言从殳殳使人也音乙力切說文快也信信無所立惟馮人言誓時制切說文約束也蓋誓
之以言䚻餘招切說文徒歌或作謠䚻又夷周切或書作𦝫計說文會也又討从言从寸言責吉屑切畫也討也寸法度也責
以法度訥奴骨切言不出諕虛訝切誑也又乎刀切號也諰想止切又所佳切思意一曰語失誩渠慶切言之爭也古
作誩篆作競隸作競譶直立切䜌言不止也又達合切說文直言也叢徂聰切聚也从聚省又徂外切从最省叢木灌木也舁
以諸切並舉也又苟許切興虛陵切說文起也从舁从同同力也與演女切說文黨與也或作舁與又羊茹切及也鬨渠容切說
文所以支鬲者从爨省从鬲省又古勇切又苟許切䨣匹各切說文雨濡革也䰭人移切有骨䤌也䰛狠狄切鼎屬實五瞉
斗二升象腹交文三足鬻居行切五味香鬻也从羹省孚芳無切說文卵孚也从爪从子說者烏伏子常以爪反覆其卵古作
孚又方遇切育也方言雞伏卵而未孚閔胡畎切試力士錘也鬧擾也或作閙取說文捕取也周禮獲者取左耳故从又从
耳司馬法載獻聝聝耳也秉說文禾束也从又持禾或曰粟十六斛曰秉友說文同志爲友从二又相交友也篆作㕛叒日灼
切二又爲友三又爲叒所助者多故爲順也肅說文持事振敬也從聿在𣶒上戰戰兢兢也𦘔對隣切筆飾也俗以書好爲𦘔
彡有文也臤苦閑切又丘寒切說文堅也卽古文賢字从臣从又臣能致力也臥吾貨切說文休也从人臣取其伏也或作
臥𣪘居又切揉屈也从殳从㠯㠯古文叀字祋丁外切說文殳也或說城郭市里高掛羊皮有不當入而欲入者暫下以驚牛
馬曰祋故从示殳引詩何戈與祋役說文戍邊也𨗨古文道字𡬠方斂切說文傾覆也从寸从巢省寸人手也曰曰卽貶損

之貶㝵牛代切止也出孖屠書又有得音从旦从寸攸說文行分也又以九切从支从人水省徐鍇曰支入水所杖也敗毀也

古作數糒寇說文暴也从支从完敬說文肅也牧養牛人也葡平秘切說文具也从用苟省徐鍇曰苟急敕也隸作葡𥄎

火劣切舉目使人也又莫結切又七役切目小動又忽域切𡘋況晚切說文大視也从大㝵取委遠切从目也又鄔管切取

烏括切說文揞目也从目叉䎳昵格切耳目不相信也相思將切說文省視也引易地可觀者莫可觀於木詩曰相鼠有皮又

息亮切眀眉兵切視瞭也盲目亡牟子眔達合切說文目相及也从目从隶省眣式荏切視也又舒閏切開闔目數搖也

窅伊烏切又音於交切深目也瞱音域輒切說文光也隸作瞱曅瞲古穴切又一決切說文目深皃睯女利切又烏括切說

文深目皃一曰塞也瞐黑角切美目一曰目深瞚舒仁切引目瞏眣迥切大目也瞁許尤切目多汁省息井切目翳也

與青同又視也又所景切簡也說文从眉省瞂扶發切盾也䪿眦志切犬初生子一曰首子狊尺救切說文禽走臭而知

其迹者犬也或作臰臰腐氣也皆居諧切說文俱詞也从比从自或省歙迄洽切齁歙鼻息或从夾从合𪖐歙也羿研計切說

文羽之羿風亦古諸侯一曰射師臣按从幵音堅堅也射所以破堅也从羽箭必以羽有窮國君翟直格切矩名又直角切鳥名

𦐇託盍切說文飛盛皃从曰曰卽冒也瞢木空切說文目不明也从首从旬旬目數搖也又眉耕切無眸子也蔑莫結切說文勞

目無精也从首人勞則蔑羴尸連切羊臭也又羊閑切𦏵牛閑切羊臭羌說文西戎牧羊人也从人从羊南方蠻閩从虫北方

狄从犬東方貉从豸西方羌从羊此六種也西南僰人僬僥从人蓋在坤地頗有順理之性東夷从大大人也夷俗仁仁者壽有君子不

死之國孔子曰道不行欲之九夷乘桴浮於海有以也古作[illegible]羹五味盉鬻也[illegible]龍戀切羊長尾一曰羊棧也羼初限切羊
相廁也一曰相出前也又初莧切一曰傍入曰羼从屋省羸力爲切羊瘦者也靃呼郭切說文飛聲也雨而雙飛者其聲靃靃然
雙隹二枚也从又持之也雧秦入切說文羣鳥在木上也或省鳴鳥聲也又眉病切相呼也鴅當侯切鴅鳴鳥名人面鳥
喙有翼不能飛又丁聊切目熟視也[illegible]即約切說文[illegible]別名𢆶於虯切說文微从丝二幺又津之切黑也兹古作丝兹說文
黑也引春秋傳何故使吾水兹幾說文微也殆也从丝从戍戍兵守也丝而兵守者危也古作𢆻幽說文隱也[illegible]舉起切問數也
幾作[illegible]古玈龍都切黑弓也玅于達切小意[illegible]魯果切說文畜產疫病也[illegible]昨閒切禽獸所食餘也[illegible]側入切字林夭
死也或作[illegible]又子列切死从歺从人人之殘也或曰从匕聲別皮列切分解也肥說文多肉也徐鍇曰肉不可過多故从卪
脃此芮切說文小耎易斷也从肉从絕省或作膬[illegible]財干切禽獸食餘也肰如延切說文犬肉也俎說文禮俎也从半肉在且
上寸說文臂肘節也刕憐題切裂也初裁衣之始利說文銛也从刀和然後利从和省引易利者義之和臣按从刀从禾
二毋相合以刀取禾也古作𥝢則說文等畫物也从刀从貝貝古之物貨也按今人稱金之劑曰則一曰法也古作𠟭𠟭籀从鼎刪
師奸切說文剟也从刀从冊以刀削書也罰說文辠之小者从刀从詈未以刀有所賊但持刀罵詈則應罰釗之遙切說文刓也周
康王名又弩機魝古屑切楚人謂治魚人刓吾官切說文剸也或作冠划胡瓜切舟進竿謂之划又古火切劃也又古卦切鎌
也觲思營切說文用角低昂便也引詩觲觲角弓或少省解舉蟹切說文判也从刀判牛角𧣾今作觸說文牴也亦作觕等

得肯切說文齊簡也从竹从寺寺官曹之等平也 筮時制切說文易卦用蓍也从竹从巽巽古巫字 簋矩鮪切說文黍稷方器也
从竹从皿从良 筭蘇貫切說文長六寸計歷數者从竹从弄常弄乃不誤也 筋說文肉之力也臣按从竹从肋惟竹肋多筋絲所以
爲筋之主故說文曰竹物之多筋者 典說文五帝之書也从冊在丌上尊閣之也莊都說典大冊古作⿱竹典 奠堂練切說文置祭也
从酋酋酒也下其丌也禮有奠祭者 覡胡狄切說文能齋肅事神也男曰覡女曰巫从見見音覡 甚食荏切說文尤安樂也从甘匹
匹耦也古作⿱日匹⿱𦥑甘 沓達合切語多沓沓也遼東有沓縣一曰合也从水者象多言之人口出涎沫 暜今作替說文廢一偏下也
按从竝一上而一下也从曰告也 尌上主切說文立也从壴从寸持之也 鼓說文从壴支象其手擊之也臣按从岁士刀切說文
於弓發則曰从岁岁垂飾與鼓同意 ⿱壴寸補蒙切鼓舞 鼕徒東切鼓聲从角者鼓作而角鳴也 ⿱鼓金虛冬切鼓聲从金者鼓作金止
⿱壴缶託合切鼓鼙聲从缶擊鼓擊缶聲爲同類 𤼽隷作登說文禮器也从廾持肉在豆上篆作豐从凵象肉在豆中之形 豑直質
切說文爵之次第也故从弟書平豑東作或从失 虔說文虎行皃按此从文當有虎文之義 虣薄報切彊侵也周官有司虣
覤乞逆切覤覤驚懼皃 贙胡犬切說文分別也从虤對爭皃也一曰獸名出西海大秦國似狗多力獷惡也又熒絹切 盈說文
滿器也从夃夃音姑古者以買物多得爲夃 益說文饒也从水皿皿益之意也 䶊女六切說文鼻出血也 盩張流切說文引
擊也从㚔支見血也 盇轄臘切說文覆也一曰何不也隸作盍 䵎他官切黃色 靗疑貞切从穴中正見也青光者隙穴之明
也⿱穴見或作靗 靘千定切靘靘青黑色 阱疾正切陷阱也或作汬 食說文一米也从皀亼聲或說从皀也 飢居夷切餓也 飤

祥吏切說文糧也从人食湌七安切說文吞也又蘇昆切水沃飯也飱蘇昆切說文餔也謂晡時食或作餐餐又千安切說文吞

也⿸厂食求位切說文餉也饋古作⿸厂食飫牛據切餞也蝕實職切敗食也侖龍春切說文思也从亼从冊籒作侖𣏟僉

說文皆也从亼从口从从引虞書僉曰伯夷按此吅从無義但亼人口之多耳⿱亼正方合切古文灋字从人亼从正合曷閤切說文合

口也食巨險切約也好合人也故未成僉會合也从人从曾省曾益也倉說文穀藏也从食省从口奇字作仝仚相然切山

居長往也又虛然切輕舉也⿱亼大狙箴切說文入山之深也䍃餘招切廣雅瓶也又夷周切說文瓦器也按从肉藏肉器⿱去缶去冀

切皿也器或作罌从器省是時也从日从正日辰也正其辰也篆作是又田黎切醯呼雞切說文酸也作醯以鬻以酒从鬻酒並省

䠶說文弓弩發於身而中於遠也篆作射从寸寸法度也食亦切又寅謝切矣昨木切矢鋒也或作矦亮虛交切灌也⿰高升

輕皎切高也⿱亯自余封切从亯从自自鼻也知臭香所食也按此與𦎫同體卽烹飪調庸之義或作庸从庚庚乃烹飪器亯以烹爲主

借爲庸用之庸後人不知但識借義而已𦎫常侍切說文熟也从亯从羊按从亯普庚切一曰鬻也篆文作𦎫覃徒南切說文長

味也引詩實覃實訏从𣆪从鹹省或不省古作𠷎𠷎𠪋隸作厚說文丘陵之厚也从𣆪从厂嗇隸作嗇說文愛濇也从來麥也

从㐭受麥之府也故田夫謂之嗇夫古作嗇啚補美切說文嗇也从口㐭㐭受也夌閭承切說文越也从夊从兟兟高也竷

苦感切說文繇也舞也樂有章从章从夅从夊引詩竷竷舞我夋烏代切夊行也心之行也畟初力切說文治稼畟畟進也引詩畟

畟良耜按此从夊从界省說文从田从人夊誤矣又節力切𣗥臧曹切月出門也从二東曹字从此梟堅堯切說文不孝鳥也日

至捕梟磔之从鳥首在木上休息止也从人依木臬五結切射準的也从木从臬省又九芮切采取析破木也析也牀
說文安身之坐者杏說文果也从木可省聲按从可亦不得聲从口木實之可食者林从二木木多爲林說文平土有叢木曰林
森說文木多皃从林从木彬悲巾切說文文質備也又逋還切采明也梵房丸切木得風也疑从風省埜以者切郊外也
古作埜橆虛檢切橆橆蔭也𣏟盧感切悲愁皃一說林木君子所感故宋玉曰入林悲心或从心敖牛刀切說文出游也
从出从放篆作𢾕賣莫懈切說文出物貨也从出从買隸作賣𡴘弋灼切岸上出見皃巿博蓋切行皃詩赤芾在股今二芾相
從自爲行也索昔各切說文草有莖葉可作繩从宋糸孛蒲妹切說文𡴘也从宋人色也从子引論語色孛如也又薄沒切色
惡也甡疏臻切說文衆生並立之皃引詩甡甡其鹿𦍋古文姓字華戶瓜切說文榮也从艸从𠌶隸作華剌郎達切說文戾
也从束从刀刀者刺之也囚徐由切說文繫也从人在口中囷區倫切說文廩之圜者圜謂之囷方謂之京嬭女蟹切博雅母
也圂胡困切說文廁也从口象豕在口中也困苦悶切說文故廬也从木在口中図昵立切図図私取物又昵洽切說文
下取物縮藏之囝九件切閩人呼兒曰囝又魚厥切䴥也太陰之精圉魚舉切說文囹圄所以拘罪人从㚔从口買毋蟹切說
文市也从网貝引孟子登龍斷而网市利賵撫鳳切贈死之物贄脂利切說文至也引周書大命不贄亦作贄員予禮切物
數也徐鍇曰古以貝爲貨故數之隸作貟籀作鼎郵說文境上行書舍从邑垂垂邊也𨛜从邑相向說文鄰道也隸作郷胡降
切䢽胡降切說文里中道也篆省作巷隸省作巷昍許元切明也昆公渾切說文同也昏呼昆切說文日冥从氐省

昌尺良切說文美言也从日从曰一曰日光也引詩東方昌矣籀作昌曇徒南切雲布謂之曇暔那含切國名唐天寶中封其王
爲懷寧王暹思廉切日光升也普滂古切說文日無光徐鍇曰無光則遠近皆同故從並昶丑兩切通也又丑亮切達也
昢普罪切日未明皃又普沒切㬎呼典切說文衆微杪也从日中視絲一曰頭明飾也又五合切䀏伊鳥切說文望遠合也从
日匕匕合也皁子皓切說文晨也从日在甲上隸作早炅古迥切見也或作香又涓惠切曜戈笑切光也或从光晉即刃
切易明出地上晉說文進也日出萬物進从日从臸隸作晉㬥薄報切說文晞也从日从出从収從米或作暴昰夏古作昰言日
於是乎正也㫚莫筆切說文不見也㫺隸作昔說文乾肉也从殘肉日以晞之旋旬宣切說文周旋旌旗之指麾也从㫃从
疋疋足也斿亦作游旌旗之旓旅說文軍之五百人爲旅从㫃从从从俱也古作表族說文矢鏠也束之族族也从㫃从矢
一曰聚也晶說文精光也从三日古作品子盈切又爲古文日字朏普乃切又芳尾切說文月未盛之明从月引周書丙午朏朙
照也朙古作明囧苦礦切明也又古猛切夗於阮切說文轉臥也从夕從卪臥有卪也𡖍今作夙說文早敬也从丮持事多
說文重也从重夕夕者相繹也故爲名㮚隸作栗說文嘉穀實也㮚力質切說文木也其實下垂故从卤兼隸作兼并也从
又持秝兼持二禾秉持一禾床忙皮切床穰地名在今秦州秦說文伯益之後所封國地宜禾从禾舂省一曰秦禾名籀作𥣝
科說文程也从禾从斗斗者量也穤毋罪切禾傷雨采徐醉切說文禾成秀也人所以收从爪禾秸訖點切禾稾去其皮祭天
𪏽說文芳也从黍从甘春秋傳黍稷馨香隸省作香臼巨九切說文舂糗也糳郎達切博雅糳也㪚蘇旰切說文分離也

从支𣏟𣏟分散之意古作𢻯又顡旱切麻分也 麻說文與林同人所治也从广在屋下 宗說文尊祖廟也 容說文盛也从宀谷徐

鉉曰屋與谷皆所以盛受也 安說文靜也从女在宀下 家說文居也从宂豭省臣按說文从豭省疑非也家與牢同意家豖居

後人用爲室家之家牢牛屋後人用爲牢獄之牢 寍奴丁切說文安也从宀心在皿上人之飲食器所以安人 宂乳勇切說文散

也从宀人在屋下無田事引周書宮中之宂食 寡說文少也从宀从頒頒分賦也故爲少 宰子亥切說文辠人在屋下執事者从

宀从辛辛辠也 守始九切說文守官也从宀从寸寺府之事者从寸寸法度也 官胡慣切說文仕也一曰閹人 寏虛訝切墉

也亦作墉 向說文比出牖也从宀从口引詩塞向墐戶徐鍇曰牖所以通人氣故从口 定說文安也从宀从正古作㝎 實說文

富也从宀貫貫貨貝也 宋說文居也一曰木者所以成室以居人也故从宀从木 竄七丸切穴皃又取亂切匿也 穿說文

通也从牙在穴中或从身 窔一叫切深也 突陁沒切說文犬從穴中暫出也从犬在穴中方言江湘卒相見曰突一曰出皃 窣

烏八切穿也 瘴餘招切瘴疾名 痤 疢丑刃切熱病 𤸷訖洽切創也一曰獸足病謂之𤸷又乞洽切按此从足从痤省 最

祖外切說文犯而取也从目从取 冐隸作冒說文蒙而前也从冃从目 同說文合會也从目从口徐鉉曰同爵名也引周書太

保受同嘖故从口 冡莫紅切說文覆也从冃豖 羅說文以絲罟鳥也从网从維古者芒氏初作羅 罪說文捕魚竹网从网非秦

以罪爲辠字 詈說文罵也从网从言网辠人 帘鋤臻切幕也又離鹽切酒家幟又一叫切 幣脂利切博雅鞶幣巾也又輸芮

切 皕吉了切白也又薄陌切 皛烏鳥切說文顯也从三白 黹陟几切說文箴縷所紩衣从㡀丵省徐鉉曰丵衆多也言箴縷

之工不一伊說文商聖人阿衡尹治天下者儗魚其切惑也又偶起切說文僭也一曰相疑㚢農都切奴婢皆古之辠人古文
奴从人或作伖信思晉切說文誠也仁从人从二徐鉉曰仁者兼愛故从二古作忎真說文僊人變形臣按从匕从具變化
之具也仚馨煙切說文人在山上又虛延切輕舉也又虞爲切危也件說文分也牛大物故可分咎其九切說文災也从人从
各者相違也企去智切說文舉踵也或从足位于累切說文列中庭之左右謂之位付方遇切說文與也从寸持物對人
債側賣切逋財也㐰思晉切說文誠也信古作㐰偘墟旰切剛直也伏房六切伺也儥徒谷切又余六切說文賣也又
他督切買也佩蒲妹切說文大帶佩也从人从几从巾佩必有巾巾謂之飾便毗連切說文安也人不便更之卬五剛切說
文望欲有庶及也从匕从卩詩曰高山卬止今作仰頃去營切說文頭不正也臣按从頁从匕飯匕之匕其形不正卓篆作㫗說
文高也早匕爲卓匕卩爲卬皆同義眾說文多也从乑目眾意[illegible]癡鄰切走皃殷說文作樂之盛稱从㐆从殳易曰殷薦之
上帝孝說文善事父母者从老省从子子承老也耊徒結切說文年八十曰耊从老省从至笔逋密切所以書說文秦謂之筆
或作笔[illegible]俱爲切垂也屍升脂切說文終主从尸从死一曰在牀曰屍㞋人善切說文柔皮也按此从皮省从又又者以
手柔之也[illegible]莫白切履也青絲頭履从履省从系屋說文居也从尸尸所主也一曰尸象屋形从至至所至止屋室皆从至籀作屋
或作臺[illegible]今作尿人小便也从尾从水奴弔切般逋潘切說文辟也象舟之旋从舟从殳殳所以旋也俞容朱切說文空中木
爲舟也从亼从巜从水也[illegible]五忽切說文船行不安也从舟从則省兄呼榮切說文長也从口从几臣謂从口所以訓子弟也又

訂放切古況作兄也先蘇前切說文前進也从儿从之見說文視也从儿从目𠕳莫逢切說文突前也徐鍇曰月重覆也犯冃而
見是空前也又莫報切觸也㝵的則切說文取也从見从寸寸度之亦手也隸作㝵⿱雨見虛器切見雨止息也規居隨切說文有
法度也从夫从見覞代笑切說文並視也从二見古作䚃款說文意有所欲也从欠窾省徐鉉曰窾塞也意有所欲而猶塞款款
然歖許其切說文卒喜也从欠从喜次徐連切說文慕欲口液也从欠从水盜大到切說文私利物也从次次欲皿也顨
須兗切選具也又蘇困切煩符袁切說文熱頭痛也頫匪矩切說文低頭也从頁逃省太史卜書頫仰字如此徐鉉曰頫首逃亡
之皃脜而由切說文面和也顥下老切說文白皃从頁从景引楚詞天白顥顥商山四顥白首人徐鉉曰景日月之光明白也頪
盧時切說文難曉也从頁米一曰鮮白皃从粉省奤普伴切面大⿰面頁呼內切面多肉䭫康禮切下首也說文謂从晉旨非也
从詣省䐰耳由切面和也从肉从百縣胡涓切繫也从系持𥄉⿰𢇍晉大凡切說文戩也从晉从斷又旨沇切彭彼眷切更
也變古作彭髟說文長髮猋猋也从長从彡彡飾銜切⿱髟隹陟賄切假髻卮說文圜器也一名觛所以節飲食象人卩在其
下也引易君子節飲食印說文執政所持信也从巳从卪𢑏乙力切與卯相向成文說文按也隸作抑艷麗而豐也危說文
在高而懼也从𠂆自卪止之勻說文少也从勹一旬說文徧也十日爲旬从勹日𠣜薄皓切說文覆也从勹覆人匊
說文在手曰匊从勹米俗作掬昜與章切从旦从勿謂太陽自朝而升勿勿然而渙散嵩思融切中岳嵩高山古作崇㕞所劣
切說文拭也从又持巾在尸下畫篆作畫胡麥切說文界也象田四界聿所畫之虐人今省作虐說文殘也从虎足反爪人也殸

籀文磬字从殳擊之乃有聲焉矗初六切直皃幵古賢切說文平也象二干相對上平也冤於袁切說文屈也从兔从冂兔

在冂下不得走益屈折也戾說文曲也从犬出戶下戾者身曲戾也糞今作糞說文棄除也从廾推華棄采也官溥說似米而非

米者矢字華北潘切叓龍輟切說文撮也从受从己徐鉉曰己者物也又爪撮取之𨳇陟刃切登也从下从門下其門所以爲登

也𦣝音誑說文乖也从二臣相違看丘閑切說文睎也从手下目臣按今人視遠物多以手掌於目上蔽日曜

右四百五十二

會意第三下

庫說文兵車藏也从車在广下廛說文一畝半一家之居臣按此从广从里从坴省說文从广里八土誤矣庶之奢切篆作庻

廚也過也从广从炗炗卽光字謂光爲广所蔽也又傷注切說文屋下衆也厘澄延切一畝半一家之居砅鄰知切履石渡水也

又力制切詩深則砅磬蒲孟切磞磬石聲或从彭⿱乞石子末切水激石皃豦求於切說文鬭相丮不解也从豕虍豕虍之鬭不相

捨引司馬相如說豦封豕之屬一曰虎兩足舉又居御切獸名爾雅豦迅頭大如狗似獮猴黃黑色多髯鬣好奮迅其頭豗呼回切豕

發土也豵丁候切又竹角切龍尾星東方星也从龍省彖株玉切豕絆足行皃又丑玉切豚小豕也𢑚今作肆說文𢑚

屬引虞書𢑚類于上帝·彖豕走也从彑从豕省驫悲幽切說文衆馬也又卑遙切衆走又仕戢切騳丑鄒切今作騶說文直馳

也古作騶⿰牜馬莫後切畜父也闖丑甚切馬出門皃又丑禁切馭又使馬也麤食胡切說文行超遠也从三鹿又作鹿⿸虍皮

盧谷切獸皮有文皃 薦 作甸切說文獸之所食艸古者神人以薦遺黃帝帝曰何食何處曰食薦夏處水澤冬處松柏或从豕 灋

方乏切說文刑也平之如水从廌所以觸不直者去之从去省文作法 ⿱麤土 池鄰切說文鹿行揚土也或省作塵 毚 士咸切說文狡

兔也兔之駿者从㲋兔 ⿱兔⿰兔兔 芳遇切說文疾也从三兔又匹陌切 嬔 芳萬切說文兔子也嬔疾也从女兔 逸 夷質切說文失也从

辵兔 猋 卑遙切說文犬走皃 獿 居六切說文獿獿也从犬夒 狧 甚爾切以舌取物又訖合切說文犬食也 獄 說文确也从㹜

从言二犬所以守也古作圄 狺 魚巾切犬吠聲楚辭猛犬狺狺 猇 虛交切虎聲又乎包切犬聲 吠 房廢切犬鳴也 尞 鄰蕭

切又力照切說文柴祭天也从火从昚昚古慎字祭天所以慎 灰 呼回切說文死火餘㶳从火从又又手也火既滅可以執持 㷉

紆冒切又音紆勿切說文從上案下也从𡰥又持火以尉申繒隸作尉 ⿱龜灬 茲消切說文灼龜不兆也引春秋傳龜⿱龜灬不兆或書作⿱龜灬

票 卑遙切說文火飛也篆作爂从𡕩與䙴同意 ⿰火⿱夂彡 敝介切說文盛火也 ⿱夬火 達員切蟲入火皃 爂 卑遙切輕跳也从火爨省

威 翾劣切說文滅从火戌火死於戌陽氣至戌而盡引詩赫赫宗周褒姒威之臣按从火从戌戌聲也未必有義 杰 巨列切魏杰梁

四公子名 炅 火迥切火光 焚 符分切火灼物也或作燓符袁切說文燒田也 ⿱目大 局闃切說文視皃一曰大視 光 說文明也

从火在人上光明意也古作炗 燅 徐鹽切於湯中瀹肉从炎从熱省又徐心切 黑 說文火所熏之色也从炎上出囪囪古窻字篆

作黑 炙 說文炮肉也从肉在火上之石切 [illegible] 徐廉切湯中瀹肉从熱省 赫 說文火赤皃 奄 說文覆也大有餘也又欠也从

大从申展也又於瞻切精氣閉藏也 夷 說文平也从大从弓東方之人也 夻 口瓠切大也 套 土皓切長人也又切號切 奓

今作奢張也籒从多奓又敞爾切 契說文木約也引易後代聖人易之以書契 報𠬝篆作報說文當罪人从㚔𠬝𠬝服罪㚔下耿
切說文吉而免凶也从屰从夭夭死之事故死謂之不㚔隸作幸 壹今作緼說文壹壺也从凶从壺不得泄凶也引易曰天地絪縕
奏說文奏進也从夲从廾从屮屮上進之義 臭古老切說文大白澤也从大从白古文以為澤字 奰平祕切說文壯大也从三
大三目二目為𥄕三目為奰益大也一曰迫也詩曰不醉而怒謂之奰 惢才規切又才累切又損果切說文心疑也从三心又將支
切舍也 慶說文行賀人也从心从夂吉禮以鹿皮為贄故从鹿省 ⿱冊心鋤姦切又思廉切說文㛦利口也从心冊引商書相時⿱冊心
民徐鍇曰冊言衆也 意說文从心从音察言而知意也 懣毋本切煩也 ⿱尤心于求切異也尤古作⿱尤心 悆盧感切悲愁皃一說
林木君子所感故宋玉曰入林悲心 忍魚記切說文怒也 息說文喘也按此从心从自自卽鼻也 ⿰忄頁殊閏切說文理也順古作
⿰忄頁 𣶒子宋切水激石皃 涉徒行厲水也 𣶒水行也从水㐬㐬古突忽也篆文从水 歰色入切不滑也或作澀澁 㲻
呢角切沒也莊子大浸稽天而不溺溺溺或作㲻又乃歷切 濬須閏切从水谷通川也 湏呼內切說文洒面也或作頮 溼失入
切說文幽溼也从水一所以覆也覆而有土故溼也 𡿧於容切說文四方有水自邕城池者籒作邕又巨勇切揭塞也 灥詳遵切又
從緣切又取絹切雨而泉出 𧖴莫獲切說文血理分衺行體者籒作衇亦作脈 覛莫狄切說文衺視也籒作䖣或作覓 㕡私閏
切深通川也从谷从𣦵𣦵殘地阬坎意也虞書曰㕡畎澮距川又逵員切 冰筆陵切水堅也 冬都宗切說文四時盡也从仌从夂夂
古文終字古作各 屚郎豆切說文屋穿水下也从雨从屋省 霍忽郭切飛聲也一曰揮霍猝遽也 䨣匹各切說文雨濡革

也䨻直甲切說文䨻䨻震雷兒一曰衆言也䨳虛器切見雨而止息𩺰語居切二魚也又訛胡切魚之大者䲜逆怯切魚
盛兒魝語計切又吉削切說文楚人謂治魚人鱻相然切說文新魚精也从三魚不變魚按今人以小魚爲鱻从魚之多也魰
牛居切捕魚也龖徒合切飛龍也从二龍乖疾盍切惡也孔說文通也从乙从子乙請子之候鳥也乙至而得子嘉美之也
古人名嘉字子孔乳而主切說文人及鳥生子曰乳獸曰產从孚从乙乙者玄鳥也明堂月令玄鳥至之日祠于高禖以請子故乳
从乙請子必以乙至之日者玄鳥春分來秋分去開生之候鳥帝少昊分司之官也又儒遇切育者也乿澄之切理也臸人質
切到也从二至𦤺丑利切忿戾也从至至而復遜遜遁也周書曰有夏氏之民叨𦤺古作𦤺又質利切肁治小切說文始開也從戶
從聿徐鉉曰聿者始也扇說文扉也从戶从翄省一曰竹曰扇又尸連切搖翣也開隸作開說文張也篆从廾閒居閑切說
文隙也从門从月徐鍇曰門夜閉閉而見月光是有間隙也閃失冉切說文闚頭門中也从人在門中閉說文闔門也从門才
所以拒門闑魚列切說文門梱也閦初六切衆在門中聯陵延切說文連也从耳耳連於頰也从絲絲連不絕之貌也耿
古幸切說文耳著頰也从耳烓省杜林說耿光也从光聖省耷德盍切大耳曰耷䎙仍吏切聽音也聅刺列切說文軍法以
矢貫耳也引司馬法小罪聅中罪刵大罪剄聶昵輒切說文附耳私語也聑的協切說文安也又陟隔切耳堅皃𢫦布怪切說
文首至地也楊容說拜从兩手下摯脂利切說文握持也承辰陵切說文奉也受也从手从卩从収折之列切又食列切說
文斷也奻居還切說文訟也从二女又音女患切詯詔也姦私也威說文姑也从女从戌引漢律文曰婦告威姑一曰有威可

畏如說文曰隨也按从女从口也如口女子之口惟从命 奴說文奴婢皆古之辠人也引周禮其奴男子入于罪隸女子入于舂稾
㚖於何切說文女師也杜林說加教於女 婁郎侯切說文空也从毋中女空之意也一曰婁務也臣按此與孟子摟則得妻之摟
同婁是本文挑婦人也 好許皓切說文美也从女子通作𡥆 婦說文服也从女持帚灑掃也 媿齒九切說文可惡也古作
嵓媿又基位切說文慙也 委說文委隨也从女从禾 妻說文婦與夫齊者也从女从卜从又又持事妻職也 嫋乃了切說文娟
也又回灼切弱也 毐遏在切人無行也从士从毋賈侍中說秦太后與嫪毐淫坐誅故世罵淫曰嫪毐又鋪枚切又於開切 戔
昨千切說文賊也从二戈周書曰戔戔巧言又楚限切擣傷也 𢦦今作戎說文兵也 找胡瓜切舟進竿謂之划或从手 戉房越
切盾也 戛訖黠切說文戟也从戈从百 𢧢訖逆切說文有枝兵也引周禮戟長丈六尺从戈从榦省或作戟 我五可切說
文施身自謂也或說我頃頓也从戈从手手或說古垂字一曰古殺字臣按許氏如此之說不知我之於六書爲何義乎我也戌戚也戌
也皆从戈有殺伐之意說文不知會同取義而其說枝離況我既从殺古文成又从刀此爲殺之義何疑又借爲吾我之我許氏惑於借
義 盳眉耕切目無眸子或作䁅又莫更切盳張失道貌 匃古代切說文氣也逯安說亡人爲匃或作丐匄又居謁切求也 匠
說文木工也从匚从斤斤所以作器也 瓦吾化切施瓦於屋也 弢他刀切說文弓衣也 弜其兩切說文彊也从二弓又[illegible]移切
𢎗徒案切說文行丸也彈或作𢎗从弓持丸或作弓 医於計切盛弓弩矢器也國語曰兵不解医 盭郎計切弼戾也从弦省从
盩又力結切 緜說文聯微也从系从帛 孫說文子之子曰孫从系从子系續也 繭說文蠶衣也从系从虫从芇省古作絸俗

作綏宣佳切說文車中把也从系从妥徐鍇曰禮升車必䌉綏正立執綏所以安也當从爪从女省說文無妥字　甸說文天子五百
里地从田包省又石證切六十四井爲甸　䩄靦敢切䩄䩄䕃也　畜敕六切說文田畜也引淮南子曰玄田爲畜又曰魯郊禮畜或
作䕌从茲茲益也　里說文居也从田从土臣按埋𡍀之字並从里則知里字復有霾音又按𧺝悝之字並从里則知里字又有恢音
也　𣪊胡光切又美辨切卵中之黃也　嬲乃了切戲相擾也　嫐數省切一乳兩子也又乃了切戲相擾也　鈲攻乎切鐵鈲
銜說文馬勒口中从金从行銜行馬者也　尻九魚切說文處也从尸从几尸得几而止引孝經曰仲尼尻尻謂閒居如此故或作居
凭皮冰切說文依几也引周書凭玉几或从馮又部孕切　処昌與切止也得几而止或从虍　耏乃代切說文罪不至髡曰耏字
或从寸諸法度字皆从寸也亦作耐耏又人之切　釁許慎切殺牲釁其血而後薦其肉故从且从釁省　𢇍斷凡有三音音覩暖切
者絕也音都玩切者決也音徒玩切者說文截也　斬說文截也从車从斤古者斬人以車裂之也　斲竹角切斫也从斤从㽘㽘
音斗或从畫　料洛蕭切說文量也从斗从米米在斗中春秋傳臣料虞君又力弔切　殺刑狄切矛屬長殺謂之勃盧　軍說文
圜圍也四千人爲軍从車从包省軍兵車周制萬二千五百人爲軍　輦說文輓車也从車从扶在車前引之者　䜌盧官切亂也理
也又龍眷切言不絕　絲說文蠶所吐也从二系　縣渠飲切絮中小繭　師說文二千五百人爲師从帀从𠂤𠂤四帀衆意也
官今作官說文吏事君也从宀从𠂤𠂤猶衆也　𨺅去演切說文二云𨺅小塊也从臾从𠂤臾古貴字隸省作𦥑　陟說文登也　隉
倪結切說文危也从𠂤从毀省徐巡以爲隉凶也賈侍中說隉法度也班固說不安也引周書邦之阢隉　嘼說文守備者也　辥說文

不受也从辛从受受辛宜辤辭說文訟也从𤔔𤔔猶理辜也𤔔理也燮悉協切火熟也从又持辛皐炎辛辛者物熟味也辟益

切法也从辛皐也从命省出令以治人皐也說文謂从卪〃口誤矣辥必益切君也辟君之辟或从官也孨只兗切說文謹也从

三子又眤立切象兒孱士連切說文迮也一曰呻吟也从孨在尸下徐鉉曰尸屋也孴魚記切說文盛皃从孨从日籀作晉或作

孨孴又醯說文酸也作醯以鬻以酒从鬻酒爲奇字醯並省從皿皿器也俗作醯非是醢許亥切酒器醉說文醉卒也各卒其

度量不至於亂也尊租昆切說文酒器也从酋廾以奉之引周禮六尊犧尊象尊著尊壺尊大尊山尊以待祭祀賓客之禮或从寸

古作彝𤅎愚原切說文水泉本也从灥出厂下篆作原今作源戍春遇切說文守邊也从人持戈伐說文擊也从人持戈埶

倪祭切說文種也从坴丮持而種之引詩我埶黍稷斲竹角切說文斫也斲或从丮書卟堅奚切說文卜以問疑也書稽疑舊作卟

亦作乩唐開元改用稽無義占說文視兆問也希疏巾也从㐅从巾棥附袁切藩也从㸚从林象林藩交加有藩籬之狀

隼聳尹切說文祝鳩也隹从十象射隼之形雋徂兗切說文肥肉从弓所以射隹翟陟教切覆鳥之具隻之石切鳥一枚

也雀即約切說文依人小鳥也奞息遺切說文鳥張毛羽自奮也从大从隹奮說文翬也从隹在田上一曰振也奪說文

手持隹失之也臣今按从寸者攘人不顧法度如奞攫然蒦乙虢切說文規蒦商也从又持萑一曰視遽兒叡俞芮切說文深明也

通也臣按此从目从叡省或言从谷省非古作睿㕡黑各切深溝也或从土飍必幽切風也颮許勿切疾風也圭說文

瑞玉也上圓下方公執桓圭九寸侯執信圭伯執躬圭皆七寸子執穀璧男執蒲璧皆五寸以封諸侯以重土楚爵有執圭埽蘇老

切說文棄也又先到切　圣苦骨切說文汝頴之間謂致力於地曰圣　堯說文高也從垚在几上高遠也臣按堯當从垚从几因帝
堯以垚爲名故又加几焉古文作兟亦从二几可知也　堇巨斤切說文黏土也从土从黄省　埾從遇切說文土積也或作壂
封方容切說文爵諸侯之土也从之从土从寸守其制度也公侯百里伯七十里子男五十里徐鍇曰各之其土也　加說文語相
增加也从力从口　勞說文劇也从力熒省熒火燒門用力者勞臣按从力从營省言用力經營也又郎到切　劦胡頰切說文同
力也从三力引山海經惟號之山其風苦劦　協說文同心之和从劦从心　勰胡頰切說文同思之和从劦从思　劣說文弱也
劵闘劣切拽也　勖許六切勉也臣按从力从冒會意說文謂聲誤矣

右二百四十六

、三體會意

序曰二母之合爲會意二母者二體也有三體之合者非常道也故
别之

𢓊今作退字从彳从日从夊　後遲也从彳幺夊者後也徐鍇曰幺猶纆躓之也　𦧇託盍切歠也从舌从水从口　龠音藥从亼
从冊冊樂之竹管三孔以和衆樂聲　丞翊也从廾从卩从山山高奉承之義　㕞从又持巾在尸下尸屋也　攸行水也从攴从人水
省徐鍇曰攴入水所杖也秦刻石作汥　𢍃音糞棄除也從廾推華棄采也官溥說似米而非米者矢字　棄今作棄从廾推華棄

之从丢丢逆子也　觲息營切用角低仰便也从羊牛角詩觲觲角　解佳買切判也从刀判牛角　簋黍稷方器从竹从皿从皀　箕亦作箕从竹甘象形下其丌也　或越逼切邦也从口从戈以守一一地也　廛八广从里从圭省卽陸而居　帚止酉切糞也从又持巾掃門內　灋刑也从水平準也从廌觸不直者去之　尉以上案下也从尸又持火以尉申繒也　𡭴音隙際見之白也从白上下小見　舂从廾持杵臨臼上午杵省　爵象爵之形中有鬯酒又持之也　鬱汙勿切上體與爨同音象煮鬱之形从彡所以飾鬯也　僉皆也从亼从吅从从　鬯从凵凵器也象米匕所以投之　盥澡手也从臼水臨皿　豋都騰切禮器也从廾持肉在豆上　虐亦省作虐从虎足反爪人　竷音坎繇也舞也樂也樂有章从章从夅从攵詩竷竷舞我　盩張流切引擊也从㚔支見皿　醯呼鷄切作醯以鬻以酒從鬻酒並省從皿皿器也　㠭知衍切極巧而視之也从四工　祭从示从又手持肉　祝从示从人口　醬从肉从酒省酒以和醬　朢音妄月滿與日相朢以朝君从月从臣从壬壬朝廷　直从乚从十从目　燮从又持炎辛辛者物熟味也　惏盧感切君子所感也宋玉曰入林悲心　寒從人在宀下以茻薦覆之下有仌　封爵諸侯之土也从之从土从寸守其制度也　斝舉下切玉爵也从吅从冖从斗　冠弁冕之總名从冂从元冠有法制从寸

右四十二

凡會意類計七百四十

轉注第四

序曰諧聲轉注一也役宅爲諧聲役巳爲轉注轉注也者正其大而
轉其小正其正而轉其偏者也

建類主義轉注

序曰立類爲母從類爲子母主義子主聲主義者是以母爲主而轉
其子主聲者是以子爲主而轉其母

孝耆考耇耈孝者耊履屩屦屧屣屨屐屣屩屐屣屧窶窶窶窶窶窶窶窶窶窶窶寤寤寤寤寤寤寤曹䕯䕯䕯䕯

蘘八四蘘六

右幷注五十

建類主聲轉注

式式弍鳳凰耀耀畱畱僊僊僊弦紗緺䵷䵷虎虒扁

右幷注二十

互體別聲轉注

序曰諧聲轉注皆以聲別聲異而義異者曰互體別聲義異而聲不

異者曰互體別義

杲東杳本朱禾易明尖奈觕犀告吽吴吠古叶叶占听居啼啻唯售吥否

吝吝含吟嗼暮啁啚叨召躧躧躗蹢譜譜朞諆善誌譬譒眇省晰晢

眡昏眝盲相眛睋晟鶴雊鶘鶦鸛鸛鸞鸝鶄鶄鶵鷎骴骴胡胋槩概

槀槁棸極棸枂楪枼根梎梶梍某柑柸枅架枷森棽暑睹秄季櫜䊤

襱襲衺袲袍㲃衾衿裹裸裒裀褻褻襛䙱巹祄獅屬戚烕谿谿擘擗

撕𢱋拏搣妓妄娶娵嬔媸婪嫲婿嫡擗壁亞埡垢垕鏨鏨巷晷甆酶

恭烘忔氣悲悱惎惎忒怓愈愉忘忙怢怣惪憒愔意怗怘忘怙憞憝

怡怠慝惏悍旱悹宧懬憒切忍忠忡恷恪悖怫慦怒忦忿惪慎忍忉

惋惌慽慼悳恤惵葉惐惑悆恰愀愁感慽悆悇㥁㬜岑岭崋嶸嵬嵬

葱汫澼礕沸沸蟲蜱蚤蜒蜃蜄萬螞蜇蜥

右幷注二百五十四

互體別義轉注聲同義異

𢢋樬旻敃朞期猶猷𡚓徽𢥞㦕愚㥔𢚁愿懰𢢼𢣫𢡍𢼸𢪃忽忔𦇧䌊

蜊𧊦蜃螈蚉蚊蚍𧉧蠪蠬嚨𪛕㕅哆攏𢸜悍𢙿櫳𣡸櫬㯗

右幷注四十八

凡轉注類計三百七十二

轉注音義

建類主義轉注音義

老說文七十曰老从匕毛匕音化言須髮變白也老去其卜體而成字耆渠脂切說文老也考說文老也耉古厚切說文老人面凍黎若垢𦒱常句切說文老人行才相逮从老省易省行象孝說文善事父母者从老省从子子承老也𦒴丁念切說文老人面如點也耋徒結切說文年八十曰耋履从尸聲也从舟象其形也从彳从夊行而曳者其惟履乎𡲦舉履切赤舄𡳐徂回切粗履也屐呼腮切鞮屬𡱝徐呂切履屬屣所寄切不躡跟也屨履也一曰鞮也屐遲據切履也屜他計切履中薦屩居酌切屐也屐屩也𡳆音歷履下也屟施協切履中薦㝱音夢說文寐而有覺也从宀从疒夢聲周禮以日月星辰占六㝱之吉凶或作𦾫𥧔縣批切寱驚又母禮切寐而未厭寣披尤切寐聲寣呼含切不襪衣𥨍人余切假寐寑七稔切說文病臥也或作𥨢𥧌其季切說文熟寐也𥨊依據切楚人謂寐曰𥨊寱毋亘切眠語也𥩁

思鄧切寱眠寣也 𥧾謨郎切寐言也亦是从𥧰省 𥨊吾合切寱聲 𥧲皮命切說文臥驚病也 𥨫七稔切寱視皃 寱
密二切說文臥也 寤五故切說文寐覺而有信曰寤一曰晝見而夜夢也 寱倪祭切說文瞑言也 寣呼八切說文臥驚也一曰
小兒號寣寣一曰河內相評也 瞢木空切說文目不明也从苜从旬目數搖也又眉耕切無眸子也 瞪徒登切瞢瞢目暗 夣
郎鄧切夢臥初起皃 𡚾謨郎切勉也又彌登切 㝱莫鳳切寐而有覺也 𧅌莫葛切食馬穀也 𧂭謨中切寐言从眠从瞢省
八數也 四脈八之數未能上徹 六與四同體而有加焉

建類主聲轉注音義

弌从一數也从弋聲也 弍弎弍弎从弋無聲以弌爲類之聲故可以轉二三而爲主 鳳从鳥義也从几聲也 凰从几無聲
以凰爲建類 𥻆从𥻆聲也从入義也 糴从𥻆無聲以𥻆爲建類 函胡南切舌也象形从弓舌體弓又戶感切口上曰臄下曰
圅㔶易合切从圅省亦聲也 𨗭都黎切又田黎切說文𨗭不能行爲人所引 𨘙音提从允从提省以𨗭爲建類之聲故又
从奚省 𨙊音攜說文𨗭𨙊也从允从攜省以𨗭爲建類之聲故又从奚省 弦說文弓弦也从弓象絲軫之形凡字母主義子主聲
未有省母而立子者惟弦省母以子主類故爲建類主聲之注也 紗於霄切急戾也从絃省少聲 盭音戾𢏰戾也从弦省盩
𢐀於罽切不成遂急戾也从弦省曷聲 𢑘丘召切𢑘𢑘 𢑚牛召切𢑘𢑚不安也𢑘从亢義也从𢑚聲也𢑚从亢無聲以𢑘爲建
類之聲 虒相支切說文委虒虎之有角者从虎義也从厂聲也厂音移又大耳切 䖖補典切扁虒虒薄皃扁从無聲以虒爲建義

之聲

互體別聲轉注音義

杲古老切明也从日在木上東从日在木中杳冥也从日在木下若木也日之所升降本說文木下曰本本朱末同意一
在下爲本在中爲朱在上爲末一無義也但記其別耳末木下曰末朱說文赤心木松柏屬一曰丹也易羊益切祕書說日月
爲易象陰陽也明日月並明尖子廉切銳也夵以冉切本廣末狹觕坐五切牛角直皃觸樞玉切牴也古作牪告
牛觸人角著橫木所以告人也吽於金切牛鳴吴胡化切口大皃吠音大嘗也古說文故也从十口識前言者也叶音協
衆口同也卟堅奚切說文卜以明疑也占之廉切說文視兆問卜也听魚其切听嗞口開皃后陟列切博雅塞也啇說文
號也啻說文語時不啻也唯夷隹切專辭又愈水切諾也售承呪切賣去手也吥普溝切吸也否不可也吻
武粉切說文口邊也吝說文恨惜也含嗛也吟說文呻也又宜禁切長詠也嗼末各切說文啾嗼也一曰定也謩蒙哺
切謀議也啁陟交切說文啁嘐也唇時流切應也叨貪也召呼也𨇉盧東切躘蹈行皃躘盧鍾切躘踵行皃躛
于歲切過也蹶姑衛切僵也一曰跳也譭闚規切說文相毀也一曰諉也謯士禾切方言慧也楚謂之謯或省諅居之
切忌也又渠記切說文忌也引周書上不諅于凶德諆丘其切說文欺也𧪘咨邪切咨也𧪘楚懈切異言謦壹計切博
雅謦也又戶禮切誠言也譩於其切恨聲眇說文一目小也省察也晣之列切目明也晢征例切目美也眡章移切視

也又時利切昏呼昆切目暗也盳蒲光切盳洋仰視皃盲眉耕切說文目無眸子相思將切說文省視也引易地可觀者
莫可觀於木詩曰相鼠有皮眛莫目切目不明也眓翾劣切說文視高皃䀮休必切目深皃鴳於諫切鴐屬鵻朱惟
切鳥名小鳩也一名鳺鵄鶘洪孤切鵜鶘好羣飛沈水食魚鶦洪孤切雞鷲似鳩青身白頭鸛古玩切說文小雀也詩鸛鳴于
垤今按鸛水鳥之大者鸛呼官切爾雅鸛鷒鶝鶔如鵲短尾射之銜矢射人鸞鳥名說文亦神靈之精赤色五采雞形鳴中五
音頌聲作則至周成王時氏羌獻之也鸞謨還切山海經有鳥如鳧一翼一目相得乃飛名曰鸞或省鶄咨盈切鵁鶄也鶄
倉經切鶬鶬鳥名畜之以厭火鸔蒲木切鳥名鸔說文鳥鸔也鸔薄報切又北角切水鳥似鴨而短頸骴才枝切又疾智切說
文鳥獸殘骨骴骴可惡引明堂月令掩骼埋骴髒蔣氏切鳥骨一曰骨有肉也胡牛頤垂也胋空胡切博雅胋膈臄也槩
許既切平斗木又居代切㮣古外切杖也又巨列切杙也欇賞涉切說文木葉搖白也欇夫涉切博雅枝也棸留尤切木
名棷將侯切戢謂之棷又留尤切說文木薪也朶都果切說文木垂朶朶也杒人枝切木名又如證切一曰止車木枻以制
切楫謂之枻枼弋涉切說文褊也从世聲徐鉉謂从世非聲改而爲卉卉蘇合切臣按此卽木葉象形非聲也根說文木株也
杲下簡切閾也柅女夷切絡栿又女履切說文木也實如梨一曰止車木又乃禮切杘丑貳切篗柄也某謨杯切果名說
文柟也又莫後切酸果也柑果名似橘又其淹切以木銜馬口也春秋傳柑馬而秣之栞邱寒切又稽延切入山刊木以識道也
枅經天切屋櫨也架居迓切杙也所以舉物或作榢枷居牙切說文拂也淮南謂之快森木多皃桊居陸切承樽案暑

熱也 睹董五切說文旦明也 秄祖似切說文壅禾本 季說文少稱也 穈忙皮切說文穄也 𪎊謨加切廣雅穄也 襱
盧東切方言齊魯謂之襱關西謂之袴一曰裙也又杜勇切說文袴踦也 襲說文左衽袍也从衣龖省聲籀作𧟌 袲乃可切袲袲衣
兒 袳敞尒切說文衣張也 袍說文襺也引論語衣敝緼袍又薄報切衣前襟 袌薄皓切說文褱也 衾祛音切說文文大被
也 衿居吟切衣系也又其俺切 裹包束也 裸袒也 哀倚可切袲衣兒 袔口箇切夾衣又何佐切博雅被袖也 褻
說文私服引詩是褻袢也 䙝倪祭切方言複襦謂之筩䙝 褾彼小切說文上衣也从衣从毛古者衣裘以毛爲表篆作䘢 䙰
薄報切衣前襟一曰裹也 𥑮子宋切水激石兒 砅鄰知切履石渡水也又力智切詩深則砅 猸九勿切結猯西域獸名食香無
毛但自皐有毛廣寸至尾燒刺不能傷 屈渠勿切坤倉短尾犬也 烕翾劣切說文滅也从火戌火死於戌陽氣至戌而盡引詩
赫赫宗周褒姒烕之臣按从火从戌戌聲也未必有義又莫列切 烕休必切狂也齊人語 谿說文山瀆無所通者 谿弦雞切戾
戾也莊子曰婦姑勃谿 擘博厄切說文撝也一曰大指 擗毗亦切撫也 摲師咸切芟也禮有摲而播 𢷔在敢切擊也
𢸥昨木切劍也 擉仕角切刺也 奻居還切說文訟也 姣古巧切好也 娶逡遇切說文取婦也 娵遵須切星名爾
雅娵觜之口營室東壁也又菑尤切 嬎芳遇切兔子又孚袁切 嬔孚萬切說文兔生子齊均也 娎許列切說文娎妎也又顯計切
喜也 嫳之列切女字 媨在九切博雅好也又以九切醜也 𨡃七六切說文醜也一曰老女 壀普米切擗埤陴也 壁
必歷切說文垣也 㘴祖果切篆作坐說文止也从土从卯古作坐並象人據坐之形又並徂臥切 𡊮於九切邑名 垢說文

濁也一曰壓也或作埳垦狠口切說文山陵之厚也鏨財甘切鑿也又在敢切鏩鋤咸切鏩鏩銳進貌又疾染切巷居之切疾恚也㠱塈巳切長踞也䣜初尤切漉取酒也酋字秋切說文繹酒也从酉水半見其上恭居容切肅也㤨胡公切戰慄也忾聲夷切喜皃忥許既切癡皃悲逋眉切說文痛也悱憤也惧渠之切心有所繫也惎渠記切說文毒也怤芳無切說文思也一曰悅也㤔扶遇切心附也愈勝也瘳也愉容朱切說文薄也引論語私覿愉愉一曰樂也和也忘武方切說文不識也又無放切棄忘也忙謨郎切心迫也怢吐內切緩也忘也𢗯于求切異也尤古作忧𢝊於求切說文愁也𢡎古文順字愔伊淫切愔愔安和也意說文从心从音察言而知意怗多忝切靜也一曰服也又託協切㤐癡廉切㤐懘樂音不和怘音固專也怙後五切說文恃也憞他昆切憞惃心不明也憝杜罪切恨也怡悅也怠慢也懣母本切煩也慲謨官切忘也悍性急也㥶音奸僞也悺鄔版切人名漢有左悺悹古丸切又古緩切悹悹無依也戃口黨切大意又苦謗切懭苦晃切懭恨意不得也又古猛切忉都勞切忉忉憂勞也忍魚既切說文怒也忠說文欽也忡說文憂也𢙁音弼輔也怫芳未切忿皃怓尼交切亂也怒恚也忦若怪切恨也又牛戒切說文憂也恝許介切說文忽也引孟子孝子之心不若是恝𢟪音寘怒也慎時刃切說文謹也忍說文能也㤕而振切心能於事也惋烏貫切驚歎也惌於袁切讎也恚也慽倉歷切憂也慼子六切慙也怰呼弦切急也恤雪律切憂也惵託協切靜也慧私列切不安皃惐乙六切痛心也惑說文亂也㤲迄及切合也太元㤲恰而念之又乞洽切

乞洽切說文用心也愀千遙切色變也莊子愀然變容又七小切愁鋤尤切說文憂也又財勞切揚雄有畔牢愁恪居尤切聚
也㤹巨九切說文怨仇也感不忘於心也㦓邱廉切㦓惂意不安皃悆羊茹切說文忘也嘾也引周書有疾不悆悆喜
也悇同都切苦憂也朁容林切山高大皃嶜鉏簪切嶜岑高銳皃崖說文高邊也崕魚羈切崎崕石危皃岑鉏簪
切說文山小而高岒其淹切山名崔祖回切說文大高也嶊祖猥切山皃嵬五灰切說文高不平也嵬鄔毀切山
皃穽疾郢切陷也汫棄挺切汫涏小水皃澼匹辟切腸澼間水也澼匹智切水中洲也沸方未切湆也[illegible]數勿
切灑也[illegible]紕招切螵蛸也或作螵蜱賓彌切又部迴切蜃屬蜑蕩旱切蠻屬蜒夷然切蟲名方言燕北謂析易曰祝
蜓蜃是忍切蛤也說文雉入海化為蜃蜄之刃切動也又時刃切蛟屬蠆丑邁切說文毒蟲也蠇力制切說文蚌屬似
蠊微大出海中民食之一曰雉百歲化為蠇或作蠣蜇陟列切螫也蜥似絕切[illegible][illegible]魚名似蝤蛑生海中

互體別義轉注音義

橤乳捶切垂也樑木名旻眉貧切說文秋天也敃敃和也朞居之切說文復其時也期說文會也猶說文玃屬
一曰隴西謂犬子為猶一曰似麂居山中聞人聲豫登木無人乃下世謂不決曰猶豫猷道也獒牛刀切說文犬知人心可使者
引春秋傳公嗾夫獒獓山海經三危之山有獸焉牛身四角豪如被蓑名曰獓[illegible]盧東切[illegible]忽遽皃㦕㦕悷多惡皃愚
元俱切說文戇也从心从禺禺猴屬獸之愚者㥥說文懽也琅邪朱虛有㥥亭愿愚袁切愿慤慎也周禮測量也愿上愿糾暴劉

昌宗讀懰力求切劉慓憂皃一曰怨也或从留劉定意[illegible]下介切忖度也懸傾心也忥許訖切癡皃忔喜也挈

郎達切博雅擘也揦撥攋手披也繴博厄切說文繴謂之罿罿謂之罬罬謂之罦捕鳥覆車也⿰糸辟織絲帶也蜊良脂切蛤

蜊海蚌也⿱利虫蜈⿱利虫蟲名似蝗大腹長角食蛇腦蝁愚轄切重蠶爲蝁螈說文榮蚖蛇醫以注鳴者卽蜥蜴也蚥匪父切蟲

名食瓜者蚥王蚥蟲名蟾諸也爾雅不蜩王父坒毗至切說文地相次坒也批配合也太玄陰陽批參鑋巨兩切鉛屬

鏹以繈貫錢嚨盧東切喉也讋大聲也彥魚戰切傳言喭弔失國曰喭攏盧東切理也⿱龍手擊也憚徒案

切說文忌難也⿱巽心⿱巽心狐邑名在洛南百五十里秦遷周赧王於此櫳盧東切檻也一曰養獸圈⿱龍木房室之疏也又盧鍾切⿰木斯

相支切博雅木下枝謂之椑⿰木斯⿱斯木木薪

六書略第二

珍做宋版玗

諧聲第五

序曰諧聲與五書同出五書有窮諧聲無窮五書尙義諧聲尙聲天下有有窮之義而有無窮之聲擬之而後言議之而後動者義也不疾而速不行而至者聲也作者之謂聖述者之謂明五書作者也諧聲述者也諧聲者觸聲成字不可勝舉今略但引類以記其目

一五　二四　示百十二　玉二百八十　玨四　气四　士三

屮三　艸千一百四十六　茻一　八二　釆四　牛三十一　口五百七十二　吅九　品二　㗊五　走百七十六　止二十四

是二　辵二百十六　彳二百二十八　廴三　行十六　齒九十六　牙三　足三百五十二　龠十　冊一　舌十　谷二　句三

言五百二十一　音二十七　廾十九　舁一　臼一　爨一

革百九十二　鬲二十　䰜十六　爪六　丮六　鬥十一　又四

支五　聿二　臣五　殳三十四　寸七　皮五十一　攴百七
十三　卜五　用一　爻二　旻二　目三百四十七　䀠一　眉
二　盾二　自九　白四　鼻二十六　羽九十二　隹九十三
苜四　羊六十四　雥一　鳥四百三十六　幺五　受四　𣦼二
歺百二十九　骨十二　肉四百五十四　刀百八十七　刃四
耒五十六　角八十一　竹五百七十　丌四　工四　巫三
甘八　曰四　丂八　壴十五　鼓十七　豈二　豆二十六　虍
十　虎十八　皿五十二　去七　血二十五　丹六　皀三　鬯
三　食二十一　亼二　入二　缶四十二　矢二十七　高十
𩫏九　亯三　亩一　麥八十　及七　舛二　韋五十七　反二
木九百十七　林十　桑八　出七　朩三　生四　𠂹六　朮
五　桼二　束八　櫜七　口三十七　貝百二十三　邑九十
𨛜二　倝三　㫃二十八　晶一　月二十五　夕四　多二十六

弓二 東二 片五十三 爿六 鼎五 禾二百八十九 黍

二十六 香二十五 米百六十八 臼十四 朮十六 秝十一

韭五 瓜三十三 宀九十六 穴百十七 疒三百五十六

冂五 月十六 网八十二 襾四 巾八十八 帛十 白四十

八 黹九 人五百八十六 匕二 从五 壬十一 身三十二

衣三百五十五 毛九十 尸二十九 尾二 舟百十九 几

七 見九十一 欠百五十三 頁二百三十 面四十 𩠐六

須六 彡十九 文九 髟百四十七 卩三十一 勹二十一

鬼四十六 山三百四十五 屵八 广四十一 厂四十九 石

三百五十一 長十七 豕七十一 彑三 豸六十九 馬二

百六十四 鹿四十五 㲋四 兔三 犬二百九十二 鼠五

能二 火三百十三 炎七 黑百五 炙 赤十九 大三十

夨四 尣六 九三十四 壺二 夲三 六六 立四十四 囟

六　心七百二　水千五十七　川二十七　泉一　𠂢一　谷二
十八　欠五十七　雨百四十五　雲六　魚三百二十六　龍二
飛四　乙七　至七　鹵二十五　戶十六　門百十二　耳八
十五　手七百二十五　女五百五十　丿一　氏五　戈三十八
𠃊五　匸三十五　鬥二　甾十一　瓦二百二十一　弓六十
七　弦三　系三　糸四百九十　素八　虫五百五十四　䖵五
十六　蟲五　風百九　龜五　黽二十五　卵四　土三百七十
四　田六十八　黃十四　男二　力百二　金三百九十一　几
七　且一　斤二十　斗十八　矛三十三　車七十六　𠂤五
𨸏七十六　𨺅五　叕一　厽二　甲五　巴一　辛十一　子二
十三　申二　酉六十二　船六

右諧聲字多不能紀今取二百七十六部之口而得二萬一千三百四十一字並見六書證僞

子母同聲

嚳枯沃切急告之甚也𨑡丑忍切走也斟卽入切說文斟斟盛也汝南名蠶盛曰斟𠦃籍入切說文詞之𠦃矣啎五故

切逆也⿰音今魚音切呻也韽於金切小聲又鄔感切鐘病聲周禮微聲韽攲丘奇切持去也⿰器攴丘奇切攲陒也⿰垂攴株垂

切鈘戟不齊⿰此攴攀麋切方言南楚之間器破而未離謂之⿰此攴隸郎計切說文附著也一曰𦗠稱隸徒奈切及也引詩隸天之

未陰雨从隶枲聲枲亦音怠⿰矢隶羊至切習也又以制切勞也⿰皮甾莊持切手足膚黑⿰豆句當侯切小穿也⿰耒台郎才切至也勤

也⿸厂彖浴哀切說文強曲毛可以著起衣棽癡林切說文木枝條棽儷也⿰粦乙良刃切獸名似㲋身黃尾白㷀渠營切說

文回疾也⿱非己非尾切說文別也⿰阝⿱非土邊兮切說文牢也所能拘非也从非陛省聲𣞤今作無說文亡也从無聲奇字作无通

於无者王育說天屈西北爲無釐里之切說文蒙福也⿰參斗居蚪切說文相糾繚也一日瓜瓠結斗起象形或作斗⿰爿休祛尤切戾

也⿰求九渠尤切讎也⿰令丁郎丁切撞也鄧中莖切張也⿰另丁湯丁切評議也从另古文平字学七支切人子腸也孳

子之切說文汲汲生也从子茲聲孷陵之切方言陳楚之間凡人嘼乳而雙產謂之孷疑語其切或也說文从子止上矢聲

⿰豈幾渠希切說文訖事之樂也⿰牛斗音鳩料大牝也

右三十七

母主聲

瞿九遇切說文鷹隼之視也一曰心驚皃　䀠俱遇切舉目驚䀠然　觓仕角切說文角長皃　筑張六切說文以竹曲五絃之樂也从竹从巩巩持之也　[illegible]囊何切廣雅[illegible][illegible]多也　𡖿陟加切說文厚脣皃从尚多徐鍇曰多卽厚也又抽加切　牆慈良切垣蔽也　𤱎羊進切說文擊小鼓引樂聲也从申柬聲又以忍切　[illegible]沽三切南方山有旰蟅林東方朔說　[illegible]居蔭切承樽桉　聑仍吏切神聽告響謂之聃　[illegible]洪孤切[illegible][illegible]也　[illegible]胡光切卵中黃　黌胡育切學舍　枓當口切勺也　㢟抽前切說文安步㢟㢟也　延長行也　[illegible]都回切坐皃　[illegible]覩猥切[illegible][illegible]木垂皃　綴株衞切合著也　[illegible]側律切雞子出殼聲

右二十一

主聲不主義

[illegible]養里切踞也　尼說文從後近之徐鍇曰妮也　匏瓠鬼鬭也魏名

右四

子母互為聲

靡忙皮切分也易曰吾與爾靡之又文披切說文披靡也又眉陂切散也又謨加切披靡縣名又靡詖切偃也曳也　[illegible]丞真切說文日月合宿為[illegible]又黃外切　奘子兩切大也又坐五切　蜼徒冬切山海經松果山有鳥名蜼梁狀如山雞黑身赤足可以已曝又魯水切獸似狖卬鼻長尾

右四

聲兼意

禮古作禮事神人之文也从示从豐豐祭器祰苦浩切說文告祭也祏常焦切石藏宗廟主祫總祭其先無閒遠近曰祫周禮

三歲一祫禘周禮五歲一禘大祭也一曰配帝禜于平切又爲命切說文設緜蕝爲營以禳風雨雪霜水旱疫癘从示榮省聲臣

按此从營省爲營以祀日月星辰山川也禬古外切說文會福祭也引周禮禬之祝號琥火五切說文發兵瑞玉爲虎文一曰禮西

方之玉瓏盧鍾切說文禱旱玉龍瑁莫報切說文諸侯執圭朝天子天子執玉以冒之似犂冠周禮天子執瑁四寸珥忍止切耳

璫又仍吏切瑱也珩何庚切佩上玉也琀胡南切送死口中玉又胡紺切芬撫文切說文艸初生其香分布亦作芬芝

真而切菌類說文神草也菑莊持切始治田也一歲曰菑二歲曰畬或省艸或从禾又將來切苷沽三切甘艸也莽謨黨切卽

茻也南昌謂犬善逐兔艸中爲莽故从犬从茻莫莫故切日且冥也从日在茻中葬則浪切說文藏也从死在茻中少尺沼切說

文不多也从小丿聲尐子列切說文少也从小八聲𠔁兵列切說文分也从重八引孝經說文上下有別兆字亦類此余以諸

切二余也[illegible]補過切布也从采从刀刀音播[illegible]輕甸切牛從驪謂之[illegible]牭息利切說文四歲牛[illegible]呼形切聲也虓虛交

切說文虎鳴也呔徒蓋切嚐也絫力鬼切增也絫十黍之重也垒力軌切垒擊也返孚表切回行也又甫遠切遯都困

切逃也遻五各切說文相遇驚也从辵从屰屰亦聲[illegible]刃九切說文復也[illegible]吐內切卻也从彳从[illegible][illegible]卽退也後下豆

切詩傳相導前後曰先後从彳从夋夋卽後也[illegible]下八切齧骨聲[illegible]測角切行也蹂而由切踐也詩或[illegible]或蹂又忍九切獸足
蹂地也踄蒲故切說文蹈也又白各切跂企去智切舉踵也或省趾足也跇丑例切跳也又去例切跛也[illegible]達協切說
文[illegible]足也一曰小步龥弋灼切呼也舚他念切舌皃㔹歷德切說文材十人也晨隸作晨說文早昧爽也从臼从辰辰
時也丮夕為夙臼辰為晨皆同意弆口舉切徹也[illegible][illegible]尊切鼎欲沸皃釁許愼切說文血祭也象祭竈也从爨省从酉酉
所以祭也从分分亦聲[illegible]莊皆切說文戒潔也齋或作[illegible]鬻居行切說文五味盉鬻也从羹省从鬲緊頸忍切說文纏絲急
也虒天黎切臥也一曰虎臥息微又田黎切毄吉歷切相擊中也如車相擊故从殳从軎取的則切㝵取也專說文六寸
薄也从寸叀聲一曰專紡專政說文正也又諸盈切賦也周禮聽政役以比居敆葛合切合會也𢿢盧玩切煩也攻說文
擊也一曰治也畋亭年切說文平田也引周書畋爾田敇測革切說文擊馬也或作策眅披班切說文多白眼也引春秋傳鄭
游眅字子明又普版切又普患切轉目視睍胡典切說文出目也一曰好視又形甸切目小也[illegible]延面切相顧視而行也或作[illegible]
瞑忙經切翕目也又毋迴切瞑睦目不明眇說文一目小也矏民堅切說文目旁薄緻矏矏也[illegible]營隻切視也瞁呼役
切驚視皃[illegible]密北切[illegible]睿視無所見齅許救切說文以鼻就臭也𦸈莫結切說文火不明也周書曰布重𦸈席織蒻席也[illegible]
疾正切深坑也殯必仞切說文死在棺將遷葬柩賓遇之夏后氏殯於阼階商人殯於兩楹之閒周人殯於賓階薧呼高切說文死
人里也从死从蒿省薨說文公侯殞也殭巨兩切僵仆也𣧑資四切說文戰見血曰傷亂或為惛死而復生為[illegible]獘斃毗祭

切說文頓仆也引春秋傳與犬犬斃或从死䯛都回切骨起骿蒲眠切說文幷脅也晉文公骿脅骹丘交切說文脛也片匹見切爿半體也⿰刀刂丁聊切博雅斷也刌取本切說文切也博雅斷也判說文分也剝說文裂也从刀从录录刻割也劃胡麥切裂也又忽麥切說文錐刀曰劃劑才詣切說文齊也刵仍吏切說文斷耳也劓魚器切說文刖鼻也刺說文君殺大夫曰刺刺直傷也⿰分刂紐民切分也耕說文犂也一曰古者井田故从井衡何庚切說文牛觸橫大木著其角从角从大行聲引詩設其楅衡簺先代切說文行棊相塞謂之簺筑張六切說文以竹曲五絃之樂也从竹从巩巩持之也箕說文簸也从竹𠀠象形下其丌也古作𠀠異說文分也从廾从畀畀予也𢍏居號切卽古文誥字左則箇切今作佐說文左手相佐助也甜徒兼切美也𪎭徒南切說文和也从麻麻調也又沽三切猒於鹽切說文飽也从甘从肰吁吹也又雲俱切歎也号說文痛聲也从口在丂上可說文肯也从口丂丂亦聲哥說文聲也从二可古文以爲謌字哿賈我切說文可也引詩哿矣富人呿虎何切開口聲愷說文康也亦作凱⿱畾皿盧回切龜目酒尊䀋他感切說文血醢也禮有䀋醢以牛脯粱籟鹽酒也⿰鬯巨舅許切說文黑黍一稃二米以釀也饜於鹽切飽也又於豔切餂徒兼切美也从食从甛省⿰食甘沽三切餌也餽吳人謂祭曰餽⿰食臭去久切食物爛也⿱辰會丞真切說文日月合宿爲⿱辰會又黃外切⿰米翟徒歷切說文市穀也从入从⿰米翟或省罍盧回切說文龜目酒尊刻目作雲雷象施不窮也罄說文器中空也引詩缾之罄矣知說文詞也或曰覺也臣桉从矢發也發口而後人知之矣羽己切說文語已爲也矤亦作矧說文况也詞也从矢从引从矢取詞之所之如矢也⿳亠口⿱冖大黑各切大也

喬巨嬌切說文高而曲也从夭从高省𩫖傾雪切說文缺也古者城闕其南方謂之𩫖从亯缺省稟筆錦切說文賜穀也𢟪
今作愛說文行皃从夊㤅聲致陟利切說文詣送也罤今作昆周人謂兄爲罤从弟从眔徐鍇曰眔目相及也或省作罤杁
而鄰切字林屋間木人柵測革切說文編木也櫑盧回切龜目酒尊刻木作雲雷象枰蒲兵切枰仲木名一曰博局又皮命
切博雅平也栮忍止切木蕈杽敕九切說文械也𣐼胡感切木垂華實从木从丐葻符風切風行木上曰葻又方馮
切厚葉弱枝善搖貧說文財分少也貪財于切害物貪財也𧷸戶羊切說文行賈也賀說文以禮相奉慶也貹所慶切富
也貫說文錢貝之貫从毌貝暒今作晴雨止而星見也昇日之升也曹彌登切曹瞢日無光𣅜儻旱切映也又徒案
切㬉乃管切温也晛呼典切日見也又形甸切說文見也引詩見晛曰消晄戶廣切說文明也晻鄔感切說文不明也
倝古案切說文日始出光倝倝也从旦於聲朙照也古作明辦匹見切革中絕也䅘又郎才切說文齊謂麥曰䅘毇
虎委切說文米一斛舂爲八斗也从臬殳臬糲也殳治米之器宔腫庾切說文宗廟宔祏窨所禁切禁省窣蘇骨切說文穴
中卒也𥤮一決切說文深抉也𤸎初危切說文減也瘰倫爲切病瘦也痯眉耕切目無眸子瘕噎甯切歐聲也疚
居又切久病𤵸式類切腫病㾐他谷切首瘍覓莫報切觸也羂古泫切挂也衿居銀切衭佩巾也𢃱輕甸切播
係於系者从系省佃亭年切治土也古者一夫一婦佃田百畝一曰古獵車又堂練切說文中也春秋傳曰乘中佃一轅車俔
胡昆切又胡困切說文全也引逸周書朕實不明以俔伯父佼居肴切又下巧切說文交也僜都騰切上車也仕上吏切說

文學爽士切說文伶也千人之五人之長也什說文相伯說
也使又疏史切將符者仟長曰仟伍說文相參伍什什保也伯文
長俔輕甸切說文譬喻也一化說文教行仲說文係說文絜倌沽丸
也曰聞見引詩俔天之妹也古作佸中也束也切主
篤人也又古患切說文倌胡慣切仕也一𡿺奴皓切說文頭髓也从
小臣也詩命彼倌人曰閹人或省匕匕相匕著也巛象髮
囟象𢓜兹用切說文隨毳甫微切說文細毴謨袍切毛或作毴莫
𡿺形𢓜行也隸作從毛紛紛也或省毳又莫報切輕毛毳卜
切鳥毛普刀切屎馨夷切呻也又屎牀几切待屓虛器切臥息也从
澤羽𣯷毛起皃𡲾覡切糞也也从侯省自自卽鼻又許介
切兢居陵切說文競也从二兄二兄競兟子林切說文朁朁銳意也
意从手聲一曰兢謹也隸省作兢又則旰切二人屈己以朁
也兟所臻切說文進也欯丘既切歊虛嬌切說文歊歊氣𣢑以九切
从二先贊從此气也出皃从欠高高亦聲說文言
意也从欠从卤欥弋質切說文詮詞也从欠次說文不前[illegible]鳥瓦切
卤亦聲或省从曰曰亦聲詩欥求厥甯不精也色敗
色蒲沒切說文色艴如也或作胞匹交切說文傀古委切魀所介切
艴艳又敷勿切孟子艴然不悅兒生裹也恑異也鬼名或
省作𡾥蒲奔切山庥虛尤切說文息止也廟說文尊先祖座坐說
魏形似𡾥从人依木或从广皃也古作庿具磬文
樂石也又棄硻丘耕切說砫腫庚切宗廟宔豣經天切說文三歲豕
挺切擊石聲文餘堅也祏从石从主肩相及者引詩並驅
從兩豣莫後切驂說文駕駟說文一馴音八說文騑匪微切說文駁
豣兮豕名三馬也馬乘也馬八歲馬逸足也
無分切說文馬赤鬣縞身目若黃金名曰駁古皇之乘周文王時犬
戎獻之引春秋傳文馬百駟畫馬也西伯獻紂以全其身或書作馮

馺悉合切說文馬行相及也一曰馳也䭷謨袍切馬長尾𩢲蒲故切習馬也狀慈良切妄強犬也又在黨切𤞷於咸切說

文竇中犬聲獑鋤咸切狡兔也豸丈蟹切獬豸獸也似山牛一角古者決訟令觸不直爆北角切落也一曰火聲煣忍九

切屈伸木也又如又切燎燐蕭切火在地上曰燎又郎鳥切說文放火也又力照切柴祭天也墨密北切說文書墨也弼房密

切說文从大弗聲大也讀若予違汝弼又分物切𡕧胡黨切說文直項莽𡕧皃从亢从夋夋倨也亢亦聲絞說文縊也嬴倫爲

切膝病也又魯果切𥪡力至切說文臨也从立从隶隶及也竦息拱切說文謹也从立从束束自申束也竩宜寄切人所宜也

兇虛容切又許拱切說文擾恐也从人在凶下春秋傳曰曹人兇懼悳今作德說文外得於人內得於己也憼居慶切說文肅

也或从心懬口黨切大意又若謗切說文闊也慈胡千切說文急也河南密縣有慈亭愚說文戇也从心从禺禺猴屬獸之愚

者懝牛代切說文騃也一曰惶也或書作𢡈忘說文不識也又無放切棄忘也𢗗古況切說文誤也愾許既切說文太

息也引詩愾我寤歎又丘蓋切患說文憂也从心上貫吅吅亦聲態說文意也从心从能徐鍇曰心能其事然後有態度也臣按能

音耐此即諧聲字沝之壘切閩人謂水曰沝从二水泩羽兩切去也揚雄弔屈原作此以其去水中故从水阱疾郢切陷也

靁盧回切說文陰陽薄動靁雨生物者也籀文靁閒有回回靁聲也雲說文山川氣也从雨云象雲回轉之形臣按古雲作云雷

作回皆象其形尊罍器見之矣後人借云爲云曰之云回爲回旋之回故於雲靁復加雨以別漁語居切捕魚也又牛據切說文灖浡

濁泥靇郎丁切說文龍也从龍霝聲靠苦到切相違也或書作𩇶亂說文治也从𤔔从乙乙治之也一曰紊也李斯从寸乿

似絕切拈也閨說文特立之戶上圜下方有似圭狀⿱山𤻮說文寐而有覺也从山疒夢聲閽說文常以昏閉門隸也⿵門廛澄延
切市門聲說文音也古作殸𦗁五滑切說文吳楚之外凡無耳者謂之𦗁言若斷耳為盟一曰聾也插測洽切刺肉也又七
接切搢也挻尸連切說文長也方言楚部謂取物而逆曰挻授說文予也投說文擿也一曰合也拱說文斂手也抓莊交
切博雅搔也又側絞切又止兩切批擊也姓息正切說文人所生也古之神聖母感天而生子故稱天子引春秋傳天子因生以賜姓
娶說文取婦也婚說文婦家也禮娶婦以昏時姻說文壻家也女之所因故曰姻妊如林切孕也娣說文女弟也
婢說文女之卑者也媄母鄙切說文色好也媛于眷切美女詩曰邦之媛兮奸說文犯淫也⿱臾女霜夷切女巫切書作
⿰女卿⿷匚食矩鮪切黍稷方器也古作匭蟘敵德切說文蟲食苗葉者吏乞貸則生引詩去其螟蟘蝕實職切說文敗創也从虫
从食食亦聲或省蠅說文營營青蠅蟲之大腹者蠹都故切說文木中蟲蠱造蠱之法以百蟲寘皿中俾相啖食其存者為
蠱故从蟲皿也孵芳無切孵化也陸續曰自孵而鷇又俞戍切育也坤說文地也易之卦也从土位在申坪蒲兵切地平也
或書作聖又皮命切均說文平徧也亦書作⿱勻土城說文以盛民也墾苦本切耕也墲蒙晡切規度墓地也方言凡葬無墳
謂之墓所以墓謂之墲又罔甫切黃說文地之色从田从炗炗亦聲炗古文光也功說文以勞定國也⿱𤇾刀刺列切說文發
也勥渠良切說文迫也古从彊舉兩切勔勥力拒也⿰并力晡橫切大力也觔口蟹切觔疲也⿰罷力部買切罷⿰罷力觔⿰力左子賀
切手相佐助鑾說文人君乘車四馬鑣八鑾鈴象鸞鳥聲和則肅也从鑾省鉎御庚切鐵衣也又桑經切鍒而由切說文鐵

之奧也鉄刾視切箭鏃又作木切利也釦去厚切說文金飾器口鏨財甘切鑿也又在敢切鑴謂之鏨又疾冉切又昨濫
切鈴郎丁切說文令丁也𨭉脂利切說文羊箠耑有鐵一曰田器又私列切又賢入切一說東夷謂鏨爲鏨又的協切巹居隱
切謹身所承也又苟起切耏汝甘切須也𣁽博慢切量物分半也軓府遠切說文車耳反出也軵乳勇切說文反推車令有
所付也一曰輕車或从茸从冗又符遇切車廂立木承重較之材轚吉詣切舟車序行也又吉歷切說文車轄相轚引周禮舟輿轚
互者𨍰辛於切相和集也𨻳窺營切又犬穎切反也陷說文高下也一曰陊也或从土陸力竹切說文高平地籀作𨻶亦
姓阢五忽切危也又語韋切石山戴土隙乞逆切說文壁際孔也𦈢展呂切所以載盛米从宁从甾甾缶也𡪄展呂
切積也馗渠追切說文九達道也似龜背故謂之馗馗高也从九从首𨐨苦故切搗茱萸爲之味辛而苦辬悲巾切駮也
字說文乳也从子在宀下子亦聲一曰文也又津之切養也鄭康成曰小國貢輕字之也孤古乎切說文無父也季說文少稱
也从子从稚省㝃芳萬切說文生子免身也孰說文食飪也䢾徐侵切長也馬融曰踔䢾枝頤與之切說文顄也象形篆
从頁籒从𩠐又曳來切順說文理也顖思晉切頭會腦蓋也顦慈消切說文面焦枯小也詵疏臻切說文致言也引詩螽斯
羽詵詵兮諟士紙切理也審也誡居拜切敕也誋渠記切誡也詔告也証諸盈切又之盛切諫也警舉影切言
戒譣千廉切議也誼宜寄切言之當也誇枯瓜切說文譀也古作㚻𧥢去厚切說文扣也如求婦先𧥢叕之繼說文
續也从糸𢇍一曰反𢇍爲繼𦀻賞力切說文作布帛之總名也樂浪挈令織从糸从式徐鉉曰挈令蓋律令之書也緁疾葉切合

也又卽入切一曰蠻夷貨⿰糸米母禮切說文繡文如聚細米也緉里養切說文履兩枚也一曰緉絞也⿰王彡沽紅切巧飾也影物之陰影也舊作景葛洪始加彡或書作㬎彣無分切說文䫌也髦說文髮也鬜丘顏切寡髮也髯如占切說文頰須也

右三百七十三

三體諧聲四體附

序曰一子一母爲諧聲是合二體者也有二體之合者非常道也故別之

⿱艹⿰氵毒徒沃切从艸从水毒聲蕅五厚切从艸从水禺聲歸女嫁也从止婦省𠂤聲奉承也从手从廾丰聲衞从行从帀韋聲行列衞也帀釁象祭竈也从爨省从酉酉所以祭从分分亦聲春从艸从日屯聲鬻音煑从𩰲从水从煑煑省聲埶作代切說文設飪也从丮从食才聲𢽄音釐坼也从攴从厂蓋厂之性坼果孰有味亦坼故謂之𢽄从牙聲徐鍇曰厂厓也矍从明从隹隹欲逸走从又持之矍矍也䧹今作鷹从隹疒省聲或从人人亦聲徐鍇曰鷹隨人指蹤故从人雁今作鴈从隹从人厂聲徐鉉曰大夫以爲贄昏禮用之故从人衡戶庚切牛觸橫大木着其角从角从大行聲簠黍稷圜皿从竹甫聲𡨄悉則切从山屋也从廾捧也𢀩象疊物之形捧而塞於屋中𥁕公戶切器也从皿从缶古聲虜獲也从毌从力虍聲槱余救切从木从火酉聲㝱寐而有覺也从宀从疒夢聲彘直列切豕也从彑从矢聲从北象足垗之笑切耕以臿浚出下壚土也从𨸏从土召聲

冥幽也从日从六冖聲粱水橋也从木从水刅聲刅初良切履足所依也从彳从夂舟象形从尸聲疑惑也从子止匕矢聲

盡傷痛也从皿聿皕聲虒音斯虎臥息从臥从虎从厂聲寶珍也从宀从貝珤聲害从宀从口言从家起也丰聲丰音害

右三十

凡諧聲類計二萬一千八百十

六書略第三

六書略第四 卷第三十四

假借第六

序曰六書之難明者爲假借之難明也六書無傳惟藉說文然許氏惟得象形諧聲二書以成書牽於會意復爲假借所擾故所得者亦不能守焉學者之患在於識有義之義而不識無義之義假借者無義之義也假借者本非己有因他所授故於己爲無義然就假借而言之有有義之假借有無義之假借不可不別也曰同音借義曰協音借義曰因義借音曰因借而借此爲有義之假借曰借同音不借義曰借協音不借義曰語辭之借曰五音之借曰三詩之借曰十日之借曰十二辰之借曰方言之借此爲無義之假借先儒所以顛沛淪於經籍之中如汎一葦於溟渤靡所底止皆爲假借之所魅也嗚呼六書明則六經如指諸掌假借明則六書如指諸掌

同音借義

初裁衣之始而爲凡物之始基築土之本而爲凡物之本始女子之
初而爲凡物之初本木之基而爲凡物之基小水之微也凡微者皆
言小永水之長也凡長者皆言永牛爲牝牡而牝牡通於畜獸佳爲
雌雄而雌雄通於鳥雀狀本犬之形而爲凡物之狀物本牛之事而
爲凡事之物馬言駕凡驅乘皆曰駕牛言牧凡豢養皆曰牧木曰落
而爲墮落之落雨曰零而爲飄零之零英本英華之英而爲飾物之
英苦本苦艮之苦而爲滋味之苦蔓本藤蔓之蔓而爲蔓衍之蔓爻
乃交疏之爻而爲爻象之爻希乃疏巾之希而爲希少之希柞本柞
木之柞而爲芟柞之柞鑿本金鑿之鑿而爲疏鑿之鑿旋反旃也而
爲回旋之旋戲兵交也而爲嬉戲之戲平气之平也而爲均平之平
封爵土之封也而爲封殖之封戚斧也而爲親戚之戚塵土也而爲
塵積之塵賢多財也而爲賢艮之賢妃嘉偶也而爲后妃之妃純絲
也而爲純全之純茸草也而爲尨茸之茸珣夷玉也而玉器亦謂之

珣蘆葦也而薺根亦謂之蘆饒食之餘也而爲饒衍之饒約絲之束也而爲儉約之約凡此之類並同音借義者也

右三十五

借同音不借義

汝水也而爲爾汝之汝爾花盛也詩彼爾維何維常之華而爲汝爾之爾示旗也而爲神示之示業大版也而爲事業之業牢牛圈也而爲牢固之牢畜田畜也而爲畜聚之畜宅蛇屬也而爲宅人之宅蚤蝨類也而爲蚤夜之蚤爲母猴也而爲作爲之爲率鳥畢也而爲率循之率來麥也而爲來往之來易蟲屬也而爲變易之易能熊類也而爲賢能之能黽鼃也而爲黽勉之黽翁毛也而爲翁老之翁題額也而爲題命之題薄本林薄之薄而爲涼薄之薄茀本茀茂之茀而爲茀祿之茀登豆也而爲升登之登干盾也而爲干犯之干革皮也而爲更革之革鞠革囊也而爲鞠養之鞠難禽也而爲難易之難雍禽也而爲

雍和之雍溱水也而爲室家溱溱之溱棣移也而爲威儀棣棣之棣丁當也而爲椓之丁丁之丁甍卒也而爲度之甍甍之甍胥蟹醢也而爲相胥之胥方並舟也而爲方所之方節竹目也而爲節操之節管竹箫也而爲主管之管韋相違也而爲皮革之韋貿相易也而爲䀮矇之貿（禮貿貿而來）休憩也而爲休美之休財貨也而爲財成之財（易財成天地之道）齎財之齎而爲齎咨之齎（易齎咨涕洟）時辰之時而爲時是之時晉先明也而爲晉國之晉夢寐也而爲雲夢之夢風虫之風而爲吹嘘之風字養之字而爲文字之字勿州里之旗也而爲勿不之勿出花英也而爲出入之出久距也而爲久遠之久凡此之類並同音不借義者也

右四十五

協音借義

旁之爲旁（去聲）中之爲中（去聲）上之爲上（時掌切）下之爲下（胡嫁切）分之爲分

去聲少之爲少去聲歸之爲歸音饋遺之爲遺惟季切與也御之爲御音迓爲御音禦
行之爲行下孟切爲行戶浪切子路行行數色主切之爲數尸故切爲數色角切趨之
爲趨七六切爲趨側九切春秋傳賓將趨鄭康成讀咽之爲咽音燕爲咽以結切梗咽蕃音藩樊也
之爲蕃音煩草之蕃蕪蕪之爲蕪亡甫切蕪茂徹通也之爲徹直列切斂之爲斂去聲蔓
藤也之爲蔓草千切蔓菁吹之爲吹去聲呼之爲呼去聲爲呼呼賀切春秋傳呼役夫噍才笑
切也噍之爲噍音焦禮志微噍殺之音爲噍子流切禮燕雀啁噍之頃否之爲否音鄙臧否爲否部鄙
切否泰喧之爲喧上聲詩赫兮喧兮趣之爲趣平聲爲趣七口切周官有趣馬幾之爲幾音冀春秋
傳庸可幾乎爲幾渠希切近也樂之爲樂五教切爲樂音洛華今作花之爲華音譁榮也爲
華去聲聚也酇作管切聚也之爲酇音贊南陽縣名爲酇在河切沛縣名空之爲空音孔窟也爲空
苦貢切詩不宜空我師從之爲從才用切爲從七容切從容閑暇也比毗至切之爲比音皮和也爲
比上聲方也爲比蒲必切次也爲比音芘朋也放之爲放上聲敖音遨之爲敖音傲背脊也之
爲背音佩違也衡橫木之爲衡音橫筍之爲筍私閏切筍輿也塞之爲塞去聲塞垣奇之爲
奇居宜切奇偶嘉之爲嘉戶嫁切春秋傳公賦嘉樂枝之爲枝音岐栽之爲栽音在築也回古文

雷字之爲回亦作迴繞也暴步卜切灼也之爲暴虐也粢稷屬之爲粢才細切禮粢醍在堂鹽之
爲鹽去聲定之爲定丁佞切詩定之方中仰之爲仰去聲伏之爲伏去聲禮羽者嫗伏毛者孕育
弁之爲弁去聲裨補支切之爲裨婢支切副也辟必益切君也之爲辟蒲益切法也厭之
爲厭去聲覺之爲覺古孝切夢覺也騶之爲騶仕救切麗之爲麗力之切詩魚麗于罶靡之
爲靡平聲間之爲間去聲援之爲援平聲引也折之列切之爲折士列切女之爲女
尼句切妻之爲妻去聲姓之爲姓音生春秋傳蔡公孫歸姓孫之爲孫音遜純之爲純之尹
切緣也總之爲總子公切詩素絲五總織之爲織隻吏切徽也詩織文鳥章累之爲累力僞切土
之爲土音社詩徹彼桑土壞之爲壞音怪錢之爲錢上聲詩庤乃錢鎛鍼之爲鍼音針其兼
切親之爲親去聲婚姻相謂也賓之爲賓去聲客以禮會曰賓衣之爲衣去聲冠之爲冠
去聲枕之爲枕去聲飲之爲飲去聲食之爲食時吏切膏之爲膏古到切詩羔裘如膏熏
之爲熏去聲陰之爲陰去聲輕之爲輕去聲春秋傳戎輕而不整兩之爲兩去聲詩葛屨五兩
三之爲三去聲論語三思而後行左上聲之爲左音佐右上聲之爲右音佑先之爲先去聲
後之爲後去聲遠之爲遠去聲近之爲近去聲復之爲復扶又切重之爲重去聲

離之爲離去聲沈之爲沈去聲量之爲量去聲度之爲度徒洛切長之爲長去聲
廣之爲廣去聲染之爲染去聲縫之爲縫去聲別之爲別彼列切之爲別皮列切斷都管切
之爲斷徒管盡卽忍切之爲盡慈忍切解之爲解胡買切通也相之爲相息亮切走
之爲走去聲書矧咸奔走奔之爲奔逋悶切散之爲散去聲和之爲和去聲凝之爲
凝去聲冰之爲冰彼凭切彊之爲彊其亮切箸之爲箸陟略切爲箸眞略切施之
爲施式豉切爲施以豉切冥之爲冥去聲煎之爲煎去聲炙之爲炙之夜切收之
爲收式救切當之爲當去聲悔之爲悔去聲應平聲之爲應應對之應帥之爲帥所類
切監之爲監去聲使之爲使去聲守之爲守去聲任之爲任平聲勝之爲勝平聲
爭之爲爭去聲迎之爲迎去聲選之爲選去聲聽之爲聽平聲論之爲論平聲知
之爲知音智思之爲思去聲便之爲便平聲好之爲好去聲令之爲令平聲教之
爲教平聲語之爲語去聲怨之爲怨平聲衆之爲衆平聲雨之爲雨去聲種之爲
種去聲緣之爲緣去聲張之爲張去聲藏之爲藏去聲處之爲處去聲乘之爲乘
去聲卷之爲卷上聲祝之爲祝之又切傳之爲傳去聲聞之爲聞去聲稱之爲稱

平聲譽之為譽平聲勞之為勞去聲興之為興去聲與之為與去聲繫之為繫古詣
切遲之為遲去聲屬之為屬章玉切含之為含去聲遣之為遣去聲禮有遣奠引以忍
切之為引余忍切臨之為臨去聲假之為假古訝切春秋傳不以禮假人借之為借入聲
貸之為貸入聲敗之為敗音拜見之為見胡甸切告之為告古祿切禮出必告養之
為養去聲共之為共音恭去之為去上聲喪之為喪去聲忘之為忘去聲恐之為
恐邱用切射之為射食亦切取之為取七句切禮聞取於人大之為大音太焉之為焉
於乾切會之為會音檜披之為披上聲降之為降戶江切覆之為覆甫六切朝之
為朝直遙切刺之為刺入聲奉之為奉音棒父扶雨切之為父音甫子之為子將吏
切禮子庶民也凡此之類並協音而借義者也

右二百八

借協音不借義

荷之為荷胡可切負也茹茹蘆茅蒐也之為茹去聲度也鮮之為鮮上聲燕之為燕平聲
薄之為薄必各切迫也菑側其切田也之為菑音災苴七余切麻也之為苴子餘切包苴竟

之爲竟音境旁之爲旁補彭切詩駟介旁旁屯之爲屯徒門切聚也莫之爲莫音暮模各切

爲莫音陌春秋傳德正應和曰莫个之爲个音介副也禮明堂有左右个爲个音幹禮梓之爲侯上兩个與其

身三番附袁切獸足也之爲番音翻次也爲番音波番番勇也台音怡我也之爲台音胎星名爲台音臺

春秋傳季孫宿救台范寧讀句之爲句古侯切爲句古候切詩敦弓既句調之爲調徒沓切品調爲

調陟留切詩惄如調飢召之爲召音邵咽之爲咽音淵詩伐鼓咽咽登之爲登音得春秋傳登來

正音征射侯之正也之爲正去聲邪瑯邪地名之爲邪邪正之邪追之爲追丁回切追琢也徼古堯

切之爲徼古弔切邊徼訏之爲訏音詡詩川澤訏訏說之爲說音悅識之爲識音志信

之爲信音伸樊之爲樊音盤樊纓革之爲革紀力切急也殺之爲殺去聲降殺占之爲

占去聲甫之爲甫音圃圃田省昔井切之爲省所景切雅今作鴉之爲雅上聲瞿九遇切驚

也之爲瞿平聲戟類鳥之爲鳥音島脩脯也之爲脩音卣中尊肺之爲肺音沛詩其葉肺肺

脫之爲脫音退詩舒而脫脫兮創音瘡傷也之爲創去聲削之爲削音肖刀室箾音簫之爲箾

音朔象箾以舞簿蠶曲之爲簿簿書平之爲平辨年切盛音成之爲盛索之爲索生革切

稽之爲稽音啓稽首鄉之爲鄉音嚮昭之爲昭音韶游之爲游音流旗游旋之爲旋

音選鍾縣盟之爲盟音孟盟津貫之爲貫古患切習也栗之爲栗堅也齊之爲齊音咨齊衰
冒之爲冒莫北切貪也俾之爲俾普計切俾倪北音佩違也之爲北入聲方也屏之爲屏
上聲兄之爲兄音況詩倉兄塡兮弁之爲弁蒲官切詩小弁縣平聲之爲縣驕之爲驕許喬
切詩載獫歇驕薦之爲薦音荐詩天方薦瘥麇麏也之爲麇邱隕切衆也扃之爲扃上聲春秋我心
扃扃閒之爲閒音閑耿上迥切光也之爲耿古幸切耿耿憂也拒之爲拒音矩招拒白帝振之
爲振平聲詩振振公子揖之爲揖子入切詩螽斯羽揖揖兮蟄之爲蟄尺十切詩宜爾子孫蟄蟄兮紀
之爲紀音起詩有紀有堂縱之爲縱平聲絜之爲絜勑慮切禮毋絜羹繆之爲繆音穆謚也
絀音屈之爲絀音詘軒之爲軒音憲禮野豕爲軒斤之爲斤紀覲切斤斤明也險之爲險
音險春秋傳險而易行隊之爲隊音墜舍之爲舍音捨王之爲王于況切宿之爲宿思宥
切星也要之爲要去聲風之爲風音諷夏胡賈切中夏也之爲夏胡嫁切冬夏也子之爲子
音與委之爲委於僞切委積女之爲女音汝卷之爲卷音袞禮三公一命卷爲卷音拳禮執女手
之卷然爲卷起權切冠武也鞠毬也之爲鞠音麴爲鞠音芎亦作鞠芎鷚粥之爲鬻音育賣也爲
鬻居六切詩鬻子之閔斯殿音奠擊聲之爲殿丁見切爲殿音店詩民之方殿屎將之爲將去聲爲

將七羊切詩將仲子兮敦之爲敦部隊切玉敦爲敦都回切詩敦彼獨宿爲敦徒本切渾敦肉之爲

肉而救切禮寬裕肉好之音爲肉而注切禮豐肉而短膴凶武切大臠也之爲膴土古切詩則無膴仕爲膴音模

詩民雖靡膴從之爲從則庸切從衡爲從七容切從容爲從音縱爲從音縱禮爾無從從爾衰衰

之爲衰楚危切等衰爲衰衰微著之爲著音嗜爲著音底辟必益切君也之爲辟音避爲

辟音弭止也爲辟音裨禮素帶終辟爲辟音僻禮負劍辟咡厭於鹽切之爲厭於葉切浥行露爲

厭音壓禮死而不弔曰厭爲厭於驗切服也貉之爲貉音陌狄也爲貉音禡率捕鳥具之爲率

將帥之帥亦作率爲率音律約也凡此之類並協音不借義者也

右百三十三

因義借音

琢本琢玉之琢而爲大圭不琢之琢音篆輅本車輅之輅而爲狂狡輅

鄭人之輅音迓以有惡入聲也故可惡烏路切以其內也故可內音納佚夷質切

縱也而爲佚宕之佚音迭伯長也而爲伯王之伯音霸幬帳也而爲覆幬

之幬音燾春秋傳如天之無不幬幕帷也而爲幕覆之幕音覓藐本葒藐之藐而爲

蓼彼蕭斯之蓼(力竹切)錞本金錞之錞(音淳)而爲厹矛沃錞之錞(徒對切)術邑中道也以其所行故爲鄉術之術(音遂)嬴秦姓也以其所居故爲嬴水之嬴(音爲)嘯呼之嘯而爲指嘯之嘯(音叱)跛躃之跛(彼我切)而爲跛倚之跛(彼義切禮跛立無跛)副(普逼切)剖也而爲副貳之副承奉也而爲贈承之承(音贈禮賵賻承含)甄(吉然切)本甄陶之甄而爲聲甄之甄(音震禮薄聲甄)封本封土之封而爲封棺之封(音窆禮縣棺而封)齊本齊一之齊而爲齊莊之齊(側皆切)巡本巡行之巡而爲相巡之巡(音緣禮終始相巡)推本推與之推而爲推挽之推(士回切)摶本摶攝之摶而爲摶束之摶(除轉切禮十羽爲摶)獻本獻享之獻而爲獻尊之獻(素何切)衰本兩衣之衰(素何切)而爲衰經之衰(音崔)橇本音毳以其義通於橋故又音橋凡此之類並因義借音

右二十五

因借而借

難爲也因音借爲艱難之難因艱難之難借爲險難之難(去聲)爲母猴

也因音借爲作爲之爲因作爲之爲借爲相爲之爲（去聲）射本射御之射因義借爲發射之射（食亦切）因發射之音借爲無射之射（音亦律名）斁本厭斁之斁（羊亦切）因義借爲斁敗之斁（答路切書彝倫攸斁）因斁敗之音借爲斁塈之斁（音徒書惟其斁塈茨）亨（音享）本饗也因義借爲亨飪之亨（普庚切）因亨飪之音借爲亨嘉之亨來本麥也因音借爲往來之來因往來之義借爲勞來之來（音賚）矜本矛柄也因音借爲矜憐之矜因矜憐之義借爲矜寡之矜（音鰥）適往也因音借爲適責之適（音謫詩勿予禍適）因適責之音借爲適匹之適（音敵禮大夫訃於同國適者）參（七南切）間廁也因義借爲參差之參（楚金切）因參差之音借爲參伐之參（所金切）邪本琅邪之邪因音借爲語辭之邪因語辭之義借爲虛邪之邪（音徐詩其虛其邪）食本啖食之食因義借爲飲食之食（音飼）因飲食之音借爲食其之食（音異）費本費用之費因音借爲費邑之費因費邑之義借爲費氏之費（扶未切）崔本南山崔崔之崔（子推切）因義借爲崔嵬之崔（慈回切）因崔嵬之音借爲崔氏之崔（音不本崔）

鄂不韡韡之不（音趺）因音借爲可不之不（音否）因可不之義借爲不可之不（音弗）塡本塡塞之塡因義借爲塡壓之塡（音鎭）因塡壓之音借爲塡久之塡（音塵詩倉兄塡兮）罷本罷置之罷因義借爲罷困之罷（音疲）因罷困之音借爲罷辜之罷（鋪遍切禮以罷辜祭四方）質本質幣之質（音贄）因義借爲交質之質（音致）因交質之音借爲形質之質畜本田畜之畜（勅六切）借爲畜養之畜因畜養之義借爲六畜之畜（許又切）治（平聲）水也因音借爲治理之治因治理之義借爲平治之治（去聲）乞氣也因音借爲與人之乞（音氣）因與人之義借爲求人之乞（入聲）能（奴來切）獸也因義借爲能鼈之能（鼈三足）因能鼈之音借爲能事之能（音耐）又爲三能之能（音台）凡此之類並因借而借

右四十三

語辭之借

序曰書者象也凡有形有象者則可以爲象故有其書無形無象者則不可爲象故無其書語辭是也語辭之用雖多而主義不立並從

假借之菌也者陰也於烏也云雲也焉鳶也邪琅邪之地每原田之皃每本音梅借爲上聲惟思也唯應也本上聲乃唯諾之唯借平聲而面毛也須髭也夫音扶本丈夫也害本災害也本去聲借音曷詩害澣害否斯析也然燎也蓋艸覆也其箕也豈鎧也以薏苡實也矣箭鏃也員物數也音云詩聊樂我員己几也既小食也盍覆也且子余切薦几也爲母猴也居蹲也諸辨也詩日居月諸與授也爲語辭平聲爾華繁也詩彼爾維何維常之華耳人耳也哉言之間也乎气也兮气也于气也只气也乃气也思慮也旃旃也詩舍旃舍旃承奉也音懲楚人語辭凡語辭惟哉乎兮于只乃有義他並假借以語辭之類虛言難象故因音而借焉

右四十

五音之借

宮本宮室之宮商本商度之商角本頭角之角徵本徵召之徵羽本羽毛之羽

右五

三詩之借

風本風蟲之風雅本烏鵶之鵶頌本顏容之容三詩五音皆聲也聲不可象並因音而借焉

右三

十日之借

甲本戈甲乙本魚腸丙本魚尾丁本蠆尾戊本武也己本几也庚鬲也辛被罪也壬懷妊也癸艸木實也

右十

十二辰之借

子人之子也丑手之械也寅臏也卯牖也辰未詳本義巳蛇屬也午未詳本義未木之滋也申持簡也酉卣也戌與戊同意亥豕屬也

十日十二辰惟己亥有義他並假借以日辰之類皆虛意難象故因

音而借焉

右十二

方言之借

鮦之為鮦音胄鮦陽縣名歜之為歜上音觸下徂感切昌歜卽昌蒲也覃之為覃上如字下音剡詩以我覃耜羹之為羹上更字下音郎楚地名咎之為咎上如字下音皐皐陶字亦如此穀之為穀奴走切楚人謂乳穀袍之為袍上必茅切下音桴鼓袍也敦之為敦音燾禮每敦一几為敦音凋敦弓此皆

非由音義而借蓋因方言之異故不易其字

右九

雙音並義不為假借

陶也陶冶之陶陶也皐陶之陶鵰也都聊切隼類鵰也陟交切鵃鵰鵃鷂駣也徒刀切馬四歲曰駣駣也他彫切馬三歲曰駣鷂也以照切鷂也音遙雉也杷也補訝切枋也杷也白加切收麥器榮也永兵切桐也榮也音營屋榮枸也音苟枸杞枸也音矩枳枸椹也知林切禮射甲革椹質椹也徐甚切桑實

校也古孝切木囚也校也戶教切木闌也幅也布帛之劑幅也音逼行縢也幓也所銜切旌幓幓也

七消切頭括髮䘜也音但袒裼也䘜也張彥切后六服有䘜衣被也部委切寑衣也被也普義切春秋傳翠被豹舄衿也居吟切領也衿也其鴆切結也褏也音袖袂也褏也由救切盛服也凡此之類並雙音並義不為假借者也

右三十

凡假借類計五百九十八

六書略第四

起一成文圖

衡爲一從爲丨（音袞）邪丨爲丿（房必切）反丿爲乀（分勿切）至乀而窮折一爲

𠃍（音及）反𠃍爲𠂆（呼旱切）轉𠂆爲𠃊（音隱）反𠃊爲亅（居月切了从此見了部）至亅而窮

折一爲𠃍者側也有側有正正折爲∧（卽山字也又音帝又音入）轉∧爲∨（側加切）

側∨爲<（音畎）反<爲>（音泉）至泉而窮一再折爲冂（五犯切）轉冂爲凵（口犯切）

側凵爲匚（音方）反匚爲コ（音播）至コ而窮引一而繞合之方則爲□（音圍）

圜則爲○（音星）至○則環轉無異勢一之道盡矣▲（音柱）與一偶一能生

▲不能生以不可屈曲又不可引引則成丨然▲與一偶一能生而

▲不能生天地之道陰陽之理也

因文成象圖

有到取到爲丅（下）到亯（饗）爲旱（厚）到子（子）爲𠫓（他骨切）到𦣻（首）爲県（鳥）

到子（了）爲𠃌（鳥）有反取反𠤕（惠）爲𠤕反𠆢（人）爲匕（化）反匕（化）爲⅃（殄）

反貝爲貝呼懇切反止止爲𡳿撻反欠欠爲旡旡音既反厂余制切爲乀弋支
切反可可爲叵普可反有向取向父父爲子子向后后爲司司向左左
爲右右向丮几劇反爲𠃨居玉反向爪爪爲爪掌向彳丑亦反爲亍丑玉反向力
刀爲匕匕向身身爲㐆衣向孑居桀反爲孓居月反向片片爲爿戕向永永
爲𠂢𠂢音派向云雲爲回雷有相向取戶戶相向爲門門爲𨸏阜相向爲
𨸏音阜邑邑相向爲𨛜鄉又音巷又又相向爲鬥鬭有相背取北相背爲𣥠蒲撥
反臣相背爲𦣝誑己己相背爲弜弗乇楚危反相背爲舛舛有相背向
取向爲𠬞音拱背爲𠬜音攀向爲从爲背爲北北向爲門門背爲卯牖向
爲女女姐背爲嫁嫁有近取取天天於☰乾體取☷地亦爲坤字於☷坤體取☵
水於☵坎體取火火於☲離體取六六於四四取九九於七七取十於乂
五取升升於斗斗取耳耳於自鼻取自於四目取烏烏於烏烏取烏
於隹隹有遠取取山於☶艮體取雷於☳震體取風於☴巽體取澤於☱兌體
取四五六七八九十於一二三取千於百取萬於千取毛於髮取男

於女有加取一加一爲二二加一爲三三加二爲三百加百爲皕必力
反爻加爻爲㸚陟几反山加山爲屾所臻反水加水爲沝之壘反有減取減
二十爲廿音入減三十爲卅蘇沓切減四十爲卌悉入反減三十年爲卋世
又有減巛川爲巜澮減巜爲𡿨畎亦是減法有微加減取加丿爲延
減丿爲㢟丑連反加一爲聿聿減一爲聿尼輒反加丿爲囪楚江反減丿爲
囟息進反加一爲王于況切減一爲土有上取上向左爲𥝌禾向右爲𥝌
音稽向左爲𠂒毛向右爲𡴀手有下取下向右爲𡳿少向左爲孑子結反
向右爲丂訶向左爲丂音考有中取中貫爲毌毌不貫爲毋毋中交爲
㐅交不交爲𠘧有方圓取圓囗圍爲○音星又音盤方○爲囗有曲直取
曲丨音袞爲乀乙直乀爲丨有離合取離八入爲儿合儿爲𠆢有從衡
取衡丨爲一從一爲丨有邪正取正乂爲十邪十爲乂有順逆取順
理爲从从逆理爲比比有內外中間取○相內爲◎音雷又音回相外爲
∞鄰相間爲ꝏ環

古今殊文圖

黃帝貨貨作斤帝嚳貨貨作𠂢高陽貨貨作斤商貨貨作折又作爪

又作州子貨金貨作刀周之圜法貨作貨京王大錢貨作貨齊公貨

貨作北齊刀別種貨作北莒貨貨作北公貨刀貨作北黃帝貨帝作

人帝昊金帝作〇古文帝作二此古文常用者未悉起自何代師偩敦帝作帀古幣

金作仝黃帝貨金作全帝昊金金作仝帝嚳金金作全商鍾金作全

周鉦金作全晉鼎金作全堯泉泉作弋又作永商泉莊布泉作彡巨

泉泉作ノ古尺斗柄泉作㐬商貨布作芇又作所齊公布布作大齊

布布作𠃌商鍾惟作㠯周敦惟作𠂤商鍾子作子周敦子作子

古今殊文多矣此六條亦足見焉

一代殊文圖

太昊金昊作昊復作昍高陽金高作𠆢復作㠯復作𠂢復作宂復作

宂復作孖堯泉堯作㐅復作𡈼又古文堯作垚又作㚇開元文字堯

作士夏貨夏作冋復作𡕪復作𡕩古文書禹作𠕒雲臺碑禹作禼商

貨商作㕯復作商復作㕯復作㕯復作𢦏復作㕯復作用商壺辛作

丫商卣辛作丫祖辛爵辛作𢆉祖戊匜辛作𢆉齊刀齊作品復作𠓜

復作𠓜邢敦又有作𦥑

一代殊文多矣以此八條亦足見焉

諸國殊文圖

晉姜鼎通作𧗠虢姜鼎通作𧗟宋公鼎公作厶公鼎公作𠔁晉姜

鼎文作𠔁周公鼎文作𠔁周敦文作𠔁屈生敦君作𠔁姬簋簠君作

𠔁宋君鼎君作𠔁周敦在作才尹彝在作廾父癸鼎在作𡯁父乙彝在作◆周公

鼎作作乍晉姜鼎作作𠂇孔父鼎作作乍楚王彝作作乍

諸國殊文多矣以此六條亦足見焉

殊文總論

觀古今殊文與一代殊文則知先儒以義理說文字者徒勞用心一

貨可說也二貨何說乎二貨可說也三貨四貨至于十三貨何說乎
既有十三文豈亦有十三義乎一高可說也二高何說乎二高可說
也三高四高五高六高何說乎既有六文豈亦有六義乎況此文盡
出聖人之手豈聖人之書無義而秦人史隸之書反有義乎大抵書
以紀命爲本豈在文義以義取文者書之失也後人之書附義成文
古人之書舍義成文文而無義者皆古聖人之書也附義成文者皆
是依緣意想而取象舍依緣則其意無所繫著此後人之用心也觀
諸國殊文知三代之時諸國之書有同有異各隨所習而安不可疆
之使同秦人無知欲使天下好惡趨避盡徇於我易天下之心而同
吾之心易天下之面而同吾之面

諧聲變體論急慢聲諧高下聲諧

論急慢聲諧

急慢聲諧者慢聲爲二急聲爲一也梵書謂二合聲是矣梵人尚音

故有合二而成聲合三合四而成聲華人尚文惟存二合此於梵書中論之矣詩序曰聲成文謂之音知聲有急慢則發而爲文抑揚合度鏗鏘中節箋釋之家全不及此至於語辭渾而無別但取言中之義不問句中之節故柳宗元極論語辭之義亙由不知急慢之節所以辭與句不相當慢聲爲者焉急聲爲旃旃爲者焉之應慢聲爲者與急聲爲諸諸爲者與之應又如慢聲爲而已急聲爲耳慢聲爲之矣急聲爲只慢聲爲者也急聲爲者慢聲爲也者急聲爲也慢聲爲嗚呼急聲爲嗚慢聲爲噫嘻急聲爲噫皆是相應之辭也此並載籍中常語先儒不知考究又如語言之中慢聲爲激搏急聲爲郭慢聲爲中央急聲爲張者亦是也古豔歌曰蘭草自然香生於大道傍十月鉤鐮起幷在束薪中此中央之爲張也張平子西京賦云翔鶤仰而弗逮況青鳥與黃雀伏櫺檻而俯聽聞雷霆之指激此則激搏之爲郭也可以觸類而長

論高下聲諧音讀附

董正之董亦爲督察之督者東董凍督故也改更之更亦爲變革之革者更梗更（去聲）革故也伊之爲已（大誥曰已予惟小子）已之爲億（易曰億喪貝又曰億無喪）（有事）伊已意億故也非之爲匪匪之爲弗非匪沸弗故也眅卽盼者攀眅盼故也儆類敬者京儆敬故也翻之爲反庸之爲用邪之爲也之之爲只者並此道也而之爲爾爾之爲汝汝之爲若于之爲於於之爲與與之爲與（音譽）亦此道也是皆一義之所起而發聲有輕重耳乃若父雖甫音讀若輔道雖杜老切讀若導禮記大昕昕音忻讀若希說文臑字音懦讀若襦甹字特一切讀若亭此爲音讀之別無非聲之諧也

論諧聲之惑

左氏曰止戈爲武武非从止凡沚芷齒耻之類从止武从戈从士从戈以見義从士以見聲古文歌舞之舞作𢼊振撫之撫作攺廓廡之

廡作庑於古並从亡於今並从無而無於篆文亦从亡則武之从亡又何疑焉若曰武欲見止戈則古之武有作戊者又有作戠者戊之前垂象執戈揚盾之義戠之从習有習用干戈之義及戊爲戊己之戊戠爲襲敵之襲（襲敵之字古作戠今用衣襲字）則戎事之武專用武也若曰武有止戈之義又何必曰偃武乎亡之與止易得相紊左氏所見止之訛也武於六書爲諧聲武戈類也武之从亡亦猶戰之从單（音善）戮之从翏（音六）戢之从咠（音緝）戣之从癸皆聲之諧也禮記曰祖者且也祖非从且凡罝姐之類从且徂祖之類从且（音徂）祖無且義又曰荆者侀也若侀之从井而有侀之義則荆也阱也耕也亦可曰荆乎又曰富也者福也若富之从畐（芳伏切）而有福之義則輻也幅也副也亦可曰福乎若曰角觸也商章也秋之爲揫春之爲蠢皆此類也凡此類是皆不識諧聲

論象形之惑

左氏曰反正爲乏正無義也正乃射侯之正音征象其形焉正音征以受
矢乏以藏矢是相反也反正爲乏其義在此或曰反正爲丏音沔丏蔽
矢短墻也正以受矢丏以蔽矢是相反也比亦反正爲乏之義邪正
之正無所象故正用侯正之正邪用瑯琊之邪並協音而借是爲假
借之書也韓子曰自營爲厶音私厶非自營之義也厶於篆文作□象
男子之勢故又音鳥□與□字卽了敵了者交脛之端也故厶勢下垂
了狀槌上並是象形之文若乃自營之厶與了絕之了並同音而借
亦爲假借之書疊古作疊祭肉之積在器也从宜祭器也从晶音精象
積肉之形疊與豐同意豐亦俎豆之行也揚雄以疊爲古理官決罪
三日得其宜乃行故从三日从宜此亦爲不識象形者也何用識奇
字之多乎能象熊之形許氏謂能熊屬則可矣又曰賢能之能何也
出象花英之形許氏謂象艸木益滋上出亦可矣又曰出進何也是
皆惑象形於假借者也三代之前有左氏韓子三代之後有揚雄許

愼猶不達六書之義況他人乎

論一二之所生

臣六書證篇實本說文而作凡許氏是者從之非者違之其同乎許氏者因畫成文文必有說因文成字字必有解其異乎許氏者每篇總文字之成而證以六書之義故曰六書證篇然許氏多虛言證篇惟實義許氏所說多滯於死證篇所說獨得其生蓋許氏之義著於簡書而不能離簡書故謂之死證篇之義舍簡書之陳迹能飛行走動不滯一隅故謂之生今舉一二之義爲說文之首篇者可以見矣說文於一則曰惟初太始道立於一造分天地化成萬物故於一之類則生元生天生丕生吏然元从上丕从地吏从又皆非一也惟天从一證篇於一則曰一數也又象地之形又象貫物之狀在上爲一故生天生百在中爲貫故生毌音貫生𠕁古文車在下爲地故生旦生丕爲貫爲地者無音以無所麗則復爲一矣是以無音說文於丄音上則

曰丄高也此古文丄指事也故於丄之類則生帝生旁生下然帝本象形旁則形兼聲下非从上而與上偶證篇於丄則曰二音貳又音上殺上者爲上殺下者爲下在物之中者象編連之形在物之上下者象覆載之位故於二則生竺生亟於上則生元生帝於下則生兩音鎮生䦧艮切仞於中則生冊生再於上下則生亟生亘在中在上下者無音以自不能成體必有所麗是以無音此臣所作證篇之旨也

論子母

立類爲母從類爲子母主形子主聲說文眼學眼見之則成類耳聽之則不成類廣韻耳學耳聽之則成類眼見之則不成類故說文主母而役子廣韻主子而率母說文形也禮也廣韻聲也樂也說文以母統子廣韻以子該母臣舊作象類書總三百三十母爲形之主八百七十子爲聲之主合千二百文而成無窮之字許氏作說文定五百四十類爲字之母然母能生而子不能生今說文誤以子爲母者

二百十類且如說文有句類生拘生鉤有鹵類生㮚生㯥有半類生胖生叛有菐類生僕生䑑據拘當入手類鉤當入金類則句爲虛設㯥當入木類㮚當入米類則鹵爲虛設胖當入肉類叛當入反類則半爲虛設僕當入人類䑑當入臣類則菐爲虛設蓋句也鹵也半也菐也皆子也子不能生是爲虛設此臣所以去其二百十而取其三百三十也

論子母所自

或曰作文之始其實一也何以成母何以成子曰顯成母隱成子近成母遠成子約成母滋成子同成母獨成子用成母不用成子得勢成母不得勢成子來與麥同物麥顯而來隱牙與齒同物齒顯而牙隱故麥爲母而來爲子齒爲母而牙爲子龍與魚同物魚近而龍遠故魚爲母而龍爲子㲋（丑略切）與兔同物兔近而㲋遠故魚爲母而龍爲子兔爲母而㲋爲子康（胡感切）與丂（上音同）同象丂約而康滋豆與登同象豆約而登滋故

巧爲母而㢘爲子豆爲母而登爲子烏與烏同體烏同而烏獨易與豸同體豸同而易獨故烏爲母而烏爲子豸爲母而易爲子眉與目相比目用而眉不用疋音踈與足相比足用而疋不用故目爲母而眉爲子足爲母而疋爲子𠂇左與又右敵體又得勢而𠂇不得勢𠬜音攀與𠬞音拱敵體𠬞得勢而𠬜不得勢故又爲母而𠂇爲子𠬞爲母而𠬜爲子舉此六條可以觸類而長

論省文

凡省文有聲關於義者有義關於聲者甜之从舌者義也舌之所嗜者甘恬之从舌者非舌也謂之从甜省是之謂聲關於義營之从𤇾音熒者聲也以吕爲主以𤇾爲聲勞之从𤇾者非聲也謂之从營省是之謂義關於聲伊从人从尹謂伊尹能尹正天下如蛜蝛之蛜从伊省亦謂之聲關於義和謂調和之和如銛剢之利从刀从和省易曰利者義之和此亦謂之義關於聲凡省文之類可以準此

論篆隸

篆通而隸僻故有左無右有𠂤今作阝音阜無𨸏音阜於篆則左向右爲左右向左爲右獨向爲𠂤相向爲𨸏篆明而隸晦故有王無玉有未無朱於篆則中一近上爲王中一居中爲玉中一直爲朱中一不直爲未篆巧而隸拙故有門音覓無冂音坰有丶音柱無丨音袞於篆則上冒爲冂不冒爲冂上加丶爲主加丨爲𠂆篆縱而隸拘故有刀無七有禾無未音稽於篆體向左爲刀向右爲七首向左爲禾向右爲未然則篆之於隸猶筮之於龜

論創意

炅　昋　炔

右三字並音桂乃秦博士桂真之後避地別居各撰其姓之文而不殊本者

䨷音彎𠧪音迄䨻音魹畀音礥㚑音莽㬆音舉𢇛音褭𢻃音擁

右八字孫亮命子據桂氏命姓孫氏命子制十一字惟炔猶得桂
聲而又無義餘十字聲義兩途俱不通文而非文字而非字者也

論變更

厉音沽罪
右二字秦人以市買多得為厉罪舊作辠始皇以其似皇字改而
為罪

𠀑代天　埊代地　𡆠代日　𡝗代月又作𠥱　〇代星　𢘑代臣　𡕀
代載　𩇦代初　𠡦代年　𠧋代正又作𠙺　曌代照　𤯔代證
𨲺代聖　𥠢代授　𡔈代戴　圀代國

右武后更造十八字代舊十六字史臣儒生皆謂其草創無義以
臣觀之天作𠀑日作𡆠並篆文也年作𠡦正作𠧋並古文行於世
者授古文亦有作𥠢𥠢者國亦有作圀者地籀文或有作埊者星
崔希裕纂古而作孰謂其草創而無所本與

對舊作對漢文以言多非誠故去口而作對隋舊作隨文帝以周齊不遑寧處故去辵而作隋疊舊作疊新室以三日太盛改爲三田䯄舊作騧宋明以咼（音喎）類禍改而爲瓜形影之影舊作景葛稚川加彡於右軍陣之陣舊作陳王逸少去東用車屔丘之山三倉合而爲屔（音尼）章貢之水後人合而爲贛（音紺）荒昬二義元次山謚隋煬帝合而爲⿰昏荒（音荒）鄗（火各切）本一名分而爲高邑者漢光武也鄭嫌近鄭更而爲莫豳嫌近幽更而爲邠此並唐明皇所更也

論遷革

雅本烏鴉之鴉借爲雅頌之雅復有鴉矣故雅遂爲雅頌之雅後人不知雅本爲鴉雇本九鳸之鳸借爲雇賃之雇復有鳸矣故雇遂爲雇賃之雇後人不知雇本爲鳸頌本顏容之容故从公从頁借爲歌頌之頌今人見頌知歌頌之頌而已安知頌本爲容泉本貨錢之錢故於篆象古刀文借爲泉水之泉今人見泉知泉水之泉而已安知

論便從

人與蟲魚禽獸同物同物者同爲動物也天地之間一經一緯一從一衡從而不動者成經衡而往來者成緯草木成經爲植物人與蟲魚禽獸成緯爲動物然人爲萬物之靈所以異於蟲魚禽獸者蟲魚禽獸動而俯人動而仰獸有四肞而衡行人有四肞而從行植物理從動物理衡從理向上衡理向下人動物也從而向上是以動物而得植物之體向上者得天向下者得地人生乎地而得天之道本乎動物而得植物之理此人之所以靈於萬物者以其兼之也人之體理從故文字便從不便衡坎離坤衡卦也以之爲字則必從故☵必從而後能成巛☲必從而後能成火☷必從而後能成巛舟以衡濟車以衡運舟車衡器也作舟者必楹航而後能成舟作車者必弋軸而後能成車隹以衡飛魚以衡走隹魚衡物也作隹者必作縣隹之

勢而後能成𩵋作魚者必作貫魚之勢而後能成𦣹鼻從𥧌目衡𥧌

作鼻者必爲從𦣹作目者亦爲從目此可知其務從也蓋人理從從

則起起則生衡則臥臥則尸

論華梵上

諸蕃文字不同而多本於梵書流入中國代有大鴻臚之職譯經潤文之官恐不能盡通其旨不可不論也梵書左旋其勢向右華書右旋其勢向左華以正錯成文梵以偏纏成體華則一音該一字梵則一字或貫數音華以直相隨梵以横相綴華有象形之文梵亦有之尾作𡱂有尾垂之形縛作𢦏有纏縛之象華有省文之字梵亦有之地本作𡰣亦省作凡縛本作𢦏亦省作𢎘馱本作𠃓亦省作ᑯ華有同聲而借之字梵亦有之野作𠄎而也亦作𠄎馱作𠃑而陁亦作𠃑華有協聲而借之字梵亦有之微用凤而尾亦用凤薩用𢎘而散亦用𢎘華書有重二之義如舊漢書元元休息下元字只作二石鼓文

嶧山碑重字皆作二梵書凡疊句重言則小作②但華書每字之重皆作二梵書一字疊一言重者作一②三字四字疊三言四言重者亦只作②華蓋以目傳故必詳於書梵以口傳如曲譜然書但識其大略華之讀別聲故就聲而借梵之讀別音故即音而借如史瑟同用[梵字]者師史使瑟商音之和也帝鞞同用[梵字]者低底帝鞞亦商音之和也娑薩同用[梵字]亦商音之和識孽同用[梵字]是爲角音之和

論華梵中

觀今七音韻鑑出自西域應琴七絃天籟所作故從衡正倒展轉成圖無非自然之文極是精微不比韻書但平上去入而已七音之學學者不可不究華有二合之音無二合之字梵有二合三合四合之音亦有其字華書惟琴譜有之蓋琴尚音一音難可一字該必合數字之體以取數音之文二合者取二體也如娑作[梵字]縛作[梵字]二合娑縛則取縛之下體以合於娑而爲[梵字]字如囉作[梵字]馱作[梵字]囊作[梵字]三

合囉馱曩則上取囉中取馱下取曩而為[illegible]字如悉作[illegible]底作[illegible]哩作[illegible]野亦作[illegible]四合悉底哩野則取悉之上體以合於野之下體而包底哩為錯文不必具底哩故其字作[illegible]然二合者是雙音合為單音也如雙為者焉單為旃雙為者與單為諸然則雙為娑縛單為索雙為娑韡單為薩何不即一索足矣安用合娑縛一薩足矣安用合娑韡哉曰華音論讀必以一音為一讀故雖者焉可以獨言旃雖者與可以獨言諸也梵音論諷雖一音而一音之中亦有抑揚高下故娑縛不可以言索娑韡不可以言薩實有微引勾帶之狀焉凡言二合者謂此音非一亦非二也言三合者謂此音非一非二亦非三也言四合者謂此音非一非二非三亦非四也但言二合者其音獨易言三合四合者其音轉難大抵華人不善音今梵僧咒雨則雨應咒龍則龍見頃刻之間隨聲變化華僧雖學其聲而無驗者實音聲之道有未至也

論華梵下

梵人別音在音不在字華人別字在字不在音故梵書甚簡只是數个屈曲耳差別不多亦不成文理而有無窮之音焉華人苦不別音如切韻之學自漢以前人皆不識實自西域流入中土所以韻圖之類釋子多能言之而儒者皆不識起例以其源流出於彼耳華書制字極密點畫極多梵書比之實相遼邈故梵有無窮之音而華有無窮之字梵則音有妙義而字無文彩華則字有變通而音無錙銖梵人長於音所得從聞入故曰此方真教體清淨在音聞我昔三摩提盡從聞中入有目根功悳少耳根功悳多之說華人長於文所得從見入故天下以識字人爲賢智不識字人爲愚庸

七音略第一　通志卷第三十六

七音序

天地之大其用在坎離人之爲靈其用在耳目人與禽獸視聽一也聖人制律所以導耳之聰制字所以擴目之明耳目根於心聰明發於外上智下愚自此分矣雖曰皇頡制字伶倫制律歷代相承未聞其書漢人課籀隸始爲字書以通文字之學江左競風騷始爲韻書以通聲音之學然漢儒識文字而不識子母則失制字之旨江左之儒識四聲而不識七音則失立韻之源獨體爲文合體爲字漢儒知以說文解字而不知文有子母生字爲母從母爲子子母不分所以失制字之旨四聲爲經七音爲緯江左之儒知縱有平上去入爲四聲而不知衡有宮商角徵羽半徵半商爲七音縱成經衡成緯經緯不交所以失立韻之源七音之韻起自西域流入諸夏梵僧欲以其教傳之天下故爲此書雖重百譯之遠一字不通之處而音義可傳

華僧從而定之以三十六爲之母重輕淸濁不失其倫天地萬物之音備於此矣雖鶴唳風聲雞鳴狗吠雷霆驚天蚊虻過耳皆可譯也況於人言乎所以日月照處甘傳梵書者爲有七音之圖以通百譯之義也今宣尼之書自中國而東則朝鮮西則涼夏南則交阯北則朔易皆吾故封也故封之外其書不通何瞿曇之書能入諸夏而宣尼之書不能至跋提河聲音之道有障閡耳此後學之罪也舟車可通則文義可及今舟車所通而文義所不及者何哉臣今取七音編而爲志庶使學者盡傳其學然後能周宣宣尼之書以及人面之域所謂用夏變夷當自此始臣謹按開皇二年詔求知音之士參定音樂時有柱國沛公鄭譯獨得其義而爲議曰考尋樂府鍾石律呂皆有宮商角徵羽變宮變徵之名七聲之內三聲乖應每加詢訪終莫能通先是周武帝之時有龜茲人曰蘇祗婆從突厥皇后入國善胡琵琶聽其所奏一均之中間有七聲問之則曰父在西域號爲知音

世相傳習調有七種以其七調校之七聲冥若合符一曰娑陁力華言平聲卽宮聲也二曰雞識華言長聲卽南呂聲也三曰沙識華言質直聲卽角聲也四曰沙侯加濫華言應聲卽變徵聲也五曰沙臘華言應和聲卽徵聲也六曰般贍華言五聲卽羽聲也七曰俟利箑華言斛牛聲卽變宮也譯因習而彈之始得七聲之正然其就此七調又有五旦之名旦作七調以華譯之旦卽均也譯遂因琵琶更立七均合成十二應十二律律有七音音立一調故成七調十二律合八十四調旋轉相交盡皆和合仍以其聲考校太樂鍾律乖戾不可勝數譯爲是著書二十餘篇太子洗馬蘇夔駁之以五音所從來久矣不言有變宮變徵七調之作實所未聞譯又引古以爲據周有七音之律漢有七始之志時何妥以舊學牛弘以巨儒不能精通同加沮抑遂使隋人之耳不聞七調之音臣又按唐楊收與安涚論琴五絃之外復益二絃因言七聲之義西京諸儒惑圜鍾函鍾之說故其

郊廟樂惟用黃鍾一均章帝時太常丞鮑業始旋十二宮夫旋宮以七聲爲均均言韻也古無韻字猶言一韻聲也宮商角徵羽爲五聲加少宮少徵爲七聲始得相旋爲宮之意琴者樂之宗也韻者聲之本也皆主於七名之曰韻者蓋取均聲也臣初得七音韻鑑一唱而三歎胡僧有此妙義而儒者未之聞及乎研究制字考證諧聲然後知皇頡史籀之書已具七音之作先儒不得其傳耳今作諧聲圖所以明古人制字通七音之妙又述內外轉圖所以明胡僧立韻得經緯之全釋氏以參禪爲大悟通音爲小悟雖七音一呼而聚四聲不召自來此其麤淺者耳至於紐躡杳冥盤旋寥廓非心樂洞融天籟通乎造化者不能造其閫字書主於母必母權子而行然後能別形中之聲韻書主於子必子權母而行然後能別聲中之形所以臣更作字書以母爲主亦更作韻書以子爲主今茲內外轉圖用以別音聲而非所以主子母也

諧聲制字六圖

諧聲者六書之一書也凡諧聲之道有同聲者則取同聲而諧無同聲者則取協聲而諧無協聲者則取正音而諧無正音者則取旁音而諧所謂聲者四聲也音者七音也制字之本或取聲以成字或取音以成字不可備舉今取其要以證所諧玆所不載觸類而長

正聲協聲同諧圖第一

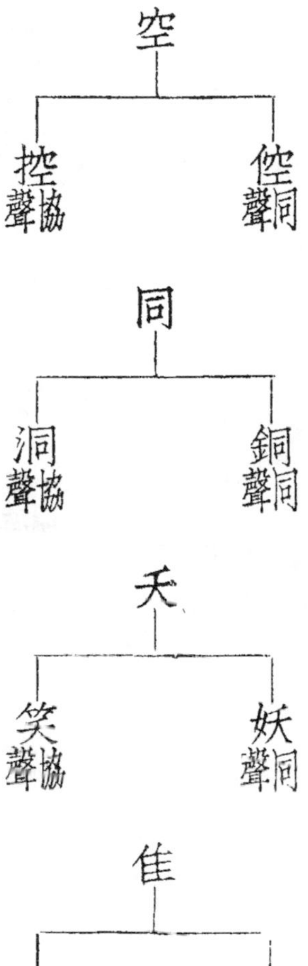

聲音俱諧圖第二

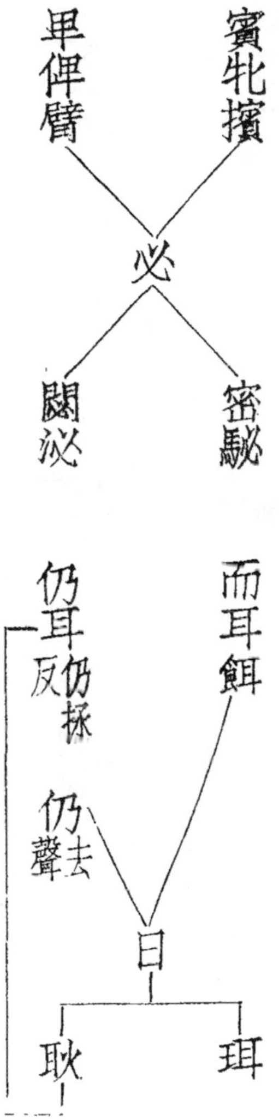

音諧聲不諧圖第三

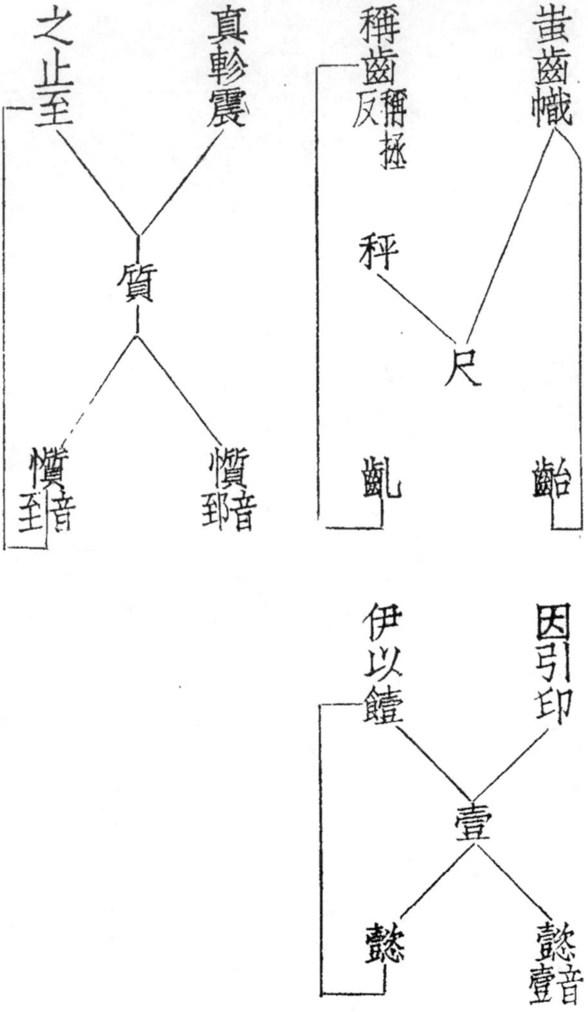

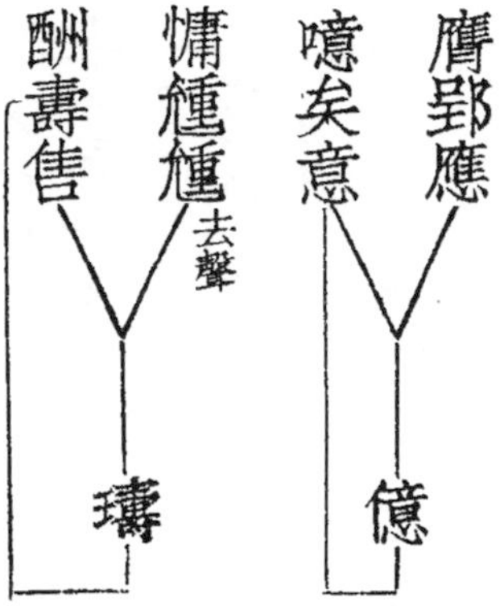

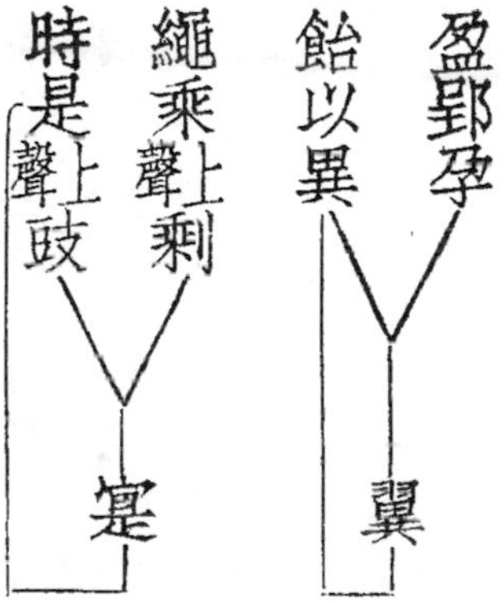

一聲諧二音圖第四

簫亦作箾

暱亦作昵

一音諧二聲圖第五

忉擣到卓
凋鳥釣著
刀音忉音凋
叨
召
濤擣燾鐸
遙天曜藥
匋音濤音遙
陶陶冶之陶
陶皐陶之陶

一音諧三聲圖第六

魚語御獄
衙雅迓獄
梧五悟砡
吾
音吾我之吾又音魚國語暇豫之吾
吾是也又音牙漢金城允吾縣是也
語圄
衙逜
梧浯

目千邪切目目去聲鏃
徂祖胙族
疽咀沮足
目
千也切又音
徂又音疽
罝姐
徂祖
疽咀

內轉第一

聲	幫	滂	並	明	端	透	定	泥	見	溪	羣	疑
					知	徹	澄	孃				
	羽				徵				角			
平		夆	蓬	蒙	東	通	同		公	空		岘
	風	豐	馮	瞢	中	忡	蟲		弓	穹	窮	
上	琫		桻	蠓	董	桶	動	繷		孔		湡
去			槰	幪	凍	痛	洞	齈	貢	控		
	諷	賵	鳳	夢	中	蟲	仲			焪		
入	卜	扑	瀑	木	豰	秃	獨		穀	哭		
	福	蝮	伏	目	竹	蓄	逐	肭	菊	趜	驧	砡

重中重

	日	來	喻	匣	曉	影	邪	心	從	清	精
							禪	審	床	穿	照
	半徵商				宮				商		
東		籠		洪	烘	翁		檧	叢	蔥	嵏
									崇	䵵	
	戎	隆		雄	𧮫	硧				充	終
			融					嵩			
董		曨		澒	嗊	蓊		𢾂	𢔱		總
送		弄		哄	烘	瓮		送	馶	謥	糉
									[illegible]		
										銃	眾
										趥	
屋		祿			㲉	屋		速	族	瘯	鏃
								縮	簇	珿	縬
	肉	六	囿		蓄	郁		叔	孰	俶	粥
								肅	[illegible]	鼀	蹙

內轉第二

音	聲		平				上				去				入			
羽	幫	非			封				覂				葑		襆			
羽	滂	敷			峯				捧						蔔			
羽	並	奉			逢				奉				俸		僕			
羽	明	微					鴓				霿		幪		瑁		媢	
徵	端	知					湩		冢		湩		湩		篤		瘃	
徵	透	徹			蹱		統		寵		統				儥		棟	
徵	定	澄			重				重				重		毒		躅	
徵	泥	孃			醲		繷				癑		械		褥		溽	
角	見				恭				拱				供		梏		輂	
角	溪				銎				恐				恐		酷		曲	
角	羣				蛩				梁				共				局	
角	疑				顒												玉	

輕中輕

精 照	清 穿	從 床	心 審	邪 禪	影	曉	匣	喻	來	日	
商					宮				半徵	半商	
宗	聰	賨	鬆				颾		𨻧		冬
鍾	衝		舂	鱅	邕	匈			龍	茸	鍾
縱	樅	從	淞	松				容			
											腫
腫	[illegible]			偅	擁	洶			隴		
樅	嵷		悚					悀			
綜			宋				䃔		隆		宋
種	[illegible]				雍				[illegible]	[illegible]	用
縱		從		頌				用			
傶		宗	洬		沃	熇	鵠		濼		沃
	[illegible]	藚	數								燭
燭	觸	贖	束	蜀		旭			錄	辱	
足	促		粟	續				欲			

外轉第三

幫	滂	並	明	端 知	透 徹	定 澄	泥 孃	見	溪	羣	疑
羽				徵				角			
平											
邦	胮	龐	尨	樁	惷	幢	膿	江	腔		⿰山兒
上											
綁	耩	棒	⿰忄尨					講			
去											
	胖			戇	⿱舂日	⿰車童	鬞	絳			
入											
剝	璞	雹	邈	斲	逴	濁	搦	覺	殼		獄

重中重

	精照	清穿	從床	心審	邪禪	影	曉	匣	喻	來	日
	商					宮				半徵半商	
江											
		憁	淙	雙		胦	肛	降		瀧	
講											
						慃	㯂	項			
		糉	漴	淙			戇	巷			
覺											
	捉	娖	浞	朔		渥	吒	學		犖	

內轉第四

聲	幫	滂	並	明	端 知	透 徹	定 澄	泥 孃	見	溪	羣	疑
	羽				徵				角			
平												
	陂	鈹	皮	麋	知	摛	馳		羈	攲	奇	宜
	卑	蚾	陴	彌							祇	
上												
	彼	破	被	靡	㩼	褫	豸	伲	掎	綺	技	螘
	比	諀	婢	弭					枳	企		
去												
	賁	帔	髲	魅	智				寄	檹	芰	議
	臂	譬	避						馶	企		
入												

重中輕 重內

	日	來	喻	匣	曉	影	邪禪	心審	從床	清穿	精照
	半商徵		宮				商				
支											
								釃	齹	差	齜
	兒	離			犧	漪	匙	施		眵	支
			移		訑			斯	疵	雌	貲
紙											
								躧			批
	爾	邐			[衤鼻]	倚	是	弛	䑛	侈	紙
			酏					徙		此	紫
寘											
								屣			[此長]
		詈			戲	倚	豉	翅		[多阝]	寘
			易			縊		賜	漬	刺	積

內轉第五

	幫	滂	並	明	端知	透徹	定澄	泥孃	見	溪	羣	疑
	羽				徵				角			
平												
					腄		⿱髟垂		嬀	虧		危
上												
	萎				⿸疒垂				詭	跪	跪	硊
										跬		
去												
							縋		⿰貝爲	⿰尢危		僞
									諉	⿰鬼見		
入												

輕中輕

	日	來	喻	匣	曉	影	邪禪	心審	從床	清穿	精照
	半商徵		宮				商				
支											
								衰			
	痿	羸	爲		麾	逶	垂	韉		吹	騹
			隋		隳		隨	眭			劑
紙											
										揣	
	蘂	累	蔿		毀	委	菙				捶
							瀡	髓	惢		觜
寘											
	枘	累	爲		毀	餧	睡			吹	惴
			瓗		孈	恚		䅗			

內轉第六

	幫	滂	並	明	端 知	透 徹	定 澄	泥 孃	見	溪	羣	疑
	羽				徵				角			
平												
	悲	丕	邳	眉	胝	絺	墀	尼	飢		耆	示
		紕	毗									
上												
	鄙	諀	否	美	黹	[illegible]	雉	柅	几		跽	
	七		牝									
去												
	秘	濞	備	郿	致	屎	緻	膩	冀	器	臮	劓
	痹	屁	鼻	寐			地		蟿	弃		
入												

重中重

	日	來	喻	匣	曉	影	邪禪	心審	從床	清穿	精照
	半徵半商		宮				商				
脂											
		梨						師			
								只		鴟	脂
			夷		咦	伊		私	茨	郪	咨
旨											
											秭
		履			唏	歖	視	矢			旨
							兕	死			姊
至											
	二	利			齂	懿	嗜	屍	示	痓	至
			肄		呬			四	自	次	恣

內轉第七

聲	幫	滂	並	明	端知	透徹	定澄	泥孃	見	溪	羣	疑
	羽				徵				角			
平												
					追		槌		龜	巋	逵	
											葵	
上												
									軌	巋	䣀	
去									癸		揆	
							墜		媿	喟	匱	
入					轛				季		悸	

精	清	從	心	邪	影	曉	匣	喻	來	日	
照	穿	床	審	禪							
商					宮				半徵	半商	
											脂
			衰								
佳	推			誰				帷	纍	蕤	
嗺		嫢	綏			倠		惟			
											旨
			水					隋	壘	蘂	
濢	趡	菙						唯			
											至
	欻		帥								
	出		𣳚			豷		位	類		
醉	翠	萃	邃	遂		侐		遺			

輕中重
輕內

內轉第八

內轉第八	羽				徵				角			
	幫	滂	並	明	端 知	透 徹	定 澄	泥 孃	見	溪	羣	疑
平												
						癡	治		姬	欺	其	疑
上												
					徵	恥	峙	你	紀	起		擬
去												
					置	眙	值		記	亟	忌	艤
入												

重中重
重內

精	清	從	心	邪	影	曉	匣	喩	來	日	
照	穿	床	審	禪							
商					宮				半徵	半商	
											之
菑	輜	茬		漦							
之	蚩		詩	時	醫	僖		飴	釐	而	
茲		慈	思	詞							
											止
滓	剩	士	史	俟							
止	齒		始	市	譩	憙		矣	里	耳	
子			枲	似							
											志
胾	廁	事	駛								
志	熾		試	侍	噫	憙			吏	餌	
子	蛓	字	笥	寺				異			

內轉第九

	幫	滂	並	明	端 知	透 徹	定 澄	泥 孃	見	溪	羣	疑
	羽				徵				角			
平												
									機		祈	沂
上												
									蟣	豈		顗
去												
									旣	氣	⿰酉幾	毅
												刈
入												

重中重內輕

精照	清穿	從床	心審	邪禪	影	曉	匣	喻	來	日	
商					宮				半徵半商		
											微
					衣	希					
											尾
					扆	豨					
											未
					衣	稀					
											廢

內轉第十

	幫	滂	並	明	端	透	定	泥	見	溪	羣	疑
					知	徹	澄	孃				
	羽				徵				角			
平												
	非	霏	肥	微					歸	巋		巍
上												
	匪	斐	膹	尾					鬼			
去												
	沸	費	屝	未					貴	檕		魏
入												

輕中輕 內輕

	精照	清穿	從床	心審	邪禪	影	曉	匣	喻	來	日
	商					宮				半徵半商	
微											
						威	暉		韋		
尾											
						磈	虺		韙		
未											
						慰	諱		胃		
廢											

內轉第十一

聲	幫	滂	並	明	端 知	透 徹	定 澄	泥 孃	見	溪	羣	疑
音	羽				徵				角			
平												
					猪	攄	除	袽	居	墟	渠	魚
上												
					貯	褚	佇	女	舉	去	拒	語
去												
					著	絮	箸	女	攄	去	遽	御
入												

重中重

	日	來	喻	匣	曉	影	邪	心	從	清	精
							禪	審	床	穿	照
	半徵商		宮				商				
魚											
								蔬	鋤	初	葅
	如	臚			虛	於	蜍	書			諸
			余				徐	胥		疽	苴
語											
								所	齟	楚	阻
	汝	呂			許	棜	墅	暑	紓	杵	鬻
			與				敘	諝	咀	取	苴
御											
								疏	助	楚	詛
	洳	慮			噓	飫	署	恕		處	翥
			豫				屐	絮		覷	怚

內轉第十二

	幫	滂	並	明	端 知	透 徹	定 澄	泥 孃	見	溪	羣	疑
	羽				徵				角			
平	逋	鋪	蒲	模	都	稌	徒	奴	孤	枯		吾
	膚	敷	扶	無	株	貙	廚		拘	區	劬	虞
上	補	普	簿	姥	覩	土	杜	弩	古	苦		五
	甫	撫	父	武	柱		柱		矩	齲	窶	俁
去	布	怖	捕	暮	妒	菟	渡	笯	顧	絝		誤
	付	赴	附	務	駐	閏	住		屨	驅	懼	遇
入												

精照	清穿	從床	心審	邪禪	影	曉	匣	喻	來	日	
商					宮				半徵	半商	
租	麤	徂	蘇		烏	呼	胡		盧		模
㑳	芻	雛	[illegible]								虞
朱	樞		輸	殊	紆	訏		于	慺	儒	
諏	趨		須					俞			
祖	蔖	粗				虎	戶	塢	魯		姥
											麌
主		[illegible]	數	豎	詡			羽	縷		
	取	聚	[illegible]								
作	厝	祚	訴			謼	護		路		暮
趨	菆		捒								遇
注	[illegible]		戍	樹	嫗	煦		芋	屢	孺	
緅	娶	[illegible]	尠					裕			

輕中輕

內轉第十三

	幫	滂	並	明	端	透	定	泥	見	溪	羣	疑
					知	徹	澄	孃				
	羽				徵				角			
平		㛂	䏽		𧷤	胎	臺	能	該	開		皚
	𩑶	崩	排	埋	𪘐	搋		搱	皆	揩		
	篦	磇	鼙	迷	氐	梯	題	泥	鷄	谿		倪
上		啡	倍	穤	等	噎	駘	乃	改	愷		
										楷		騃
	鞞	頩	陛	米	邸	體	弟	禰		啓		
去				穤	戴	貸	代	耐	溉	溉		礙
								褹	誡	烗		睚
									猘	憇		劓
	閉	媲	薜	謎	帝	替	弟	泥	計	契		詣
入												
						蠆	駼		犗			

精照	清穿	從床	心審	邪禪	影	曉	匣	喻	來	日	
商					宮				半徵	半商	
哉	猜	裁	鰓		哀	咍	孩		來	耑	咍
齋	差	豺	崽		挨		諧		唻		皆
	犨										
齎	妻	齊	西	移	鷖	醯	兮		黎	臡	齊
宰	采	在	諰		欸	海	亥	佁	釢	疓	海
	茝				挨	駭			獺		駭
堄											薺
濟	泚	薺	洗		盻	徯			禮		
載	菜	在	賽		愛	儗	瀣		賚		代
瘵	瘥	慫	鎩		噫	譮	械				恠
制	掣		世	逝	緆	慧			例		祭
霽	砌	嚌	細		瞖	昚	槷		麗		霽
	碎	寨	呥		喝	譪	叡				夬

重中重

外轉第十四

聲	幫	滂	並	明	端	透	定	泥	見	溪	羣	疑
					知	徹	澄	孃				
	羽				徵				角			
平	杯	肧	裴	枚	磓	⿰車隹	穨	⿰忄嬰	傀	恢		鮠
							⿸厂貴		乖	匯		
									圭	睽		
上			琲	浼	䐶	骽	鐓	餧	⿰骨頁	顝		頠
去	背	配	佩	妹	對	退	隊	內	憒	塊		磑
	拜	湃	憊	⿰目勿	顡				恠	蒯		
					綴		鐂		劌	⿰火卷		聵
									桂	揆		
入												
	敗		敗	邁					夬	快		

輕中重		日	來	喻	匣	曉	影	邪禪	心審	從床	清穿	精照
		半商	半徵	宮				商				
	灰		雷		回	灰	隈			摧	崔	嗺
	皆		[illegible]		懷	虺	崴			膗		
	齊				攜	睳	[illegible]					
	賄		磥	倄	瘣	賄	猥			罪	皠	摧
	隊		纇		潰	誨	[illegible]		碎	啐	倅	睟
	恠				壞	狧			鎩		竁	
	祭	芮		衛				啜	稅			贅
	霽				慧	嘒					毳	
	夬				話	咶	[illegible]				嘬	

外轉第十五

	幫	滂	並	明	端知	透徹	定澄	泥孃	見	溪	羣	疑
	羽				徵				角			
平												
			牌	䁅		杈		羪	佳			崖
上												
	擺		罷	買			廌	㛔	解	楷	鎊	騃
去	貝	霈	旆	眛	帶	太	太	奈	蓋	礚		艾
	廦			賣	媞				懈	𣪠		睚
	蔽	潎	獘	袂								
入												

精照	清穿	從床	心審	邪禪	影	曉	匣	喻	來	日	
商					宮				半徵	半商	
											佳
	釵	柴	崽		娃	㕷	膎				
											蟹
			灑		矮		蟹				
	蔡				藹	餀	害		賴		泰
債	差	瘵	曬		隘	謑	邂				卦
祭								曳			祭
											廢

重中輕

外轉第十六

	羽				徵				角			
	幫	滂	並	明	端 知	透 徹	定 澄	泥 孃	見	溪	羣	疑
平												
									媧	喎		
上												
							撐		艼	芐		
去					祋	娧	兌		儈	檜		
	派	𠂢	粺		膪				卦			
入												
	廢	肺	吠								衛	

輕中輕

	日	來	喻	匣	曉	影	邪 禪	心 審	從 床	清 穿	精 照
	半商徵		宮				商				
佳											
				鼃	竵	蛙					
蟹											
				夥	扮						
泰		酹		會	譮	懀		䃕	蕞	襊	最
卦				畫		諣		啐			
祭			銳				篲	歲			蕝
廢											
					喙	穢					

外轉第十七

	幫	滂	並	明	端 知	透 徹	定 澄	泥 孃	見	溪	羣	疑
	羽				徵				角			
平						吞			根			垠
	份	砏	貧	珉	珍	[illegible]	陳	紉	巾		墐	銀
											趁	
上									頣	墾		
				愍	駗	辴	紖		巹			釿
	矉	碌	牝	泯					緊	螼		
去									艮	硍		鎧
					鎮	疢	陣				僅	憖
	儐	碌	[illegible]	愍								
入												
	筆		弼	蜜	窒	抶	秩	暱	暨		姞	耴
	必	匹	邲	[illegible]	蛭			昵	吉	詰		

精	清	從	心	邪	影	曉	匣	喻	來	日	
照	穿	床	審	禪							
商					宮				半徵商		
					恩	痕					痕
臻		蓁	莘								臻
真	瞋	神	申	辰	蘙			囩	鄰	人	真
津	親	秦	辛		因		礥	夤	苓		
							㹞				很
䲋	齓										隱
軫			矧	腎		脪		愪	嶙	忍	軫
㯸	笉	盡			引						
					饐		恨				恨
	襯		阠								惞
震			眒	慎	隱	衅		酳	遴	刃	震
晉	親		信	賮	印						
							麧				沒
櫛	刹	齜	瑟								櫛
質	叱	實	失		乙	肸		颵	栗	日	質
堲	七	疾	悉		一	欯		逸			

重中重

外轉第十八

	𧟝	滂	並	明	端	透	定	泥	見	溪	羣	疑
					知	徹	澄	孃				
	羽				徵				角			
平	奔	歕	盆	門	敦	暾	屯	黁	昆	坤		僤
					迍	椿	酏		麏	囷		
									鈞			
上	本	栩	獖	懣		畽	囤	炳	鯀	閫		
						偆	蜳		窘	稛		
去	奔	噴	坌	悶	頓		鈍	嫩	睔	困		顐
									昀			
入		誖	敦	没	咄		突	訥	骨	窟		
					㤕	黜	述					
					崛	茁			橘			

輕中輕

精照	清穿	從床	心審	邪禪	影	曉	匣	喻	來	日	
商					宮				半徵商		
尊	村	存	孫		溫	昏	魂		論		魂
竣	㥚										諄
諄	春	脣	媋	純	贇			筠	倫	犉	
遵	逡	脣	荀	旬				匀			
剸	忖	鱒	損		穩	緫	混		怨		混
											準
準	蠢	盾	賰					隕	輪		
	蹲		筍					尹			
焌	寸	鐏	巽		揾	惛	慁		論		慁
											稕
稕			舜	順						閏	
俊			峻	殉	殉						
卒	猝	捽	窣		頞	忽			[illegible]		沒
[illegible]	[illegible]		率								術
	出	術				[illegible]		颶	律	膥	
卒	焌	崒	恤			獝		驈			

外轉第十九

	幫	滂	並	明	端知	透徹	定澄	泥孃	見	溪	羣	疑
	羽				徵				角			
平												
									斤		勤	⿰斤虎
上												
									謹	赾	近	听
去												
									靳		近	垽
入												
									訖	乞	趌	疙

重中輕

	日	來	喻	匣	曉	影	邪 禪	心 審	從 床	清 穿	精 照
	半商徵			宮				商			
欣											
					欣	殷					
隱											
					⿰虫㥯	隱					
焮											
					焮	⿰亻㥯					
迄											
					迄						

外轉第二十

	羽				徵				角			
	幫非	滂敷	並奉	明微	端知	透徹	定澄	泥孃	見	溪	羣	疑
平												
	分	芬	汾	文					君		羣	
上												
	粉	忿	憤	吻					攟	䞫		齳
去												
	糞	湓	分	問					攈		郡	
入												
	弗	拂	佛	物					亥	屈	倔	崛

精照	清穿	從床	心審	邪禪	影	曉	匣	喻	來	日	
商					宮				半徵	半商	
											文
					煴	熏		雲			
											吻
					惲			抎			
											問
					醞	訓		運			
											物
					鬱	䬍		䬎			

輕中輕

七音略第一

外轉第廿一

	幫	滂	並	明	端 知	透 徹	定 澄	泥 孃	見	溪	羣	疑
	羽				徵				角			
平												
	㛹				邅		纏	嘫	間	掔		訮
									攑	擧	[illegible]	言
	鞭	篇	便	緜					甄			
上												
	版	眅		䰵					簡	齴		眼
				冕		[illegible]			犍	言	寋	言
	褊	扁	楩	緬						遣		
去												
	扮	盼	辦	蔄			袒		澗			硏
									建	[illegible]	健	甗
	徧	騗	便	面						譴		
入												
	捌								鴰	鍻		
									訐		揭	钀
	鷩	瞥	嫳	滅					孑			

重中輕

精照	清穿	從床	心審	邪禪	影	曉	匣	喻	來	日	
商					宮				半徵商		
											山
	僤	虥	山		黰	羴	閑		斕		
					蔫	軒					元
煎	遷	錢	仙	涎				延			仙
醆	剗	棧	產				限				產
					偃	幰					阮
剪	淺	踐	獮					演			獮
	羼		㥄				莧				襇
					堰	獻					願
箭		賤	線	羨				衍			線
		鑱									
	刹	鐗	殺		轄						鎋
											月
蠿	詧		薛					抴			薛

外轉第廿二

	羽				徵				角			
	幫非	滂敷	並奉	明微	端知	透徹	定澄	泥孃	見	溪	羣	疑
平												
							窀		鰥		權	頑
	藩	飜	煩	樠								元
					[illegible]							
上												
	反		飯	晚					[illegible]	[illegible]	[illegible]	阮
									琄		蜎	
去												
									鰥			
	販	娩	飯	萬					[illegible]	券	圈	願
									絹			
入												
					[illegible]	頢		妠	刮			刖
	髮	怫	伐	韈					厥	闕	[illegible]	月
										缺		

輕中輕

	日	來	喻	匣	曉	影	邪	心	從	清	精
							禪	審	床	穿	照
	半徵半商		宮				商				
山		爈		湲		嬛		栓			恮
元			袁		暄	鴛					
仙			沿		翾	娟	旋	宣	全	詮	鐫
阮			遠		暅	婉					
獮			兖		蠉		[illegible]	選	雋	䢭	臇
襇				幻				篹			孨
願			遠		楦	怨				[illegible]	
線			掾				旋	選	泉	縓	
鎋				頢				刷		纂	茁
月			越		颰	嬮					
薛			悅			妜	[illegible]	雪	絕	膬	蕝

外轉第廿三

	幫	滂	並	明	端 知	透 徹	定 澄	泥 孃	見	溪	羣	疑
	羽				徵				角			
平					單	灘	壇	難	干	看		豻
									姦	馯		顏
					邅	脡	纏			愆	乾	
	邊		蹁	眠	顛	天	田	年	堅	牽		妍
上					亶	坦	但	灘	笴	侃		鄿
								赧				齗
	辡	鴘	辨	免	展	搌	邅	趁	蹇	繾	件	齴
			辮	丏	典	腆		撚	繭	[illegible]		齞
去					旦	炭	憚	難	旰	侃		岸
					[illegible]	[illegible]			諫			鴈
			卞		驏		邅	輾			偐	彥
		片	辨	麪	殿	瑱	電	晛	見	俔		硯
入					怛	闥	達	捺	葛	渴		嶭
				礣	哳	呾	噠	痆	戛	[illegible]		
	[illegible]		別		哲	徹	轍		揭	朅	傑	孽
	[illegible]	嫳	蹩	蔑	窒	鐵	姪	涅	結	猰		齧

重中重

精照	清穿	從床	心審	邪禪	影	曉	匣	喻	來	日	
商					宮				半徵半商		
	餐	戔	珊		安	頇	寒		蘭		寒
		潺	刪								刪
饘	燀		羶	鋋	焉	嘕		漹	連	然	仙
牋	千	前	先		煙	祆	賢		蓮		先
鬢		瓚	散		侒	罕	旱		爛		旱
	㹱	虦	潸				僩				潸
𥈠	闡		㒄	善			㫃		輦	蹨	獮
			銑		蝘	顯	現				銑
贊	粲	㜺	繖		按	漢	翰		爛		翰
	鏟	棧	訕		晏		骭				諫
戰	硟		扇	繕	躽				𨏶		線
薦	蒨	荐	霰		宴	韅	現		練		霰
囋	攃	巀	躠		遏	顯	曷		剌		曷
札	察		樧		軋		黠				黠
浙	掣	舌	設	折	焆	娎			列	熱	薛
節	切	擮	屑		噎	昚	纈				屑

外轉第廿四

	疑	羣	溪	見	泥	定	透	端	明	並	滂	幫
					孃	澄	徹	知				
	角				徵				羽			
平	岏		寬	官	渜	團	湍	耑	瞞	盤	潘	般
	𤺌			關	奻				蠻	朌	攀	班
		權	弮	勬		椽	鐉		懣			
				涓								
上	輐		欵	管	餪	斷	畽	短	滿	伴	坢	叛
									矕	阪	眅	板
		圈		卷	腝	篆	瑑	轉				
			犬	畎								
去	玩		鏉	貫	偄	段	彖	鍛	謾	畔	判	半
	薍	𧾲		慣	奻				慢		襻	𧝓
		倦	䊵	眷		傳	猭	囀				變
			駽	睊		綻						
入	抈		闊	括		奪	侻	掇	末	跋	鏺	撥
	聉		㔯	劀	豽			窡	[illegible]	拔	汃	八
				蹶	吶		敪	輟				
			闋	玦								

輕中重

精照	清穿	從床	心審	邪禪	影	曉	匣	喻	來	日	
商					宮				半徵	半商	
鑽	⿰子夋	攢	酸		剜	歡	桓		鸞		桓
跧		袀	攌		彎		還				刪
專	穿	船		遄	嬽			員	攣	堧	仙
					淵	鋗	玄				先
纂	⿱彖心	鄹	算		椀		緩		夘		緩
⿰虫巽	⿰忄產	撰	⿰羊巽		綰		晥				潸
剸	舛			膞	宛				臠	臑	獮
			旋		蜎		泫				銑
⿰犭贊	竄	攢	算		惋	喚	換		亂		換
恮	篡	饌	攣		綰		患				諫
剸	釧	㨂	綀					瑗	戀	⿰日耎	線
					餶	絢	縣				霰
繓	撮	柮	刷		斡	⿰言害	活		捋		末
茁	⿰叕刂	⿰齒卒			婠	傄	滑				黠
拙	歠		說	啜	噦	⿱曰叉			劣	爇	薛
					抉	血	穴				屑

外轉第廿五

	幫	滂	並	明	端 知	透 徹	定 澄	泥 孃	見	溪	羣	疑
	羽				徵				角			
平	褒	櫜	袍	毛	刀	饕	陶	猱	高	尻		敖
	包	胞	庖	茅	裯	颾	祧	鐃	交	敲		聱
	鑣	爂		苗	朝	超	晁		驕	趫	喬	
					貂	挑	迢	嬈	驍	鄡		堯
上	寶	臕	抱	蓩	倒	討	道	腦	暠	考		䫨
	飽		鮑	卯	獠	抓		獿	絞	巧		齩
	表	麃	藨			䕭	趙		矯	趫	蹻	鱎
					鳥	朓	窕	嬲	皎	䂪		磽
去	報	犥	暴	帽	到	韜	道	臑	誥	鎬		傲
	豹	奅	靤	皃	罩	趠	棹	橈	教	敲		樂
	俵	剽	[illegible]	廟		朓	召		驕	趬	嶠	
					弔	糶	藋	尿	叫	竅		顤
入	博	顛	泊	莫	沰	託	鐸	諾	各	恪		愕
	韝	溥	縛		芍	[illegible]	著	逽	腳	却	噱	虐

精照	清穿	從床	心審	邪禪	影	曉	匣	喻	來	日	
商					宮				半徵	半商	
糟	操	曹	騷		爊	蒿	豪		勞		豪
䝏	譟	巢	梢		䫜	虓	肴		顟		肴
昭	怊		燒	韶	妖	囂		鴞	遼	饒	宵
			蕭		么	膮			聊		蕭
早	草	卓	嫂		襖	好	皓		老		皓
爪	謅	䰫	數		拗		澩				巧
沼	麨		少	紹	夭				繚	擾	小
湫	悄		篠		杳	曉	皛		了		篠
竈	操	漕	喿		奥	耗	号		嫪		号
抓	抄	巢	稍		靿	孝	効				效
照	覞		少	邵		魦			寮	饒	笑
醮	峭	噍	嘯		窔	歊			顟		嘯
作	錯	昨	索		惡	臛	涸		落		鐸
斮		截									藥
灼	綽		爍		約	謔			略	弱	
爵	鵲	嚼	削								

重中重

外轉第廿六

	幫	滂	並	明	端知	透徹	定澄	泥孃	見	溪	羣	疑
	羽				徵				角			
平												
	猋	漂	瓢	蜱							蹻	翹
上												
	褾	縹	摽	眇								[illegible]
去												
	裱	剽	驃	妙						趬		
入												

重中重

精照	清穿	從床	心審	邪禪	影	曉	匣	喻	來	日	
商					宮				半徵半商		
											宵
焦	鍫	樵	霄		邀			遙			
											小
勦	悄		小		闄			漾			
											笑
醮	陗	噍	笑		要			燿			

內轉第廿七

	幫	滂	並	明	端	透	定	泥	見	溪	羣	疑
					知	徹	澄	孃				
	羽				徵				角			
平					多	他	駞	那	歌	珂		莪
上					嚲	柁	爹	橠	哿	何		我
去					跢	柂	馱	奈	箇	坷		餓
入												

重中重

精照	清穿	從床	心審	邪禪	影	曉	匣	喻	來	日	
商					宮				半徵	半商	
磋	蹉	醝	娑		阿	呵	何		羅		歌
左	瑳	鹺	縒		閜	歌	荷		橠		哿
佐	磋		些		侉	呵	賀		邏		箇

内轉第廿八

	幫	滂	竝	明	端	透	定	泥	見	溪	羣	疑
					知	徹	澄	孃				
	羽				徵				角			
平	波	頗	婆	摩	陊	詑	牠	捼	戈	科		吪
										⿰骨㐌		
上	跛	叵	爸	麽	朶	妥	惰	⿰女厄	果	顆		扼
去	播	破	縛	磨	刴	唾	墮	懦	過	課		臥
入												

輕中輕

精照	清穿	從床	心審	邪禪	影	曉	匣	喻	來	日	
商					宮				半徵商		
侳	遳	矬	蓑		倭	吙	和		臝		戈
									臠		
硰	脞	坐	鏁		腂	火	禍		躶		果
挫	剉	坐	臊		涴	貨	和		臝		過

外轉第廿九 平 上 去 入

羽				徵				角			
幫	滂	並	明	端 知	透 徹	定 澄	泥 孃	見	溪	羣	疑
巴	葩	爬	麻	奓	侘	茶	拏	嘉	齣		牙
把		跁	馬	觰	奼	跥	絮	檟	跒		雅
覇	帕	杷	禡	吒	詫	蛇	䑨	駕	髂		迓

	日	來	喻	匣	曉	影	邪	心	從	清	精
							禪	審	床	穿	照
	半商徵		宮				商				
麻											
				遐	呀	鵶		砂	楂	叉	樝
	若	儸					闍	奢	虵	車	遮
			耶				邪	些	查	䃎	嗟
馬											
		蘿		下	閜	啞		灑	槎	⿱竹叉	鮓
	若						社	捨		奲	者
			野				灺	寫	担	且	姐
禡											
				暇	嚇	亞		嗄	乍	扠	詐
								舍	射	趀	柘
			夜				謝	蝑	褯	笡	唶

重中重

外轉第三十

	幫	滂	並	明	端 知	透 徹	定 澄	泥 孃	見	溪	羣	疑
	羽				徵				角			
平												
					檛				瓜	誇		[illegible]
上												
						[illegible]			寡	髁		瓦
去												
									坬	跨		瓦
入												

精照	清穿	從床	心審	邪禪	影	曉	匣	喻	來	日	
商					宮				半商徵		
											麻
[illegible]					窊	華	譁				
											馬
䵵	䂳		葰		搲		踝				
											禡
			誜		窊	化	摦				

輕中輕重一作

外轉第卅一

	幫	滂	並	明	端知	透徹	定澄	泥孃	見	溪	羣	疑
	羽				徵				角			
平					耽	貪	覃	南	弇	龕		諁
					詀			諵	緘	鵮		嵒
	砭				霑	覘		黏		熸	箝	䶢
					髻	添	甜	鮎	兼	謙		
上					黕	襑	禫	腩	感	坎		顉
						儃	湛		䶢	㞁		顲
	貶			妥		諂			檢	預	儉	
					點	忝	簟	淰	孂	歉		顩
去					馾	僋	醰	妠	紺	勘		儑
					䛳		賺	諵	顲	歉		顑
	窆					覘						驗
					店	㮇	磹	念	趝	傔		
入					答	錔	沓	納	閤	榼		䁆
					箚	𥂖		図	夾	恰		瘱
					輒	鍤	牒	聶	𦊰	㾊	笈	
					聑	帖		捻	頰	愜		

	日	來	喻	匣	曉	影	邪禪	心審	從床	清穿	精照
	半商徵				宮				商		
覃		婪		含	𡶰	諳		毿	蠶	參	簪
咸				咸	㰹	𢓊		攕	讒		
鹽	髯	廉	炎	嫌		淹	蟾	苫		韂	詹
添		鬑			馦						
感		壈		頷	喊	晻		糂	歜	慘	昝
豏		臉		豏		黯		摻	巉	醶	斬
琰		斂			險	奄	剡	陝			颭
忝		稴		鼸						憯	
勘		顲		憾	顑	暗		俕		謲	篸
陷				陷		𪉡			儳		蘸
豔	染	殮				㤿	贍	閃		𨅬	占
㮇		稴				𨢿		䃸	䁪		僭
合		拉		合	欱	姶		趿	雜	趛	匝
洽				洽	𪖐	𨅨		歃	𧼮	插	眨
葉	讘	獵	曄			𢿣	涉	攝		謵	讋
帖		𤮵		協	㛢			燮	雥		浹

重中重

外轉第卅二

	幫	滂	並	明	端 知	透 徹	定 澄	泥 孃	見	溪	羣	疑
	羽				徵				角			
平				姏	擔	蚺	談		甘	坩		
			⿺走並						監	嵌		巖
												嚴
											鍼	
上				⿰女岩	膽	菼	噉			⿸厂敢		
										⿰兼頁		
										欦		儼
										脥		
去					擔	賧	憺		⿰鹵舀	闞		
			⿰氵⿸尸至						鑑			
										⿰今支		釅
入				⿰荅皮	榻	蹋	魶	⿰盍頁	榼		曗
						霅		甲			
								劫	怯		業

精照	清穿	從床	心審	邪禪	影	曉	匣	喻	來	日	
商					宮				半徵	半商	
		慙	三			蚶	酣		藍		談
	攙	巉	衫				銜				銜
					醃	韽					嚴
鏨	僉	潛	銛	燖	懕			鹽			鹽
	黲	⿱斬食			埯	喊			覽		敢
	醶	嵁	⿱斬手		黶	⿰彳敢	檻				檻
					埯						儼
⿱斬食	槧	漸	憸		⿰黑敢			琰			琰
		暫	三			⿰貝甘	憨		濫		闞
⿱斬見	懺	鑱	釤		⿰黑敢	⿰亻敢	豏				鑑
											釅
⿰口截	塹	潛			厭			豔			豔
	囃	⿱垂金	⿰亻重		鰪	⿰盍頁	盍	臘	臘		盍
	囃	渫	霎		鴨	呷	狎				狎
譫					腌	脅					業
接	妾	捷			魘			葉			葉

重中輕

外轉第卅三

	幫非	滂敷	並奉	明微	端知	透徹	定澄	泥孃	見	溪	羣	疑
	羽				徵				角			
平												
		芝	凡									
上												
	腠	釩	范	錽		僩			抖	斗		
去												
		汎	梵	菱					劍	欠		
入												
	法	姂	乏			插		攝		猲		

輕中輕

	精照	清穿	從床	心審	邪禪	影	曉	匣	喻	來	日
	商					宮				半徵	半商
凡											
范											
梵											
						俺					
乏											

外轉第卅四

	幫	滂	並	明	端 知	透 徹	定 澄	泥 孃	見	溪	羣	疑
	羽				徵				角			
平	幫	滂	旁	茫	當	湯	堂	囊	岡	穅		昂
	方	芳	房	亡	張	倀	長	孃	薑	羌	彊	
上	榜	髈		莽	黨	曭	蕩	曩	䴚	慷		䭹
	昉	髣		罔	長	昶	丈	獽	繈	𥓫	強	仰
			[illegible]									
去	螃	[illegible]	傍	漭	譡	儻	宕	儾	鋼	抗		枊
	放	訪	防	妄	悵	帳	仗	釀	彊	唴	弶	䡉
入	博	[illegible]	泊	莫	沰	託	鐸	諾	各	恪		
	轉	[illegible]	縛		芍	辵	著	[illegible]	脚	卻	噱	虐

重中重

精 照	清 穿	從 床	心 審	邪 禪	影	曉	匣	喻	來	日	
商					宮				半徵 半商		
臧	倉	藏	桑		鴦	蚢	航		郎		唐
莊	創	牀	霜								陽
章	昌		商	常	央	香			良	穰	
蔣	鏘	牆	襄	詳				陽			
駔	蒼	奘	顙		坱	汻	沆		郎		蕩
	磢		爽								養
掌	敞		賞	上	鞅	響			兩	壤	
蔣	搶		想	象				養			
葬	槍	藏	喪		盎		吭		浪		宕
壯	剏	狀	灀								漾
障	唱		餉	尚	快	向			亮	讓	
醬	蹡	匠	相					漾			
作	錯	昨	索		惡	臛	涸		落		鐸
斮		戠									藥
灼	綽	杓	鑠	妁	約	謔			略	弱	
爵	鵲	嚼	削					藥			

內轉第卅五

	幫	滂	並	明	端知	透徹	定澄	泥孃	見	溪	羣	疑
	羽				徵				角			
平									光	觥		
									恇	匡	狂	
上									廣	懬		
									臩	忻	俇	
去									桄	曠		
									誑	盺	狂	
入									郭	廓		瓁
									玃	躩	戄	

精照	清穿	從床	心審	邪禪	影	曉	匣	喻	來	日	
商					宮				半商徵		輕中輕
					汪	流	黃				唐
											陽
						妧		王			
					汪	慌	幌				蕩
											養
					枉	怳		往			
					汪	荒	攩				宕
											漾
						況		迋			
嘄											
					臒	霍	穫		硦		鐸
											藥
					嬳	矆		籰			

外轉第卅六

	幫	滂	並	明	端	透	定	泥	見	溪	羣	疑
					知	徹	澄	孃				
	羽				徵				角			
平												
	繃	榜	彭	盲	趟	瞠	棖	鬡	庚	坑		
	兵		平	明					京	卿	擎	迎
	并	娉		名						輕		
上												
	浜		鮩	猛	打	盯	瑒	檸	梗	沆		
	丙			皿					警			
	餅			眳		徎			頸			痙
去												
	榜		膨	命	倀	牚	鎊		更			
	柄		病	孟					敬	慶	競	迎
	摒	聘	偋	詺					勁	輕		
入												
	伯	柏	白	陌	磔	拆	宅	蹃	格	客		額
			欂						戟	隙	劇	逆
	辟	僻	擗									

日	來	喻	匣	曉	影	邪 禪	心 審	從 牀	清 穿	精 照	
半商徵		宮				商					
											庚
			行	亨			生	傖	鎗		
	冷	盈			嬰	餳		情	清	精	清
											梗
	冷		杏				省				
	令				影						
	領				癭		省	靜	請	井	靜
											敬
			行	𧩡	瀴				瀙		
					映						
					纓		性	淨	倩	精	勁
											陌
礐			垎	赫	啞		索	齰	栅	迮	
		繹			益	席	昔	籍	皵	積	昔

重中輕

內轉第卅七

	幫	滂	並	明	端 知	透 徹	定 澄	泥 孃	見	溪	羣	疑
	羽				徵				角			
平												
									觥	⿱大谷		
										傾	瓊	
上									礦	⿱目介		
									璟			
										頃	痙	
去												
入												
									虢	蝍		
									鵙	⿰⻊臭		

輕中輕

	日	來	喻	匣	曉	影	邪 禪	心 審	從 床	清 穿	精 照
	半徵商		宮				商				
庚											
				橫	湟						
			榮		兄	謍					
清			營		眴	縈					
梗											
			永	卄		㦜					
靜			潁		𦬿						
敬											
				蝗		𥦗					
			詠								
勁					敻						
陌											
			嚯	嚄	砉	韄					
昔			役		瞁						

外轉第卅八

	幫	滂	並	明	端 知	透 徹	定 澄	泥 孃	見	溪	羣	疑
	羽				徵				角			
平	浜	怦	棚	甍	朾		橙	獰	耕	鏗		娙
					楨	檉	呈					
		竮	瓶	冥	丁	聽	庭	寧	經			
上	鉼	䴵	併	黽					耿			
					冣	逞	裎					
	鞞	頩	並	茗	頂	挺		顈	頸	剄	謦	脛
去	迸	軿	偋	䁅			瑒					
						遉	鄭	䭢				
	跰	𤼶	屏	䴌	叮	聽	定	寗	徑	罄		
入	檗	擢	擗	麥	摘	蹢	𤺄		隔			
	碧	鈲	欂		䵂							
	壁	劈	甓	覓	的	逖	擲	惄	激	喫		

	精照	清穿	從床	心審	邪禪	影	曉	匣	喻	來	日		
	商					宮				半徵商			
	爭	琤	崢			甖		莖		磷			耕
	征			聲	成								清
	菁	青		星		啨	馨	形		靈			青
						巊	䳹	幸					耿
	整									領			靜
			汫	醒				婞		苓			迥
	諍							嫈					諍
	政			聖	盛					令			勁
		䶄		腥				脛		零			𤞟
	責	策	賾	栜		戹	𢹂	覈		礭			麥
	隻	尺	𨐨	釋	石					𠞰			昔
	績	戚	寂	錫			𧹞	檄		歷			錫

重中重

外轉第卅九

	羽				徵				角			
	幫	滂	並	明	端知	透徹	定澄	泥孃	見	溪	羣	疑
平												
	繃											
									扃			
上												
									熲	褧		
去												
入												
									馘	蟈	趌	
									臬	闃		

輕中輕

精照	清穿	從床	心審	邪禪	影	曉	匣	喻	來	日	
商					宮				半商徵		
											耕
					泓	訇	宏				
											青
							熒				
											迥
					濙	詗	迥				
											諍
						轟					
					鎣						徑
											麥
[illegible]		趚	摵			剨	獲				
						[illegible]					錫

內轉第四十

音	聲	平				上				去				入			
羽	幫			不	彪	掊		缶				富					
	滂			颩		剖		紑		仆		副					
	並	裒		浮	淲	部		婦		䏬		復					
	明	呣		謀	繆	母				茂		莓	謬				
徵	端知	兜		輈		斗		肘		鬭		晝					
	透徹	偷		抽		妵		丑		透		畜					
	定澄	頭		儔		黈		紂		豆		冑					
	泥孃	羺				穀		狃		耨		糅					
角	見	鉤		鳩	樛	苟		久		構		救					
	溪	彄		丘	恘	口		糗		寇		[illegible]	齅				
	羣			求	虯			臼	蟉			舊	[illegible]				
	疑	齵		牛		藕				偶		鼿					

精	清	從	心	邪	影	曉	匣	喻	來	日	
照	穿	床	審	禪							
商					宮				半徵	半商	
鯫	謅	㔌	涑		謳	齁	侯		婁		侯
鄒	搊	愁	搜								
周	犨		收	讎	優	休		尤	留	柔	尤
稵	秋	酋	脩	囚	幽	飍		由	鏐		幽
走	趣	鯫	藪		歐	吼	厚		塿		厚
掫	輙	𥝩	漊					有			有
帚	醜			受	䬲	朽		酉	柳	蹂	
酒		湫	滫		黝						黝
奏	輳	㔌	瘶		漚	詬	候			漏	候
㑳	簉	驟	瘦								宥
呪	臭		狩	授		齅		宥	溜	輮	
僦	趥	就	秀	岫	幼			狖			幼

重中重

內轉第四十一

	羽				徵				角			
	幫	滂	並	明	端 知	透 徹	定 澄	泥 孃	見	溪	羣	疑
平												
					碪	琛	沈	⿰言壬	今	欽	琴	吟
上												
	稟	品			般	踸	朕	栣	錦	坅	噤	僸
去												
	稟				揕	闖	鴆	賃	禁		⿰齒今	吟
入												
	鵖			䠎	縶	湁	蟄	孨	急	泣	及	岌

重中重

商					宫				半徵	半商	
精照	清穿	從床	心審	邪禪	影	曉	匣	喻	來	日	
											侵
簪	參	岑	森								
斟	覘		深	諶	音	歆			林	壬	
祲	侵	鬵	心	尋	愔			淫			
	磣	頗	㾕								寑
枕	瀋	葚	沈	甚	飲	廞			凜	荏	
醑	寑	蕈	罧					潭			
譖	讖		滲								沁
枕			深	甚	蔭			類	臨	妊	
浸	沁										
戢	㞙	霵	澀								緝
執	斟		濕	十	邑	吸		熤	立	入	
㗱	緝	集	靸	習	揖			熠			

內轉第四十二平 上 去 入

	幫	滂	並	明	端	透	定	泥	見	溪	羣	疑
					知	徹	澄	孃				
	羽				徵				角			
平	崩	漰	朋	瞢	登	鼟	騰	能	緪			
	冰	砯	凭	儚	徵	僜	澄		兢	硱	殑	凝
上		倗			等			能		肯		
						庱					殑	
去	䆲		倗	懵	嶝	瀓	鄧		亘			
			凭			覴	瞪				殑	
入	北	覆	菔	墨	德	忒	特	[illegible]	裓	刻		
	逼	堛	愎	䆟	陟	敕	直	匿	殛	𨎬	極	嶷
					[illegible]							

重中重

	日	來	喻	匣	曉	影	邪	心	從	清	精
							禪	審	床	穿	照
	半商	半徵	宮				商				
登		楞		峘	恆			僧	層	鬅	增
蒸								殑	磳		
	仍	夌		蠅	興	膺	承	昇	繩	稱	蒸
								綡	繒	彩	驓
等											
								殑			
拯											拯
嶝		倰						[illegible]	贈	蹭	增
證	認	餕			興	應	丞	勝	乘	稱	證
			孕								甑
德		勒		劾	黑	餩		塞	賊	墄	則
職								色	萴	測	稄
	日	力			赩	憶	寔	識	食	瀷	職
			弋					息	堲		卽

內轉第四十三

聲	羽				徵				角			
	幫	滂	並	明	端	透	定	泥	見	溪	羣	疑
					知	徹	澄	孃				
平									肱	鞃		
上												
去												
入												
									國			

輕中輕

	精	清	從	心	邪	影	曉	匣	喻	來	日	
	照	穿	床	審	禪							
	商					宮				半商徵		
登							薨	弘				
蒸												
等												
拯												
嶝												
證												
德							䞤	或				
職							洫		域			

七音略第二

天文略第一　通志卷第三十八

天文序

堯命羲和揭星鳥星火星虛星昴之象以示人使人知二至二分以行四時不幸而占候之說起持吉凶以惑人紛紛然務爲妖妄是以刑網禁之臣謹按占候之學起於春秋戰國其時所謂精於其道者梓慎禆竈之徒耳後世之言天者不能及也魯昭公十七年冬有星孛于大辰西及漢禆竈言於子產曰宋衛陳鄭將同日火若我用瓘斝玉瓚鄭必不火子產弗與明年五月壬午四國皆火禆竈曰不用吾言鄭又將火鄭人請用之子產復弗與子太叔咎之曰寶以保民子何愛也子產曰天道遠人道邇竈焉知天道是亦多言矣豈不或信卒弗與亦不復火昭公二十四年五月乙未朔日有食之梓慎曰將水昭子曰旱也日過分而陽猶不克克必甚能無旱乎是秋大旱如昭子之言夫災旱易推之數也慎竈至精之術也而或中或否後

世之愚瞽若之何而談吉凶知昭子之言則知陰陽消長之道可以理推不可以象求也知子產之言則知言而中者亦不可聽況於不中者乎臣之所作天文書正欲學者識垂象以授民時之意而杜絕其妖妄之源焉聊舉二條以爲證臣舊作圖譜志謂天下之大學術者十有六皆在圖譜無圖有書不可用者天文是其一也而歷世天文志徒有其書無載象之義故學者但識星名不可以仰觀雖有其書不如無也隋有丹元子者隱者之流也不知名氏作步天歌見者可以觀象焉王希明纂漢晉志以釋之唐書誤以爲王希明也天文籍圖不籍書然書經百傳不復訛謬縱有訛謬易爲考正圖一再傳便成顛錯一錯愈錯不復稽尋所以信圖難得故學者不復識星臣向嘗盡求其書不得其象又盡求其圖不得其信一日得步天歌而誦之時素秋無月清天如水長誦一句凝目一星不三數夜一天星斗盡在胸中矣此本只傳靈臺不傳人間術家祕之名曰鬼料竅世

有數本不勝其訛今則取之仰觀以從稽定然步天歌之言不過漢晉諸志之言也漢晉志不可以得天文者謂所載者名數災祥叢雜難舉故也步天歌句中有圖言下見象或約或豐無餘無失又不言休祥是深知天者今之所作以是爲本舊於歌前亦有星形然流傳易訛所當削去惟於歌之後採諸家之書以備其書云

東方

角兩星南北正直著中有平道上天田總是黑星兩相連別有一烏名進賢平道右畔獨淵然最上三星周鼎形角下天門左平星雙雙横於庫樓上庫樓十星屈曲明樓中五柱十五星三三相著如鼎形其中四星別名衡南門樓外兩星横

角二星十二度爲主造化萬物布君之威信謂之天闕其間天門也其內天庭也故黄道經其中七曜之所行也其星明則太平芒動則國不寧日食右角國不寧月食左角天下道斷金火犯有戰

敵金守之大將持政左角爲天田爲理主刑其南爲太陽道五星
犯之爲旱右角爲將主兵其北爲太陰道五星犯之爲水蓋天之
三門猶房之四表也左右角間二星曰平道爲天子八達之衢明
正則吉動搖則法駕有虞天田主天子畿內封疆金守之主兵火
守之主旱水守之主潦平道西一星曰進賢在太微宮東明則賢
者在位暗則在野又曰主卿相舉逸才周鼎三星在攝提西國之
神器也不見或移徙則運祚不寧天門二黑星在平星北角之南
主天之門爲朝聘待客之所明則四方歸化不見則兵革起邪佞
生平星一星在庫樓北平天下之法獄廷尉之象也庫樓十星其
六大星爲庫南四星爲樓在角南一曰天庫兵車之府也旁十五
星三三而聚者柱也中央四小星衡也主陳兵其占曰庫中星不
見兵四合無星則下臣謀上明而動搖則兵出四方盡不見則國
無君庫樓東北二星曰陽門主守險塞也南門二星在庫樓南天

之外門也主守兵明則遠方入貢暗則夷狄畔客星守之主兵至

亢四星恰如彎弓狀大角一星直上明折威七子亢下橫大角左右攝提星三三相似如鼎形折威下左頓頑星兩箇斜安黃色精頑下二星號陽門色若頓頑直下蹄

亢四星九度日月之中道主天子內朝天下之禮法也又曰總攝天下奏事聽訟理獄錄功者也亦爲疏廟主疾疫其星明大四海歸王輔臣納忠人無疾疫移動多病不見則天下鼎沸而旱潦作矣大角一星在攝提閒天王坐也又爲天子梁棟金守之則兵起日月食主凶亢南七黑星曰折威主斬殺金火守之夷狄犯邊將有棄市者攝提六星直斗杓之南主建時節伺禨祥攝提爲盾以夾擁帝坐也主九卿明大三公恣橫客星入之聖人受制一曰大臣之象頓頑二星在折威東南主考囚察情僞也陽門在庫樓東北主邊塞險阻之地客星出陽門夷狄犯邊

氐四星似斗側量米天乳氐上黑一星世人不識稱無名一箇招搖梗河上梗河橫列三星狀帝席三黑河之西亢池六星近攝提氐下衆星騎官出騎官之衆二十七三三相連十欠一陣車氐下騎官次騎官下三車騎位天輻兩星立陣傍將軍陣裏振威霜

氐十六度下二尺爲五星日月中道爲天子之路寢明則大臣妃后奉君不失節如不見或移動則臣將謀內禍亂生矣日月食主內亂木犯之立后妃火犯臣僭上金犯拜將水犯百官憂客星犯婚禮不整彗孛犯暴兵起月暈人不安一曰氐爲后妃之府休解之房前二星適也後二星妾也將有徭役之事氐先動星明大則民無勞天乳在氐北主甘露明則潤澤甘露降招搖一星在梗河北次北斗柄端主胡兵芒角變色搖動則兵革大起梗河三星在大角北天子以備不虞其色變動有兵喪帝席三星在大角西北天子晏樂獻壽之所其星不見大人失位亢池六黑星爲汎舟楫

主迎送移徙則凶騎官二十七星在氐南天子騎士之象星衆則安不見兵起車騎三黑星在氐南騎官之上都車馬之將也金火犯爲災動搖車騎行天輻兩黄星在房西主鑾駕客星來守之則輦轂有憂也騎陣將軍一星在騎官東南主騎將也搖動則騎將出

房四星直下主明堂鍵閉一黄斜向上鉤鈐兩箇近其傍罰有三星植鍵上兩咸夾罰似房狀房下一星號爲日從官兩箇日下出

房六度爲明堂天子布政之宮也亦四輔也下第四星上將也次次將也次次相也上星上相也南二星君位北二星夫人位又爲四表中間爲天衢之大道亦謂之天闕黄道之所經也南間曰陽環亦曰陽道其南曰太陽北間曰陰間亦曰陰道其北曰太陰七曜由乎天衢則天下平和由陽道則主旱喪由陰道則主水兵房星亦曰天駟爲天馬主車駕南星曰左驂次左服次右服次右驂

亦曰天廐又主開閉爲蓄藏之所由也房星明則王者明驂星大則兵起星離則人流日月食主昏亂權臣横彗孛犯之兵起下二星爲陰五星犯之爲水上二星爲陽五星犯之爲旱房北二小星曰鉤鈐房之鈐鍵天之管籥主閉藏鍵天心也王者孝則鉤鈐明近房天下同心遠則天下不和王者絶後房鉤鈐間有星及疏坼則地動河清東咸西咸各四星在房心北日月五星之道也爲房之戸所以防淫佚也明則吉暗則凶日月五星犯守之有陰謀火守之兵起罰三星在東咸正西南北而列主受金贖罪正而直列則法令太平曲而斜列則刑罰不中日一星在房中道前太陽之精主明德金火犯守之有憂從官二星在積卒西北

心三星中央色最深下有積卒共十二三三相聚心下是

心六度一名大火天王位也中星曰明堂爲大辰天子之正位也前星爲太子不明則太子不得位後星爲庶子明則庶子繼心上

四尺爲日月五星之中道中心明則化成道昌直則地動移徙不見國亡又曰心變黑色大人有憂直則主失勢動則國有憂離則民流金火犯血光不止土木犯吉日月食吉月暈兵起火來守之國無主客星及孛犯天下兵荒積卒十二星在房心西南五營軍士也微而小則吉明大動搖兵大起一星亡兵出二星亡兵半出三星亡兵出盡他星守之兵大起近臣誅

尾九星如鉤蒼龍尾下頭五點號龜星尾上天江四橫是尾東一箇名傳說傅說東畔一魚子龜西一室是神宮所以列在后妃中

尾十九度后妃之府後宮之場也北之一丈爲天之中道上第一星后也次三星夫人次則嬪妾第三星傍一星名曰神宮解衣之內室尾亦爲九子星色欲均明大小相承則后妃無妬忌後宮有敍多子孫星微細暗后有憂疾疏遠則后失勢動移則君臣不和天下亂就聚則大水木犯之及月暈則后妃死火犯宮中內亂土

犯吉水犯宮中有事客星犯大臣誅日月食主饑一曰金火守之後宮兵起龜五星在尾南漢中主占定吉凶明則君臣和不明則爲乖戾亡則赤地千里火守之兵起在外守之則兵罷天江四星在尾之北主太陰不欲明明而動水暴出參差則馬貴其星不具則津河關道不通熒惑守之有立主客星入河津絕傅說一星在尾後河中主後宮女巫祝祀神靈祈禱子孕故曰主王后之內祭祀以求子孫詩云克禋克祀以弗無子此之象也其星明大王者多子孫小而暗後宮少子動搖則後宮不安星搖則天子無嗣魚一星在尾後河中主陰事知雲雨之期也大明則陰陽和風雨時暗則魚多亡動搖則大水暴出出漢中則大魚多死火守在南則旱在北則水起

臣謹按傅說一星惟主後宮女巫禱祠求子之事謂之傅說者古有傅母有保母傅而說者謂傅母喜之也今之婦人求子皆祀婆

神此傅說之義也偶商之傅說與此同音諸子百家更不詳審其義則曰傅說騎箕尾而去殊不知箕尾專主後宮之事故有傅說之佐焉

箕四星形狀如簸箕箕下三星名木杵箕前一黑是糠皮

箕十一度亦謂之天津後宮妃后之位上六尺爲天之中道箕一曰天雞主八風凡日月宿在箕東壁翼軫者風起又主口舌主客蠻夷胡貊故蠻夷將動先表箕焉星大明直則五穀熟君無讒間疎暗則無君世亂五穀貴蠻夷不伏內外有差就聚細微天下憂動則蠻夷有使來離徙則人流若移入河國災人相食月暈金火犯之兵起流星犯大臣叛日宿其野風起杵三星在箕南主杵舂之用也縱爲豐橫爲飢移徙人失業不見人相食客星入杵臼天下有急變糠一星在箕口前杵臼西北明則爲豐暗則爲饑不見人相食

北方

斗六星其狀似北斗魁上建星三相對天弁建上三三九斗下圓安十四星雖然名鼈貫索形天雞建背雙黑星天籥柄前八黃精狗國四方鷄下生天淵十星鼈東邊更有兩狗斗魁前農家丈人狗下眠天淵十黃狗色玄

斗二十五度天廟也亦曰天機五星貫中日月正道爲丞相太宰之位酌量政事之宜褒進賢良稟授爵祿又主兵南二星魁天梁也中央二星天相也北二星天府庭也亦爲壽命之期將有天子之事占於南斗星盛明君臣一心天下和平爵祿行芒角動搖天子愁兵起移徙其臣逐日月五星逆入斗天下流蕩孛犯之兵起星小暗則廢宰相及死鼈十四星在南斗南鼈爲水蟲爲太陰有星守之白衣會主有大水火守之旱建六星在斗背亦曰天旗臨於黃道天之都關也建斗之間七曜之道建爲謀事爲天鼓爲天

馬南二星天庫也中央二星市也鈇鑕也上二星旗跗也建動搖則人勞月暈之蛟龍見牛馬疫月食五星犯守大臣相譖臣謀主亦爲關梁不通有大水天弁九星在建星北入河中市官之長也主列肆闤闠若市籍之事以知市珍也星明則吉彗星犯守之糴貴兵起天鷄二星在狗國北主候時也金火守入兵大起天籥八星在斗南斗杓西主鑰籥關閉明吉暗凶狗國四星在建東北主鮮卑烏丸沃沮明則邊寇作金火犯守外夷有變太白逆守之其國亂客星守犯之有大盜其王且來天淵十星在鼈東南一曰天海主溉灌火守之大旱水守之大水一曰主海中魚鼈狗二黑星在斗魁前主吠守禦奸回也不居常處爲大災農丈人一星在南斗西南老農主稼穡也其占與糠略同

牛六星近在河岸頭頭上雖然有兩角腹下從來欠一脚牛下九黑是天田田下三三九坎連牛上直建三河鼓鼓上三星號織女左旗

右旗各九星河鼓兩畔右邊明更有四黃名天桴河鼓直下如連珠

羅堰三烏牛東居漸臺四星似口形輦道東足連五丁輦道漸臺在

何許欲得見時近織女

牛七度天之關梁日月五星之中道主犧牲其北二星一曰即路

一曰聚火又曰上一星主道路次二星主關梁次三星主南越甘

氏曰上二星主道路次二星主關梁次二星主南夷中一星主牛

移動則牛多殃明大則王道昌其星曲則糴貴又曰星明大則關

梁通牛貴怒則馬貴不明失常穀不登細則牛賤中星移上下牛

多死小星亡則牛多疫月暈損犢金火犯之兵災水土犯之吉天

田九星牽牛南太微東主天子畿內之田其占與角之天田同九

坎九黑星在天田東主溝渠所以導達泉源流瀉盈溢明盛則有

水災夷狄侵邊不明則吉河鼓三星在牽牛北天鼓也主軍鼓及

鈇鉞一曰三武主天子三將軍中央大星爲大將軍左星爲左將

軍右星爲右將軍左星南星也所以備關梁設險阻而拒難也明大光潤將軍吉動搖差度亂兵起直則將有功曲則將失律左旗右旗各九星在河鼓左右皆天之旗鼓也旗星明潤將軍吉動搖兵起怒則馬貴旗端四星南北列曰天桴鼓桴也星不明漏刻失時動搖軍鼓用桴鼓相直亦然織女三星在河北天紀東端天女也主果蓏絲綿珍寶也王者至孝神祇咸喜則織女星俱明天下和平大星怒角布帛貴又曰三星俱明女功善暗而微天下女功廢不見兵起東足四星曰漸臺臨水之臺也主刻漏律呂之事西足五星曰輦道天子嬉遊之道金火守之御路兵起羅堰三星在牽牛東主隄塘壅蓄水潦灌溉田苗大而明大水泛溢

臣謹按張衡云牽牛織女七月七日相見者卽此也古雅云河鼓謂之牽牛又歌曰東飛百勞西飛燕黃姑織女時相見黃姑卽河鼓也音訛耳

女四星如箕主嫁娶十二諸國在下陳先從越國向東論東西兩周次二秦雍州南下雙鴈門代國向西一晉仲韓魏各一晉北輪楚之一國魏西屯楚城南畔獨燕軍燕西一郡是齊鄰齊北兩邑平原君欲知鄭在越下存十六黃星細區分五箇離珠女上星敗瓜珠上瓠瓜生兩箇各五瓠瓜明天津九箇彈弓形兩星入牛河中横四箇奚仲天津上七箇仲側扶筐星

女十一度下九尺爲日月中道天之少府也謂之須女者須賤妾之稱婦職之卑者也主婦女之位其星如婦功之式主布帛裁製嫁娶星明天下豐女功昌小暗則國藏虛移動則婦女受殃產死者多后妃廢日月食國憂木犯立后火犯女喪金犯災土孛犯損蠶月暈婦人災又曰水守之萬物不成火守之布帛貴人多死土守之有女喪金守之兵起十二國有十六星齊一星在九坎之東齊北二星曰趙趙北一星曰鄭鄭北一星曰越越東二星曰周周

東南北列二星曰秦秦南二星曰代代西一星曰晉晉北一星曰韓韓北一星曰魏魏西一星曰楚楚南一星曰燕其星有變各以其國離珠五星在須女北須女之藏府也爲女子之星非其故後宮亂客星犯之後宮凶瓠瓜五星在離珠北主陰謀主後宮主果食明則歲熟微則后失勢瓜果不登客星守之魚鹽貴旁五星曰敗瓜主種植與瓠瓜略同天津九星在虛危北橫漢中津梁所度明而動則兵起如流沙死人如亂麻參差不齊馬貴一星不備關梁不通三星不備覆陷天下星亡水災河溢水賊稱王奚仲四星在天津北古車正也金火守之兵車必起扶筐七黑星主蠶事見吉不見則凶

臣謹按天之所覆者廣而華夏所占者牛女下十二國耳牛女在東南故釋氏謂華夏爲南贍部洲其二十八宿所管者多十二國之分野隨其所隸耳

虛上下各一如連珠命祿危非虛上星虛危之下哭泣星哭泣雙雙
下壘城天壘圍圓十三星敗臼四星城下橫臼西三箇離瑜明
虛九度少彊冢宰之官也主邑居廟堂祭祀之事又主風雲死喪
下九尺爲天之中道明靜則天下安動搖則有死喪哭泣日月食
兵起流星犯賊亂宗廟五星犯有災虛北二星曰司命主舉過行
罰滅不祥又北二星曰司祿主爵祿增年延德故在六宗之祀司
危二星在司祿之北主矯枉失司非二星在司危之北主察愆過
凡此四司皆黑星明大爲災居常則平虛南二星曰哭主號哭也
哭東二星曰泣主死明則國多哭泣金火守之亦然泣南十三星
曰天壘城如貫索形主北夷丁零匈奴敗臼四星在虛危南知凶
災他星守之饑兵起秦代東三星南北列曰離瑜離袿衣也瑜玉
飾皆婦人之服也星微則後宮儉約明大則婦人奢
危三星不直舊先知危上五黑號人星人畔三四杵臼形人上七烏

號車府府上天鉤九黃晶鉤上五鴟字造父危下四星號墳墓墓下四星斜虛粱十箇天錢粱下黃墓傍兩星能蓋屋身著黑衣危下宿危十六度主天府曰天市主架屋甘氏云爲天市廟堂下九尺爲天之中道主架屋受藏風雨墓墳祠祀如動則天下大動土功張衡云虛危等爲死喪哭泣之事亦爲邑居廟堂祠祀之事冢宰之官動則死喪哭泣火守則天子將兵金守則饑饉兵起虛危動則有土功火守則兵起水守則下謀上一云危動而不明土功兵革起月暈日月五星犯即有災車府東南五黑星曰人星有如人象主靜衆庶柔遠能邇一曰臥星主防淫不見則人有詐行詔書明則人安暗凶內杵三星在人星傍主軍糧正直下臼吉不相當糧絕不直民饑內臼四星在人星東南主舂臼覆則大饑仰則大豐隋志云客星入杵臼兵起天下聚米天津東南七星曰車府東近河邊抵司非主官車之府金火守之兵車大動天鉤九星如鉤狀

在造父西河中主乘輦服飾法式直則地將動明則服飾正也傳
舍南河中五星曰造父御官也一曰司馬或曰伯樂星亡馬大貴
明則吉墳墓四星在危下如墓形主喪葬之事明則多死亡虛梁
四星在蓋屋南主園陵寢廟非人所處故曰虛梁金火守入犯兵
災大起天錢十星在北落西北主錢帛所聚星明則府藏盈不爾
虛耗金火守之兵盜起蓋屋二星在危南主天子所居室亦爲宮
室之官金守之國兵起彗孛尤甚也

室兩星上有離宮出遶室三雙有六星下頭六箇雷電形壘壁陳次
十二星十二兩頭大似升陣下分布羽林軍四十五卒三爲羣壁西
四星多難論子細歷歷看區分三粒黃金名鈇鉞一顆真珠北落門
門東八魁九箇子門西一宿天綱是電傍兩黑土功吏騰蛇室上二
十二

室十七度亦謂之營室甘氏云爲太廟天子之宮也石氏謂之玄

宮一曰清廟又爲軍糧之府及土功事星明國昌小不明祠祀鬼神不享國多疾疫動則有土功兵出野離宮六星兩兩居之分布室壁之間天子之別宮也主隱藏休息之所金火守入則兵起室南六星曰雷電主興雷動蟄明或動則震雷作壁陣十二星在羽林北橫列營室之南羽林之垣壘也星衆而明則安寧希而動則兵革起不見天下亂五星入天軍皆爲兵起金火水尤甚羽林四十五星三三而聚散在營室之南天軍也主軍騎又主翼主也星衆而明則安寧希而動則兵革起不見天下亂金火水守入兵起斧鉞三星亦曰斧鑕在八魁西北主誅夷不明則斧鑕不用移動則兵起有星入之皆爲大臣誅北落師門一星在羽林西南天之蕃落也亦曰天軍蕃之候門長安北門曰北落門以象此也主非常以候兵明大則軍安微弱則兵起金火守之有兵災一曰有星守之虜入塞北落東南九黑星曰八魁主張捕禽獸之官也客星

入之多盜賊兵起金火入亦然北落西南一星曰天綱主武帳天子游獵之所會金火守兵起室西南二星曰土功吏主土功之官也動搖則有修築之事隋志土功吏主司過度騰蛇二十二星在營室北若盤蛇之狀居於河濱謂之天蛇星主水蟲微則國安明則不寧移南大旱移北大水客星守之水雨爲災水物不收

壁兩星下頭是霹靂霹靂五星橫著行雲雨次之口四方壁上天廐

十圓黃鈇鑕五星羽林傍

壁九度下九尺爲天之中道主文章天下圖書之秘府也亦主土功明則圖書集道術行小人退君子進星失色大小不同天子重武臣賤文士圖書隱親黨回邪用星動則有土功離徙就聚爲田宅事日月食損賢臣五星孛犯兵起土功西南五星曰霹靂主興雷奮擊明而動用事不明凶霹靂南四星曰雲雨明則多雨水火守之大旱天廐十星在東壁北蓋天馬之廐今之驛亭也不見則

天下道斷鈇鑕五星在天倉西南刈具也主斬芻飼牛馬明則牛馬肥微暗則牛馬饑餓并死喪也

西方

奎腰細頭尖似破鞋一十六星遶鞋生外屏七烏奎下橫屏下七星天溷明司空左畔土之精奎上一宿軍南門河中六箇閣道形附路一星道傍明五箇吐花王良星良星近上一策名

奎十六度天之武庫也石氏謂之天豕亦曰封豕主兵九尺下爲天之中道又主溝瀆西南大星所謂天豕目亦曰大將明則天下安動則兵亂客星守入兵起金火守有水災隋志云若帝淫泆政不平則奎有角角動則有兵不出年中或有溝瀆之事又曰奎中星明水大出日月食五星犯皆有凶奎南七星曰外屏以蔽天溷也占與天囷同天溷七星在外屏南天之廁也不見則人不安移徙亦然天溷南一星曰土司空主水土之事大而黄明天下安若

客星入之多土功天下大疫軍南門一星在天將軍西南主譙何
出入動搖則軍行不見則兵亂閣道六星在王良前飛道也從紫
宮至河神所乘也一曰主道里張衡云天子遊別宮之道一曰王
良旗一曰紫宮旗亦所以爲旌表而不欲其動搖一星不具則輦
道不通動搖則宮掖之內兵起附路一星在閣道南傍別道也備
閣道之敗傷而乘之也一曰太僕主禦風雨亦遊從之義也一曰
占與閣道同王良五星在奎北居河中天子奉車御官也其四星
曰天駟旁一星曰王良亦曰天馬其星動爲策馬故曰王良策馬
車騎滿野亦曰王梁梁爲天橋主禦風雨水道故或占津梁其星
移主有兵亦曰馬病客星守之橋不通金火守之皆爲兵憂前一
星曰策王良之御策也主天子僕御在王良旁若移在馬後是謂

策馬

婁三星不勻近一頭左更右更烏夾婁天倉六個婁下頭天庾四星

倉東脚婁上十一將軍侯

婁十二度下九尺爲日月中道亦爲天獄主苑牧犧牲供給郊祀亦爲興兵聚衆動搖則聚衆星直則有執主之命者就聚國不安金火守之則宮苑之内兵起日月食宮内亂金木火土犯凶水犯吉孛犯起兵月暈兩軍各退左更五星在婁東山虞也主知山澤林藪之事亦主仁智右更五星在婁西牧師也主官養牧牛馬亦主禮義金火守之山澤有兵其占兩更同兩更者秦爵名天倉六星在婁南倉穀所藏也星黄而大歲熟東南四星曰天庾積廚粟之所也天將軍十一星在婁北主武兵中央大星天之大將也外小星吏士也大將星搖兵起大將出小星不具兵起

胃三星鼎足河之次天廩胃下斜四星天囷十三如乙形河中八星名太陵陵北九個天船名陵中積尸一個星積水船中一黑精

胃十五度天之儲藏五穀之倉也又名大梁明則四時和平天下

晏然倉廩實不明則上下失位星小則少穀輸運又云動則有輸
運事就聚則穀貴人流暗則凶荒五星犯日月食孛侵並有災天
廩四星在昴南一曰天廥張衡云主積蓄黍稷以供享祀春秋所
謂御廩也天囷十三星在胃南倉廩之屬主給御糧也明而黃則
歲豐微變常色則不吉金火守之即災起太陵八星在胃北主陵
墓明而大或中星多則天下多死喪或兵起天船九星在太陵之
北居河中一曰舟星主渡亦主水旱不在河中津河不通水泛溢
中四星欲其均明即天下安不則兵若喪移徙亦然客彗出入爲
大水有兵太陵中一星曰積尸明則死人如山張衡云一名積廩
積尸明而大或其傍星多則天下多死喪或兵起若不見而暗皆
吉火守則天下大哭泣天船中一星曰積水主候水災
昴七星一聚實不少阿西月東各一星月下五黃天陰名陰下六烏
芻藁營南十六天苑形河裏六星名卷舌舌中黑點天讒星礪石

舌傍斜四丁

昴十一度下爲日月中道天之耳目也主西方主獄事又爲旄頭胡星也又主喪甘氏云主口舌奏對若明大則君無佞臣天下安和暗小則佞者被誅搖動君信讒殺忠良張衡云昴明則獄訟平暗則刑罰濫六星與大星等大水有白衣會七星黄兵大起動搖有大臣下獄大而盡動若跳躍者胡兵大起一星不見皆憂兵之象也天阿一星在胃東月一星在昴東皆黑星並主女人災福又曰天阿主察山林妖變天陰五星在畢柄西主從天子弋獵之臣預陰謀也不明則禁言漏洩天苑十六星在昴畢南如環狀天子之苑囿養禽獸之所也主馬牛羊明則牛馬羊盈希則死芻藁六星在苑西以供牛馬之食也一曰天積天子之藏府也星盛則歲豐穰希則貨財散張衡云不見則牛暴死火守之則火災起卷舌六星在昴北天讒之外主口語以知讒佞張衡云主樞機曲而靜

則賢人用直而動則讒人得志卷舌移出漢則天下多妄言旁星
繁則死人如丘山天讒一星在卷舌中主醫巫占與從官同礪石
四星在五車北主磨礪鋒刃明則兵起如常則吉金火及客星守
之兵動
畢恰似爪叉八星出附耳畢股一星光天街兩星畢背傍天節耳下
八烏幢畢上橫列六諸王王下四皂天高星節下團圓九州城畢口
斜對五車口車有三柱任縱橫車中五箇天潢精潢畔咸池三黑星
天關一星車腳邊參旗九箇參車間旗下直建九斿連斿下十二烏
天園九斿天園參脚邊
畢十七度主邊兵主弋獵其大星曰天高一曰邊將主四夷之尉
也星明大則遠夷來貢天下安失色則邊兵亂一星亡爲兵喪動
搖邊城兵起有讒臣離徙天下獄亂就聚法令酷甘氏云畢主街
巷陰雨天之雨師也故明而移動則霖潦及街巷壅塞明而定則

天下安張衡云畢爲天馬一曰日月食邊兵凶將衰木犯有軍功

昴畢間二星曰天街三光之道也主伺候關梁張衡云主國界也街南爲華夏街北爲夷狄金火守之胡夷兵起明王道正暗兵起附耳一星在畢下天高東南隅主聽得失伺愆邪察不祥星盛則中國微有盜賊邊候警外國反鬬兵連年合移動則佞讒行兵大起邊尤甚入畢兵起天節八星在畢南主使臣之所持也宣威德於四方明吉闇凶諸王六星在五車南天漢之中主宗社蕃屏王室也明則諸侯奉上天下安不見宗社傾危四方兵起天高四星在參旗西北近畢此臺榭之高主遠望氣象不見則官失其守陰陽不和五車五星三柱九星共十四星在畢東北五車主天子五兵張衡云天子兵車舍也西北曰天庫主太白秦也次東北星曰天獄主辰星燕趙也次東南星曰天倉主歲星衞魯也中央星曰司空主鎮星楚也次西南星曰卿主熒惑魏也五星有變各以其

所主而占之三柱一曰三泉(卽天淵)一曰休(卽天休)一曰旗(卽天旗)五星均明柱皆具卽人倉稟實不具其國絕食兵且起五車三柱有變各以其國占之三柱出外兵出柱入兵入柱出一月米貴三倍期一年出兩月米貴六倍期二年出三月米貴十倍期三年柱出不與天倉相近米穀運出千里柱倒立尤甚火入守天下旱金入守兵起水入月暈不爾則有赦天潢五星在五車中主河梁津渡之處也不見則河梁不通咸池三星在五車中天潢南魚囿也金火犯之則有大災隋志云月五星入天潢兵起道不通天下亂易政咸池明有龍墮死虎狼害人兵起天關一星在五車南畢西北亦曰天門日月五星所行之道也主邊塞事主關閉芒角有兵五星守之貴人多死移徙若與五車合大將軍披甲參旗九星在參西五車之間天旗也明而希則邊寇不動不然反是隋志參旗一曰天旗一曰天弓主司弓弩之張候變禦難玉井西南九星曰九斿

天子之旗也主邊軍進退金火守之兵亂起天苑之南十三星曰

天園植果菜之所也曲而鉤則果菜熟不然則否

觜三星相近作參蕊觜上坐旗真指天尊卑之位九相連司怪曲立

坐旗邊四鵐大近井鉞前

觜一度在參之右角如鼎足形主天之關明人則天下安五穀熟移動則君臣失位天下旱隋志云觜觿爲三軍之候行軍之藏府主葆旅收斂萬物明則軍儲盈將得勢動而明盜賊羣行葆旅起動移將有逐者張衡云葆旅野生之可食者金火來守國易政兵起災生日食臣不忠月食君害臣五星犯災生孛客星犯兵起坐旗九星在司怪西北主別君臣尊卑之位明則國有禮暗則反是司怪四星在井鉞前候天地日月星辰禽獸蟲蛇草木之變與天高占同

參總有十星觜相侵兩肩雙足三爲心伐有三星足裏深玉井四星

右足陰屏星兩扇井南襟軍井四星屏上昤左足下四天廁臨廁下
一物天屎沈
參十度上爲日月五星中道甘氏曰參爲忠良孝謹之子明大則
臣忠子孝安吉移動殺忠臣一曰參伐一曰大辰一曰天市一曰
鈇鉞主斬刈又爲天獄主殺伐又主權衡所以平理也又主邊城
爲九譯故不欲其動也參白獸之體其中三星横列三將也東北
曰左肩主左將西北曰右肩主右將東南曰左足主後將軍西南
曰右足主偏將軍故黄帝占參應七將中央三小星曰伐天之都
尉也主胡鮮卑戎狄之國故不欲明又曰七將皆明天下兵精也
王道鈇則芒角張伐星明與參等大臣謀亂兵起參星失色軍散
敗參芒角動摇邊候有急天下兵起又曰有斬伐之事參左足入
玉井中兵大起秦地大水若有喪山石爲怪參足若突出玉井則
虎狼暴害人差戾王臣貳金火來守則國易政兵起災生日月食

則田荒米貴五星犯災甚玉井四星在參西右足下水象也屛二星在玉井南屛爲屛風客星入之四足蟲大疾人亦多死不見則國內寢疾玉井東下四星曰軍井行軍之井也軍井未達將不言渴名取此也又曰主軍營之事天廁四星在屛東溷也主天下疾病黃吉青赤白皆凶不見與屛同天屎一星在廁南色黃則吉他色皆凶

南方

井八星橫列河中淨一星名鉞井邊安兩河各三南北正天樽三星井上頭樽上橫列五諸侯侯上北河西積水欲覓積薪東畔是鉞下四星名水府水位東邊四星序四瀆橫列南河裏南河下頭是軍市軍市團圓十三星中有一個野雞精孫子丈人市下列各立兩星從東說闕丘二個南河東丘下一狼光蒙茸左畔九個彎弧弓一矢擬射頑狼胸有個老人南極中春秋出入壽無窮

井三十四度甘氏云井八星在河中主泉水日月五星貫之爲中道石氏謂之東井亦曰天井主諸侯帝戚三公之位故明大則封侯建國搖動失色則誅侯戚廢戮三公帝師受殃矣張衡云天之南門也黃道所經爲天之亭候主水衡事法令所取平也王者用法平則井明而端列鉞一星附井之前主伺奢淫而斬之故不欲其明大與井齊或搖動則天子用鉞於大臣月宿井有風雨之應又曰井爲天子府暗芒幷日月食五星逆犯大臣謀亂兵起中有六星不欲大明明卽水災南北兩河各三星分夾東井一曰天高天之闕門主關梁南河曰南戍一曰南宮一曰陽門一曰越門一曰權星主火北河曰北戍一曰北宮一曰陰門一曰胡門一曰衡星主水兩戍之間三光之常道也河戍動搖中國兵起張衡云河南星不具則南道不通北亦如之動搖及火守中國兵起天樽三星在五諸侯南主盛饘粥以給酒食之正也張衡云以給貧餒明

則豐暗則荒或言暗吉五諸侯五星在東井東北近北河主刺舉戒不虞又曰治陰陽察得失亦曰主帝心一曰帝師二曰帝友三曰三公四曰博士五曰太史又曰五曰大夫此五者常爲帝定疑議星明大潤澤則天下大治芒角則禍在中張衡又曰五諸侯治陰陽察得失明而潤大小齊等則國之福又曰赤則豐暗則荒積水一星在北河北所以供酒用也不見爲災又曰主候水災積薪一星在積水東以備庖廚之用明則人主康火守之大旱水府四星在東井西南水官也占與水位同水位四星在東井東主水衡又主瀉溢流也故巫咸氏贊曰水位四星瀉溢流移動近北河則國沒爲江河若水火及客星守犯之百川盈溢四瀆四星在東井南軒轅東以江河淮濟之積精也明大則水泛溢軍市十三星如錢狀在參東南天軍貨易之市客星及金火守之軍大飢野雞一星在軍市中主變怪也以芒角動搖爲兵災移出則諸侯兵起軍

市西南二星曰丈人丈人東二星曰子子東二星曰孫丈人主壽
考之臣不見人臣不得通子與孫皆侍丈人之側相扶而居不見
爲災守常無咎闕丘二星在南河東主象魏天子之雙闕諸侯之
兩觀也金火守之兵戰闕下狼一星在天市東南爲野將主殺掠
色有常不欲變動角而變色動搖盜賊作胡兵起人相食躁則人
主不靜不居其宮馳騁天下張衡云居非其處則人相食色黄白
而明吉黑凶赤芒角兵起金火守之亦然弧矢九星在狼東南天
弓也以備盜賊常向狼弧矢動搖不如常者多盜賊明則兵大起
狼弧張害及胡天下乖亂又曰天弓張天下盡兵主與臣相謀張
衡云引滿則天下兵起老人一星在弧南一曰南極常以秋分之
旦見于丙春分之夕沒于丁常以秋分候之南郊明大則人主有
壽天下安寧不見則人主憂
鬼四星冊方似木櫃中央白者積尸氣鬼上四星是爟位天狗七星

鬼下是外廚六間柳星次天社六個弧東倚社東一星是天紀

輿鬼二度爲日月五星之中道主死亡疾病張衡云主祠祀天目也又主視明察奸謀東北星主積馬東南星主積兵西南星主積布帛西北星主積金玉隨其變占之中央一星名積尸亦曰積尸氣者但見氣而已主死喪祠祀一曰鈇鑕主誅斬鬼星明大則穀成不明人散動而光上賦斂重傜役多星徙人愁政令急鬼質欲其忽忽不明則安明則兵起大臣謀主下流亡甘氏云積尸搖動失色則疾病鬼哭人荒軒轅西四星曰爟亦曰烽爟主烽火備警急占以不明安靜明大甚則邊亭警急搖動芒角亦然又曰明吉暗凶天狗七星在鬼西南狼之北橫河中以守賊也移徙則兵起金火犯之人相食外廚六星在柳南天子之外廚也占與天廚同弧南六星爲天社在老人東南似柳直明則吉隋志云共工之子勾龍能平水土故祀以配社其精爲星外廚之南一星曰天紀主

知禽獸齒歲金火守之禽獸多死
柳八星曲頭垂似柳近上三星號爲酒享宴大酺五星守
柳十四度上爲天之中道甘氏云主飲食倉庫酒醋之位明大則
人豐酒食搖動則大人酒死失色則天下不安饑饉流於道路不
過三年必應張衡云柳爲朱雀之㖟天之廚宰也主尙食和滋味
隋志云又主雷雨一曰天相一曰天庫一曰注又主木功星明大
臣重愼國安廚食具注舉首王命興輔佐出星直天下謀伐其主
就聚兵鬬國門酒旗三星在軒轅右角之南酒官之旗也主享宴
飲食五星守酒旗天下大酺有酒肉財物之賜及爵宗室
星七星如鉤柳下生星上十七軒轅形軒轅東頭四內平平下三個
名天相相下稷星橫五靈
七星七度甘氏云主后妃御女之位亦爲賢士若失色芒動則后
妃死賢士誅明大則道化成國慼張衡云七星爲朱鳥之頸一名

天都主衣裳文繡隋志云主急兵守盜賊故欲明則王道昌暗則賢良不處天下空天子疾動則兵起離則易政日食兵饑婦人災木犯人安火犯旱金土水犯俱災月暈孛犯兵起軒轅十七星在七星北黃帝之神黃龍之體也后妃之主士女職也一曰東陵一曰權星主雷雨之神南大星女主也次北一星夫人也屏也上將也次北一星妃也次將也其次諸星皆次妃之屬也女主南小星女御也左一星少民少后宗也右一星大民太后宗也欲其色黃小而明也張衡云軒轅如龍之體主雷雨之神後宮之象焉陰陽交合感爲雷激爲電和爲雨怒爲風亂爲霧凝爲霜散爲露聚爲雲立爲虹蜺離爲背璚分爲抱珥此十四變皆軒轅主之其星欲小而黃明則吉移徙則國人流迸東西角張而振后敗水火金守之女主惡也漢注曰軒轅爲權太微爲衡月五星守犯者如衡占內平四星在中台南爟之北平罪之官也明則刑罰平暗則否酒

旗南三星曰天相丞相之象也其占與相星略同稷五星在七星
之南主農正也取乎百穀之長以爲其號明大則歲大豐不明則
儉不見則人相食
張六星似軫在星旁張下只是有天廟十四之星冊四方長垣少微
雖向上星數歌在太微傍天尊一星直上黄
張十七度甘氏云主天廟明堂御史之位上爲天之中道若明大
則國感彊失色宗廟不安明堂宮廢隋志云主珍寶宗廟所用及
衣服又主天廚飲食賞賚之事星明則王者行五禮得天之中動
則賞賚離徙天下有逆人就聚有兵金火守之有兵起或云主貢
物色細無光王者少子孫日食虧修禮也月食大澇魚行人道火
孛犯兵起水土犯國不寧張南十四星曰天廟天子祖廟也客星
守之祠官有憂其占與虛梁同長垣四星在少微南主界域及胡
夷火守之胡人入中國太白入之九卿謀反少微四星在太微西

南北列士大夫之位也一名處士亦天子副主或曰博士官一曰主衞掖門南第一星爲處士第二星爲議士第三星爲博士第四星爲大夫明大而黃則賢士舉月五星犯守之處士女主憂宰相易

翼二十二星大難識上五下五橫著行中心六個恰如張更有六星在何許三三相連張畔附必若不能分處所更請向前看野取五個黑星翼下頭欲知名字是東甌

翼十九度甘氏云主太微三公化道文籍失色則民流日月交食五星並逆芒動則化道不行文籍壞滅動移則三公廢明大則化成隋志云翼爲天之樂府主俳倡戲樂又主夷狄遠客負海之賓明大則禮樂興四夷來賓動則蠻夷使來離徙則天子舉兵或云明則禮樂興暗則政教失日食臣僭月食婦人憂五星孛流客犯大凶東甌五星在翼之南蠻夷星也張衡云主東越穿胸南越三

夷金火守之其地有兵芒角動移兵內叛
軫四星似張翼相近中央一個長沙子左轄右轄附兩星軍門兩黃
近翼是門下四個主司空門東七烏青丘子青丘之下名器府器府
之星三十二以上便爲太微宮黃道向上看取是
軫十七度甘氏云軫七星主將軍樂府歌謳之事五星犯之失位
亡國女子主政人失業賊黨掠人禍生於百日內若明大則天下
昌萬民康四海歸王張衡云軫爲冢宰輔臣也主車騎明大則車
騎用一云明大則車騎動隋志云主載任有軍出入皆占於軫又
主死喪明則車駕備動則車騎用離徙天子憂就聚兵大起轄兩
星附軫兩傍主王侯左轄爲王者同姓右轄爲異姓星明兵大起
遠軫凶軫轄舉南蠻侵張衡云轄不見國有大憂長沙一星在軫
之中主壽命也長沙明則人壽長子孫盛軍門二黃星在青丘西
天子六軍之門也主營候豹尾威旗占以移其處爲道不通土司

空四黃星在軍門南主土功巫咸氏云金火犯之天下男不得耕
女不得織隋志云一曰司徒主界域青丘七黑星在軫東南主東
方三韓之國占與東甌同軫南三十二星曰器府主樂器之府也
明則樂器調理暗則有咎

天文略第一

一 珍傲宋版印

太微宮

上元太微宮昭昭列象布蒼穹端門只是門之中左右執法門西東門左皁衣一謁者以次即是烏三公三黑九卿公背傍五黑諸侯卿後行四箇門西主軒屏五帝內坐於中正幸臣太子并從官烏列帝後從東定郎將虎賁居左右常陳郎位居其後常陳七星不相誤郎位陳東一十五兩面宮垣十星布左右執法是其數宮外明堂布政宮三箇靈臺候雲雨少微四星西南隅長垣雙雙微西居北門西外接三台與垣相對無兵災

太微垣十星在翼軫北張衡云天子之宮庭五帝之坐十二諸侯府也其外蕃九卿也一曰軒轅爲權太微爲衡衡主平也隋志云又爲天庭理法平辭監升授德列宿受符諸神考節舒情稽疑也南蕃中二星間曰端門東曰左執法廷尉之象也西曰右執法御

史大夫之象也執法所以舉刺凶奸者也左執法之東左掖門也
右執法之西右掖門也東蕃四星南第一曰上相其北東太陽門
也第二星曰次相其北中華東門也第三星曰次將其北東太陰
門也第四星曰上將所謂四輔也西蕃四星南第一星曰上將其
北西太陽門也第二星曰次將其北中華西門也第三星曰次相
其北西太陰門也第四星曰上相亦四輔也東西蕃有芒及動搖
者諸侯謀天子也執法移則刑罰尤急月五星入太微軌道吉其
所犯中坐成刑謁者一星在太微內左執法東北主贊賓客也不
見外國不賓服謁者東北三星曰三公內坐朝會之所居也張衡
云以輔弼帝者其名與夾斗三公同三公北三星曰九卿內坐主
治萬事與天紀同占九卿西五星曰內五諸侯內侍天子不之國
也辟雍之禮得則太微諸侯明屏四星在端門內帝座南近右執
法屏所以擁蔽帝庭也執法主刺舉星大明潤則君臣有禮黃帝

內坐一星在太微中含樞紐之神也天子動得天度止得地意從容中道則太微五帝之坐明以光黃帝坐不明人主當求賢士以輔治不然則奪勢又曰太微五帝坐小弱青黑天子國亡四帝內坐四星夾黃帝坐東方星蒼帝靈威仰之神也南方星赤帝赤熛怒之神也西方星白帝白招矩之神也北方星黑帝叶光紀之神也張衡云五帝同明而光則天下歸心不然則失位金火水入太微若順入軌道伺其出之所守之分則爲天子所誅也帝坐東北一星曰幸臣主親愛臣明則幸臣用事微細吉太子一星在幸臣西五帝坐北儲貳之星明而潤則太子賢不然則否金火守入太子不廢則爲簒逆之事從官一星在太子西北主從官不見則帝不安如常則吉郎將一星在郎位東北所以爲武備張衡云今左右中郎將是也大明芒角將怒不可當也虎賁一星在太微西蕃之外上相之西下台之南靜室旄頭之騎官也張衡云主侍從之

武臣也與車騎同占常陳七星如畢狀在郎位北天子宿衞虎賁之士以設彊毅也星搖動天子自出明則武兵用微則武兵弱郎位十五星又云二十四星在帝坐東北一曰依烏郎位也周官之元士漢官之光祿中散騎諫議議郎三署郎中是其職也張衡又云今之尚書郎也欲其大小相均光潤有常吉隋志郎位主守衞也其星明大臣有劫主又曰客犯上其星不具后死幸臣誅客星入之大臣爲亂明堂三星在太微西南角外天子布政之宮也明吉暗凶明堂西三星曰靈臺主觀雲物察符瑞候災變也占與司怪同少微長垣二坐星已釋在張星之次矣三台六星兩兩而居起文昌列招搖太微一曰天柱三公之位也在天曰三台主開德宣符也西近文昌二星曰上台爲司命主壽次二星對軒轅曰中台爲司中主宗室東二星抵太微曰下台爲司祿主兵所以昭德塞違也又曰三台爲天階太一躡以上下一曰泰階上階上星爲

天子星下星爲女主中階上星爲諸侯三公下星爲卿大夫下階上星爲士下星爲庶人所以和陰陽而理萬物也其星有變各以所主占之君臣和集如其常度張衡云色齊明而行列相類則君臣和法令平不齊爲乖度金火守入兵起彗孛尤甚也

北極紫微宮

中元北極紫微宮北極五星在其中大帝之坐第二珠第三之星庶子居第一號曰爲太子四爲后宮五天樞一云第三明者帝之居第四名曰四庶子最小第五天之樞左右四星是四輔天一太一當門路左樞右樞夾南門兩面營衞一十五上宰少尉兩相對少宰上輔次少輔上衞少衞次上丞後門東邊大贊府門西喚作一少丞以次卻向前門數陰德門裏兩黃聚尚書以次其位五女史柱史各一戶御女四星五天柱大理兩星陰德邊勾陳尾指北極顛勾陳六星六甲前天皇獨在勾陳裏五帝內坐後門是華蓋并杠十六星杠作柄象蓋傘形蓋上連連九箇星

名曰傳舍如連丁垣外左右各六珠右是內階左天廚階前八星名
八穀廚下五箇天棓宿天牀六星左樞在內廚兩星右樞對文昌斗
上半月形希疎分明六箇星文昌之下曰三公太尊只向三公明天
牢六星太尊邊太陽之守四勢前一箇宰相太陽側更有三公相西
偏卽是玄戈一星圓天理四星斗裏暗輔星近著開陽淡一本云文昌之下三
師名天牢六星四勢前更有三公相西偏卽是太陽一星圓天理四星斗裏暗輔星近著開陽淡 北斗之宿七星明
第一主帝名樞精第二第三璇璣星第四名權第五衡闓陽搖光六
七名
北極五星在紫微宮中一名天極一名北辰其紐星天之樞也天
運無窮三光迭耀而極星不移故曰居其所而衆星拱之第一星
主月太子也第二星主日帝王也亦爲太一之坐謂最赤明者也
第三星主五星庶子也北極五星最爲尊也中星不明主不用事
右星不明太子憂也其第四星爲后宮第五星爲天樞張衡云二

星並爲後宮北極五星明大則吉變動則憂抱極樞四星曰四輔
所以輔佐北極而出度授政也張衡云抱極之細星也爲輔臣之
位主贊萬機小而明吉大明及芒角臣逼君暗則官不理天一一
星在紫宮門右星之南天帝之神也主戰鬬知人吉凶者也太一
一星在天一南相近亦天帝神也主使十六神知風雨水旱兵革
飢饉疾疫災害所生之國也張衡云天一逼閶闔外其占明而有
光則陰陽和合萬物成人民吉不然反是太一占與天一略同紫
宮垣十五星其西藩七東藩八在北斗之北一曰紫微大帝之坐
也天子之常居也主命主度也一曰長垣一曰天營一曰旗星爲
藩衛備藩臣也宮闕兵起旗星直天子出自將宮中兵張衡云紫
微垣十五星東藩八西藩七其東藩近閶闔門第一星爲左樞第
二星爲上宰第三星爲少宰第四星爲上輔第五星爲少輔第六
星爲上衛第七星爲少衛第八星爲少丞其西藩近閶闔門第一

星爲右樞第二星爲少尉第三星爲上輔第四星爲少輔第五星爲上衛第六星爲少衛第七星爲上丞皆以明大有常則吉若盛明則內輔盛也宮垣直而明天子將兵開則兵起西藩正南開如門象名閶闔門有流星自門而出四野者當有中使銜命視其所適分野而論之也陰德二星在紫微宮內尚書之西主施德者其占以不明爲宜明則新君踐極隋志曰尚書西二星曰陰德陽德主周急振撫又分爲二坐星矣門內東南維五星曰尚書主納言夙夜咨謀龍作納言比之象也張衡曰八坐大臣之象其占與四輔不殊極東一星曰柱下史主左右記君之過星明則史直辭不明反是柱史北一星曰女史婦人之微者主傳漏故漢有侍史張衡云婦官也主記宮內之事其占與柱史同御女第四星在紫微宮內勾陳之北八十一御妻之象也其占明則多內寵不明則否晉志謂之女御宮天柱五星在紫微宮門內華蓋杠左傍近東垣

北隅法五行主晦朔晝夜之職明正則吉人安陰陽調不然則司歷過隋志云建政教立圖法之府也常以朔望日垂禁令於天柱以示百司周禮以正歲之月示法象魏此之謂也大理二星在紫微門內次近陰德決獄之官星明則刑憲平不明則寃酷深勾陳六星在紫微宮華蓋之下隋志云後宮也大帝之正妃也大帝之帝居也張衡云大帝所居之宮也亦將軍之象也星明則吉暗則人主惡之勾陳口一星曰天皇亦曰大帝其神曰曜魄寶主御羣靈秉萬機神圖也其星隱而不見見則爲災六甲六星在紫微宮內華蓋杠左傍分掌陰陽紀時節明則陰陽和不明則寒暑易節五帝內坐五星在華蓋下勾陳上斧扆之象所以備宸居者明正則吉變動則災凶隋志云客星犯紫宮中坐大臣犯主華蓋七星其杠九星合十六星在勾陳上正當大帝所以覆蔽大帝之坐也明正則吉傾動則凶傳舍九星在華蓋上近河賓客之館主胡人

入中國客星守之備姦使亦曰胡兵起內階六星在文昌北天皇之陛也明吉傾動凶紫微東垣北維外六星曰天廚天子百官之廚也見吉不見凶八穀八星在紫微西藩之外五車之北其八星一主稻二主黍三主大麥四主小麥五主大豆六主小豆七主粟八主麻子明則八穀皆成暗則不熟一星不見則一穀不登八星不見則國人飢口天棓五星在女牀東北天子先驅所以禦難也不明則國兵起一曰主爭訟明大凶小吉天牀六星當閶闔門外主天子寢舍解息燕休之處星正大吉君有慶傾則人主不安一云在宮門外聽政之象也為寢舍也暗凶內廚兩星在紫垣外西南角主六宮之內飲食府也一云主后夫人與太子宴飲居常無咎有犯守凶文昌六星在北斗魁前天之六府也主集計天道一曰上將大將軍建威武二曰次將尚書正左右三曰貴相太常理文緒四曰司祿司中司隸賞功進爵五曰司命司怪太史主滅咎

六曰司寇大理佐理寶所謂一者起北斗魁前近內階者也明潤大小齊天瑞臻張衡云其占黄潤光明萬人安大小均天瑞降青黑細微多所害搖動移徙大臣憂金火守入兵興孛彗犯國亂一曰文昌動則三公受誅后崩災福與三公同三公三星在北斗柄東又三公星在北斗魁西並爲太尉司空司徒之象主燮理陰陽弼君機務其星移徙不吉居常安金火守之三公有凶隋志曰杓南三星及魁第一星皆曰三公宣德化調七政和陰陽之官也太尊一星在中台之北貴戚也巫咸云聖公之象居常爲定不見則凶金犯守爲災貴賤將敗者也天牢六星在北斗魁下貴人之牢也主愆過禁暴淫與貫索同占太陽守一星在相西大將大臣之象也主戒不虞設武備也非其常兵起明吉暗凶移徙大臣誅勢四星在太陽守西北刑餘人而用事者也不明吉明即閹官擅權相一星在北斗南隋志曰相者總領百官而掌邦教以佐帝王安

邦國集衆事也明吉玄戈一星在招搖北亦曰天戈也芒角大而動則四夷兵起其占與梗河相類北斗魁中四黑星爲貴人之牢曰天理明及搖動與有星者爲貴人下獄北斗七星輔一星在太微北七政之樞機陰陽之元本也故運乎天中而臨制四方以建四時而均五行也魁四星爲璇璣杓三星爲玉衡又曰斗爲人君之象號令之主又爲帝車取乎運動之義也又魁第一星曰天樞二曰璇三曰璣四曰權五曰玉衡六曰開陽七曰搖光一至四爲魁五至七爲杓樞爲天璇爲地璣爲人權爲時玉衡爲音開陽爲律搖光爲星石氏云第一曰正星主陽德天子之象也二曰法星主陰刑女主之位也三曰令星主禍害也四曰伐星主天理伐無道五曰殺星主中央助四旁殺有罪六曰危星主天倉五穀七曰部星亦曰應星主兵又云一主天二主地三主火四主水五主土六主木七主金又曰一主秦二主楚三主梁四主吳五主趙六主

燕七主齊輔星附乎開陽所以佐斗成功也又曰主危正矯不平
又曰丞相之象也七政星明則國昌不明國殃斗旁欲多星則安
斗中少星則人恐上天下多訟德者無星二十日有輔星明而斗
不明臣彊主弱斗明輔不明主彊臣弱也杓南三星及魁第一星
皆曰三公宣德化調七政和陰陽之官也張衡云若天子不恭宗
廟不敬鬼神則魁第一星不明或變色若廣營宮室妄鑿山陵則
第二星不明或變色若不愛百姓驟興征役則第三星不明或變
色若發號施令不順四時不明天道則第四星不明或變色若廢
正樂務淫聲則第五星不明或變色若不勸農桑不務稼穡峻法
濫刑退賢傷政則第六星不明或變色若不撫四方不安夷夏則
第七星不明或變色凡日月暈連環及斗月暈及搖動兵起其傍
及中小星多則天下不安人多怨一云小星多則天下安不然則
國人散五曜及客星守入皆凶孛彗尤甚也

天市垣

下元一宮名天市兩扇垣墻二十二當門六角黑市樓門左兩星是車肆兩箇宗正四宗人宗星一雙亦依次帛度兩星屠肆前候星還在帝坐邊帝坐一星常光明四箇微茫宦者星以次兩星名列肆斗斛帝前依其次斗是五星斛是四垣北九箇貫索星索口橫者七公成天紀恰似七公形數著分明多兩星紀北三星名女牀此坐還依織女傍三元之象無相侵二十八宿隨其陰水火木土并與金以次別有五行分

天市垣二十二星在房心東北主權衡主聚衆一曰天旗庭主斬戮之事也市中星衆潤澤則歲實星稀則歲虛熒惑守之戮不忠之臣又曰若怒角守之者臣殺主彗星出爲徙市易都客星入之兵大起出之有貴喪張衡曰天市明則市吏急商人無利忽忽暗則反是市樓六星在市中臨箕星之上主司闤闠明則吉暗則市

吏不理也隋志市樓者市府也主市價律度其陽爲金錢其陰爲珠玉變見各以所主占之車肆二星在天市垣南門之內主車駕不明則國車盡行隋志主衆買之區宗正二星在帝坐東南宗大夫也彗星守之若失色宗正有事客星守動則天子親屬有變又曰客星守之貴人死又曰宗正明則宗室有秩暗則國家凶宗人四星在宗正東主錄親疎享祀如綺文而明主族人有序宗星二星在宗人東北候星之東宗室之象帝輔血脈之臣也客星守之宗人不和帛度一星在宗星東北主度量明則尺量平商人不欺暗則否屠肆三星在帛度東北主烹宰明大則肆中多宰殺候一星在帝坐東北主伺陰陽也明大輔臣彊四夷開候細微則國安亡則主失位移則主不安居常則吉帝坐一星在天市中候星西天庭也光而潤則天子吉威令行微小凶大人當之或云暗則大人不正張衡云帝坐者帝王之坐帝坐有五一坐在紫微宮一坐

在大角一坐在心中一坐在天市垣一坐在太微宮咸云帝坐一曰神農所居不見則大人當其咎宦者四星在帝坐西南帝傍之閹人也星微則吉明則凶非其常宦者有憂其占與勢星同列肆二星在斛西北主寶玉之貨移徙則列肆不安火守入兵大起斗五星在宦者西南主平量覆則歲熟仰則大飢明暗與帛度同斛四星在市樓北亦曰天斛主量者也占與斗同貫索九星在七公前一曰連索一曰連營一曰天牢主法律禁暴彊也牢口一星為門欲其開也九星皆明天下獄煩七星見小赦五星見大赦動則斧鑕用中空則更元漢志云十五星張衡云貫索開有赦不見即刑獄簡若閉口及星入牢中有繫死者常以午子夜候之一星不見則有小喜二星不見賜祿三星不見人主德令行且赦若客出視其小大大有大赦小有小赦或云貫索為賤人之牢一星芒有喜事二星芒賜爵祿三星芒有赦門閉牢中多死水犯災火犯米

貫七公七星在招搖東天之相也三公之象張衡云七公横列貫索之口主執法列善惡之官也星齊正則國法平差戾則獄多冤酷或云星入河米貴火犯之兵起天紀九星在貫索東九卿也爲九河主萬事之紀理冤訟也明則天下多辭訟亡則政理壞國紀亂散絶則地震山崩女牀三星在天紀之北爲後宮御女主女事明則宮人恣意常則無咎

魏石申以赤點紀星共一百三十八座計八百十星商巫咸以黄點紀星共四十四座計一百四十四星齊甘德以黑點紀星共一百一十八座計五百十一星三家都紀三百座計一千四百六十五星此舊書所紀傳寫之訛數目參差無所考正

天漢起沒

臣謹按天漢舊有圖無歌故爲之補

天河亦一名天漢起自東方箕尾閒遂乃分爲南北道南經傳說入

魚淵開籥戴弁鳴河鼓北經龜宿貫箕邊次絡斗魁冒左旗又合南道天津湄二道相合西南行分夾瓠瓜絡人星杵畔造父騰蛇精王良附路閣道平登此大陵泛天船直到卷舌又南征五車駕向北河南東井水位入吾驂水位過了東南游經次南河向闕丘天狗天紀與天稷七星南畔天河沒

天漢起東方經箕尾之間謂之天河亦謂之漢津乃分爲二道其南經傳說魚天籥天弁河鼓其北經龜貫箕下次絡南斗魁左旗至天津下而合南道乃西南行又分夾瓠瓜絡人星杵造父騰蛇王良附路閣道北端太陵天船卷舌而南行絡五車經北河之南入東井水位而東南行絡南河闕丘天狗天紀天稷在七星南而沒張衡云津漢者金之氣也其占曰水漢中星多則水少則旱

十二次度數

十二次班固取三統歷十二次配十二野其言最詳又有費直說周

易蔡邕月令章句所言頗有先後魏太史令陳卓更言郡國所入宿度今附而次之

自軫十二度至氐四度爲壽星於辰在辰鄭之分野屬兗州費直周易分野壽星起軫七度蔡邕月令章句壽星起軫六度

自氐五度至尾九度爲大火於辰在卯宋之分野屬豫州費直起氐十一度蔡邕起亢八度

自尾十度至南斗十一度爲析木於辰在寅燕之分野屬幽州費直起尾九度蔡邕起尾四度

自南斗十二度至須女七度爲星紀於辰在丑吳越之分野屬楊州費直起斗十度蔡邕起斗六度

自須女八度至危十五度爲玄枵於辰在子齊之分野屬青州費直起女六度蔡邕起女二度

自危十六度至奎四度爲娵訾於辰在亥衞之分野屬并州費直起危十四

度蔡邕起危十度

自奎五度至胃六度爲降婁於辰在戌魯之分野屬徐州費直起奎二度蔡邕起奎八度

自胃七度至畢十一度爲大梁於辰在酉趙之分野屬冀州費直起婁十度蔡邕起胃一度

自畢十二度至東井十五度爲實沈於辰在申魏之分野屬益州費直起畢九度蔡邕起畢六度

自東井十六度至柳八度爲鶉首於辰在未秦之分野屬雍州費直起井十二度蔡邕起井十度

自柳九度至張十六度爲鶉火於辰在午周之分野屬三河費直起柳五度蔡邕起柳三度

自張十七度至軫十一度爲鶉尾於辰在巳楚之分野屬荆州費直起張十三度蔡邕起張十二度

州郡躔次

陳卓范蠡鬼谷先生張良諸葛亮譙周京房張衡並云角亢氐鄭兗州

東郡入角一度　東平任城山陰入角六度

濟北陳留入亢五度　濟陰入氐一度

東平入氐七度　泰山入角十二度

房心宋豫州

潁川入房一度　汝南入房二度

沛郡入房四度　梁國入房五度

淮陽入心一度　魯國入心三度

楚國入房四度

尾箕燕幽州

涼州入箕中十度　上谷入尾一度

漁陽入尾三度　右北平入尾七度
西河上郡北地遼西東入尾十度
涿郡入尾十六度　渤海入箕一度
樂浪入箕三度　玄菟入箕六度
廣陽入箕九度
斗牽牛須女吳越揚州
九江入斗一度　廬江入斗六度
豫章入斗十度　丹陽入斗十六度
會稽入牛一度　臨淮入牛四度
廣陵入牛八度　泗水入女一度
六安入女六度
虛危齊青州
齊國入虛六度　北海入虛九度

濟南入危一度　樂安入危四度
東萊入危九度　平原入危十一度
菑川入危十四度

營室東壁衞幷州

安定入營室一度　天水入營室八度
隴西入營室四度　酒泉入營室十一度
張掖入營室十二度　武都入東壁一度
金城入東壁四度　武威入東壁六度
敦煌入東壁八度

奎婁胃魯徐州

東海入奎一度　琅琊入奎六度
高密入婁一度　城陽入婁九度
膠東入胃一度

昴畢趙冀州

魏郡入昴一度　鉅鹿入昴三度

常山入昴五度　廣平入昴七度

中山入昴八度　清河入昴九度

信都入畢三度　趙郡入畢八度

安平入畢四度　河間入畢十度

真定入畢十三度

觜參魏益州

廣漢入觜一度　越巂入觜三度

蜀郡入參一度　犍爲入參三度

牂牁入參五度　巴蜀入參八度

漢中入參九度　益州入參七度

東井輿鬼秦雍州

雲中入東井一度　定襄入東井八度

鴈門入東井十六度　代郡入東井二十八度

太原入東井二十九度　上黨入輿鬼二度

柳七星張周三輔

弘農入柳一度　河南入七星三度

河東入張一度　河內入張九度

翼軫楚荊州

南陽入翼六度　南郡入翼十度

江夏入翼十二度　零陵入軫十一度

桂陽入軫六度　武陵入軫十度

長沙入軫十六度

七曜

日循黃道東行一日一夜行一度三百六十五日有奇而周天行東

陸謂之春行南陸謂之夏行西陸謂之秋行北陸謂之冬行以成陰陽寒暑之節是故傳云日爲太陽之精主生養恩德人君之象也人君有瑕必露其慝以告示焉故日月行有道之國則光明人君吉昌百姓安寧日變色有暈軍破無暈喪侯王其君無德其臣亂國則日赤無光日失色所臨之國不昌日晝昏行人無影到暮不止上刑急下人不聊生不出一年有大水日晝昏烏鳥羣鳴國失政日中烏見主不明爲政亂國有白衣會將軍出旌旗舉日中有黑子有黑氣黑雲乍三乍五臣廢其主日食陰侵陽臣掩君之象有亡國有死君有大水日食見星有殺君天下分裂王者修德以禳之

月者太陰之精也其形圓其質清日光照之則見其明日光所不照則謂之魄故月望之日日月相望人居其間盡覩其明故形圓也二弦之日日照其側人觀其傍故半魄也晦朔之日日照其表人在其裏故不見也其行有遲疾其極遲則日行十二度彊極疾則日行十

四度半彊遲則漸疾疾極漸遲二十七日半彊而遲疾一終矣又月行之道斜帶黃道十三日有奇在黃道表又十三日有奇在黃道裏表裏極遠者去黃道六度二十七日有奇陰陽一終張衡云對日之衝其大如日日光不照謂之闇虛闇虛逢月則月食值星則星亡今歷家月望行黃道則值闇虛矣值闇虛有表裏深淺故食有南北多少月爲太陰之精以之配日女主之象也以之比德刑罰之義列之朝廷諸侯大臣之類故君明則月行依度臣執權則月行失道大臣用事兵刑失理則月行乍南乍北女主外戚擅權則或進或退月變色將有殃月晝明姦邪並作君臣爭明女主失行陰國兵彊中國飢天下謀僭數月重見國以亂亡

臣謹按丹元子二十八宿及三垣之歌所以爲美者以其句中有圖言下見象而不談災祥至五行有五篇吟則反是且五星爲緯而行無定體可以算數推難以圖象求今五行吟既無圖象之理

而極論災祥未必丹元子之作也其言濫誣在所不取

歲星曰東方春木於人五常仁也五事貌也仁虧貌失逆春令傷木氣則罰見歲星歲星盈縮以其舍命國其所居久其國有德厚五穀豐昌不可伐其對爲衝歲乃有殃歲星安靜中度吉盈縮失次其國有變不可舉事用兵又曰人主出象也色欲明光潤澤德合同又曰進退如度姦邪息變色亂行主無福又主福主大司農主齊吳主司天下諸侯人君之過主歲五穀赤而角其國昌赤黃而沉其野大穰張衡云歲星者東方之精蒼帝之子一名攝提一名重華一名應星一名紀星晉灼曰太歲在四仲則歲行三宿太歲在四孟四季則歲行二宿二八十六三四十二而行二十八宿十二歲而周天熒惑曰南方夏火禮也視也禮虧視失逆夏令傷火氣罰見熒惑熒惑法使行無常出則有兵入則兵散各以其舍命國爲亂爲賊爲疾爲喪爲飢爲兵所居國受殃環繞鉤已芒角動搖變色乍前乍後乍左乍右

其殃愈甚其南丈夫北女子喪周旋止息乃爲死喪寇亂其野亡地
其失行而速兵聚其下順之戰勝又曰熒惑主大鴻臚主死喪主司
空又爲司馬主楚吳越以南又司天下羣臣之過司驕奢亡亂妖孽
主歲成敗又曰熒惑不動兵不戰有誅將其出色赤怒逆行成鉤已
戰凶有圍軍鉤已有芒角如鋒刃人主無出宮下有伏兵芒大則人
民怒君子遑遑小人泿泿不有亂臣則有大喪人欺吏吏欺王又爲
理外則理兵內則理政爲天子之理也故曰雖有明天子必視熒惑
所在其入守犯太微軒轅營室房心主命惡之張衡云熒惑爲執法
之星其精爲風伯之師或童兒歌謠嬉戲晉灼曰熒惑常以十月則
入朝太微受制而出行列宿司無道出入無常也二歲而周天
填星曰中央季夏土信也思心也仁義禮智以信爲主貌言視聽以
心爲政故四星皆失填乃爲之動動而盈侯王不寧縮有軍不復所
居之宿國吉得地及女子有福不可伐去之失地若有女憂居宿久

國福厚易則薄失次而上二三宿曰盈有主命不成不乃大水失次而下曰縮后戚其歲不復不乃天裂若地動一曰填爲黄帝之德女主之象主德厚安危存亡之機司天下女主之過又曰天子之星也天子失信則填星大動張衡云填星者黄帝之子女主之象也一名地候晉灼曰常以甲辰之始建斗之歲填行一宿二十八歲而周天

太白曰西方秋金義也言也義虧言失逆秋令傷金氣罰見太白太白進退以候兵高卑遲速靜躁見伏用兵皆象之吉其出西方失行夷狄敗出東方失行中國敗未盡期曰過參天病其對國若經天天下革人更王是謂亂紀人民流亡晝與日爭明彊國弱小國彊女主昌又曰太白主大臣其號上公也大司馬位謹候此張衡云太白者白帝之子一名火政一名官星一名明堂一名文表一名太皡一名終星一名天相一名天浩一名序星一名梁星一名威星一名大囂一名大爽晉灼曰常以正月甲寅與熒惑晨出東方二百四十日而

入入四十日又出西方二百四十日而入入三十五日而復出東方
出以寅戌入以丑未一歲而周天
辰星曰北方冬水智也聽也智虧聽失逆冬令傷水氣罰見辰星辰
星見則主刑主廷尉主燕趙又爲燕趙代以比宰相之象亦爲殺伐
之氣戰鬬之象又曰軍於野辰星爲偏將軍之象無軍爲刑事和陰
陽應効不効其時不和出失其時寒暑失其節邦當大饑當出不出
是謂擊卒兵大起在於房心閒地動亦曰辰星出入躁疾常主夷狄
又曰蠻夷之星也亦主刑法之得失色黃而小地大動光明與月相
逮其國大水張衡云辰星一名勾星一名爨星一名伺星晉灼曰常
以二月春分見奎婁五月夏至見東井八月秋分見角亢十一月冬
至見牽牛出以辰戌入以丑未二旬而入晨候之東方夕候之西方
一歲而周天

天文略第二

地里略第一　通志卷第四十

地里序

州縣之設有時而更山川之形千古不易所以禹貢分州必以山川定經界使兗州可移而濟河之兗不能移使梁州可遷而華陽黑水之梁不能遷是故禹貢爲萬世不易之書後之史家主於州縣州縣移易其書遂廢今之地里以水爲主水者地之脈絡也郡縣碁布州道瓜分皆由水以別焉中國之水則江河淮濟爲四瀆諸水所歸茍明乎此則天下可運於掌

四瀆

湔

若

淹

涪

羌

巴

白

潛水禹貢沱潛既道者此也舊云出巴郡宕渠縣南入于江今宕

渠省入蓬州伏虞

渝

巫溪

沮水亦作雎出房州房陵縣景山景山在荆山西百餘里即荆山

首也一名發阿山故杜云出新城郡之西南發阿山東南至當陽

漳水入焉又東南至枝江入江枝江近弁入松滋隸江陵此水在

郢都之西故楚昭王西走涉沮

漳水出臨沮縣東荆山臨沮今襄陽南漳縣東南至當陽縣右入

于沮當陽今隸荆門軍

褒

文

句

清

淮

敖

白水杜云江夏景陵縣西有白水出聊屈山西南入漢按景陵今復州景陵

溠水舊云出義陽厥縣西北黃山厥縣後爲厥西隋廢入隋縣其水南入于溳

溳水舊云出蔡陽縣大洪山蔡陽今隋州唐城其水東南至隋縣有溠水入焉又南過安陸入于夏水

漢水名雖多而實一水說者紛然其原出興元府西縣嶓冢山爲

漾水東流爲沔水故地曰沔陽又東至南鄭爲漢水有褒水從武功來入焉南鄭興元治興元故漢中郡也又東左與文水會又東過西城旬水入焉又東過鄖鄉縣南又屈而東南過武當縣又東過順陽縣有清水自虢州盧氏縣北來入焉又東過中廬別有淮水自房陵淮山東流入焉又東過南漳荆山而爲滄浪之水或云在襄陽卽爲滄浪之水又東南過宜城有鄢水入焉又東過都敖水入焉又東南白水入焉又東過雲杜而爲夏水有涓水入焉雲杜後幷入安州安陸舊屬江夏郡又東至漢陽觸大別山南入于江漢陽故夏口之地班云行一千七百六十里

鄢水本夷水亦謂之蠻水出房陵今房州治也東南至宜城縣羅川城謂之鄢水又東至蠻城謂之湛水又東入漢蠻城在宜城東三十里靈王沿夏將入鄢杜云順漢水南至鄢

彭水杜云出新城昌魏

邗溝水一名韓江一名邗溟溝吳將伐齊霸中國故於廣陵城東南築邗城城下掘深溝東北通射陽湖西北至末口入淮通江於淮以便糧道邗城今在揚州江都末口在楚州山陽而射陽湖亦在楚州然此乃舊通江淮之道後來以湖道多風晉永和中陳敏更由津湖興甯中復以津湖多風又自湖之南沿東岸二十里穿渠入北口北口即末口自後行者不復由湖然自末口入淮又自彼泝淮達盱眙然後入汴猶有淮患宋朝復穿令徑達盱眙入汴

江水出岷山一名瀆山一名汶阜山今屬茂州汶山縣發源不一亦甚微所謂發源濫觴者也東南百餘里至大彭山亦謂之天谷亦謂之天彭門兩山相對水徑其間其山屬今彭州又東南過成都郫縣又東南過江陽有湔水從西北來入焉江陽隋并入隆山唐改爲彭山今屬眉州又南過嘉州犍爲又南過戎州僰道縣北若水淹水從西來入焉又東南至巴郡江州縣有羌水涪水巴水

白水潛水渝水合流入焉故庾仲雍謂江州縣對二水口右則涪
內水左則巴內水是也江州縣今渝州江津縣是又東過涪州忠
州萬州又東過雲安軍雲安故朐䏰縣後周改名又東過魚復魚
復今夔州奉節也逕永安宮及諸葛亮圖壘南又東南過赤岬城
又東過巫峽巫溪水入焉又東過秭歸又東過夷陵又東過宜都
又東過禹斷江又東過枝江有沮水入焉又東過石首又東過華
容有涌水入焉又東至巴陵合于洞庭之陂其陂有澧水從西來
入焉次有沅水從西南來入焉次有湘水從南來入焉共而東出
由武昌出與漢水合而爲大江東過九江有九江水合而爲彭蠡
陂從南來入焉又東右過江寗有丹陽水從南來入焉又東左過
江都邗溝出焉又東過江陰許浦入海班云行二千六百六十里
謬矣
丹陽

桐水出廣德軍西南白石山西北入丹陽湖

彭蠡

湘

沅

澧

涌水在華容縣入江樂史云涌水在江陵府監利縣界

沱水禹貢文謂岷山導江東別爲沱班固謂從郫縣分而東流至

枝江入江今詳之不然疑禹貢之文有衍闕

汝水出汝州魯山縣大盂山其地與弘農盧氏接界故許慎誤謂

出盧氏也其水東南過故定陵縣㶏水及昆水入焉又有泜水湛

水入焉定陵今許州舞陽又東南過上蔡至褒信縣汝口南入于

淮班云行千三百四十里

湛水舊云出犨縣魚齒山東至定陵入汝疑犨後來并入葉而定

陵乃舞陽

滍水舊云出魯陽東經襄城定陵入汝魯陽今汝州魯山定陵今許州舞陽

瀙水出汝州魯山縣堯山東過犨縣故城北魚齒山下疑犨縣後來幷入葉縣東過定陵縣西不羹亭又東入汝定陵今許州舞陽

溱水一名潧水一名潧水出滎陽潧城西北鷄絡塢下東南入洧

黃水宛陵縣西有黃水西南至新鄭城西入洧黃崖者是其水之側

洧水出滎陽密縣西馬嶺山密今隸河南其水東南有溱水入焉又過新鄭有黃水入焉又東南至長平入潁長平今陳州西華縣班云行五百里

潁水舊云出潁川陽城縣西北少室山今陽城縣省入河南登封矣東南至長平縣洧水入焉長平隋改曰西華今陳州又東南過

南頓縣潕水入焉又東南至下蔡入淮下蔡今壽州治班云行千
五百里
決
肥水出合肥縣鷄鳴山北流二十里許分爲二其一東流經合肥
縣南又東南入巢湖其一西北流二百里出壽春西投于淮爾雅
出同歸異曰肥今謂之合肥者以其雖二流而合於一源也應劭
闞駰皆謂夏水出城父東南與此肥合故曰合肥謬矣此唐人盧
潘云
豪
旃然水杜云出滎陽成皐縣東入汴又按酈道元云與索水合
汴水一名鴻溝一名官度水一名通濟渠一名蒗蕩渠或云蒗蕩
渠別汴首受河水自汜水縣東南過滎陽陳留睢陵符離至泗州
入淮

洙水杜云出魯城北下合泗桑欽云出泰山蓋縣臨樂山西南至卞入泗許慎又云北入泗當以杜爲確

小沂

沂水舊云出蓋縣艾山今其地在泗水奉符間南流有小沂水從東北來入焉又南過臨沂至下邳入泗班云行六百里

泗水舊云出卞縣故城東南桃虛西北卞縣今兗州泗水縣是說文云泗水受濟水桑欽亦云濟水至濟陰乘氏縣分爲二一水東北流爲北濟一水南流爲南濟按今此水與濟已不通矣其源出泗水縣西南流有洙水入焉又西南至方與縣菏水入焉其水出乘氏班固亦謂之泗水方與今單州魚臺又云有㴵水至高平湖陸入泗水又南至彭城名曰沛水有睢水入焉又西南至下邳沂水入焉又南至楚州山陽入淮此水今人謂之清河或云泗水出鄆州梁山泊睢水杜云首受汴水班云首受蒗蕩水疑蒗蕩卽汴

也自浚儀縣東經陳留梁譙沛彭城縣入泗水浚儀近改爲祥符

班云行千三百六十里

漷水杜云出東海合鄉縣西南經魯國至高平湖陸入泗按合鄉

當在鄒縣東南湖陸當在滕縣薛城之西然樂史云漷出沂州費

縣連青山下

菏水首受濟東南入泗

淮水出唐州桐柏縣大復山東過義陽今信陽也又東過褒信汝

水自西北來入焉又東過安豐決水自南來入焉又東北有窮水

從北來入焉又東過下蔡穎水從西北來入焉又東過壽春有肥

水從東南來入焉又東北豪水入焉又北汴水入焉酈道元云汴

卽蒗蕩渠也又東過鍾離又東過盱眙有沐水從北來入焉又東

至山陽通邗溝又東泗水自東北來入焉又東至海州東海入海

班云行三千二百四十里濮水自酸棗縣傍河東北過濮陽又東

至濟陰鉅野入濟或云首受河

馬頰水

濟水從滎陽縣北又東過放山北又東合滎瀆滎瀆今無水又東索水入焉又東過陽武縣北又東過封丘縣又東過酸棗縣之烏巢澤北又東過乘氏縣南分爲菏水又東北過鉅野濮水入焉又東北過壽張汶水從東北來入焉又北過須城漁山之東左合馬頰水又北過臨邑又東北過故盧城北又東北濼水入焉又東北過華不往山華水入焉又東北過蒲臺縣北又東北過鄒平時水入焉又東北過樂安故城南又東北過利縣西地里志曰利縣在濟城北五十里又東北過甲下邑河分一枝入焉又東北入于海

闖今濟水多涸竭

澠水杜云出臨淄縣北經樂安博昌縣南界入時水其流急故諺云瘦馬不渡澠水

時水一名耏春秋襄三年齊晉盟于耏是也一名如水一名灉水其上源岐淺多涸竭故又名乾時從臨淄縣西北至博昌澠水入焉博昌今青州博興又西北過高苑至梁鄒縣入濟高苑舊宣化軍今隸淄州梁鄒疑淄州鄒平是

濼水出齊州歷城縣西北入于濟謂之濼口

華水出歷城縣華不住山北入于濟

淄水杜云出泰山梁父縣西入汶按梁父今隸兗州奉符班云出萊蕪縣原山東至博昌入濟按博昌今青州博興桑欽云出萊蕪原山東北入海按三說異同考其形勢當以杜言爲正

汶水出萊蕪縣西南經濟北至東平壽張縣入濟萊蕪今隸兗州在州東北一云出奉符原山西北

黃水出京縣故亦謂之京水東北流入于濟

索水出京縣西南嵩渚山後齊省京入滎陽京故城在縣東南二

十里東逕大索城又北逕滎陽城東入于濟離水出西塞外東至
枹罕入河
湟水出臨羌北東至允吾入河
晉水出晉陽縣西懸甕山晉陽宋朝改爲平晉熙寧中省入陽曲
晉水過其縣南又東入汾
文
澮水出絳州翼城澮高山又西南過絳與絳水合又西過虒祁宮
南又西入汾
絳水出絳縣西南入澮
汶水出太原汾陽縣北管涔山汾陽今太原治陽曲也東南過晉
陽縣東晉水從縣南東流入焉又南與文水合又西南過高梁高
梁今屬洪洞遂西行過臨汾又西過絳縣西四十里虒祁宮北又
西過王澤有澮水從東來入焉又西至汾陰縣北西入于河汾陰

今河中榮河縣也班云汾水西南行千三百四十里冀州寖也
涑水一名洮水出解州聞喜縣黍葭谷俗謂之華谷西南流至蒲
阪縣入河蒲阪今河中治河東縣桑欽云涑水南過解縣東又西
南注于張陽池
湛水出河內軹縣西北山軹縣唐省入河陽濟源縣南行至絳州
垣曲縣南入河
沮水出河內軹縣東南至温入河軹唐省入濟源縣隸河陽軹故
城在懷州河內縣西北二十七里
沇水出河東垣縣界王屋山垣今爲垣曲隸絳州其水東至温縣
爲濟水又東南至鞏成臯間南入河
沁水一名少水出上黨故穀遠縣羊頭山南過沁水縣北又東過
河內縣又東過武德縣又東南至滎陽北東入河
洹水杜云出汲郡林慮縣東北至魏郡長樂縣入淸水按林慮今

隸相州長樂今大名洹水是也桑欽謂洹水出上黨泫氏縣酈道
元謂出長子謬矣按此水今名安陽河清水即淇水也
淇水一名清水鄭玄云即降水也出衞州共城縣北山或云出林
慮東至湯陰又東至黎陽入河
屯氏河
鳴犢河
濁漳水出潞州長子縣鹿谷山一云發鳩山東過壺關又東至武
安縣東合于清漳
清漳水班云出上黨沾縣大黽谷東北過磁州武安與濁漳合而
橫流故名曰衡漳又東北過洺州曲周平恩縣又東北過冀州武
邑又東北過弓高縣弓高今爲鎮隸永靜東光又東北過成平成
平今爲景城鎮隸瀛州樂壽又東北過故平舒縣東入海入海者
桑欽說也班云至邑成入河行千六百八十里

易水出北新城東至文安入滱新城今隸涿州

濡水杜云出高陽縣東北至河閒鄚縣入易水按高陽順安軍治鄚莫州治正義謂高陽今無此水平地趙燕之界無泉出者未知杜言何據然臣聞水泉古有處今涸竭者何限杜子之言豈妄哉

滱水出靈丘縣高氏山靈丘今隸蔚州班云東至文安入大河過郡五行九百四十里按文安今隸霸州滹沱水班云出代郡鹵城東至文安入海過郡六行千三百七十里按鹵城今代州繁畤縣其水東經定州深澤縣東南即光武所度處今俗謂之危度口又東過瀛州束城平舒開元中盧暉於此引滹沱東入淇道溉漕文安今隸霸州若是入海當在滄州界

河水自西域來其大原有三正原出崑崙山東北陬而東行一原出天竺葱嶺一原出于闐南山北行與葱嶺河合而東入于崑崙河或云張騫窮河源至葱嶺河爾故西域傳云河有兩源一出葱

嶺一出于闐而沒其正原也三河合而東過蒲昌或云入蒲昌海
而復東出於理不然乃東至積石山下有石門河水冒以西南流
是爲中國河積石山屬鄯州禹之所道自此始故其詳得聞焉遂
過西平即鄯州又東南過枹罕河州也有洮水從西來入焉又東
過臨洮洮州也有離水從西來入焉又東過金城允吾縣湟水從
西來入焉金城蘭州也遂轉而北過武威涼州也又北至朔方故
夏州也遂轉而東南又南過上郡白土縣圁水從西來入焉上郡
綏州也又南過隰州太寧縣壺口山又南過北屈今慈州吉鄉也
而爲採桑津又南過龍門有汾水從東來入焉龍門縣今隸河中
又南過夏陽梁山之東又南過汾陰縣西郃陽縣東又南過蒲阪
縣雷首山西蒲阪今河東也有涑水從東北來入焉又南過華陰
縣潼關渭水從西來入焉遂轉而東過河北縣今陝州平陸也又
東過陝縣底柱山山在河中水分流包山而過湍急多覆溺舟船

又東崤水從右入焉是謂崤津亦謂之茅津又東左過絳州垣曲縣湛水從北來入焉又東而爲孟津又東過河陽縣南洛陽縣北又東過溫縣沮水從西北來入焉又東右過鞏縣洛水從西南來入焉左過成皋縣北沇水從北來入焉成皋今孟州汜水又東過大伾山下又東汜水從南來入焉又東過滎陽縣西北而爲棘津又東過滎陽縣鴻溝出焉鴻溝一名官度水一名蒗蕩渠今謂之汴河大禹塞滎澤開之以引河水東南通淮泗蒗蕩渠據桑欽所說卽此也而班固又云蒗蕩渠受濟水至陳入潁未詳其實又東北過懷州武陟沁水入焉又東過酸棗縣西濮水東出焉或云漢文帝時河決酸棗東潰金隄發卒塞之其水遂絕又東北而爲延津又東北左過黎陽大伾山黎陽今通利軍治也有淇水從西來入焉淇水卽降水也又東北過濮陽縣别出而爲瓠子河漢武帝時河決瓠子水注鉅野通于淮泗發卒塞之又東北過東武陽今

大名朝城也而爲漯河又東北過大名館陶縣別出而爲屯氏河又東北過清河靈縣別出而爲鳴犢河靈縣隋省入博平今隸博州鳴犢至瀛州蓨縣與屯氏河通三河今皆絶矣又北過德州平原又東北過棣州厭次又東北過濱州渤海又東北過青州千乘又東北過甲下邑別出一枝入濟又東北入于海舊說禹道河至頓丘分爲二渠一曰漯川出武陽至千乘入渤海一曰北瀆出貝丘至大陸北播爲九河同爲逆河入于海舊云大陸在鉅鹿北乃故大陸縣唐改爲昭慶宋開寶改爲隆平近省爲鎭入趙州臨城然禹貢大陸當只是汲郡吳澤非趙州大陸縣也漢成帝時河隄都尉許商上言古記九河之名有徒駭胡蘇鬲津今見在成平東光鬲縣界中自鬲津以北至徒駭其間相去二百里是九河所在徒駭最北鬲津最南徒駭在城平胡蘇在東光鬲津在鬲縣又知其餘六河以次推之曰大史曰馬頰曰覆釜在東光之北成平之

南曰簡曰潔曰鉤盤在東光之南鬲縣之北今按圖志瀛州有成平故城又有徒駭河永靜軍有東光縣東連滄州有胡蘇亭蓋因河命名而滄州復有鬲津鉤盤大史河之名鬲縣故城在德州與滄比境鄭氏云九河齊桓公塞之而北瀆至王莽時亦絕故世謂王莽河今在永靜軍然臣每疑禹之所道無二河按禹貢文東過洛汭至于大伾北過降水至于大陸又北播爲九河同爲逆河入于海又按武帝元光三年春河水徙從頓丘東南流入渤海是爲朝城之漯河然則今河之入海者入渤海爾禹貢所謂入于海者由碣石之海碣石今在平州北瀆者乃禹所道之河其後河犇漯川入于渤海故瀆遂絕九河不復通蓋故瀆在北漯川在東河決而東勢則然也恐非齊桓公所塞自河決漯川之後北瀆遂微九河皆絕但王莽河上承北瀆下入逆河爲一河微通柰北勢高故後亦絕但由漯川爾大抵河自西戎入塞經秦隴陝洛夾山而行

故少有決徙之患自河陽以下東至海千里平田虛壤故多奔決無定流

瓠子河

東氾水鄭地水此則僖三十年秦軍氾南也謂之東氾杜云在中牟按此水西分濟漯東北逕濟陰入于河南氾水鄭地水此則僖二十四年王處于氾是也謂之南氾出汝州襄城縣浮城山北流至孟州氾水縣入河氾舊音凡今音與辰巳之巳同蓋因傳寫之訛後人音爲文易

瀍水舊云出穀城縣潛亭北今穀城幷爲河南地東過洛陽至偃師縣又東入洛

澗水出河南新安縣南白石山東南入瀍

穀水出澠池縣陽穀谷東南至河南入洛

洛水出商州上洛縣冢嶺山桑欽云出讙舉山恐是上洛舊名讙

舉東過熊耳山又東北過盧氏縣又東過河南縣穀水從西來入
焉又東過洛陽南伊水從西來入焉又東過偃師瀍水從西來入
焉又東北過鞏縣東又北入于河班云行千七十里
伊水出虢州盧氏縣熊耳山東北過陸渾伊闕至洛陽縣南北入
于洛班云行四百五十里
汧水出隴州吳山西北至汧源入渭
涇水出鎮戎軍笄頭山一名都盧山一名崆峒山一名幵頭山鎮
戎古安定朝那縣也東南流至永興高陵縣入渭班云行千六十
里
漆水出鳳翔普潤縣東或云出岐山經華原縣與沮水合南至富
平縣入于渭
沮水出邠州界經華原縣北入于漆
洛水出同州蒲城縣洛水谷谷在荊山書云荊岐既旅是也其水

東南流至耀州富平入渭
渭水舊云出隴西首陽縣渭首亭南鳥鼠山首陽唐省入渭源隸
渭州今隸熙州在州之東其水東過隴州汧源汧水從西北來入
焉又東過鳳翔郿縣斜水從南來入焉又東過槐里縣南澇水入
焉槐里今永興興平縣又東北過咸陽縣灃水入焉又東北過高
陵涇水入焉又東北過富平縣漆水入焉又東洛水入焉又東過
臨潼縣灞水入焉又東至船司空縣入河船司空後省入華陰今
隸華州班云渭水行千八百七十里
灞水出永興藍田縣終南山金谷東經臨潼縣北流入渭然長安
志云灞水從上洛界入漢
滻水出永興藍田谷北入于灞
灃水出永興鄠縣終南山豐谷北至咸陽入渭
鎬水出鄠縣界至長安入清渠

斜

洮水出臨洮洮西羌中北至枹罕東入河

歷代封畛

臣謹按杜佑之序曰昔黃帝方制天下立爲萬國易稱首出庶物萬國咸寧及少皞氏之衰其後制度無聞矣若顓帝之所建帝嚳受之創制九州統領萬國（雍荊豫梁冀青徐兗揚）至堯遭洪水而天下分絕使禹平水土還爲九州如舊制也舜攝帝位分爲十二州（雍荊豫梁冀幽幷青營徐兗揚）故虞書云肇十有二州是也夏氏革命又爲九州塗山之會亦云萬國四百年閒遞相兼幷商湯受命其能存者三千餘國亦爲九州分統天下（冀荊豫雍揚兗徐幽營則禹貢青州也）載祀六百及乎周初尙有千八百國而分天下爲九畿方千里曰王畿其外曰侯畿（服亦曰）又外曰甸畿又外曰男畿又外曰采畿又外曰衞畿又外曰蠻畿又外曰夷畿要服也又外曰鎭畿又外曰藩畿藩服也（侯甸男采衞蠻夷鎭藩卽九畿也各相去五百里爲限）至成王

時亦曰九州屬職方氏（揚荊豫青兗雍幽冀幷）其後諸侯相幷有千二百國及平王東遷迄于獲麟之末二百四十有二年諸侯擅兵征伐更相吞滅不可勝數而見於春秋經傳者百有七十國（百三十九國知土地所在其三十一國不知其處也）其蠻夷戎狄復不在其數逮乎下分地里上配天象而所定躔次總標爲一十二焉及周之末唯有七國（秦昭王時西周盡獻其地邑三十六口三萬受獻而歸其人至莊襄王滅東西周國七城而已）秦制天下爲四十郡其地則西臨洮而北沙漠東縈南帶皆臨大海漢興以秦地太大更加置郡國其後開越攘胡土宇彌廣改雍曰涼梁曰益又置徐州復禹舊號置交（初爲交阯後爲交州）北有朔方（初爲朔方後爲幷州）凡爲十三州部刺史（司隸幷荊兗豫揚冀幽青徐益交涼）而不常所治至哀平之際凡新置郡國六十三與秦四十合百三縣邑千三百一十四道三十二侯國二百四十一地東西九千三百二里南北萬三千三百六十八里此漢之極盛也後漢光武以官多役煩乃併省郡國十縣道侯四百餘所其後亦爲十三州部司隸治河南（今河南府）

豫治譙今鄼縣兗治昌邑今魯郡金鄉縣徐治剡剡音談今臨淮郡下邳縣青治臨淄今北海郡縣涼治隴今天水郡隴城縣幷治晉陽今太原府冀治鄗許各反今趙郡高邑縣幽治薊今范陽縣揚治歷陽今郡縣益治雒今永昌郡荆治漢壽今武陵郡武陵縣交治廣信今蒼梧郡蒼梧縣漸復加置郡國至於靈獻凡百有五焉縣道侯國千一百八十桓帝永興初有鄉三千六百八十二亭萬二千四百二十東樂浪郡西燉煌郡南日南郡北鴈門郡西南永昌郡四履之盛亦如前漢魏氏據中原有州十二司隸荆豫兗青徐涼秦冀幽幷揚雍分涼州置秦州治上邽今天水郡揚治壽春今郡徐治彭城今郡荆治襄陽今郡兗治武威今郡餘並因前代有郡國六十八東自廣陵文帝黃初六年親征幸廣陵故城及旋師留張遼屯江都齊王嘉平後屬吳卽今郡壽春毋丘儉諸葛誕皆鎮之合肥明帝青龍元年滿寵於合肥西北三十里築新城吳軍頻攻不拔卽今廬江郡故魏明帝云先帝東置合肥南守襄陽西固祈山賊來輒破於三城之下者地有所必爭是也沔口建安十五年文聘為江夏太守鎮焉其後吳軍頻攻不拔青龍後屬吳卽今漢陽郡西陽黃初中滿寵令將守之今齊安郡襄陽建安二十四年徐晃守之蜀將關羽攻不下重兵以備吳是時江淮閒除鎮兵之處更無人居明帝青龍中吳孫權遣數千家佃於江北為滿寵破之西自隴西今郡是南安今隴西郡隴西縣齊王嘉平五年蜀將姜維來伐攻隴西南安皆不

尅祈山明帝太和二年蜀將諸葛亮攻祈山城不拔今同谷郡長道縣東十里漢陽明帝青龍二年蜀將諸葛亮來伐遣
兵備此即今天水郡陳倉建安二十四年蜀將破夏侯妙才於漢中遂令張郃守陳倉太和二年諸葛亮以大衆攻之將軍郝昭以
千人守亮攻二旬餘不拔故城今在縣東二十里亮攻郿又不尅郿故城在今縣東北十五里並今扶風郿縣重兵以備蜀
蜀全制巴蜀置益治成都今郡梁治漢中今郡二州有郡二十二以漢中建安末破
夏侯妙才遂有漢中以魏延鎮此後蔣琬姜維繼守即今郡地興勢後主延熙七年將軍王平守之魏大將軍曹爽攻不尅今洋川
郡興道縣白帝先主章武元年屯之遂爲重鎮後主建興十五年吳將全琮來攻不尅即今雲安郡並爲重鎮吳主
北據江南盡海置交治龍編今安南府廣孫權置治番禺今南海郡荆治南郡今江陵郡郢治江夏即
今郡揚治建業今丹陽郡江寧縣五州有郡四十有三以建平自孫權黃武初破蜀先主後得之孫皓天
紀四年晉軍沿流來伐守將吾彥請增兵皓不從今巴東郡西陵建安二十四年蜀將關羽北討魏將于禁等于襄陽陸遜爲宜
都守鎮此黃武初蜀先主來伐遜大破之後步闡陸抗並鎮焉即今夷陵郡樂鄉吳孫皓建衡三年陸抗所築樂鄉城後朱然修
之戍焉晉王濬攻樂鄉獲水軍督陸景平西將軍施洪以城降在今江陵郡松滋縣東南郡自建安末尅關羽後蜀將麋芳來降
遂得之孫皓鳳皇元年督將伍延守此晉軍平吳當陽侯杜元凱赴之斬伍延即今江陵郡也巴丘建安十九年魯肅尅之孫皓寶
鼎元年萬彧並鎮守即今巴陵郡夏口建安十三年孫權征黃祖尅之後遂置兵鎮孫皓天紀元年孫慎守之及晉平吳將軍胡

奮赴於此卽今江夏郡武昌孫權甘露元年城武昌陸遜諸葛恪鎮守晉平吳將軍王戎赴於此卽今江夏郡是及皖城建安十九年孫權尅之赤烏四年諸葛恪屯此今同安郡皖音患牛渚圻孫皓天紀末何植鎮守晉平吳大將王渾赴於此卽今宣城郡當塗縣採石也濡須塢建安十七年築後曹公頻來攻不尅在今歷陽縣西南百八十里並爲重鎮其後得沔口孫權嘉禾後陸遜諸葛瑾屯守邾城赤烏四年陸遜常以三萬兵戍之今齊安郡東西界臨江與江夏郡武昌相對廣陵孫亮建興二年衛尉馮朝城廣陵自三國鼎立更相侵伐互有勝負疆境之守彼此不常纔得遽失則不暇存也今略紀其久經屯鎮及要害之地焉其守將亦略紀其知名者餘不可徧舉他亦類此晉武帝太康元年平吳分爲十九州部置司州治洛陽今河南府兗治廩丘今濮陽郡雷澤縣是豫治項今淮陽郡項城是冀治房子今趙郡縣幷治晉陽青治臨淄徐治彭城荆初治襄陽後治江陵今郡揚初治壽春後治建業涼治武威分三輔爲雍治京兆今府分隴山之西爲秦治上邽今天水郡縣益治成都分巴漢之地爲梁治南鄭今漢中郡縣分雲南爲寧治雲南今郡幽治涿今范陽郡范陽縣分遼東爲平治昌黎今安東府交治龍編今安南府分合浦之北爲廣治番禺又增置郡國二十有二凡

州百五十有六縣千一百有九以爲冠帶之國盡秦漢之土及永嘉南渡境宇殊狹九州之地有其二焉初元帝命祖逖鎮雍丘建武初逖北伐便屯雍丘今陳留郡縣逖死北境漸蹙大興四年逖死於是荊豫自淮北今汝南汝陰南陽等郡以北青兗四州今東萊東牟高密北海淄川濟南等郡之地及徐州之半今彭城琅邪等郡陷劉曜石勒以合肥戴若思鎮守之淮陰劉隗鎮守卽今山陽郡縣壽陽祖約鎮守後又陷於石勒石虎死後復之卽今壽春郡地泗口劉遐鎮守卽今臨淮郡宿遷縣界角城安帝義熙中置亦在宿遷縣界爲重鎮成帝時鄧守將退屯襄陽咸和初魏該屯鄧爲劉曜將黃秀所逼而退守襄陽後亦陷石勒尋復之庾翼朱序皆鎮於此又爲苻堅將苻丕所陷尋又復之卽今郡穆帝時平蜀漢永和三年桓溫西討擒李勢復梁益之地梁州則漢川益則蜀川是又遣軍西入關至灞上十年桓溫討苻健於今京兆府萬年縣白鹿原戰敗再北伐一至洛陽永和十二年桓溫討燕慕容儁大破其將姚襄於伊水時襄已降一至枋頭廢帝太和二年桓溫又討慕容暐敗還今汲郡衞縣界枋音方所得郡縣軍旋又失洎苻堅東平慕容暐太和五年西南陷蜀漢西北尅姑臧孝武太和五年平張天錫今武威郡則漢水長淮以北悉爲堅有及堅敗太和八年再復梁九年將郭寶平梁州益蜀郡太守任權斬苻堅益州刺史李平益州平青徐兗豫司之地

其後青兗陷於慕容德(安帝隆安三年德據之殺幽州刺史辟閭渾時鎮廣固即今北海郡也)豫司陷於姚興(隆安三年)以彭城爲北境藩扞(朱序鎮守)後益梁陷於譙縱(義熙初陷)每因劉石苻姚衰亂之際則進兵屯戍在於漢中襄陽彭城然大抵上明(今江陵郡松滋縣)江陵夏口武昌合肥壽陽淮陰常爲晉氏鎮守(其刺史所治皆置州兵雖有不經攻圍是重鎮他皆類此)至義熙以後又復青兗司豫梁益之地而政移於宋矣武帝北平廣固(時晉安帝義熙六年平慕容超得青州之地廣固即今北海)西定梁益(九年朱齡石平譙縱)又尅長安(十三年親征平姚泓)盡得河南之地長安尋爲赫連勃勃所陷至廢帝滎陽王景平中武牢以西復陷後魏(今大較以孝武大明爲正)凡二十有二州揚治建業南徐治京口(今丹陽郡丹徒縣)徐治彭城南兗治廣陵兗治瑕(今魯郡縣)南豫治歷陽荊治汝南(今汝南郡汝陽縣)江治尋陽(今郡縣)青治臨淄(初治歷城今濟南郡縣後治廣固後又移治臨淄即今縣是)冀治歷城司治義陽荊治南郡郢治江夏(今郡)湘治臨湘(今長沙郡)雍治襄陽(今郡)梁治南鄭秦亦治南鄭益治成都(今蜀郡)寧治建寧(今雲南郡)廣治南海交治龍編越治臨鄣

今合浦郡自東晉成帝時中原流民多南渡遂於江漢淮之間僑立州郡以撫其民中間併省廢置離合非一不能詳制焉今紀其所治經久者他皆類此郡凡二百三十有八縣千一百七十有九初文帝元嘉中遣將北伐水軍入河尅魏碻磝滑臺虎牢洛陽四城碻磝卽今濟陽郡城滑臺今靈昌郡城虎牢今汜水縣洛陽今故洛陽城碻音口交反磝音敖其後又失又分軍北伐西軍尅弘農開方二城並今弘農郡以東攻滑臺不尅而平碻磝守之尋皆敗退元嘉二十七年王玄謨於滑臺敗歸時柳元景拔弘農開方及玄謨敗亦棄而遁於是後魏主太武總師經彭城臨江屯於瓜步今廣陵郡六合縣東退攻盱眙不拔而旋臧質守之魏師攻圍三旬不拔今淮陽郡縣明帝時後魏又南侵淮北青冀徐兗四州及豫州西境悉陷沒泰始二年徐州刺史薛安都引魏軍自是沈文秀東陽城崔道固歷城並爲魏將慕容白曜所陷安都以彭城常珍奇以懸瓠並降魏懸瓠今汝南郡城則長淮爲北境僑徐兗於淮南淮陰立兗州鍾離立徐州立青冀二州寄治贛榆縣今東海郡東海縣贛古淡反其後十年餘而宋亡然初彊盛也南鄭襄陽懸瓠元嘉二十六年後魏主太武率兵攻圍汝南太守今陳憲等距四十餘日魏人積屍與城齊不拔而退彭城歷城東陽營陽王景平初竺夔鎮守後魏攻圍數旬不克卽今北海郡治東城皆爲宋氏藩扞齊氏淮北之地所

以全少青州治朐山今東海郡朐音衢冀治渦口今臨淮郡漣水縣豫治壽春北豫州自東晉以後或治淮南或治淮北不常其所今舉其要害之地北兗治淮陰北徐治鍾離又置巴東治巴今雲南郡其餘州郡悉因宋代州二十有三郡三百九十有五縣千四百七十有四其後頻爲後魏所侵至東昏永元初沔北諸郡相繼敗沒今南陽郡地又遣軍北伐敗於馬圈退屯益城魏馬圈城去襄陽三百里時陳顯達攻圍四十餘日不拔魏援師至敗還在今丹陽郡界又失壽春永元二年豫州刺史裴叔業以城叛入魏後三年齊亡齊氏七主凡二十四年內難繁興不遑外略及東昏暴虐北境彌蹙始全盛也南鄭魏明帝建武二年後魏大將元英來伐梁州刺史蕭懿守拒攻圍百餘日不下樊城今襄陽郡安養縣建武中後魏主孝文率兵十萬數旬攻圍將曹虎拒守不下襄陽義陽壽春高帝遣垣崇祖鎮之謂曰兵衝要地宜備魏師戢而魏將王肅以大軍來攻敗而歸淮陽角城明帝初後魏南侵以李安仁戍之漣口朐山爲重鎮梁氏州郡多沿舊制天監中州二十有三郡三百五十縣千二十有五其後更有析置大同中州百有七郡縣亦稱於此自侯景逆亂建康傾陷墳籍散逸不可得而詳焉初武帝受禪數年即失漢川及淮西之地天監二年梁州刺史夏侯道遷以本部叛降後魏自

劍閣以北並陷沒又魏將元英破將軍馬仙琕於義陽失地其後諸將頻年與魏軍交戰於淮南
淮北互有勝負自天監四年以後將張惠紹尅魏宿遷城韋叡尅合肥裴邃尅翟丘城朐山城尋皆敗唯合肥獨存雖
得懸瓠彭城俄而又失天監六年魏軍主白早生豫州刺史胡遜以懸瓠普通六年徐州刺史元法與以彭城並
內屬無何悉復於魏又尅壽春普通七年將夏侯亶元植等尅之獲魏揚州刺史李憲自齊東昏永元二年陷後魏至是凡二
十七年南朝始復大通初大舉北伐城鎮相次尅平直至洛陽壍為梁有大通
元年魏將爾朱榮害胡太后及少主魏朝大亂遣將陳慶之率軍送元顥為魏主入河陽六旬五日渡河守北中府城數日爾朱榮來攻
數日顥敗慶之亦奔退所得之地尋亦失之中府地卽今河陽北城是其後又復漢中大同中將蘭欽尅之自天監二
年失漢川凡經四十三年卻復至東魏將侯景以河南地降逆亂相尋有名無實及
景平後江北之地悉陷高齊漢川蜀川沒于西魏太清初侯景以十三州來降旋為東
魏將慕容紹宗所敗二年景舉兵反圍建康陷之及景平後元帝承聖初齊將辛術南伐盡取淮南江北之地得傳國璽反于齊三年西
魏將達奚武陷漢川尉遲迥陷蜀川其漢川經九年復矣大抵雍州今襄州下溠音槎戍漢東郡棗陽縣東南夏
口白苟堆大同中東魏靜帝遣將堯雄為南境守將雄曰白苟堆梁之北面重鎮請備之在今汝南郡真陽縣硤石城
今汝陰郡下蔡縣合州卽合肥鍾離將康絢鎮守之淮陰朐山為重鎮天監三年角城戍主柴慶宗以

角城十一年東莞太守劉晰以朐山並降入魏陳氏比於梁代土宇彌蹙西不得蜀漢北失淮肥以長江為境文帝天嘉初湘川之地為周軍所陷二年侯瑱剋平之湘川今澧陽武陵長沙衡陽等後之地也有州四十有二地轉狹而州益多暨後州郡又數倍多於前代故不可詳郡百有九縣四百三十有八宣帝大建中頻年北伐諸將累捷盡復淮南之地將吳明徹於壽春城斬高齊將王琳更經略淮北大破齊軍於呂梁及旋師屬高齊國亡又總軍北伐至呂梁周軍來拒又大破之自大建五年北伐七年破齊軍九年又破周將梁士彥悉得梁淮北地以兵鎮下邳朐山旋為周軍所敗悉虜其衆時梁士彥守彭城明徹來攻未下十年周將王軌來伐明徹退師全軍沒於清口自是江北之地盡沒于周又以長江為界十二年周大將司馬消難以淮西地來降又遣將周羅侯攻剋新野尋並失之及隋軍來伐遣將守狼尾灘後主禎明二年戚昕守之今夷陵郡宜都縣界荊門將仲肅據之亦宜都郡界安蜀城將顧覺鎮之亦夷陵郡公安將陳紀鎮之今江陵郡縣巴陵已下並風靡退散信州道大總管清河公楊素自峽中舟師來于東方守將相繼而破信州即今雲安郡也隋軍自採石隋將韓擒虎襲陷之京口賀若弼襲陷之渡江而平之後魏起自北方至道武率兵下山東攻拔慕容寶中山今博陵郡唐昌縣遂有河北之地於是遷都

平城（今雲中郡）慕容氏喪敗遣將南略地至于滑臺許昌（今潁川郡）彭城明元帝太恆中始於滑臺許昌置兵鎮守（道武天興中長孫肥等尅滑臺許昌尋不能守至是始有之）太武帝時又得蒲阪（今河東郡）長安統萬（始光中遣軍伐赫連昌尅蒲阪及長安又尅統萬遂滅赫連氏）（統萬即赫連所都今朔方郡是）神䴥中宋師來伐碻磝（今濟陽郡城）滑臺虎牢（今河南府汜水縣是）戍將皆不守尋並復之（神䴥三年宋將到彥之王仲德等陷滑臺虎牢洛陽遣安頡叔孫建等擊敗走之）太延以後東平遼東西平姑臧（三年東伐馮氏五年西伐沮渠並滅之）於是西至流沙東接高麗所未得者漢中及南陽懸瓠彭城青州之南而已其後帝自南征遂臨瓜步宋淮北城鎮守將多有敗沒（太平真君十二年因宋將王玄謨來侵尅碻磝城戍將濟州刺史王買得棄城而走宋師至滑臺敗帝乘勝至江上）獻文天安初自河之南長淮之北皆為魏有（時因宋晉安王子勛之亂遣將慕容白曜略地破宋將沈文秀畢衆敬薛安都崔道固常珍等遂有其地）孝文遷都洛陽（太和十九年徙都）頻歲親征皆度淮沔（二十年屯八公山三十一年攻新野及樊城）宣武初又得壽春（景明初齊將裴叔業以壽春來降後至明帝孝昌二年又陷入梁）續收漢川至于劍閣兼得淮西之地（正始初梁將夏侯道遷以漢中降又元英破梁將馬仙琕於義陽遂有其地）莊帝時梁

軍洛陽數旬敗走永安初因尒朱榮害胡太后少帝之亂梁將陳慶之送元顥爲魏主爾後內難相繼不暇外略三四年後分爲東西魏矣皆權臣擅命具周齊事中自永安末年尒朱世隆稱兵入洛圖籍散亡不可詳紀今按舊史云管州百十有一郡五百十有九縣千三百五十有二按魏收史所載州郡是東魏靜帝武定中其時洛陽以西及關中梁益之地悉屬西魏收猶總而編之自太武以後漸更彊盛東征西伐尅定中原屬宋明以後及於齊梁國土漸蹙自守不暇雖時有侵掠而退不旋踵故魏之城鎮少被攻圍因利進取不常所守也北齊神武東魏天平末大舉西伐至蒲津靜帝天平四年三道伐西魏齊神武自總大衆至蒲津竇泰自風陵濟河至潼關高敖曹入武關陷上洛以泰軍敗沒並旋師風陵在潼關北岸相對西魏乘勝攻陷陝州周文帝率李弼等東征下陝州禽刺史李祥伯卽今陝郡神武西至沙苑其年冬大敗而歸今馮翊郡界西軍又乘勝襲陷洛陽西魏將獨孤如願據金墉明年西師又至於河陰今洛陽縣北時拒守河陽城潘相樂守北城卽舊城高永樂守南城卽今城後周文帝親征不尅西師敗歸大象元年周文帝親征敗還如願亦棄金墉遁走神武遂毀其城其後神武攻圍西魏玉壁不尅興元四年西魏將王思政守之今絳郡稷山縣西師來

伐至於邙山武定初周文帝親征神武禦之敗殺周將王雄後神武又圍玉壁不尅武定四年西魏將韋孝寬守之文襄遣將圍潁川拔之自武定五年冬攻圍至明年六月城陷於是河南自洛陽之西河北自晉之西今平陽郡悉入西魏文宣之世命將略地南際于江矣天保二年屬侯景亂梁遣辛術庠封遂得傳國璽又過江得梁夏口後二國通和旋師矣武成河清中築戍於軹關河清二年遣斛律光築之今河南府濟源界其年周軍至洛陽敗還晉公護統軍將楊檦等至軹關敗走後主武平中陳軍來侵盡失淮南之地武平五年以後陳將吳明徹頻歲來侵淮南城鎮皆不守諸將累敗周師攻拔河陰大城周武親征後有疾班師後主隆化末西師攻拔晉州今平陽郡因之國滅齊都於鄴卽今郡縣自東魏之後天下三分梁陳有江東宇文有關西高氏據河北有州九十有七郡百六十縣三百六十有五文宣天保七年已併省州三郡百五十三縣五百八十九鎮二戍二十六當齊神武之時與周文帝抗敵十三四年間凡四出師大舉西伐周師東討者三焉略舉齊神武周文帝統師親征諸將攻戰則不復紀自文宣之後纔守境而已大抵西則姚襄城今文城郡西城姚襄所築西臨黃河控帶龍門之險周齊交爭之地後主武平二年大將斛律光破周兵於此遂立鎮焉洪洞今平陽郡縣北故城控據要險

崇化末周師既尅晉州城主張元靜以城降周其晉州武平關三關並今絳都正平縣界柏崖城侯景所築今河清縣西軹關河陽南則虎牢陸子章增築城守洛陽北荊門今陸渾縣東北故城是孔城防今伊闕縣東南故城是汝南郡今臨汝郡梁縣南魯城今汝南郡魯山縣東北置兵以防周寇自洛陽之南襄城汝陰汝南以北皆齊有及陳師侵軼數歲齊亡南境要害未遑制置也周文帝西魏大統中東魏師至蒲津文帝大統二年齊神武親征至蒲津以竇泰死退軍文帝東征尅陝州兼得宜陽郡邵郡邵郡今絳郡垣縣宜陽郡今福昌郡東師又至沙苑其年冬齊神武親征大敗走後文帝東征至河陰先勝後敗大統四年殺魏將高敖曹也築城於玉壁大統八年將王思政築之齊神武攻圍不尅至十二年韋孝寬守之齊神武又攻圍六旬不尅文帝又至邙山先勝後敗大統九年得梁雍州十六年梁雍州刺史岳陽王詧舉州內附廢帝初尅平漢中自梁侯景逆亂遣將達奚武尅之又遣軍平蜀將尉遲迥尅之文帝西征至姑臧後又平江陵齊王廓後元初于謹平之殺梁元帝自是疆理西有姑臧西南有全蜀南至于江矣明帝武成二年將賀若敦尅陳湘州之地三年失之今澧陽武陵長沙衡陽等地是其河南自洛陽之東之北河東自平陽之界屬于高齊至武帝建德中東征拔齊晉州城尋又東征

破齊師於晉州城下（建德五年攻拔晉州使梁士彥守之齊後主來攻三旬餘不拔六年又破齊後主軍乘勝）平齊後遣軍破陳軍於呂梁（將王軌破陳將吳明徹悉虜其衆也）其東南之境盡于長沙通計州二百十有一郡五百八縣千二十有四當全盛戰爭之際則玉壁（初王思政守後韋孝寬守東軍攻不拔遂置勳州）邵郡齊子嶺（今王屋縣東二十里周齊分界處）通洛防（故函關城武帝保定中改名今在新安縣東）黃櫨三城（今永寧縣西北）宜陽郡陜州土剗（今長水郡西北二十五里）三荊（將獨孤信略定北荊州今即伊陽縣東荊州後改曰淮州今淮安郡荊州今南陽郡）三鵶鎮（今汝州魯山縣西南名平高城）置兵以備東軍隋文帝開皇三年遷都大興城（即今城）遂廢諸郡以州治民（自三代以前為九州兩漢加置十三州晉宋之後分析漸多至于魏齊後周雖割據鼎立天下分裂其於州郡乃倍兩漢之地隋氏以官繁民弊遂廢五百餘郡而以州治民名則因循職事同於郡守無復刺舉之任）自九載廓定江表尋以戶口滋多析置州縣煬帝大業初移洛陽城（即今城）又征林邑更置三州既而併省諸州三年改州為郡乃置司隸刺史分部巡察（本史不分別所置諸郡）五年平定吐谷渾更置四部大凡郡百九十縣千二百五十五東西九千三百里南北萬四千八百一十五里東南皆

至于海西至且末隋氏西境唯得今燉煌郡以東且子余反北至五原卽今九原郡按隋氏北境唯至于河

隋氏之盛蓋極於此矣及唐高祖武德初又改郡爲州太守爲刺史其邊鎮及襟帶之地置總管府以領軍戎至七年改總管府爲都督府自因隋季分割州府倍多前代貞觀初并省州縣始於山河形便分爲十道一曰關內道二曰河南道三曰河東道四曰河北道五曰山南道六曰隴右道七曰淮南道八曰江西道九曰劍南道十曰嶺南道既北殄突厥頡利西平高昌東西九千五百十里南北萬六千九百十八里高宗平高麗百濟得海東數千餘里旋爲新羅靺鞨所侵失之又開四鎮卽西境拓數千里至于闐疏勒龜茲焉耆諸國矣景雲二年又分置二十四都督府分統諸州時議以權重不便尋罷之開元二十一年分爲十五道置採訪使以檢察非法京畿治西京城內都畿治東郡關內多以京官遙領河南治陳留郡河東治河東郡河北治魏郡隴右治西平郡山南東治襄陽郡山南西治漢中郡劍南治蜀郡淮南治廣陵郡江南東治吳郡江南西治豫

章郡黔中治黔中郡嶺南治南海郡又於邊境置節度經略使式遏四夷節度使十經略守捉使三大凡鎮兵四十九萬人戎馬八萬餘匹每歲經費衣賜則千二十萬疋段軍倉則百九十萬石大凡千二百十萬開元天寶每歲邊用不過二百萬其地東至安東都護府西至安西都護府南至日南郡北至單于都護府南北如前漢之盛東則不及西則過之漢之東境有樂浪郡西境有燉煌郡今東極安東府則漢遼東郡也其漢之玄菟樂浪二郡並在遼東郡之東今悉爲東夷之地矣今西極安西府其伊吾交河北庭安西則漢代戎胡所據皆未得而詳九州之區域在昔顓帝及于陶唐分而爲九其制最大顓帝置九州堯時洪水使禹治水還爲九州舜分爲十二州夏商並爲九州按周之本制起於顓帝辨其疆界始於禹貢今分別地里故以爲首雍州西據黑水東距西河黑水今張掖郡西河則龍門之河今京北華陰馮翊扶風汧陽新平安定彭原安化平涼靈武五原甯朔洛交中部延安咸甯上郡銀川新秦朔方九原榆林安北天水隴西金城會甯安鄉臨洮和政寧塞西平武威張掖酒泉晉昌燉煌等郡也豫州西南至荊山北距河荊山在今襄陽郡南其北境至于河今河南府陝郡之南境弘農臨汝滎陽陳留睢陽濟陰譙郡潁川淮陽汝陰汝南淮安襄陽武當漢東等郡地冀州唐虞之都以餘州所至則是其境西境雍州南境豫州東境兗州皆以河爲界河自今文城絳郡西龍門南流至華陰東過今汲郡黎

陽縣東大岯山又東入于海今河內汲郡鄴郡廣平鉅鹿信都趙郡常山博陵河間文安饒陽上谷范陽順義歸化歸德媯川漁陽密雲北平柳城河東絳郡陝郡之北境平陽高平上黨樂平陽城大寧文城西河太原昌化樓煩鴈門定襄安邊馬邑雲中單于等郡地兗州舊爲濟河之間孔安國云東南據濟西北距河今靈昌濮陽濟陽東郡清河魏郡博平東平平原樂安景城等郡地是也青州東北據海西距岱岱泰山也今在魯郡界自泰山之東至于海今北海濟南淄川東萊東牟高密安東等郡是也徐州東據海北至岱南及淮自泰山之南淮之北海之西也今彭城臨淮魯郡東海琅琊等郡地是也梁州東據華山之陽西距黑水華山之南今華陰之西南黑水出張掖郡南流北海卽巴蜀之地皆是也今上洛漢中洋川安康房陵通川潾山南平涪陵南川瀘川清化始寧成安符陽巴川南賓南浦閬中南充安岳盛山雲安犍爲陽安仁壽通義和義資陽南溪河池武都同谷順政懷道同昌陰平江油交川合川益昌普安巴西梓潼遂寧蜀郡德陽濛陽唐安臨巂盧山通化越卭雲南洪源等郡地揚州北據淮東南距海北自淮之南東南距于海閩中以來地今廣陵淮陰鍾離壽春永陽歷陽廬江同安蘄春弋陽宜城丹陽晉陵吳郡餘杭新定新安會稽餘姚臨海縉雲永嘉東陽信安鄱陽尋陽之東境豫章臨川廬陵宜春南康建安長樂清源漳浦臨汀潮陽郡地自晉以後歷代史皆云五嶺之南至于海並是禹貢揚州之地按禹貢物產貢賦職方山藪川浸皆不及五嶺之外又按荊州南境至衡山之陽若五嶺之南在九州封域則以隣接宜屬荊州豈有捨荊而屬揚斯不然矣此則近史之誤然則嶺南之地非九州之境荊州北據荊山南及衡山之陽荊山在今襄陽郡界南至

今衡陽郡桂嶺之北皆是也今江陵夷陵巴東景陵富水安陸齊安漢陽江夏義陽尋陽之西境長沙巴陵衡陽零陵江華桂陽連山邵陽武陵澧陽黔中寧夷涪川盧溪盧陽靈溪潭陽清江播川義泉夜郎龍溪等郡地其雍州西境流沙之西荆州南境五嶺之南所置郡縣並非九州封域之內也凡郡之土宇秦氏分制罷侯置守列爲四十其境可知內史雍州之域今京兆華陰馮翊扶風汧陽新平及梁州之域上雒郡地皆是北地雍州之域今安定彭原安化平涼靈武五原甯朔等郡地隴西雍州之域今天水隴西會寧安鄉和政及梁州之域河池郡地皆是上郡雍州之域今洛交中部延安咸寧上郡銀川新秦朔方等郡皆是九原雍州之域今九原安北皆是三川荆河之域今河南府陝郡之河南地弘農臨汝滎陽陳留及冀州之域河內汲郡地是也碭郡豫州之域今睢陽譙郡濟陰及兗州之域東平郡地是也頴川豫州之域今頴川淮陽汝南等郡地是也南陽豫州之域今南陽淮安漢東武當及荆州之域義陽郡地是也邯鄲冀州之域今廣平鄴信都之西南境鉅鹿之南境上谷冀州之域今上谷范陽文安河間嬀川順義歸化歸德博陵之東境饒陽之北境及兗州之域景城之北境皆是也鉅鹿冀州之域今常山趙郡之東北境博陵之西境鉅鹿之北境饒陽之南境兼兗州之域今清河景城之南境是漁陽冀州之域今漁陽密雲郡地皆是也右北平冀州之域今北平郡之西境遼西冀州之域今柳城及北平郡之東境皆是遼東青州之域今安東府是也河東冀州之域今河東絳郡陝郡之北境平陽大寧文城等郡是也上黨冀州之域今上黨高平樂平陽城等郡地太原冀州之域

今太原西河昌化定襄鴈門之南境樓煩等郡是也代郡冀州之域今安邊馬邑之北境是也鴈門冀州之域今爲鴈門郡之北境馬邑之南境是也雲中冀州之域今雲中單于府東及雍州之域榆林郡是也東郡兗州之域今靈昌濮陽濟陽魏郡博平及冀州之域汲郡之東南境是也齊郡兗州之域今平原樂安及青州之域北海濟南淄川東萊東牟郡是也薛郡徐州之域今魯郡東海郡是也琅琊青州之域今高密及徐州之域琅琊郡地皆是泗水徐州之域今彭城臨淮郡是也漢中梁州之域今漢中洋川安康房陵郡地皆是也巴郡梁州之域今通川隣山南平涪陵南川瀘川清化始寧咸安符陽巴川南賓南浦閬中南充盛山雲安及安岳郡之東境皆是蜀郡梁州之域今巴西普安梓潼遂寧益昌蜀郡德陽濛陽唐安臨邛盧山郡地是會稽楊州之域今晉陵吳郡餘杭會稽餘姚東陽信安縉雲臨海永嘉及丹陽之東境兼吳興郡之東境地是閩中揚州之域今建安長樂清源漳浦臨汀郡地皆是也南郡荊州之域今江陵清江巴東景陵富水安陸齊安漢陽江夏及荊州之域襄陽郡地皆是長沙荊州之域今長沙巴陵衡陽零陵江華桂陽連山邵陽郡地是黔中荊州之域今武陵澧陽黔中甯夷盧陽靈溪潭陽郡地皆是也南海南越之域今南海始興義甯海豐恩平南陵臨賀高要感義晉康臨封開陽高涼連城新興銅陵懷德揚州之域今潮陽郡皆是也桂林南越之域今始安平樂蒙山開江蒼梧潯江鬱林平琴安誠賀水桂林象郡龍城融水朗甯懷澤甯仁合浦橫山循德龍池永定郡地皆是也象郡南越之地今招義南潘普寧陵水南昌定川寧越安南武義龍水忻城九真福祿文陽日南承化玉山合浦安樂海康溫水湯泉郡皆是其餘郡府自漢已後歷代開拓四夷之地今隴右道

武威張掖西平寧塞酒泉晉昌燉煌伊吾交河北庭安西武都臨洮懷道合川山南西道順政劍南道犍爲陽安安岳之西境仁壽通義和義資陽南溪同昌陰平油江文川通化臨翼江源歸城靜川蓬山恭化雒川雲山越巂雲南洪源黔中道涪川播川夜郎義泉溱溪嶺南道臨潭扶南正平樂古朱崖昌化延德瓊山萬安郡地皆是爰自漢代至于有隋或郡國參置或年代短促州郡無常增省而離合不一疆理難詳

開元十道圖

臣謹按唐開元十道圖其山川之所分貢賦之所出得禹貢別州任土之制遠不畔古近不違今載之六典爲可書也

一曰關內道古雍州之境今京兆華同岐邠隴涇寧坊鄜丹延慶鹽原會靈夏豐勝綏銀凡二十有二州焉其原慶臨夏延又管諸蕃落降者爲羈縻州東距河西抵隴坂南據終南之山北邊沙漠河歷銀綏延丹同華六州之界隴坂在隴州之西終南山在京兆之南沙漠在豐勝二州之北其名山有太白九嵕吳山岐山梁山泰華之嶽在焉太白在京兆武功縣九嵕在奉天縣吳山在隴州岐山在岐州梁山在同州韓城縣華岳在華州其大川有涇渭灞滻涇水出涇州至京兆入渭渭水出渭州歷奉隴岐京兆同華六州入于河灞滻並出京兆入渭厥賦絹綿布麻

京兆同華岐四州調綿絹餘州布麻開元二十五年勑關輔既寡蠶桑每年庸調並宜折納粟造米支用其河南河北不通水運州宜折租造絹以替關中厥貢岱赭鹽山角弓龍鬚席蓯蓉野馬皮麝香京兆粲草席地骨白皮酸棗仁華州伏苓伏神細辛同州皺文吉莫皮岐隴涇甯鄜坊丹等州龍鬚席原夏等州白氈夏州角弓鹽州鹽山會州駞褐靈州鹿角膠岱赭花蓯蓉鵰翎靈州豐州野馬皮勝銀等州女稽布邠州火筋剪刀華亘湶亘丹延慶等州麝香遠夷則控北蕃突厥之朝貢焉二曰河南道古豫兗青徐四州之境今河南府陝汝鄭汴蔡許豫潁陳亳宋曹滑濮鄆濟齊淄徐兗泗沂青萊登密海凡二十有八州焉東盡于海西距函谷南瀕于淮北薄于河海水在青萊登密海泗六州之境函谷在虢州淮水出唐州歷豫潁亳泗四州之南境黃河歷虢陝河南汴鄭滑濮濟淄青十州之北境名山則有三嵎少室砥柱蒙山嶧山嵩岱二嶽在焉三嵎在河南永甯縣界少室在登封縣砥柱在陝州河北縣蒙山在沂州費縣嶧山在兗州鄒縣中嶽嵩山在河南告成縣東嶽泰山一名岱山在兗州乾封縣皆是大川有伊洛汝潁沂泗之水淮濟之瀆伊出河南伊陽縣北流入洛洛出商州上洛縣經虢州河南入河汝水在汝州潁水在潁州沂泗二水並出兗州淮水源在庚州桐栢縣濟水源在河南濟陽縣厥賦絹絁綿布陝許汝潁州調以絁綿唐州麻布餘州並以絹及綿厥貢紬絁文綾絲葛水葱藨心席瓷石之器鄭汴許陳亳宋

（曹濮鄆徐等州絹汝州紬絁陝穎徐三州紬絁僊滑二州方紋綾豫州鷄鶒綾雙絲綾蓍草碁子潁州綿兗州鏡花綾齊州絲葛潁兗齊等州防風青州仙紋綾鄭州麻黃許州蘼心蓆登州水葱蓆陝州括蔞根栝子仁曹州蛇牀子濟州阿膠泗水貲布沂兗等州紫石英萊登密等州牛黃登州文石器海密等州布海州楚布萊州石器河南府瓷器）遠夷則控海東新羅日本之貢獻焉

三曰河東道古冀州之境今太原潞澤晉絳蒲虢汾慈隰石沁儀嵐忻代朔蔚雲（虢州或屬河南）凡十有九州焉東距恆山西據河南抵首陽太行北邊匈奴（恆山太原之東河水經嵐石隰慈絳蒲六州之西境首陽在蒲州南太行在澤州南）其名山則有雷首介山霍山崞山（雷首在蒲州介山在汾州霍山在晉州崞山在代州一名五臺山）其大川有汾晉及丹沁之水（汾水出忻州歷太原汾晉絳蒲五州入河晉水出太原晉陽入汾丹水出澤州沁水出沁州歷晉絳澤三州至懷南入河）厥賦布繭（蒲州調以繭餘州並用麻布）厥貢絹扇龍鬚席墨蠟石英麝香漆人參（太原龍骨甘草礜石鋼鐵潞州墨人參花密兔絲子澤州白石英野雞禹餘糧晉州蠟燭絳州防風蒲州龍骨竹扇虢州硯瓦地骨白皮汾州石膏慈州蠟隰石二州胡女布晉汾二州龍鬚席儀澤潞等州人參嵐虢忻等州麝香忻州豹尾代州熟青熟綠朔代二州白鵰翎蔚州松子雲州鵰翎）

四曰河北道古幽冀二州之境今懷衞相洺邢趙恆定易幽莫瀛深冀貝魏博德滄棣嬀檀營平安東凡二十

有五州焉（其幽營安東又管羈縻州）東並于海南迫于河西距太行恆山北通渝關薊門（海在棣滄幽平營五州之東河水經懷衛相魏博德棣七州之南境太行在懷州北恆山在定州西渝關在平州東薊門在幽州北）其名山有林慮白鹿封龍井陘碣石之山恆嶽在焉（林慮在相州西白鹿在衛州北封龍在趙州西井陘在恆州西碣石在營州東恆山北嶽在定州恆陽縣）其大川有漳淇呼沲之水（漳水出潞州歷相洺邢冀滄入海淇水出衛州與清水合歷魏貝德滄四州與漳水合呼沲在定滄二州界亦與漳水合）厥賦絹綿及絲（相州調兼以絲餘州皆以絹綿）厥貢羅綾平紬絲布綿紬鳳翮葦席墨（恆州貢春羅孔雀等羅定州兩窠紬綾懷州牛膝洺博魏等州平紬邢州瓷器魏州綿紬衛趙莫冀等州綿瀛深冀德棣等州絹相州紗鳳翮席胡粉邢州絲布恆州羅定州紬綾幽州范陽綾貝州白氈滄州葦席柳箱嬀營歸順等州麝香檀州安東府人蔘平州蔓荊子薊州鹿角膠易州墨燕州墨豹尾安東單于野馬皮）遠夷則控契丹奚靺鞨室韋之貢獻焉五曰山南道古荆梁二州之境今荆襄鄧商復郢隨唐峽歸均房金夔萬忠（已上十六州爲山南道）梁洋集通開壁巴蓬渠涪渝合鳳興利閬果（已上西道）凡三十有三州焉東接荆楚西抵隴蜀南控大江北據商華之山（江水自蜀歷渝涪忠萬夔歸峽荊八州界）其名山有嶓冢熊耳巫峽銅梁荊山峴山（嶓冢在梁州金牛縣熊耳

在商州上洛縣巫峽在夔州巫山縣銅梁在合州石鑑縣荊山在商州荊山縣峴山在襄州襄陽縣大川則有巴漢沮
漳之水巴水在合州界入江漢水源出梁州金牛縣初名漾水一名沔水歷洋金均襄郢荊復七州至沔州入于江沮水源出房
州永清縣至荊州界入江清水出鄧州南入漢厥賦絹布綿紬梁利隨均荊襄雜用綿絹合州調以綿紬餘州並調以麻
布厥貢金漆蜜蠟燭鋼鐵芒消麝香布交梭白縠細紵綾葛綵綸蘭
干利州貢金鋼鐵荊州交梭縠子方縠紋綾襄州漆隱起庫路真鄧利果等州絲布襄均房商等州麝香復郢開等州白紵隨州綾唐
州絹峽州芒消歸州紵麻布金州麩金萬州金忠州蘇薰席梁州燕支紅花洋州白交梭壁巴蓬通忠渠等州綿紬集通合等州白藥子
通州絳香渠州買子木弁子漳州連頭獠布渝峽隨等州葛合州牡丹皮閬州重蓮綾襄州白縠鳳州蠟燭巴州蘭干布房州紵襄州烏
漆碎石文漆器白綸巾興鳳集夔等州蜜蠟六曰隴右道古雍梁二州之境今秦渭成武
洮岷疊宕河蘭鄯廓已上隴西涼甘肅瓜沙伊西北庭安西已上河西凡二十
有一州焉其秦梁鄯洮北庭安西甘岷又管羈縻州東接秦州西逾流沙南連蜀及吐蕃
北界朔漠流沙在沙州已北連延數千里其名山有秦嶺隴坻西傾朱圉積石合黎
崆峒三危鳥鼠同穴秦嶺在秦州上邽縣隴坻在清水縣西傾在洮州之西南朱圉在秦州伏羌縣積石在河州枹
罕縣合黎在甘州張掖崆峒在肅州福祿三危在沙州燉煌鳥鼠同穴在渭州渭源其大川則有洮水弱水羌

水洮水出西羌中歷岷蘭二州界入河弱水在甘州刪丹縣羌水歷宕武文三州之界河瀆及休屠之澤在焉河水歷廓河鄯蘭等州界休屠澤在梁州界厥賦布麻厥貢麩金礪石碁石蜜蠟蠟燭毛氈麝香白氎及鳥獸之角羽毛皮革廓宕二州貢麩金宕州散麝香沙州碁子肅州礪石成州武州蠟燭洮州毛氈涼州氈布甘肅涼瓜等州野馬皮西州白氎瓜州吉莫皮伊州陰牙角胡桐律鄯州特羊角野馬皮岷秦二州龍鬚席犛牛尾鵰翎秦州芎藭肅州肉蓯蓉柏脈根瓜州草豉子北庭州速霍角陰牙角阿魏截根安西緋氈硇砂陰牙角氎毛甘沙渭河蘭疊等州麝香遠夷則控西域胡戎之貢獻焉七曰淮南道古揚州之境今揚楚和滁濠壽廬舒蘄黃沔安申光凡一十有四州焉東臨海西抵漢南據江北距淮海在揚楚二州東漢在沔州淮水經申光壽濠楚五州北境入海江水經沔黃蘄舒和揚六州南境入海其名山有八公灊大別霍山羅山塗山八公山在壽州壽陽縣大別山在壽州霍山縣霍山一名天柱在舒州懷寧縣自漢以來爲南嶽隋文帝開皇九年以南衡山爲南嶽廢霍山爲名山羅山在申州塗山在濠州鍾離縣其大川有滁肥之水巢湖在焉滁水源出廬州合肥縣巢湖在合肥巢二縣界厥賦絁絹綿布淮南道庸調雜有紵貲火麻等布壽州以絁布綿麻安光二州麻貲絁絹申州綿絹厥貢交梭紵絺孔雀熟絲布青銅鏡揚州進青銅鏡莞席細紵廬州交梭申光二州貢絺紵葛楚州貢孔雀布和州紵練滁沔二州麻貲布蘄舒二州白紵布

黃州紵貲布烏蛇安州青紵布壽廬光等州生石斛壽州葛布廬州貢熟絲布八曰江南道古揚州之南境今潤常蘇湖杭歙睦衢越婺台温明括建福泉汀巳上東道宣饒撫虔洪吉郴袁江鄂岳潭衡永道邵澧朗辰錦施南溪敘思黔費業巫夷播溱珍凡五十有一州焉黔中又管羈縻州東臨海西抵蜀南極嶺北帶江海水在蘇杭越台温括泉福八州之東江水經岳鄂江宣潤常蘇七州之北入海其名山有茅山蔣山天目會稽四明天台括蒼縉雲金華大庾武夷廬山而衡嶽在焉茅山在潤州丹陽句容二縣界蔣山一名鍾山在潤州江寗縣天目在杭州於潛縣會稽在越州山陰縣四明在餘姚縣天台在台州始豐縣括蒼縉雲皆在括州金華在婺州大庾在虔州南康縣武夷在建州崇安縣廬山在江州尋陽縣衡山在衡州湘潭縣其大川有浙江湘贛沅澧之水洞庭彭蠡太湖之澤浙江水有三源一出歙州一出衢州一出婺州歷睦杭越三州界入海湘水出桂州湘源縣北流歷永衡潭岳四州界入洞庭贛水經虔吉洪三州界入彭蠡沅水歷平辰朗岳四州界入洞庭澧水源出澧州石門縣至岳州界入洞庭湖洞庭在岳州巴陵縣界彭蠡湖一名宮亭湖在江州尋陽縣界太湖在蘇常湖宣四州縣界厥賦麻紵潤州調火麻餘州並以紵布厥貢紗編綾綸蕉葛練麩金犀角鮫魚藤紙朱砂水銀零陵香潤州方碁水波綾常州紫綸布兔褐蘇州紅綸布杭越二州白編睦越二州交梭衢婺二州藤

紙綿越州吳綾建州蕉花練福州蕉海蛤泉括二州綿饒衡巫等州麩金犀角洪撫江潭永等州葛蘇州吳石脂吳蛇牀子台州金漆乾薑甲香江州生石斛鄂江二州銀永州石燕道州零陵香澧州龜子綾五入簟朗州紵練辰錦二州光明砂水銀溪錦二州朱砂常湖歙宣虔吉袁岳道等州白紵布施宣二州黃連宜州綺南州班布思黔費業溱珍等州蠟夷州蠟燭温台二州鮫魚皮遠夷則控

五溪之蠻九曰劍南道古梁州之境今益蜀彭漢綿劍梓遂普資簡陵邛眉雅嘉榮瀘戎黎茂龍扶文當松靜柘翼悉維巂姚凡三十有三州焉其黎戎瀘茂松巂姚又管羈縻州靜柘翼悉維五州並管羌夷東連牂牁西界吐蕃南接羣蠻北通劍閣劍閣在劍州普安縣界今謂之劍門其名山有峨眉青城鶴鳴岷山峨眉山在嘉州青城在蜀州鶴鳴在蜀州晉源縣岷山在岷州劍南道之西北界其大川有涪雒及西漢之水江瀆在焉涪水歷松龍綿梓遂合六州界入江雒水出漢州什邡縣經益簡資瀘四州界入江西漢水歷利閬果合四州界入江大江水自松州甘松嶺經翼茂彭蜀益陵眉嘉戎瀘十州之界入山南道厥賦絹綿葛紵瀘州調以葛紵等布餘州皆用綿絹紵布及厥貢麩金羅綾綿紬交梭彌牟布絲葛麝香羚羊犛牛角尾益蜀二州單絲羅益州高杼衫段彭州交梭簡州綿紬漢州紵布彌牟布綿州雙紃梓州遂州樗蒲綾戎普瀘等州葛邛劍巂等州絲布龍雅眉嘉資等州麩金姚茂扶靜文悉松維當柘翼等州麝香劍州蘇薰席普州天門冬煎榮州班布黎州蜀椒龍州羚羊角當靜柘等

州當歸羌活松州狐尾悉州當歸犛牛尾維州犛牛尾姚州金遠夷則控西洱河羣蠻之貢獻焉十
曰嶺南道古揚州南境今廣循潮漳韶連端康岡恩高春封辯瀧新
潘雷羅儋崖瓊振已上廣府管內桂昭富梧賀龔象柳宜融古嚴已上桂府管內容
藤義竇禺白廉繡黨牢嚴鬱林平琴已上容府管內鬱林平琴二州複名邕賓貴橫欽
潯瀼籠田武環澄已上邕府管內安南驩愛陸峯湯萇福祿龐已上安南管內福祿一州
複名凡七十州焉其五府又管羈縻州東南際海西極羣蠻北據五嶺其名山有
黃嶺及鬱水之靈洲焉黃嶺在廣州寶安縣靈洲在廣州南海縣鬱水之中其大川有桂水鬱
水桂水出桂州臨源縣歷昭富梧三州界入鬱水鬱水一名浪水歷藤梧封康端廣六州界入海厥賦蕉紵落麻廣州
等調以紵布端州調蕉布康封二州調以落麻布厥貢金銀沈香甲香水馬翡翠孔雀象牙
犀角龜殼鼅鼊綵藤竹布融象二州貢金桂邕昭柳等五十餘州貢銀桂州銅盤連州細布鍾乳崖欽二州高
良薑廣州竺席生沈香水馬甲香鼅鼊皮藤簟廣州安南並貢龜殼循振二州五色藤盤振州班布食單安南及潮州蕉安南檳榔鮫魚
皮翠毛愛龐等州孔雀尾驩州象牙藥犀角金薄黃屑沈香漳潮等州鮫魚皮甲香韶州竹子布岡州甲香詹糖香廣潮高循峯邵等州
及安南蚺蛇膽春韶瀧廣等州石斛雷州絲電富州班布白石英蒙州麩金古州蠟容州朱砂銀欽州翡翠毛陸州玳瑁鼅鼊皮翠毛甲香

峯州荳蔻福祿郡二州白蠟福祿龐二州紫餅朮昆州桂心　其遠夷則控百越及林邑扶南之貢獻焉凡天下之州府三百一十有五而羈縻之州蓋八百焉京兆河南太原為三都潞揚益荊幽為大都督府單于安西安北為大都護府安南安東北庭為上都護府涼秦靈延代兗梁安越洪潭桂廣戎福為中都督府夏原慶豐勝營松洮鄯西雅瀘茂巂姚夔黔辰容邕為下都督府同華岐蒲為四輔州蒲新升入陝懷鄭汴魏絳為六雄州絳新升入虢汝汾晉宋許滑衛相洛為十望州汾新升入安東平營檀媯蔚朔忻安北單于代嵐雲勝豐鹽靈會涼肅甘瓜沙伊西北庭安西河蘭鄯廓疊洮岷扶柘維靜悉翼松當戎茂巂姚播黔驩容為邊州四萬戶已上為上州陝汝虢僊澤邠隴涇甯鄜坊戶雖不足亦為上州　二萬戶已上為中州不滿為下州凡三都之縣在城內曰京縣奉先同京城　城外曰畿縣又望縣有八十五焉同州馮翊朝邑澄城白水郃陽華州鄭縣華陰下邽岐州雍縣扶風陳倉陝州陝縣桃林硤石河北芮城虢州閿鄉湖城鄭州管城縣陽武新鄭滎澤汴州浚儀開封尉氏雍丘宋州宋城滑州酸棗兗州金鄉許州扶溝汝州梁縣徐州襄城蒲州河東桑泉安

邑虞鄉汾陰猗氏解縣絳州正平龍門夏縣聞喜翼城晉州臨汾洪洞汾州隰城平遙介休潞州上黨懷州河內武德武陟獲嘉魏州貴鄉魏縣昌樂頓丘元城相州滏陽洛州永年冀州信都南宮瀛州河間深州饒陽益州成都蜀縣郫縣新繁彭州九隴導江蜀州晉源青城漢州雒縣潤州曲阿江寧常州晉陵蘇州吳縣杭州餘杭 其餘則越州會稽婺州金華荊州江陵襄州襄陽揚州江都揚子

六千戶已上爲上縣二千戶已上爲中縣一千戶已上爲中下縣不滿一千戶皆爲下縣凡天下之戶八百一萬八千七百一十口四千六百二十八萬五千一百六十一開元二十二年數百戶爲里五里爲鄉兩京及州縣之郭內分爲坊郊外爲村里及村坊皆有正以司督察里正兼課植農桑催調賦役四家爲隣五隣爲保有長以相禁約凡男女始生爲黃四歲爲小十六爲中二十有一爲丁六十爲老每一歲一造計帳三年一造戶籍縣以籍成于州州成于省戶部總而領焉

地里略第一

西元二〇一六年六月一日重製一版

通志略 冊一（宋鄭樵撰）

平裝四冊基本定價參仟參佰元正
（郵運匯費另加）

發行人　張敏君
發行處　中華書局
臺北市內湖區舊宗路二段一八一巷八號五樓（5FL., No. 8, Lane 181, JIOU-TZUNG Rd., Sec 2, NEI HU, TAIPEI, 11494, TAIWAN）
客服電話：886-2-87978396
公司傳真：886-2-87978909
匯款帳戶：華南商業銀行西湖分行
179100026931
印　　刷：維中科技有限公司
海瑞印刷品有限公司

No. N1033-1

國家圖書館出版品預行編目(CIP)資料

通志略 / (宋)鄭樵撰. -- 重製一版. -- 臺北市 :
中華書局, 2020.04
冊 ;　公分
ISBN 978-986-5512-09-5(全套 : 平裝)

1.中國政治制度 2.歷史

573.1　　109003720